晚近温州人物年谱丛刊

刘景晨年谱

卢礼阳 著

全国百佳图书出版单位
时代出版传媒股份有限公司
黄山书社

图书在版编目(CIP)数据

刘景晨年谱 / 卢礼阳著.—合肥：黄山书社，2023.1
（晚近温州人物年谱丛刊）
ISBN 978-7-5737-0706-2

Ⅰ.①刘… Ⅱ.①卢… Ⅲ.①刘景晨（1881-1960）-年谱 Ⅳ.①K827=7

中国版本图书馆 CIP 数据核字(2023)第 013657 号

刘景晨年谱
LIUJINGCHEN NIANPU

卢礼阳 著

出品人 贾兴权
责任编辑 范丽娜
装帧设计 有品堂_刘 俊
责任印制 李 磊
出版发行 黄山书社（http://www.hspress.cn）
地址邮编 安徽省合肥市蜀山区翡翠路 1118 号出版传媒广场 7 层 230071
印 刷 安徽新华印刷股份有限公司
版 次 2023 年 3 月第 1 版
印 次 2023 年 3 月第 1 次印刷
开 本 880mm×1230mm 1/32
字 数 360 千字
印 张 14.25
书 号 ISBN 978-7-5737-0706-2
定 价 70.00 元

服务热线 0551-63533706

销售热线 0551-63533761

官方直营书店（https://hsss.tmall.com）

晚年刘景晨

一九三八年十二月三十日，刘景晨应邀作红梅图，为老同事陈湘涛七十冥寿纪念（温州博物馆藏）

《晚近温州人物年谱丛刊》出版说明

近现代温州迎来第二次学术文化高潮，涌现了以“三孙五黄”（孙衣言、孙锵鸣、孙诒让，黄体正、黄体立、黄体芳、黄绍箕、黄绍第）和“东瓯三先生”（陈虬、陈介石、宋恕）为代表的一大批精英人物，他们立德立功立言，为地方发展、社会进步作出独特而不朽的贡献。然而由于历史和现实的原因，对他们生平事迹与功业的探讨与研究，对他们思想和精神的挖掘与弘扬，长期以来，做得很不到位。即以年谱单行本而论，早年仅有孙孟晋《孙逊学公年谱》《孙徵君籀庼公年谱》、陈谧《陈介石先生年谱》等，近年问世《虞廷恺年谱长编》《马孟容马公愚昆仲年谱》《夏承焘年谱》等，屈指可数，难以满足学术界与社会的需要。

有鉴于此，温州市文史研究馆谋划集合馆内外力量，从事《晚近温州人物年谱丛刊》的编撰出版工作。对此，我们有几点考虑。

一是谱主的选择。谱主在晚近温州有典型意义，或功业彪炳（如黄体芳、黄绍箕、黄群），或学术（专业）一流（如洪式闾、赵超构），或风骨凛然（如刘景晨），或其他方面具有相当代表性（如朱铎民、金嵘轩、梅冷生、吴百亨）。

二是体例的把握。广泛梳理与征引文献史料，讲求学术规范，记叙客观，剪裁得当，力求做到不虚美不掩饰。姚名达为胡适

《章实斋年谱》作序时提出的几条原则,可以作为我们的有益借镜。

三是作者的落实。以馆员为先,但不限于馆员,尤其欢迎馆外同仁参与丛刊的编撰,将符合条件的书稿交付我们出版。馆外同仁,自然不以温州为限,期待海内外专业人士与我们精诚合作,拿出精品,为温州历史文化研究添砖加瓦。

总而言之,通过《晚近温州人物年谱丛刊》的出版发行,不断凸现文史研究馆的引领性与学术性。

温州市文史研究馆

二〇二二年七月二十八日

目　录

前 言

世乱知机早掷官，宦途何似杖乡安。
校书有子传家学，修禊留宾结古欢。
集纂敬乡成巨著，诗成落纸尽奇观。
岁寒高节谁堪拟？自写梅花与自看。

这是一九四〇年，乐清诗人洪鲁山为刘景晨六十寿诞而写的贺诗，高度概括了刘景晨的修为与品行。

▶青年刘景晨

刘景晨（1881—1960），字冠三，号潜庐，后改号贞晦，别署有梅屋、梅隐、十二梅花屋居士、癖芋山人、补蹉跎室等，浙江省永嘉县城（今温州市鹿城区）人。先后担任国会众议院议员、永嘉县志纂修处总纂、温州市文管会主任、省文史研究馆馆员、省人民代表、市政协副主席等职，浙江省委统战部誉之为现代“浙江知名的耆宿”。刘景晨能顺应时代的要求而不断进步，他毅然拒绝曹锟贿选，在永嘉县城闹米风潮中仗义执言，出席叶芳将军决定温州和平起义的会议并慷慨陈词，“冷眼总能明黑白”“风骨棱棱晚更坚”，不愧为有抱负、重气节的一代文化人。

同时，刘景晨又是二十世纪浙南教育学术事业的有功之臣。他早年投身新式教育活动，参与筹建温（州）处（州）学务分处；民国初年缙云知事任上关注新学制工作；抗战胜利后为捐充城区小学教育基金举办书画义卖。尤其是弘扬永嘉学派经世致用的优良传统，在乡邦文献整理和文物保护方面作出不可磨灭的贡献。饮誉学界的《敬乡楼丛书》，一至四辑内有三辑即由他经手校点行世；孙诒让参纂的光绪《永嘉县志》，是他倡议补刻的；深孚众望的浙江省第三特区（永嘉区）征辑乡先哲遗著委员会，由他积极促成；抗战后期开办的永嘉县志纂修处，他身为总纂，苦心孤诣，奔走操劳，尽管“遭寇迁徙，遂无成业”，但精神长存天壤之间。新中国成立之后，他以古稀之年出山主持温州文物管理工作，业绩昭彰，同样令人肃然起敬。

* * *

刘景晨家世清寒。祖父是木匠，父亲开木材铺为业。十三岁师从县城仁美里私塾汤作奎。汤字笑庵，晚清廪生，系东瓯三杰之一陈虬二兄陈仲舫（同治十二年举人，瑞安求志社成员，参与创办心兰书社）的门生。在这家私塾里，刘景晨与邻居黄群同学为后来从政与合作校刊乡邦文献奠定人脉基础。光绪二十五年（1899）刘景晨考取府学生员。三年后参加杭州贡院乡试落榜。

科举制度废除后,刘景晨于光绪三十年(1904)冬考入京师大学堂优级师范馆就读(历史地理部),师事史学教习、一代名儒陈黻宸。次年暑假返里,积极参与温处学务分处的筹备工作,开始涉足近代新式教育事业。光绪三十三年春卒业,获贡生衔。随后入上海澄衷蒙学堂任教。不久,应陈黻宸之聘,赴广州任两广师范学堂(初级简易科)地理教习。受温处学务分处总理孙诒让的赏识,光绪三十四年初返回故乡,执掌温州府中学堂地理教席,次年兼温州师范学堂地理教习。当时条件比较简陋,“教学没有挂图,只得用粉笔在黑板上画出图形,比现在难得多;但为了教好这门课,不得不刻苦练好这一基本功”。正是得益于包括刘景晨在内的一大批教习的草创之功与培植之力,晚近温州才涌现出众多出类拔萃的人才。温州府中学堂与师范学堂及门学生,如洪式闾(医学家)、马孟容(画家)、马公愚(书法家)、陈仲陶(诗人)、柯逢春(民主人士)、林彬(法学家)、周守良(金融家)等就是其中的代表。

青年刘景晨意气豪迈,自许甚高。曾在温州师范学堂共事的老友黄式苏后来忆述两人的交谊时说:“昔我初识君,踵门趋江浒。是时两少年,慷慨期自树。闻君侃侃谈,我讷惭无语。”而在永嘉县教育会会长王毓英心目中,“余望其气象,昂然负有耿介豪迈不可一世之概”。他不满足于粉笔生涯,希望在更广阔的天地间有所作为,特别是在政坛上一展拳脚。辛亥年(1911)夏秋之交,应湖北布政使署之聘,前往武昌履新。不久,武昌新军首义,轰轰烈烈的辛亥革命爆发,他结束短暂的幕宾生活,匆匆归里。

由于存世资料缺乏，我们对他逗留湖北这几个月的政治活动难以深入把握，然而从他十年后的诗作《辛酉正月题蒋叔南游记第一集》里可以推断，他并没有介入革命党人的活动，而是置身局外，静观风云变幻。

中华民国成立，西方代议制度开始在神州大地试验。刘景晨踌躇满志，踊跃参与议会选举，希望赢得一席之地。一九一二年八月，省议会初选即告失利，他没有气馁，转身投入国会议员的竞选活动，结果仍未遂愿。次年一月，众议院浙江选区复选揭晓，他仅仅当选候补众议员，不过挚友黄群与业师陈黻宸已成为正式议员。同年六月，获得浙江民政长关于接充缙云县知事的委令。三十出头、自号潜庐的刘景晨，终于有了用武之地。

同年八月，刘景晨正式接任缙云县知事。视事之初，鉴于"浙省自上年光复以还元气未复"，刘景晨与巡防管带、县议会、参议会、教育会、农会、商会等负责人联名电复都督朱瑞，表示赞同其主张，认为"此时外省虽有战争，吾浙自应持以镇静，俾人民休养生息，不致重罹水火。都督前电布告宗旨，大众极表同情，现缙邑虽有谣传，而地方尚属安谧，景晨等自当遵奉命令，力任维持"，对"二次革命"持鲜明的反对态度。因此在任内对鼎新会、共进会、百子会等会党活动予以取缔，严加防范。次年八月，会党首领周永广等在缙云、仙居、永嘉县交界处聚众起事之际，他身为地方官，责无旁贷，秉承浙江督军朱瑞与巡按使屈映光的指令，协同警备队第四区统带梅占魁全力进剿，并将解送县公署的张陈银、杨岩青、楼茂云、张华福等四人提集审讯，以"内乱罪"判处死刑，按

“军法”先斩后奏,“以定人心”。尽管巡按使饬复认可,“先行正法,系出于一时权宜之计,姑准备案”,但同时也明确指出,“惟嗣后惩治匪犯,应先请示,俟核准后执行,以昭慎重”。这就为他日后成为牺牲品埋下伏笔。随着起事人马被荡平,刘景晨的缙云知事之职不满一个月即告终结。第二年,他因此事成为被告,再经过整整三年的周折,坐“越权杀人罪”(法律上县知事并无审判“内乱罪”管辖权),于一九一八年四月二十六日在金华被浙江第二高等审判分厅终审判处徒刑三年又三个月。

初入仕途,一年零三个月就卸任,而且为此身陷囹圄,这是刘景晨生平遭遇的一次重大挫折。他改号贞晦,立誓自此“韬贞隐晦”,重新审察自己的人生方向。在金华监狱中,“晨兴读梵籍”“间涉新学说”,无日不以学字读书为乐。不过他密切关注时局发展的初衷不改,“茫茫宇宙一诗囚,放歌且作忧天杞”,就是他心声的坦诚表露。此时,同乡至交如黄群、潘鉴宗、蒋叔南、刘祝群、刘绍宽、郑汝璋、金炳南诸人一如既往的情谊,给身陷囹圄的刘景晨以很大的宽慰。

一九二一年刑满出狱后,刘景晨先后于厦门大学、温州省立十中兼十师执教各一个学期,即递补为众议院议员,得以重返政界。旅京初期,他以积极的姿态参与宪政问题的讨论,期望积贫积弱的中国及早步入宪政的轨道,开辟“民治”的新纪元。大总统黎元洪先后授赠三等嘉禾章、二等大绶嘉禾章、二等大绶宝光嘉禾章,以示嘉奖。可是事与愿违,直鲁豫三省巡阅使曹锟悍然不顾国家之纪纲法律,并将数千年道德所涵养而成之廉耻大防扫除净尽。一九二三年六月十三日,大总统黎元洪黯然出走天津,北京政局陷入一片混乱之中。当月中旬,刘景晨领衔在一份提案中倡议“吾两院同人,宜有公正之主张,为严重之表示”,强烈要求众议院针对失职的“京畿军警长官,提出查办案,咨达政府,克日从严查办,以扶政轨”。月底,他又列名《国会议员离京宣言书》,郑重声明:“国会在北京此时政情之下,其机关已陷于被围状况,其信用已濒于破产地位。爰自六月十五日起,相率陆续离京,别谋建树。”随后离京南下,与直系军阀的倒行逆施展开不屈不挠的斗争。

然而,曹锟急于粉墨登场,众议院议长吴景濂助纣为虐,不惜卖身投靠,共同上演臭名昭著的贿选丑剧。九月十日,众议院举行总统选举预备会,包括刘在内的数省议员并未出席,但次日公布的签到名单竟达 436 人。为捍卫国会与法律尊严,已返回北京的刘景晨毅然投书吴景濂,义正词严地提出质问,留下一份闪光的声明:“大总统选举预备会,关系何等重大,而会场捏报人数,舞弊显然,应请阁下注意。十日之会,是否有效,天下必有公判也。”

相隔一天,九月十二日,他又列名《国会议员否认北京选举会通电》,郑重声明:“自后吴景濂等如有宣告常会开会,或执行总统选举之事实发生,同人等认为苟非虚报人数,即系冒名顶替,不惟绝对不负责任,抑且根本不生效力。”

对此,曹、吴之流置若罔闻,变本加厉,以五千银元一票的高价(也有八千、一万,数目不等)贿买部分国会议员,十月五日举行所谓大总统选举会。开票结果,曹锟得 480 票(出席投票者号称

590名),“当选”大总统。十月十日,曹锟从保定进京就职。同日北京国会颁布《中华民国宪法》,借以掩盖贿选丑行。

当时,反直三角同盟商定,以每月300元津贴加40元不出席费,动员国会议员出京南下上海。家境平平的刘景晨对于这笔“反间之金”,也拒而不纳。刘毅然拒贿之举所显示的硬骨头精神,深受两院有良知的同仁赞赏,也得到社会舆论的好评。马叙伦指出:“于曹锟贿选总统之际,所谓国会议员者,其中不乏謷然自处之士或文誉满士林者,以伦所知,得区区五千圆之贿而乐受其污者多矣,景晨独皭然不滓,失厚禄显职而不悔。景晨故非裕于财者也,而乃若此。”

此后尽管刘景晨还曾返回北京,介入议会的某些活动,然而只是余波而已,毕竟作用有限。他目睹“法统”“荡然不存”,进一步体悟到国运的“艰难”,心情与当初已经不可同日而语。“争之而不胜”,难以挽救时局于万一,不得不黯然告别议员生涯,从事其他职业。

一九二六年起,刘景晨先后担任北京外交部部立法政专门学校秘书(为期半年)、国民革命军第二十六军第一师师部秘书(驻太仓,约半年)、上海美术专门学校教授(半年)、中国文艺学院(中国艺术专科学校)教授(一年)、新疆省政府驻(南)京办事处秘书(两年)、北路军前敌总指挥部秘书(驻江西,短期)、温州警备司令部秘书兼参议(五个月)、上海国信银行秘书(三年)等,直至一九三七年上海“八一三事变”发生,避回温州,从此息影家园。其间一度兼任温州旅沪同乡会主席委员。十多年间为稻粱谋,变换八九个岗位，可谓南北奔驰，席不暇暖。老友刘绍宽的感叹自在情理之中："侪辈中黄溯初家赀有数十万，徐寄庼、陈守庸皆有数万，如刘赞文等不下数千者甚多，而冠三、仲荃不名一钱，贫富之差甚远。"

就在如此动荡的时局与生活境况之下，刘景晨呕心沥血，"别谋建树"，开始致力于乡邦文化事业。

其一为《敬乡楼丛书》的校印。

"敬乡楼"是刘景晨好友黄群的藏书处，聚书数万卷，其中乡先哲著作约四百种，宋元明清仅存之椠本、诸藏家传写未梓之书接近百种，有为《温州经籍志》所未著录、有著录称已佚者，甚或国内曾经失传者。一九二八年起，刘景晨应上海通易信托公司董事长兼总经理黄群之邀，赴沪校印《敬乡楼丛书》，"其编辑之例，意在表微。凡所刊书，必视世无刊本或刊后再佚不复流传者，或刊本虽存而中多阙佚者，始为校勘付印"。刘景晨先后承担第一、二、四辑，精心校点，如列入第一辑的叶水心《习学记言序目》，以光绪十一年(1885)黄体芳江阴刻本为底本，参校各抄本、刻本，校改讹舛计两百余处，可见其心血之一斑。第三辑由刘绍宽负责校点，四辑共计38种289卷78册，印成之后分送海内外图书馆暨各界名流，并向全国发行。

这是继孙衣言《永嘉丛书》、冒广生《永嘉诗人祠堂丛刻》之后，近代温州乡邦文献整理与研究的重大成果，为抢救、弘扬永嘉学术传统作出不可磨灭的贡献。一九三五年初，浙江图书馆馆长陈训慈撰文予以高度评价："其所访致刊行者，多为孙仲容《温州经籍志》所未著录,或注云佚与未见者,要足为孙氏《丛书》之后劲矣。”第四辑完成,社会各界更是推崇备至,誉之为浙江文化界的一大盛事:“近年以来各县兴修县志者,既时有所闻,而如鄞县天一阁之重修,绍兴禹王庙之修成,乃至《四明丛书》与《敬乡楼丛书》等之辑刊,要为近今政府与地方人士共同努力于文献整理,荦荦可举之伟绩也。”胡适晚年住院期间,与秘书胡颂平(乐清籍)、护士徐秋皎(金华籍)闲聊中提道:“徐小姐那边有永康学派,你们那边有永嘉学派。永嘉学派要看《永嘉丛书》《敬乡楼丛书》。”同样表明学术界对这套丛书价值与发刊校点者劳绩的肯定。

其二为方志的续修与补刻。

一九三五年春,考虑到光绪《永嘉县志》(张宝琳修,王棻、戴咸弼、孙诒让等纂)因保藏不慎而致有残阙,刘景晨主动出面与县长徐用商量,拨助公款200元,并发动工商界有识之士捐资1050元,委托梅冷生补版校勘,重印100部,以适应社会急需。梅冷生在《补刻光绪〈永嘉县志〉跋》中记叙:“(刘贞晦丈)属余任校字之役。计补板五百一十二叶,字二十六万三千有奇。”“自始事迄今,阅时八月。前后共募款一千二百五十金。刘丈屡自沪上邮书,殷殷督促。驽钝如余,亦排日为理,摩挲梨枣,效清尘扫叶之劳。邑之人闻有斯举,咸欣忭以观厥成。益叹晦明绝续之交,为此文献一线之延之犹当于人心也。”

次年与一九四四年则两度参与新方志的编修事宜。先是一九三六年一月六日,他在永嘉区行政会议第四次会议被推定为区志筹备员。此时距最后一次乾隆二十五年(1760)修(府)志已经

176 个年头，区行政会议议决改修温州府志为《永嘉区志》，推定刘绍宽、梅冷生、杨雨苏、孙孟晋、黄溯初、徐世康、沈权、沙迦耶、刘景晨九人为筹备员，名称定为纂修永嘉区志筹备委员会。可惜仅仅留下一纸《章程》而已。

至于民国《永嘉县志》编纂工作，一九四四年元月正式启动，刘景晨应聘为县志纂修委员会委员，兼县志纂修处总纂。此时县志失修已达六十年，尽管处在抗日战争后期，当局仍然比较重视，成立工作班子，拟订章程，还表示“在本年度县特种事业费项下拨支四万元充作修志经费，如有不敷，另向地方募收弥补”。

永嘉县志纂修处开始借南湖杨氏祠堂办公，四个月后移设于籀园图书馆。为物色合适人选，他殚精竭虑，反复动员。譬如，他与总务主任杨雨农、协纂梅冷生联名致电浙江大学副教授夏承焘，约其校课结束后归任《永嘉县志》协纂，并通过第八区专员张宝琛、永嘉县县长吕律致电夏承焘敦促。而当夏承焘以浙大聘约未满为由，回电推辞之际，他又一次托梅冷生致函相邀，夏意识到“贞翁雅意殷拳”“坚辞甚难”，只得接受，参与《县志》人物传的采写工作。由于国民党中央执行委员会出台政策，要求各县志主纂暨省通志馆馆长，应尽先遴选“本党忠实而有历史之同志”担任，作为非国民党党员，刘景晨别无选择，只得请辞。因此本届修志工作，推行二十个月之久，被迫搁浅，在一九四五年八月十四日，也就是抗战胜利的欢呼声中匆匆结束。幸存至今的仅有协纂俞寰澄执笔的《拟修永嘉县志体例概说》油印本，协纂夏承焘署名的数篇传记，分纂宋慈抱撰写的《永嘉县志》经籍门手稿，《瑞安县新志各门小序》钞本及一叠档案。

与此同时，刘景晨在避居永嘉江北上塘浦西柯逢春家期间，重修《大若岩志》一卷。全志计分引言、志村、志洞、志溪、志前山、志谷、杂记等七篇，脱稿两年后在友好的协助下付印。论者以为："叙次井然，视旧志有序矣，而文辞茂美，足尽山水之奇。此后大若岩之显，将不以胡公之灵，而以刘子之《志》。"

其三为图书馆事业的良性发展，倾注大量精力。

一九二七年五月，就永嘉县党部联席会议更委温属图书馆馆长一事，刘景晨与黄式苏等人联名呈文给浙江省务委员会，吁请维持原案，强调："此馆为六邑所共有，故馆长之进退，道署主之。今道尹制废，无所系属。以后馆长一职拟由六邑教育局公举有学识者，呈请加委，著为定章，以昭慎重，不能由一县为政，致多争执。至新馆长未委定以前，所有馆务仍责成刘（绍宽）馆长继续任事，庶免停顿。"

一九三五年春，刘景晨与专员许蟠云推动成立浙江省第三特区征辑乡先哲遗著委员会（后更名永嘉区征辑乡先哲遗著委员会，简称永嘉乡著会），抗战爆发之前抄缮 402 种计 1259 卷，厥功甚伟。委员梅冷生事后追忆："在孙孟晋先生任内，本馆特藏乡先哲遗书四百余种。这发动原始，是许蟠云专员，同刘贞晦先生，我被约去参加的，费了两年时间，把许多没有刻本的前人著作，抄集在一起，加以校订，送到本馆保藏。"

一九四五年十一月，敬乡楼继承人黄沙氏与籀园图书馆（温州市图书馆前身）订立合同议据，将藏书 38 箱并散帙四部计六千四百余册，寄存该馆，为期三年，刘景晨与汪惺时担任“见议人”，大力促成。一九四七年十月，这批珍贵图书就正式捐赠籀园收藏，嘉惠后学。

一九四七年底，由于时局动荡，籀园图书馆经费困难，永嘉县政府决定组织籀园图书馆董事会，负责筹募基金一亿元，以维持馆务。刘景晨应聘为董事会成员，凭借个人声望与社会关系，一如既往地支持图书馆的工作。

二十世纪五十年代，刘景晨作为温州市文物保管委员会主任，重视流散文献的抢救性保护。当时温州民间散存大量珍贵的地方文献，有的堪称海内珍品。他不顾年老体弱，亲自带队，从一九五四年一月十七日开始，从平阳城关、鳌江、宜山、金乡、龙港等五处旧废书中共拣选图书四千册。同年六至八月间，文管会又从永嘉等地私家所藏的图书字画（约二谷仓，万斤以上）中拣选不少有价值的图书字画。其间还在温州信河街旧书摊中发现明隆庆刻本《文苑英华》四十九册（存四百四十八卷），从平阳金乡（今属苍南县）乡公所杂物堆中发现太平天国《山中草》孤本。这些珍贵图书，后来大都划归市图书馆收藏，从而使馆藏古籍的数量和质量有了较大的提高。

文物保护工作可以视作刘景晨毕生尽瘁乡邦文化事业的第四个方面。

五十年代，他担任温州文物界的领导工作五年，为温州文物事业的创立与发展立下汗马功劳。在此之前，作为东南小邹鲁的温州还缺乏严格意义上的文物保护。受时代的局限，对文物概念的认识和理解比较模糊，一些可鉴赏的古书、骨董、金石、字画等小宗文物被当作宝贝来收藏，至于城池、寨堡、园林、祠庙和碑刻等，除了被地方志收录，往往处于一种无序的生存状态，每年大量的文物惨遭自然和人为的破坏，造成无可挽回的损失。一九五二年底，温州市文物保管委员会终于成立，刘景晨不顾年事已高，出山主持工作，至此温州有了专门的文物保护管理机构，东瓯大地上的文物事业翻开崭新的一页。

刘景晨上任伊始即从摸清温州文物的家底入手，以野外调查工作为重点，通过文物单位的调查，先后在市郊双屿山、永嘉罗浮、乐清白鹭屿、瑞安陶山等地发现新石器时代遗址，并出土一批陶器和石器，以实物证明远在四千年前温州的祖先就在这里劳动生息。历史上温州的“缥瓷”饮誉海内，但一直没有发现窟址。通过调查，缥瓷遗址发现多处，分布广泛，烧造时间从晋到元。此番发现为我国陶瓷史的研究填补了空白。同时，在桐溪、丽岙、瓯北等地发现一批古墓葬，通过发掘得到了汉晋南北朝时的大量实物，为研究当时温州社会面貌提供了难得的第一手资料。至一九五六年，浙江省确定的第一批文物保护单位中温州就有 35 处，其中古文化遗址、古窟址和古墓葬，数量约占全省三分之一。当时华东师范大学、浙江大学都认为这批文物是研究浙南历史的重要资料，多次要求提供实物标本作为教材。

任内，刘景晨一方面积极筹划市文物保管委员会在江心屿兴庆寺新址举办的首次文物陈列展览；另一方面，又为筹措文物保护经费，多次在省、市人大（政协）会议上提议政府增加经费，并通过同乡的关系与中央文化部文物局联系，以维持文物工作的开展。在他与同仁的多方努力下，最终有了结果。一九五三年浙江省文化局指示：温州市文管会兼理全地区文物工作，并拨常年经费。同年市政府又一次性拨款五百万元（旧币）专门用于文物展览。那一年的展览盛况空前，参观人数多达四万人次。通过经常轮换陈列，引起市民的广泛兴趣，充分发挥了文管会寓教于乐的阵地功能。凡来参观过的人都说：“人少，经费少，而能办得这样的规模是有成绩的。”

令刘景晨倍感欣慰的是夙愿得偿，二十年前发起修葺慈山叶水心墓，一九五七年清明前夕终告完成。可是不久，他被错划为“右派”，被迫离开他眷恋的工作岗位。一九六〇年八月，刘景晨郁郁以终。一九八三年八月，错划的“右派”问题获得改正，恢复名誉。

此外，刘景晨还是“热情的诗人”和画家。以诗作而言，留存不下九百章，数量比较可观，不乏可圈可点之作。

五四以后，刘景晨的诗作，与当时的新气象相应，“信手拈来微一笑，几生修到素心人”。此类诗句不乏其例。如写于厦门的《晓起偶坐》：“一抹赤云平，海天日欲生。烟笼苍岛近，风飏白鸥明。节睡客中意，哦书楼外声。金经跌读罢，传饭早鸣钟。”然自一九二三年刘景晨拒曹贿选，毅然南下，直到一九二七年，他鲜有歌吟。考其诗作，“唤取一奁留影去，长将冷眼看繁华”，流露出相当的忧愁和不平之情。

至一九二八年，刘景晨在沪编校《敬乡楼丛书》，结交刘放园、陈石遗、黄宾虹、徐悲鸿等诗画名家，作品渐渐丰盈。此时与宾朋酬唱的作品颇多，同时不乏忧国忧民之作。组诗《敬乡楼图卷次和溯初自题元韵》四章，则是力图传承文脉、重振永嘉之学的动人写照。其一："小邹鲁许古瓯江，文献东南盛此邦。犹有丛残收拾处，水光山色拥楼窗。"其四："绝学何时振永嘉，要凭含蕴发光华。披图倘慰无穷望，派水从今溉万家。"读来令人心潮澎湃，振奋不已。

一九三五年前后，可以说是刘景晨诗作的丰收期，诗风成熟，意境高雅，写景抒情，多以淡雅闲适为主。如《湖中望爱日楼怀姚味辛》："楼头碧瓦映朱椽，楼外柔波泛画船。爱日有心营小筑，邻家隔水对甫仙。江南柳色刚三月，湖上桃花又一年。稍感兹游还寂寞，中流为诵念园篇。"然而自一九三六年起，随着时局的紧张，刘景晨的忧愁又似增加不少，"风尘不惜渐衰身，姜桂由来老更辛"。虽然此前刘景晨的组诗常见，然而这段时间则更醒目，如《思五湖五章》《题鲁雪湘女士花卉六图》。当然，他的拳拳爱国之心一直很强烈，每逢紧要之事发生，必有纪咏之作，如《十二月初九日独游孤屿谒文信国公祠》《题日本二女图》。

抗战胜利之后，刘景晨诗歌创作进入后期，此时诗人渐入暮年，作品以怀故人为多。在重游故地访晤友人的诗篇中，他展现的不仅是重访友好时激动的心情，更是对于人生易逝的一种感慨。虽是如此，他仍达观对待，乐此不疲。

同时，在晚年的诗作中，有相当数量的题画诗，轻逸自然之中隐隐透露出一份从容睿智。梅花是刘景晨一生的挚爱，不管何时何地，咏梅之作总是层出不穷。刘景晨自言喜梅之傲霜凌雪之品格，故在其丹青之作中，常画红梅以自勉勉人。黄式苏赞誉："老来傲骨犹如昔，不画群花独画梅。"黄宾虹感叹："刘贞晦先生画梅，刚直之气为其性情流露，允为永嘉画家第一，""允为近时独步"。

念岁月之易逝，慨良机之难再。我持续关注刘景晨的生平事迹不下二十个年头。二〇〇一年十二月，我参与筹备刘景晨刘节父子纪念座谈会，与会的苏虹先生得悉之后，热情约稿，将拙作《刘景晨年谱简编》刊登于《鹿城文史资料》第十四辑，当时篇幅只有二十个页码，一万四千言。相隔四年，年谱扩充为五万九千言，收入《刘景晨集》。兹后见缝插针，不断增补，特别是最近两年的努力，如今达到二十五万字，作为单行本，得以纳入《晚近温州人物年谱丛刊》，令人感慨系之。

在近年编撰过程中，先后得到刘显曾、张维藩、杨瑞津、王长明、张朋强、许晓锋、陈钦益、陈彼得、方长山、王高荣、杨瑞明、陈瑞赞、金星、卓永先生，姜群英女士，以及温州市文史研究馆的鼎力支持，谨此表示衷心的感谢。

《刘景晨年谱》的正式出版，既是对这位前辈的告慰与纪念，也有助于读者对逝去年代的认识与反思。

卢礼阳

二〇二二年四月二十日

刘景晨年谱

刘景晨，字冠三，亦作冠山、艮三，号潜庐，后改号贞晦，别署有梅屋、梅隐、癖芋山人、十二梅花屋居士、补蹉跎室、贞叟等。

父蓉初，谱名宏楷，生于清咸丰十一年十月初五（一八六一年十一月七日），经营木材。母陈氏，陈耀庭长女。

祖秀玉，木匠。祖母姓氏不详，继祖母林氏。

曾祖清咸丰五年（一八五五）从原籍浙江省永嘉县南雅乡潮滐村（今温州市鹿城区藤桥镇潮济村）迁居永嘉城里。谱主《从兄玉如兄七帙寿序》（一九三五年）追述："我族故聚居永嘉钟山镇之潮滐村，以耕以读，三百年矣。我先祖迁居县城，迄于今八十年。"（卢礼阳、李康化编校《刘景晨集》，上海社会科学院出版社二〇〇六年十月版，116 页）

一八八一年（清光绪七年　辛巳）　一岁

十二月十二日　夏历十月廿一,生于永嘉县城北朔门头(今属温州市鹿城区朔门街道)。排行居长。

一八八六年（清光绪十二年　丙戌）　六岁

七月三日　三弟景毅(字莪士)生。

刘文《讣告》:“显考府君”“距生于丙戌年六月六日巳时”。(《温州日报》民国二十七年十月二十二日,四版)

一八九三年（清光绪十九年　癸巳）　十三岁

本年　师从永嘉县城仁美里（麻行僧街）汤作奎（字笑庵，生员，时年三十六岁）。

谱主诗《寿汤壁垣先生七秩二章》其二："胶胶风雨旧精庐，执卷儿时亦座隅。萱草后堂亲杖履，荆花对屋盛先徒。卌年师友余春梦，七秩门阑介左弧。迢递江邮酬雅唱，不知能博笑颜无？"原诗"荆花对屋盛先徒"句小注："先生与伯氏笑庵师同居，门弟子皆甚众。景晨年十三从师受业，时太师母犹健在。"（《永嘉汤壁垣先生辛未七秩倡和集》，民国廿一年刊本，参见《刘景晨集》，229页）

按，汤壁垣，名联奎，永嘉人，汤作奎之弟。光绪四年生员。著有《过眼录》等。

学友苏宗瀚之子苏绳武回忆：谱主十几岁时与黄群（字旭初，后改溯初）同在朔门一家私塾念书，塾师系黄家所请（一九九一年八月十一日采访苏绳武先生记录）。

谱主诗《敬乡楼图卷次和溯初自题元韵》（一九三三年）可印证："少日乡斋耿短檠，隔邻同学弟和兄。"（《刘景晨集》，247页）

《敬乡楼图记》："今城西南松台山麓，溯初有别业数椽，地十数亩，杂植桃梅梨橘，美茂成林。予谓溯初宜辟其隙地更筑一楼，海上藏书尽反诸楼中，纵乡人之浏览，表章昔贤，嘉惠来学，其于敬乡，不愈大乎？别除雅室，自适起居，四时佳日，予将携酒过从，庶几少时同学之乐，可以复寻。此则予披览兹图，而不能无说也。"（《刘景晨集》，63页）

黄群诗《赠刘贞晦》（一九三三年）："背郭临流比屋居，两家气象各和舒。心头历历儿时事,晓日高楼共读书。”(《敬乡楼诗》卷一,卢礼阳辑《黄群集》,上海社会科学院出版社二〇〇七年七月第二版,225 页)

一八九九年（清光绪廿五年　己亥）　十九岁

本年　考取生员（秀才），成为温州府学教授朱寿保（眉山）门人。同时进学者有陈禹门等。

谱主诗《赠陈守庸五十四生日》（一九三五年）："君我故通家，三世情缱绻。叔兄禹门稍长我，与我同入泮。因陪趋庭对，我时甫及冠。太翁古君子，士林皆敬惮。过我负郭庐，蔼然特垂眷。"（《刘景晨集》，266页）

《马菊眉先生示重游泮水诗感而庆之》（一九四九年）夹注："先生年八十一，长余十二岁。光绪己丑入泮，余以己亥，后先生十年。"（《刘景晨集》，323页）

一九〇〇年（清光绪廿六年　庚子）　二十岁

是年　与潘鉴宗结交。潘鉴宗，名国纲，别号鉴园，永嘉县泽雅庙后（今属温州市瓯海区）人，以字行。

谱主《次和鉴园五十生日感怀元韵》其四言“定交皆弱冠”。潘鉴宗小谱主一岁，姑系于是年。

本年　因八国联军侵占北京，恩科乡试停考。约本年成婚，夫人吴氏。

一九〇一年（清光绪廿七年　辛丑）　二十一岁

夏　接连致函杭州养正书塾总教习陈黻宸(介石)。

陈黻宸致醉石弟书第八通言:“连接刘艮三家信。”(陈德溥编《陈黻宸集》,中华书局一九九五年六月版,下册,1048 页)

八月八日（六月廿四日）　长子翰香(后改名节,字子植,号青松)生。

本年　全国正科乡试停考。

一九〇二年（清光绪廿八年　壬寅）　二十二岁

秋　赴杭州。

九月九日至十三日　在贡院参加乡试(庚子辛丑恩正并科)。

十月十四日　落榜。此次秋闱,温州中式者包括永嘉张之纲、乐清黄式苏、瑞安李炳光等七人。潘鉴宗本年考取秀才。

本年　前往乐清柳市参观西乡高等小学堂,结识朱味温(复戡)、陈春波等教员,越日而归。

《寿复戡先生六十次迂叟韵》其二:"一宿曾停柳市船,讲庐初见各忻然。旧村人效维新策,狂士诗题革命篇。近水鱼虾留远客,同心坛席感当年。倪陈郑石匆匆逝,老眼君方阅海田。"脚注:"光绪季年,乐清开办学校自柳市始,壬寅余往参观,初得识君,越日而归。倪楚湄、陈春波、郑雨农、石聘南、冯地造诸先生,皆君当日教职同事,已先后归道山。地造自署吟稿曰《诗界革命篇》。"(《刘景晨集》,224 页)按,脚注见底稿,收入《诗存》时作者有删改。

一九〇三年（清光绪廿九年　癸卯）　二十三岁

参观王毓英(俊卿)、项承椿(寿卿)附设于曾氏怡园的小学校,给主事者留下深刻印象。

王毓英《刘母陈太夫人六十寿序》:“余望其气象,昂然负有耿介豪迈不可一世之概,余异之,倘加学养,他时造就当未可量,特未知天将何以造成之也。”(《继述堂文钞附录》,收入卢礼阳编《王毓英集》,中国文史出版社二〇一一年十月版,168页)

一九〇四年（清光绪三十年　甲辰）　二十四岁

一月中旬　陈黻宸任京师大学堂师范科史学教习。

四月　致信陈黻宸。

五月　再次致信陈黻宸。

夏　赴京参加译学馆考试。榜出,名列前茅。

陈黻宸致醉石弟书第四八通言:“译学馆榜已出,惟取艮三一人(名次甚高)。”(《陈黻宸集》下册,1080页)

秋　未接受译学馆复试,而参加京师大学堂正场考试。

陈黻宸致醉石弟书第四八通言:“译学馆榜已出,惟取艮三一人,而不去覆试,甚怪。盖艮三恃大学堂必取,译学馆覆试与大学堂正场同日也。”(《陈黻宸集》下册,1080页)按,主考为总理学务大臣孙家鼐。

出榜,与同里沈守经、林祝尧,黄岩王亮(希隐)诸人被京师大学堂录取。

十一月　入京师大学堂优级师范馆就读。第一学年习普通课、经学大义、国文、日语、普通科学等。

本年　次子刘约(翰博、仲博)生。

一九〇五年（清光绪卅一年　乙巳）　二十五岁

二月二十八日　陪上海客人汤义和拜访业师陈黻宸。

郑良治《百甓斋日记》乙巳年正月廿五："早期下寓楼，见大街挑运累累，知轮舟到埠矣。既见刘君管三自北来，随从一人状貌魁伟异常，刘就近揖余指彼人而言曰：'此义和汤君，新自沪至，现走谒介石师。'余久闻汤君名，匆匆与接头而别。"（卢礼阳主编《温州市图书馆藏日记稿钞本丛刊》，中华书局二〇一七年一月版，第46册，24246页）按，日记作者前日自乐清晋郡，帮侄女采办嫁奁，下榻庆元楼。刘君管三，当即刘冠三。

春　返京，继续在京师大学堂就读。

夏历五月底　自北京归里度暑假。

六月　应邀出席温州、处州两府士绅会议，商讨学务。

孙孟晋《孙籀公与清季温处地方教育》记述："六月，温州留日学生吴钟镕、黄群、陈琪三人暑假归来，鉴于两府地方教育事业已开办，而地距省城较远，亟宜就近设立一管理机构，上承省学务处，而分任其事，以便进行工作。他们向温处道童兆蓉提出建议，童表示同意，当即召集两府各县士绅会议于温州府城谢池巷。应邀参加者有：永嘉张之纲、刘景晨，乐清吴熙周、黄式苏、石蕴辉、陈锡麟、郑良治、刘之屏、冯豹，瑞安郭凤诰、杨绍廉，平阳刘绍宽、王宗尧，泰顺刘项宣及龙泉叶维周、青田徐南等五十余人。由三位建议者发表意见，经讨论后决定机关名称为'温处学务分处'。公推籀公为总理，联名具禀道署，转详抚院。浙江巡抚聂缉椝复准照办。即借纱帽河沙氏宗祠设立筹备处。"（《温州文史资料》

创刊号,温州市政协一九八五年二月版,14 页)

《跋孙籀庼先生致吴璧华笺》(乙亥正月):"光绪乙巳,先生为温处学务分处总理,君与黄君旭初(后改溯初)归自日本,余归自北京,先后参预其事。"(《刘景晨集》,75 页)

下半年 京师大学堂分科,入师范馆历史地理部就读。

一九〇六年（清光绪卅二年　丙午）　二十六岁

是年　继续在京师大学堂师范馆就读。

本年　与乐清冯豹(地造)订交。

冯豹诗《赠刘冠三》:“乐清之雁荡,永嘉之中川,我识先生右军墨池边。”(《劳草吟》,温州云鲜石印局民国四年代印本,卷一,二叶)按,中川,即江心屿。

一九〇七年（清光绪卅三年　丁未）　二十七岁

春　卒业于京师大学堂，获贡生衔。

随后入上海澄衷蒙学堂任教。该堂监督宁海章一山，系谱主在京师就读期间相识。与临海章寿椿同事。

刘绍宽《厚庄日记》庚戌五月初八日（一九一〇年六月十四日）："在栈晤章幼垣寿椿，临海人，一山堂兄弟。幼垣云：温州可以商轮直走石浦，牛皮、木头等业皆可做，缘船到石浦，便可转船达上海矣；由石浦转海门，再转温州，此路空走，不若石浦温州直走为便也。幼垣尝与刘冠三同事澄衷学堂，嘱寄声问好云。"（温州市图书馆编，方浦仁、陈盛奖整理《刘绍宽日记》，中华书局二〇一八年二月版，第二册，505至506页）

两广优级师范学堂教务长陈黻宸约谱主到广州任教，受聘后未及时赴任。师范学堂监督、原京师大学堂汉文教习王舟瑶（玫伯）为此批评陈黻宸。

陈黻宸致醉石弟书第六五通言："师范监督又以尧民、冠三、仲荃不来责备，至作色谓：'阁下所请之人皆大失信，何以对人？'令人气极。兄亦不解俊卿、通甫诸君何忍心至此？"（《陈黻宸集》下册，1097页）

九月初　致函陈黻宸解释。陈黻宸复陈醉石函，督促谱主一行赴粤。

陈黻宸致醉石弟书第六五通言："兄病尚未愈，每日服药二剂，俊卿在粤大病，兄不知受多少惊慌，而我病彼乃视之漠然。刻冠三信来，谓俊（卿）、通（甫）成诸人已到郡，因船中人多拥挤不行。犹愈我前到杭州时有一趟遇大风雨，而船中共五百人，我无安席处，至与陈百川立雨中一日夜。我命何苦？而俊卿何命好？若此言之，令人心灰。俊卿诸君如未出来，可请其不必出来，兄亦自此归山矣。”（《陈黻宸集》下册，1097页）

九月上旬 抵穗任两广师范学堂初级简易科地理教习。

同行王毓英赋组诗《自申江十六浦搭轮赴粤东》，其六曰：“汽轮停泊起行商，五日分储七日粮。舟泊香港二日。只怕腥毡丛杂地，染他港水不清香。”（《王毓英集》，287页）

九月八日午前 应监督王舟瑶之邀赴宴，同席桥本福藏、佐藤臧廉、黄式苏、吴幼莲诸人约二十位。（王舟瑶《清夜焚香室日记》，临海博物馆藏）

与仁和马叙伦、乐清高谊共事。采用《两广师范学堂地理学讲义》五编，广东法政学堂印刷所活字版。编次：第二编亚洲诸国，第三编欧罗巴洲，第四编亚非利加洲，第五编亚美利加洲，第六编大洋洲。

按，温州市图书馆所藏封面有“受业刘景晨”“政”“两广初级师范学堂地理学”三行字样，“讲义”两字因纸面残破已不见。第一编为中国总论，共四十页，同样未具名。

同里王毓英应聘两广方言学堂监学，两人订交。

王毓英《刘母陈太夫人六十寿序》：“是年秋，余蒙粤电，转应两广方言监学之聘，时冠三正任粤东师范地学教席。两人间以诗相吟和，始结文字缘。”（《王毓英集》，168页）

十一月九日 两广方言学堂地理教习林涛（伯龄）以足疾病故。

十一月二十三日 同人于粤秀山麓先贤祠开会追悼林涛，谱主献以挽联。

联曰：“瘴海古多脚气病；先生遗有水经书。”（《林伯龄哀挽

录》,广东学务公所印刷处光绪三十三年十二月刊本,一五叶)

本年　孙诒让致函温州府中学堂监督、温处学务分处编检部主任刘绍宽,推荐谱主。

《与刘绍宽论办学书札二十六通》之二十六(光绪三十三年):"劝学所之局,必可望改良。但我辈欲举一人为代,亦甚窘于搜索。前因反对力大,议姑举陈经郛一人以抗之,因其资格尚老,而略有权略,足以抵御外潮,实则未甚惬人意,留学生亦恐有遗议。然必须预备一人以为更张之地,望吾兄与同事诸君密筹之。刘冠三(永嘉刘景辰)不审能回家否?鄙意此人最佳也。"(张宪文辑《孙诒让遗文辑存》,浙江人民出版社一九九〇年五月版,197页)

一九〇八年（清光绪卅四年　戊申）　二十八岁

二月　受聘为温州府中学堂地理教习。在广州执教仅一学期。

夏鼐日记一九四八年元旦（星期四）："晚间至亢甫二哥处，二哥为堂房兄弟中年龄最大者，今年已五十四岁，尚忆及幼时事。（中略）进温州中学，是年温中共六级，以甲乙丙丁戊己分级，陈叔平先生等七人为第一级，亢甫二哥为己级（林佛性先生为第三级），国文教员有平阳刘次饶、乐清施某，皆饱学之士。历史教员为瑞安陈孟冲，英文教员为永嘉陈守庸，若刘冠三先生则仅教地理课。当时着重中、英、算三课。二哥仅读一年，即赴杭州入陆军测量学校，尚在宣统时也，两年毕业。"（《夏鼐日记》，华东师范大学出版社二〇一一年八月版，卷四，165、166页）

二月十四日　晤温州府中学堂监督刘绍宽。

厚庄日记正月十三日："雨。侵晨至郡，晤宏轩、守庸、冠三、骥卿，即寄庼徐陈冕。谒孙仲文。冠三，即刘景晨。石聘南先生夜来。晤黄仲荃、吴郁周、倪楚湄，谓施仲周以父命不来，因托转订。"（《刘绍宽日记》第二册，457至458页）

二月十八日　刘绍宽、郭筱梅、徐寄庼来访。

厚庄日记正月十七日："晴。陈介石先生来堂，刘宏轩邀同至松鹤楼晚酌，石聘南、郭小梅、徐骥卿均在座。偕小梅、聘南至轮船送别锡太守，骥卿同行，兼送高性朴、陈铭石。高赴广东，铭石往日本也。回时，偕小梅、骥卿同至刘冠三家。"（《刘绍宽日记》第二册，459页）

二月十九日 于江心寺设宴招待陈黻宸和余筱泉(朝绅),请刘绍宽、郭凤诰、刘项宣作陪。

厚庄日记正月十八日:"晴。酌定全堂功课表。刘冠三觞陈介石、余少泉两先生于江心寺,邀余与小梅、宏轩、骥卿同往。"(《刘绍宽日记》第二册,459页)

二月二十日 与刘绍宽酌定功课表。(《刘绍宽日记》第二册,459页)

二月二十二日 访晤中学堂新教习张震轩。

《杜园居士日记》光绪卅四年正月廿一:"下午二点钟,自大街直至仓桥到郡中学堂,适遇陈君宗易、刘君次饶、石君品南,遂邀予入内,到宗易教习房内叙谈。次饶兄又申敦聘之意,予因乞旧岁洪君韬舲课本一阅,并谈及中史无佳课本,次饶亦言略者太略,稍详者又嫌近杂,而旧史如《通鉴》《纪事》等书,又非可以作教科之用,须莅堂临时斟酌为妥。约谈至两点余钟,宗易留予小点,始告辞而出。时陈君守庸、刘君冠山均来谭片刻去。"(温州市图书馆编、张钧孙点校《张棡日记》,中华书局二〇一九年十月版,第三册,1052页)按,洪韬舲,一作绍龄,名允祥,浙江慈溪人,先后任温州、瑞安中学堂教习。

三月四日 温州府中学堂开学。

二十世纪五十年代曾与女婿朱肇棠谈起当年的教书生活:"自己也曾教过地理,并说那时教学没有挂图,只得用粉笔在黑板上画出图形,比现在难得多;但为了教好这门课,不得不刻苦练好这一基本功。"(朱肇棠《回忆先岳父刘景晨先生》,《温州文史资料》第九辑,浙江人民出版社一九九四年三月版,69页)

同日下午 偕刘绍宽、刘宏轩、徐寄庼等往瑞安给同事之父郭梅留送葬。留宿。

厚庄日记戊申二月初二日:"阴。午后偕刘冠三、宏轩、江阆

仙、徐骥卿往瑞安,以郭小梅安厝其先君梅留先生也。"(《刘绍宽日记》第二册,460页)

三月五日　从瑞安返回郡城,与同事至张震轩宿舍谈话。

《杜园居士日记》二月初三:"阴。是日颇寒。灯下刘贯三君自瑞城郭小梅家接主回,因同李君甗斋、陈君宗易、石君聘南诸教习在予房谐谈点余钟去。"(《张棡日记》第三册,1056页)按,刘贯三君,当即刘冠三。

三月七日　赴温州府中学堂新学期开学酒宴。

《杜园居士日记》二月初五:"晴。是晚本堂设开学酒,请本堂诸教习及师范学堂教习三位,共三席,均设在饭厅。首席杭州徐君亚伯、湖北吴君寅斋、安徽吴君簪臣、杭州庞君听涛、宁波沈君良皋、杭州王君瑞侯、刘君凤仙、刘君次饶、戈君仲泉暨予共十人;二席则刘君冠山,陈君守庸、李君乙斋、刘君祝群、徐君臣勉、陈君宗易、石君聘南诸位;三席则助教生及帐房狄君,书记张君仲荐、郑君仲愚也。良朋高会,围坐倾觞,亦一时胜事,约饮至十点钟散席。各位又到楼上客厅茶话片刻始去。诸人中惟徐亚伯谭锋最佳。"(《张棡日记》第三册,1056至1057页)按,李君乙斋,即李甗斋。

三月十一日　张震轩送来青田石托其治印。

《杜园居士日记》二月初九:"晴。是日薙发,付大钱卅文。买青田石数块,计小洋二角。回堂后即托刘君冠山篆刻之。"(《张棡日记》第三册,1058页)

三月十二日　应邀赴温州府师范学堂出席新学期开学酒宴。

《杜园居士日记》二月初十:"晴。(前略)盖本日师范开学,晚设开学酒,请中学诸教习同饮故也。酒凡四席,设在后进大厅。池君仲鳞亦于是日来。而旧岁瑞中学诸生如郑兆焘、林镜蓉、方平达、虞熙、岑圣基、林成琦皆来就学。约饮至九点半钟席散,乃

与陈、戴、刘次饶、祝群、冠山、石聘南等同回中学。”(《张棡日记》第三册,1058页)

三月二十九日 与中学堂同事租船公请师范学堂教习徐亚伯、吴寅斋、吴簪臣、庞听涛一行参观头陀山妙智寺。

《杜园居士日记》二月廿七:“是日堂内诸同事纠资税盘汤船一只,酒二席,公请师范学堂教习徐君亚伯、吴君寅斋、吴君簪臣、庞君听涛同到头陀妙智寺游玩。于八点半钟登舟开行,闻瑞学堂教习洪绍龄、戴丙庚二位亦在郡,刘监督次饶自去请之不来,遂偕石君品南、林君尧臣、狄君霖孙,予与宗易、彪斋、黄万里、刘冠山均去。亚伯善谈锋,在船演说笑话数则,娓娓可听。十一点半钟,在舟中开菜团饮,菜味极佳。而宗易以过贪杯酌,几至酩酊,抵头陀山上岸已十二点半钟过矣。入寺遍游,遂赴方丈客座饮茶吃点心,时予家伯琳弟妇及妹子引弟均在寺。约游至三点钟,即登舟回,六点钟进堂。”(《张棡日记》第三册,1061至1062页)

四月一日 同事王瑞侯夫人患风湿病,与陈守庸、李彪斋、林尧臣、张震轩到王寓探候,随后上街看拦街福。

《杜园居士日记》三月初一:“阴。晚饭后同陈守庸、李彪斋、刘冠山、林尧臣到王瑞侯寓探候,盖瑞侯之夫人近患风湿之疾,未能清理故也。据伊说近服余小泉先生药及白鹤洲药渐见轻可。自瑞侯处出,各人均由府前过五马街到大街看拦街福。游女如云,行人拥挤,路为之塞,予乃别诸君到周宅岳母处寝焉。”(《张棡日记》第三册,1062页)

四月二日 偕同刘绍宽、李彪斋、陈宗易、张震轩到仓桥街看拦街福,途经李彪斋寓所稍事逗留。

《杜园居士日记》三月初二:“阴。晚饭后又同刘次饶先生、李彪斋、刘冠山、陈宗易到仓桥街看拦街福。即过彪斋客寓茶话数刻出,各人即由仓桥街一路游行至道前街过城西,由府头门穿过

公界回中学堂。近日堂内又请王君子祥为经学教员，已于昨日晋堂，未上课。”(《张棡日记》第三册，1063 页)

按，同事王子祥与谱主交谊，黄溯初《墨商》跋称：“王君，永嘉人，徙居瑞安，余昔尝见之。而余友刘贞晦当清季时为郡中学校教习，曾与共事一载，称君笃学，遍读经史诸子之书，治天算且精，能为选体诗，然不多作；在中学校教授《周礼》《左氏传》，辄引经典；与友生论议时事，言谈颇有风趣云。”(《黄群集》，193 页)

六月七日 至师范学堂访刘项宣(凤仙)，张震轩已先在。即留师范午饭，同席者还有江阆仙、学生王冕(复周，一作服周)并书记员数人。饭后遇瑞安归来之郭小梅、蔡逸仲，得悉孙诒让近日病状略有好转。偕张震轩、王子祥回中学堂。

《杜园居士日记》五月初九：“晴。是日来复。九点钟到师范学堂刘君凤仙处坐谈，俄而刘君冠三来，因共谈至午刻，即留师范午饭。共席者则江君阆仙、刘君冠山、凤仙及学生王冕并书记员数人。饭后而小火轮到，郭君小梅、蔡君逸仲自瑞来云，孙籀师近日病体略定，各人均为稍慰。谈至三点半钟，予又到小梅房坐片晌，即偕刘君冠山、王君子祥回堂。”(《张棡日记》第三册，1076 至 1077 页)

六月八日晚 张震轩等教习来访谈。

《杜园居士日记》五月初十：“晴。晚饭后七点半钟因与石君聘南到余小泉先生处晤谈至九点钟回堂，又至刘君冠山房与各教习谈点余钟，始回房就枕。”(《张棡日记》第三册，1077 页)

六月十一日晚 与张震轩谈古帖。

《杜园居士日记》五月十三：“晚饭后与刘冠山谈古帖。”(《张棡日记》第三册，1078 页)

六月二十日 瑞安孙诒让(仲容)病故，享年六十有一。

六月二十二日 偕刘绍宽、郭小梅、徐骧卿、刘祝群、冯豹、刘宏轩诸人前往吊唁。

厚庄日记五月廿五日:"晴。孙仲容师于廿二日巳刻逝世。廿四日,与郭小梅、刘宏轩、冠三、徐骥卿、冯地造、刘祝群、潘艺文同往吊。"(《刘绍宽日记》第二册,464页)

六月二十九日 帮同事张震轩、刘祝群推敲挽孙诒让联。

《杜园居士日记》六月初一:"晴。下午撰挽孙籀庼先生楹联数对,并请刘君冠山斟酌。刘君年少心细,所酌皆允洽。其自所作联语亦皆秀雅绝伦。刘君祝群亦将所撰之联乞予及冠山商榷,因细为酌改,以成完璧。又阅刘总理次饶联甚佳,惟间有支词嘱删之,以臻全美。"(《张棡日记》第三册,1083页)

七月三日 再次与张震轩斟酌孙诒让挽联,刘绍宽协同商量。

《杜园居士日记》六月初五:"晴。是日将己、丙、丁三班阅卷定分数,即交石监学聘南收储。下午同刘君冠山、次饶二先生斟酌孙籀庼挽联。晚饭后,到周宅少坐。"(《张棡日记》第三册,1084页)

七月四日 与张震轩至仓河巷访晤余筱泉,遇同事王子祥。

《杜园居士日记》六月初六:"晴。晚饭后到师范学堂一游。缘明日下午二点钟该堂为孙、黄二公开追悼会,由堂内发知单,遍请学界诸人到会。时堂内正调排一切礼仪,徐君骥卿约予明早来堂办忙。坐片刻,乃同刘冠山到仓河巷余太史家少坐,时王君子祥亦在座,约坐至九点半钟乃回。"(《张棡日记》第三册,1085页)按,余太史,指余朝绅(筱泉)。

七月五日下午 赴温州师范学堂出席孙诒让、黄绍箕追悼会,并宣读黄绍箕诔词。追悼会由徐寄庼主持。池仲霖介绍黄绍箕生平,张震轩演说孙仲容历史。徐亚伯读孙公诔词。温处道贺元彬出席。

《杜园居士日记》六月初七："晴。晨八点钟同陈宗易到师范学堂。是日为本堂开追悼孙籀公之会，自大门直至大堂一带均悬挂士绅公挽楹联。师范头门外则用青柏扎成'追悼'两大字，左右分挂各色国旗，门首用白布篆书七言大字联一对：'高名并峙海内外；文星连陨天东南。'盖今日之追悼会为孙、黄二公并开故也。予与宗易、江君阆仙、石君聘南等均派接待员。旋因是日会章二点钟开会，由会员登台报告，一演说《黄公行状》，一演说《孙公行状》。然后官绅行礼、读诔词、奏追悼歌，散会。《黄公状》系池君仲鳞主笔，即由池君为演说员，而《孙籀公行状》，乃郭君小梅主笔，郭君不肯认演，坚挽予代演，予过却不获，乃认为演说员焉。午饭后中学堂四隅学堂诸生及女学生，瑞安河乡诸教员、学生亦俱到。是日天气极热，一点半钟后，天忽雷雨，直至二点半钟后，雨师息驾，而天色旋复晴霁。时官场中自府尊以下官均到齐，惟贺观察未到，待至三点半钟贺观察亦到。执事员徐君骥卿乃登台摇铃集众，于是士绅、学生、来宾均纷纷入座。是日由大堂一直坐至大门，学界中到观会者不下二千余人。先由徐君报告，次即池君登台演说仲弢先生历史，洋洋洒洒不下数千余言。时已近四点半钟，池君演毕退，予乃登台演说仲容先生历史，约半点多钟乃退。继则刘君冠山登台读黄公诔词，徐君亚伯读孙公诔词。读毕，诸公并离座，立唱行三鞠躬礼，诸学生各奏洋琴唱追悼歌三阕，始摇铃散会，时已五点钟矣。"（《张棡日记》第三册，1085 至 1086 页）

按，黄仲弢，名绍箕，与孙诒让并称"二仲"，年初逝世于湖北提学使任上，此前灵柩归里。

厚庄日记六月初七日："晴，晚雷雨。郡人士为黄仲弢、孙仲容两先生开追悼会于师范学校，到者千余人。"（《刘绍宽日记》第二册，466 页）

七月十日 与温州中学堂、师范学堂诸教习赴瑞安送黄绍箕灵柩出丧(嗣后葬于瑞安二十四都,今陶山盖竹山南麓),并公祭孙诒让。过玉海楼休息片刻,乘舟返温。

《杜园居士日记》六月十二:"晴。六点半钟动身,乘庆良船上城,盖是日为郡中学、师范两堂诸教员公祭孙仲容先生,又送黄仲弢学士灵柩出丧。故予到城先到郭小梅处一查,而刘君次饶、冠山、石君聘南、徐君骥卿等均在伊处早饭矣。因约先送过黄公丧后,乃到孙宅公祭。时予少素纬帽,适冠山有带来不用,即借用。到学前黄宅,正起丧,各人遂衣冠济济,送至大南门边即回。过赵君羽仪处吃过小点、洗过脸,乃到小梅处偕诸同事到孙宅公祭,祭毕已一点钟矣。酒席四桌,均设在野航客厅。与予同席者,则池君云珊、江君阆仙、郭君小梅、叶君芰汀诸位。酒半筵即散席,以天时甚热,各到玉海楼后憩坐片刻始出。郡城诸同事,即于下午乘船回郡。"(《张棡日记》第三册,1087页)

八月二十日 与刘绍宽、徐寄庼设宴为刘宏轩饯行。

厚庄日记七月廿四日:"晴。晚同刘冠三、徐骥卿在福聚园为宏轩饯饮,宏轩将有广东之行。"(《刘绍宽日记》第二册,466页)

八月二十五日 偕刘绍宽至千顷堂为学校采购《大清一统志》《春秋大事表》,并前往大新街缪聚兴栈随谒陈黻宸。

厚庄日记七月廿九日:"晴。申刻同冠三至千顷堂购得《大清一统志》《春秋大事表》两书,为中学购置。随谒陈介石丈于大新街缪聚兴栈。"(《刘绍宽日记》第二册,467页)

八月二十六日 陈黻宸(介石)、刘宏轩(赞文)乘舟赴粤,与刘绍宽、徐寄庼、朱味温等前往送行。

厚庄日记七月三十日:"晴。刘宏轩随陈介丈同往广东,夜偕徐骥卿、刘冠三、王子秩、朱味温诸人送至船上。"(《刘绍宽日记》第二册,467页)

八月二十七日　新学期开学。

厚庄日记八月初一日："雨。久热得凉，堂中适又开课，甚相宜也。教员到者张振轩、陈宗易、沈良皋兆骞、章心葵文谦、陈守庸、谢剑秋德铭、黄万里骥、王子祥景羲，惟剑秋新到，未上课。师范课经学三时。"（《刘绍宽日记》第二册，467 页）**按，未关涉谱主，疑谱主是时改任师范教员。张振轩，即张震轩。**

九月十日　师范学堂中秋宴请各教员。席散后偕刘绍宽、郭凤诰等散步。

厚庄日记八月十五日："晴，申雷雨，夜晴。午燕各教员。晚师范学校宴各教员，饮罢，偕郭小梅、刘冠三四五人至小西湖散步，冠三作七律一首，即夜和之。"（《刘绍宽日记》第二册，469 页）

七律《秋怀》其一曰："一奁皓月净于淘，喜挹清光入粉毫。佳夜况逢凉雨歇，朗吟欲遏彩云高。偶随烟景还乡乐，未减风尘作客豪。回首去年今夕宴，酒痕和露涴征袍。"（《刘景晨集》，165 页）

九月十一日夜　赏月。

《中秋对月感怀》："昨夜冰轮回碧天，今宵依样十分圆。喜调鲈脍开清宴，漫抚鸿泥忆旧缘。洗盏高堂歌美满，传杯诸弟话缠绵。灯前况对痴儿女，合有新诗付管弦。"（《刘景晨集》，166 页）

九月十三日　张震轩和诗数章。

《杜园居士日记》八月十八："枕上不寐《和刘冠山秋怀原韵》，诗录如左：'大江东去浪沙淘，偏有幽怀托素毫。佳句如观秋水朗，长吟恰对月轮高。愧非张绪三河少，羡尔刘郎一世豪。太息神洲丛外侮，愿移诗笔赋同袍。'《读史有感再步冠山原韵》：'披沙那得有金淘，不见舆薪转察毫。名士好龙皆似叶，欺君指鹿岂惟高。目迷五色心无主，酒落愁肠胆自豪。千古恩仇同一吷，何须恋恋问绨袍。'《和冠山韵》：'皎皎银蟾挂碧天，飞觞高咏玉盘圆。一家具庆无双乐，八斗清才有宿缘。酒暖三杯如挟纩，秋凉半臂未装绵。新诗示我饶真趣，合付红儿韵管弦。'《中秋感怀再叠冠山韵》：'对此苍茫百感天，年年皓月缺仍圆。豪输庾亮登楼兴，静结陶潜避世缘。剑拂鹖鸫思起舞，歌闻杨柳总缠绵。清宵兀坐情无那，飞盏遥吟当管弦。'刘冠山《秋病感作》：'娟娟凉月白于霜，瑟瑟轻飔逗曲房。人静微闻莲漏报，夜深浓引药炉香。宝刀未试吹毛刃，古锦还裁呕血囊。容易茂陵秋又半，酒边强病作清狂。'《中秋书怀步刘冠山秋感原韵》：'蹉跎渐觉鬓毛霜，敢望勋名继子房。论史只思书下酒，谈文还爱瓣留香。剑非知己休弹铗，锥不求人且处囊。凄绝徐陵余宿草，可堪再舞柘枝狂。余受徐季和侍郎之知，今公逝已十年，青衫一领，故我依然，思之增愧。'《时事有感再步冠山韵》：'候未坚冰戒履霜，占爻无复有京房。上书莫扶千秋弊，荐士谁焚百和香？卧闼洞开驰铁轨，长堤已决障沙囊。不堪广武登临恨，痛哭回车效阮狂。'"（《张棡日记》第三册，1105 至 1107 页）

九月十五日　访晤张震轩。

《杜园居士日记》八月二十："晨阴。刘君冠山来谈，又与黄君仲吹式苏、朱君味温鹏坐谭片刻。二君均乐邑知名士，上春作伴游闽，兼有云南之行，以遇乱折回。（中略）朱君现为师范国文教员。是晚极热。"（《张棡日记》第三册，1107 页）

九月十六日　张震轩来访，抄录近作相赠。

《杜园居士日记》八月廿一："雨。灯下录近作一横幅赠刘冠山，冠山又示余吴君筠斋和诗二首并昔送徐寄卿之日本诗一首，录于下。吴筠斋《和冠山中秋夕偶成韵》：'年来心事付沙淘，愁绪纷纷绕紫毫。千里故乡尘梦断，一天秋气月轮高。''吟边强病酬诗债，醉后狂谭仗酒毫。又是西风催落叶，空将客泪湿征袍。'《又和冠山八月十六赏月元韵》：'昨夜霓裳奏九天，广寒宫殿大团圆。

应添世界无穷恨，漫续人间未了缘。晓露芙蓉浑似玉，秋风杨柳不吹绵。客中最怕干闲事，一任瑶台自管弦。'"(《张棡日记》第三册，1108 页)按，《送徐寄卿之日本》一章日记未见。

九月十七日 托院夫送《秋宵感赋》《秋感》诗笺致张震轩，张即步韵相和。

《杜园居士日记》八月廿二："阴。退堂后，院夫送到刘君冠山函一封，并媵以诗，韵险意远，兼促予和，因走笔应之，诗并录右。刘冠山《秋宵感赋》：'猩红玉带碧丝绦，尽道聪明升木猱。糟粕诗书千古痛，驰驱声利一场鏖。维新有策徒存舌，驭远无轮只化尻。多少侏儒饱欲死，于陵笑对井边螬。'《次冠山秋感原韵》：'身似鞲鹰未脱绦，羡君健笔捷于猱。森严诗垒谁能破，疲乏心兵我怕鏖。势揽环球如指掌，君熟于舆地学。神通化境不言尻。何时分惠琼瑶露，胜酌廉泉傲蚓螬。'前诗和成，而韵本只有鏖，无鏖，检阅字典，义亦微异，因再用原韵戏寄冠山索和：'刘郎佳句怕题糕，偏有闲情写楚骚。傲骨独弹中散调，新声终薄郁轮袍。方夸斗捷才无敌，争奈推敲韵已逃。乞取支机来补缺，莫教元白压诗豪。'"(《张棡日记》第三册，1108 至 1109 页)

九月十九日 张震轩将刘绍宽、刘景晨并称为"大小二刘"。

张震轩诗《述学吟·录呈在校诸同学》："大刘经术汉更生，小刘诗笔唐长卿。"(《杜隐诗存》稿本，藏温州市图书馆，卷三)

九月二十二日 孔子诞辰，师生集体行礼，放假。张震轩来访。

《杜园居士日记》八月廿七："阴。是日至圣先师诞辰，清晨各教员率诸生衣冠到礼堂行三跪九叩礼毕，即悬牌给假一天。二点钟，旋到师范学堂访郭君小梅，为谈本地命案事。坐点余钟忽大雨不能出，乃至刘君冠山教习房看诗笺，冠山留余食汤面，又与到吴寅斋房中坐片刻，时雨过已霁，即由师范回中学堂。"(《张棡日

记》第三册,1109 页)

十月二十二日　应郭风诰(筱梅)之招至师范学堂赴宴。

《杜园居士日记》九月廿八:"阴。灯下同刘君次饶、石君聘南、林君尧民、狄君霖荪、刘君冠山到师范学堂赴郭君小梅人情酒,盖小梅公子于是月初十日娶亲,故郡校诸友皆于师范设席招饮也。是晚同席者二刘、一石、刘尧民、陈守庸、徐骧卿及予,执注者为周君汀如。客厅又有三桌,均生客多。饮至十点钟回堂。"(《张棡日记》第三册,1115 页)

十一月十日　与张震轩探讨教育法。

《杜园居士日记》十月十七:"雨。灯下听刘君冠三说教育法,颇中肯有味。"(《张棡日记》第三册,1120 页)

十一月二十六日　偕张震轩、陈宗易、季子真、林尧民诸同事拜访余筱泉,谈时局。

《杜园居士日记》十一月初三:"晴。上午九点钟上丙丁班修身课,十点钟上己庚班经学。下午一点钟上戊班修身、经学,二点钟上庚班国文。晚饭后七点半钟同刘冠山、陈宗易、季子真、林尧民到仓河巷余小泉先生处,聆小泉先生谈近日国事,朝局定有变故,外间谣传庆亲王及张南皮相国均死,未知其信果确否?又别论从前国变等事,约谈至九点半钟始回堂。"(《张棡日记》第三册,1124 页)

十二月二日　张震轩来访。

《杜园居士日记》十一月初九:"晴。过师范学堂与徐君寄卿、周君汀如、刘君冠山谈至九点钟回堂。是日午初刻,新皇登极,各学堂均一律挂灯庆贺。"(《张棡日记》第三册,1126 页)

十二月十二日　下午与张震轩到师范学堂,与监学徐骧卿(寄庼)及周汀如晤谈。

《杜园居士日记》十一月十九:"阴。下午同刘君冠山到师范

学堂与徐君寄卿、周君汀如坐谭,九点钟回堂。”(《张棡日记》第三册,1127页)

十二月十三日 偕张震轩、李墨西、谢剑秋诸人到松鹤楼饮酒。

《杜园居士日记》十一月二十:“晴。是日来复。同李君墨西、刘君冠三、季君子真、王君韵初、陈君宗易、林君尧民、谢君剑秋到松鹤楼饮酒,八人共费酒资大洋二元八角。”(《张棡日记》第三册,1127页)

十二月十五日 同张震轩、李墨西、林尧民、季子真、陈宗易、谢剑秋、王希贤再到松鹤楼饮酒。

《杜园居士日记》十一月廿二:“晴。晚同刘冠三、李墨西、林尧民、季子真、陈宗易、谢剑秋、王希贤再到松鹤楼饮酒,约公费大洋二元零七分。饮至八点钟散席。”(《张棡日记》第三册,1128页)

十二月二十六日 将余筱泉赏菊诗及刘绍宽和作交张震轩。午前与张震轩造访余筱泉,张带呈和作。

《杜园居士日记》十二月初四:“大晴。三点半钟小轮始开行,六点钟到埠。行李即由后里人李阿郎驮进学堂,当付力钱三十分,付小轮钱小洋一角五分。晚饭后晤陈君守庸,云:‘昨日在瑞为聘英文教员事与项调甫、陈冕卿等大决裂。’甚矣瑞安人之无行无耻也。刘君冠三示予余小泉先生赏菊诗及刘次饶和作,照录如下:余小泉作《小斋菊花盛开偶赋一律》:‘菊如人淡人如菊,相对无言臭味投。吾辈当为霜下杰,此花独得气中秋。象庵官是中书院,赵象庵舍人自称菊隐中书。魏国香能晚节留。益友若来开径望,莫教彭泽擅风流。’刘次饶和:‘平生不作诸侯客,彭泽门前刺屡投。篱落黄花同寄傲,乾坤清气独宜秋。餐英屈子能相忆,送酒王郎倘见留。对此翛然尘世外,澹交未足语时流。’余亦和二首,录如下：‘归来彭泽情耽菊，客到知心辖屡投。儒者论交原贵澹，此花趣味恰宜秋。每当岁晚寒香烈，不受霜欺傲骨留。清绝玉堂仙吏品，岂同凡卉斗风流。’‘平生雅慕高标格，肯为依刘笔懒投。佳句勖人征劲节，原句云：吾辈当为霜下杰，抵得吾家茂先《励志诗》数章，金石之言，书绅佩之。好花经眼已深秋。色因耐久黄金贱，冷不趋炎白璧留。但愿东篱长伴守，羞搔秃鬓媚时流。’”（《张棡日记》第三册，1131 至 1132 页）

十二月二十七日　与张震轩拜访余筱泉；全体师生合影留念。

《杜园居士日记》十二月初五：“晴。晨将诗抄就，同刘君冠三到余小泉先生家兼呈和作，约谈至十一点半钟始回。下午三点钟全堂教员学生摄影，位次均排在第一讲堂前体操场上，府尊启太守居中，佐治员杨君及予、石聘南、陈宗易、黄万里、章心夔、王韵初居左，刘次饶、陈守庸、刘冠三、谢剑秋、张群絜、郑仲愚居右，学生一百七十余约上下分七排正立。摄影者则曾君杏林之弟也。”（《张棡日记》第三册，1132 页）

本年　长女刘薇生。

约本年　兼任大同女学教职。

胡识因《温州女学的兴起》：“1907 年，也就是秋瑾女士起义失败遭到清政府杀害的一年，温州蝉街又创办了一所大同女学。创办人系一对年近半百的夫妇，男的本是画像的，姓夏名松亭（又名松庐），瑞安人。（中略）师资力量也很强，如冯地造、王之迪、陈守庸、刘冠三、徐亚伯等老师，都是温州第十师范的教员，他们是抽空来大同女学义务教学的。这些知名老师从不缺课，非常热心教导我们。”（《温州文史资料》第四辑，浙江人民出版社一九八八年十二月版，58 至 59 页）

一九〇九年（清宣统元年　己酉）　二十九岁

一月二十六日（正月初五）　看望陈黻宸。

厚庄日记己酉正月初五："早至郡，寓中学堂。谒陈介石先生于聚兴栈，晤徐骥卿、陈耀卿先生乔梓、刘冠三、宏轩、黄旭初、仲荃、朱味温、高性朴诸君。"（《刘绍宽日记》第二册，475至476页）

二月十五日　开学。继续在温州府中学堂任教。

二月十七日　张震轩向友人池小槎、伍梅铨展示谱主唱和之作。

《杜隐园居士张真侠随笔日记》宣统元年正月廿七："晴。下午三点半钟邑城池君小槎、伍君梅铨来访，因强病出迎，邀进西书室闲叙。（中略）因与二人茶点并与谈近日废中学事。二君云：'中学之废局已定，闻项、孙诸家犹崛强，议纠资自办。但五年经费不易筹划，恐亦成画饼也。'予乃出《述学吟》一篇赠二君，并示以旧岁同余小泉先生、刘冠山、吴寅斋等唱和诸什，约谈至五点钟，始辞别去。"（《张棡日记》第三册，1145至1146页）

三月二日晚　张震轩来访。

《杜隐园居士张真侠随笔日记》宣统元年二月十一："晴。晨八点钟束装上郡，划船者则田纯、步连也。（中略）灯下晚饭后，同田纯到五马街叶文选笔店买长锋羊毫一支、云中鹤四支、兰烟墨一顶，付大洋四角。乃到师范学堂访徐君寄卿，时黄君仲吹已在座，坐谈片刻，遂进内访刘君冠山，时郭君漱霞、啸梧、蔡漱泉均在座，因与谈瑞城中学兴废事。据漱霞言，'前日吴府尊欲将中学诸生来郡者面试一番，而诸生皆逃遁不赴，府尊大怒，谓诸生皆是冒名，已发电到提学请究，从此瑞学名声一发扫地矣。'约谈至九点钟乃辞出回周宅。"（《张棡日记》第三册，1149 至 1150 页）

三月四日 于福聚园宴请刘绍宽。

厚庄日记二月十三日："晴。中学经课，师范经课。夜饮于福聚园，大醉，冠三宴客也。"（《刘绍宽日记》第二册，484 页）

四月十一日 温州府中学堂毕业式举行。毕业班约二十五名，其中前三名为任宏中（公衡）、潘云路（字未详）、陈闳恕（叔平）。

厚庄日记闰二月廿一日："晴。十时举行毕业式，吴太尊学庄、黄观察祖经、朱学师寿保、余小泉太史、吕文起观察、陈经敷大令、黄仲荃孝廉，均在座。毕业生计最优等三名：任宏中、潘云路、陈闳恕；优等三名：崔陈鸿、李廷镳、陈慕琳。"（《刘绍宽日记》第二册，484 页）

初夏 黄式苏（仲荃）继郭凤诰任温州师范学堂监督。不久，谱主应黄之聘兼任师范学堂地理教习。是时陈守庸（权东）为英文主任教习，蒋叔南（希召）任经学与体操教习，与谱主交往较密切。国文教习朱味温（鹏），先前认识。

上半年 应黄式苏之约赴江心寺宴叙，与温州师范学堂心理学教员海宁许行彬（祖谦）同席，并赋七律一章纪事。

许行彬《游江心寺用刘君冠三原韵》："谁说杭州抛未能，来瓯游兴我偏增。斜阳醉酒随名士，是日，黄君仲荃作东道主，宴于寺中。古寺烹茶倩老僧。倦向谢公亭畔憩，悲教文相祠前兴。从今漫把西湖视，每到闲时认石藤。"（《行彬文稿》，海宁市周王庙镇人民政府、海宁市图书馆、海宁市许行彬研究会编，浙江工商大学出版社二〇二一年十二月版，69 页）按，作者另赋诗题《又用黄君仲荃原韵》，首句称"日暖风和游兴饶"，十有八九在春夏之交。

八月二十一日 刘绍宽返校，当夜相晤。

厚庄日记七月初六日:“晚到中学。夜晤黄仲荃、郭啸梧、刘冠三。仲荃示以部札,完全师范必须照章五年。啸梧出岑晴溪约,订束脩一学期二百五十元。冠三送郭小梅诗四章,甚佳。”(《刘绍宽日记》第二册,491 页)按,谱主赠郭小梅诗四章今佚。

八月二十三日 张震轩致函余筱泉,托代为问候谱主与陈守庸、狄霖荪三位。

《杜隐园居士张真侠随笔日记》七月初八:“又代张阿坤写信寄郡城余小泉姻丈。信录右:‘筱泉先生姻大人左右,春间自南湖判袂,匆匆岁月,倏已经秋,比维兴居曼福,箸祉休畅为颂。晚僻处乡隅,近况如常,了无足述。且婚嫁累重,笔墨久荒。入秋以来,又遭期功之戚,心绪作恶,排遣无由,以致旧岁同事诸公,都疏笺问,愧何可书。刘君冠三、陈君守庸及令亲狄君霖荪三位如有会晤,希先生代为致声道候为感。(下略)晚学张震轩顿首。’”(《张棡日记》第三册,12 页)

八月卅一日 应郭啸吾、徐寄顾之邀赴福春园晚宴。

厚庄日记七月十六日:“晴。甲、己班经课。夜郭啸吾、徐骥卿邀酌于福春园,刘宏轩、冠三、黄仲荃、周听如均在席。”(《刘绍宽日记》第二册,493 页)按,郭啸吾,即郭啸梧。

十月二十六日 张震轩来访,示以近作数章。

《杜隐园居士张真侠随笔日记》九月十三:“晴。是日甚热。(前略)又过师范学堂访刘君冠三、徐君骥卿,即在冠三房内叙阔。冠三示予诗稿近作数首,约谈至九点半钟,时天已大雨,遂与阿生冒雨归。”(《张棡日记》第三册,1211 页)

十月三十日 浙江谘议局议长陈黻宸复函刘绍宽,谈及谱主秉性。

陈黻宸致刘次饶书第一:“郡学有君主持,骎骎日见起色,何遽萌退志,令人疑骇。公所推请三人,惟仲荃有监督之才,然弟以为不如公远甚。星博稍粘滞，冠三稍粗于策，可为教习，不可为监督。”(《陈黻宸集》下册，1036页)按，星博，即性朴，指高谊。

秋 与蒋叔南邀前乐清知县李登云游江心屿，并聚饮于兴庆寺。

李登云《与永嘉刘冠三乐清蒋叔南邀饮孤屿兴庆寺灵寿泉上即席成咏》：“天水涵孤屿，江山续旧游。良辰多自感，落木况悲秋。赖有杯中物，同登海上楼。祇惭贤主惠，琬琰未能酬。”“极目非无岸，澄心别有天。乱流秋壑水，落日海门烟。画像追循吏，前兵备李石农、秦小岘二石像。孤忠忆昔贤。宋文信国、明卓忠毅二祠。百年人事改，吾道岂徒然。”(《万山草堂诗续集》，民国廿一年杭州刻本，卷三，七叶)按，李登云，字孝笙，湖南衡山人，光绪己丑科(一八八九)进士，刑部主事，二十七年(一九〇一)署理浙江乐清知县。任内重修《乐清县志》十六卷(另有卷首)。

十二月五日 晚张震轩来访，共阅《中外日报》，谈陈、项两人纠纷。

《杜隐园居士张真侠随笔日记》十月廿三：“灯下到师范访刘君冠山及谢君剑秋，时郭君啸梧、徐君寄卿亦在座，与共看《中外日报》上详登陈君介石被项、贾二人攻讦事及与各报馆风潮事，议长一席已有岌岌乎殆哉之势。约谈至九点半钟始回。”(《张棡日记》第三册，1228页)按，陈黻宸时任浙江谘议局议长。

年底 师范学堂简易科毕业，其中有柯逢春(怡斋)。

本年 黄式苏(仲荃)七律《赠刘潜庐》，注言“潜庐种菊花至四百本”。

一九一〇年（清宣统二年　庚戌）　三十岁

继续在温州府中学堂、温州师范学堂任教。本年中学堂毕业学生廿八名，其中林彬（佛性）、胡荣铨（衡忱）、周守良（邦新）此后交往较密切。

一月十六日　张震轩来访。

《杜隐园居士张真侠随笔日记》宣统元年十二月初六："阴。是日甚寒，携嵩、宬、亹三儿及杨益华到外游玩，便至师范学堂访刘君冠山及谢君剑秋，坐谭片刻出。"（《张棡日记》第三册，1242页）

二月下旬　致函瑞安张震轩，请其重新担任府中学堂国文教习。

三月一日　张震轩接谱主来信，以女儿婚期迫近，作书婉辞。

《杜隐园居士张真侠随笔日记》宣统二年正月二十："雨。午刻接到郡中学刘冠三先生信一封，阅之，盖拟乞予赴郡任教，束脩约《毛诗》之数，钟点则《注疏》为限。予以女儿婚期太迫，日不暇给，乃作书婉辞谢之。"（《张棡日记》第三册，1254至1255页）

三月二日　冒雨乘船前往瑞安，敦促张震轩赴府中学堂任教。

厚庄日记正月廿一日："雨。刘冠三往丁田，订张振轩关约。"（《刘绍宽日记》第二册，499页）按，丁田，即汀田。

《杜隐园居士张真侠随笔日记》正月廿一："午刻郡校刘君冠山带院夫又到予家，敦迫赴校。予婉辞不获，难却友谊。惟束脩已加至四百之数矣。刘君午饭后匆匆再订数语，即告别去。刘君豪于诗，又娴词曲，今日附小轮来访予，曾于舟中倚声即景，录以示予，深感良友之厚意焉。词敬录如下：冒雨访杜隐居士，舟中有作调寄《好事近》：'春雨冷凝烟，烟罩万山春色。闲倚画船遥睇，见菜畦新碧。　　人家橘柚远中村，不辨故人宅。但向老佣频讯，到了应逢得。'"(《张棡日记》第三册，1255页)

三月五日　张震轩填词和谱主《好事近》，并预备应聘。

《杜隐园居士张真侠随笔日记》正月廿四："晴。喜冠山先生冒雨见访杜隐园，即用原唱和韵。'春雨苦缠绵，闷煞一园春色。兀坐斗室研经，看炉烟袅碧。　　儿童喧笑话中庭，有佳宾到宅。一笑旧雨相逢，是诗豪梦得。'灯下检晋郡行箧及书籍等。吃过早膳，遂乘山头㛪船上郡。"(《张棡日记》第三册，1256页)

三月上旬　张震轩受聘府中学堂教习，聘书一式三份，谱主在介绍人栏签名。(聘书现藏温州教育史馆)

三月四日　宋平子去世。

夏承焘日记一九四三年九月廿一日："陈介石为宋平子哀词，谓平子性善哀，而笃于用情，悲愁之色，常溢于面。目睫中泪常满，潸潸然终日无断时。或作终夜泣，穿衣枕常湿，或成血。予以问贞翁。贞翁谓尝赴平阳谒之，手持大巾拭涕泪，盖日常病感冒者。又其人虑患甚深，作《家难记》，疑其弟蓄意相害，实无其事也。冷生谓陈家文风好附会，然则介石好论史，实不宜撰史也。"(《夏承焘日记全编》，吴蓓主编，浙江古籍出版社二〇二一年十一月版，第七册，3908至3909页)按，谱主号贞晦，故夏承焘尊之为贞翁。

五月三日　访晤张震轩，并示以近作数首。

《杜隐园居士张真侠随笔日记》三月廿四："阴。晨阅已文实两班季考卷毕，平均分数即将四班课卷送交刘监学处。刘君冠山来谭，并示近作数首。下午一点半钟检行李命院夫送小轮中，予

随后出小南门附永瑞小轮归里。"(《张棡日记》第三册,1270 页)

五月十一日 出席温州师范学堂简易科学生毕业典礼,与徐寄廎负责接待府、县官员。

《杜隐园居士张真侠随笔日记》四月初三:"阴。是日系师范学堂为简易科诸生行毕业礼,本堂悬牌放假一天。九点钟予同诸同事齐到师范观毕业礼。到时先在会客厅少坐,为接待员。而官场则由刘君冠三、徐君寄卿接待。但为时尚早,官场来者尚寥寥也。予乃到王毅夫房中少坐。直至十一点半,客始到齐,堂上遂摇铃开会。先由徐寄卿登台报告,次则黄监督式苏同吴学庄太守登台,召诸生上堂发给毕业文凭,诸生各行一揖礼而退。给凭毕,太守乃登台演说一番,次即王君子笛演说,次即池君仲鳞演说,次即艺文学堂洋教士演说,诸生各拍掌致谢,乃调风琴奏毕业歌三阕,始散会,已一点多钟。予与诸同事均留师范午饭后始归堂。"(《张棡日记》第三册,1272 页)按,艺文学堂洋教士,极有可能是艺文中学堂校长蔡博敏,或谢道培(承陈彼得先生答复)。

五月十五日 张震轩应邀题折扇。

《杜隐园居士张真侠随笔日记》四月初七:"晴。是日来复。为刘君冠三小楷折扇全宕。灯下仍雷雨。"(《张棡日记》第三册,1273 页)按,"来复"指星期日。

六月十七日 向张震轩借《鼓枻闲吟》。

《杜隐园居士张真侠随笔日记》五月十一:"晴。刘冠三借去《鼓枻闲吟》一册。"(《张棡日记》第三册,1279 页)

上半年 章炳麟《瑞安孙先生哀辞》稿经张云雷手交同乡,由日本带回国内,请谱主转交瑞安孙家。

张云雷口述、陈朱鹤整理《章太炎先生为孙仲容先生写祭文》(一九六五年十一月):"这篇祭文带到温州,请刘景晨转交孙家。刘景晨一看是太炎先生亲笔文章,视为宝贝,觉得不可多得,照原文抄了一张送给孙家。这份亲笔的祭文就留下来给自己，放在一只很讲究的皮夹里，出门也舍不得放在家里，老是带在身边。有个贼见刘景晨爱不释手，以为价值连城的宝贝，结果这篇章太炎先生为孙仲容先生亲笔写的祭文，连同皮夹，一起失踪了。”（《乐清文史资料》第九辑，浙江省乐清县政协文史资料研究委员会一九九一年三月版，100 至 101 页）

《杜园居士日记》宣统二年九月初三：“晨录章太炎《瑞安孙先生哀辞》。按孙仲容先生与章太炎并未识面，以经术遥相契，太炎以革命党魁，此辞寄到，孙家子孙畏嫌，不敢刻于《孙徵君哀挽录》中，而其原稿则存刘君冠山处，已装潢张之壁上矣。”（《张棡日记》第三册，1306 页）按，张云雷回忆称谱主将原稿“放在一只很讲究的皮夹里……老是带在身边”，结果原件连同皮夹失窃，两者似有出入。

八月二十一日 陈守庸、张震轩来访，偕张震轩至中学堂访刘凤轩。

《杜隐园居士张真侠随笔日记》七月十七：“晴。晨八点钟出外，到大赉桥下陈宅访陈君守庸。（中略）留陈宅午饭。予偕陈君同至师范学堂，与刘君冠山、徐君寄卿、黄君仲荃、郭君啸梧同坐闲叙，兼阅王君俊卿《粤东雪鸿集》诗一册、方浚颐《梦园笔记》、许某某《三异笔记》数则。陈君先去，予又同刘君冠三到中学堂访刘君凤轩，到则钱君伯吹正在坐，良朋久阔，相对惘然，因共叙阔悰片刻，乃同冠山至凤轩房内谈及小儿附学事，凤轩亦为首肯，时叶君墨卿亦来晤谈。刘君凤轩留予等吃过小点，乃辞出回周宅，便过大通庄取洋布一束回。”（《张棡日记》第三册，1294 页）

八月二十六日 徐寄庼将赴四川任督练公所书记官，与刘绍宽、黄式苏、周鸣和、胡鑫、黄笃生、蔡梓臣诸人前往送行，于师范学堂合影留念。

厚庄日记庚戌七月廿二："徐骥卿将有蜀行，应吴璧华钟镕电招，黄仲荃、刘宏轩、周听如鸣和、刘冠三、黄笃生、蔡梓臣、胡润之鑫及余同拍照于师范学校，为送行纪念。"(《刘绍宽日记》第二册，512 至 513 页)

九月四日 张震轩来访，留下午饭，并借以章太炎《瑞安孙先生哀词》。

《杜隐园居士张真侠随笔日记》八月初一："阴。西风极大，是日颇有秋意，以星期无事，到师范学堂访刘君冠三。冠三示予《赵松雪出猎图》，笔墨粗恶，是俗工赝本，不值一文钱也。见壁上横帧，系章太炎挽孙籀公哀词墨迹，因借阅迻写之，又与黄仲荃先生谈。至午刻冠三坚留午饭，并购杏花村三鲜鱼圆一碗、鸡片一盘，杯酒流连，高情盛馔，致不忘也。饭后已一点钟，又谈片刻。出，到府前街过支那书局与增幹谈片刻，乃至千顷堂携来石印《段氏说文》一部。是日匆匆将章太炎横帧误遗支那局内。晚接冠三函，乃出外取回。"(《张棡日记》第三册，1299 至 1300 页)

九月五日 张震轩至千顷堂代购《金石粹编》石印本一部。

《杜隐园居士张真侠随笔日记》八月初二："灯下同张益三到千顷堂代刘冠三购石印《金石粹编》一部，计大洋四元。"(《张棡日记》第三册，1300 页)

九月十一日 刘绍宽、黄式苏宴请温州知府吴学庄(博泉)，应邀作陪。

厚庄日记八月初八日："晴郡蚕桑学堂现改为实业学堂，本日开校。午刻同仲荃饯酌吴博泉太守于飞霞洞，邓小佣大使、侯偶凡、余太史、刘冠三、刘宏轩均在座。"(《刘绍宽日记》第二册，515 页)

九月十八日 黄式苏将赴杭州，赋诗《中秋夕留别诸同人时将之武林》。谱主赋赠七律《中秋送友》。(《刘景晨集》，168 页)

黄式苏《潜庐以诗送别次韵答之》:“往事不堪回首忆,吾生三十七年秋。十年南北身尚客,几处雪泥爪共留。丁未中秋与君同客岭表,今秋复同事郡城师范学校。良夜樽前琴舄梦,明朝天末水云舟。未知漂泊终何系,来岁还能对饮不?”(张炳勋编《黄式苏集》,线装书局二〇〇九年四月版,481 页)

九月廿四日　偕张震轩、杨爱时至师范学堂餐叙。

《杜隐园居士张真侠随笔日记》八月廿一:“晴。下午四点钟同刘君冠三、杨君爱时到师范学堂吃煨牛肉并杏花村小菜点数味,饱腹而归。时刘君凤仙亦同在座饮也。”(《张棡日记》第三册,1303 页)

九月二十五日　下午,张震轩来访,随后一道至仓河巷拜谒余筱泉。

《杜隐园居士张真侠随笔日记》八月廿二:“晴。是日来复。(前略)始至师范约刘冠三去访余小泉先生。冠三以有客谈,乞予姑待之。乃命寯儿同刘景蕡先回学堂,予同王君信甫闲叙。四点钟同冠三到仓河巷访小泉先生不遇,知在商会,复折至商会,诸客盈座,约与小泉翁谈至晚始回堂。”(《张棡日记》第三册,1303 页)

九月二十七日　张震轩应邀《题佳人江船望月图为刘冠三作》(《杜隐诗存》卷四)。

《杜隐园居士张真侠随笔日记》八月廿四:“晴。代刘君冠三题美人箑子,画系沈君庸娇之笔。一佳人倚蓬独立,天上一月,水底一月,满江芦苇,仿佛浔阳景象。冠三自题一词于上,调寄《水调歌头》。因屡催和,勉于枕上成《古意》一首:一轮明月飞上天,一轮明月水底眠。水波月色两澄澈,中有含情脉脉之婵娟。问卿何事双眉蹙,夫去辽阳妾独宿。夜深江月绕船寒,起倚孤蓬心怅触。吾今为卿默祷祝,愿月光如电光速。顷刻传卿望远心,顿教游子征骖促。美人闻言双眉扬,感君妙喻恩无量。明朝儿夫还故

乡,制饼如月请君尝。”(《张棡日记》第三册,1303至1304页)

九月三十日 张震轩步和《中秋送人行》。

《杜隐园居士张真侠随笔日记》八月廿七:“雨。是日为宣圣诞辰,本堂例放假一天。《和刘君冠三中秋送人行诗》一首:‘去年与子同酬唱,今日开樽又赏秋。酒意诗情兼跌宕,雪泥鸿爪况勾留。惊时伟论风生座,送客离怀月满舟。未到题糕先说饼,可无豪句压人不。’刘原唱《中秋夕送黄胥庵之武林并怀徐寄庼蜀行》:‘每到中秋生百感,今年此夕又中秋。当头好月自圆满,过眼浮云倏去留。促坐一樽良夜酒,明朝千里故人舟。相思更有沧江棹,已过巫山十二不。’八点钟同诸同事到礼堂行谒先师礼,旋于十一点半钟,同诸同事到仓河巷屈君应洛新居饮酒,开筵已近一点钟。与予同席者曹君志旦、施君仲周、林君颖川、胡君小塍、张君仲絜,执注则应洛尊翁屈虞衡先生也。饮至四点钟散席,乃同李次孙、张益三到余太史家,次孙与冠周围棋一局,予与次孙围棋一局,次孙又与陈君守庸一局,始回堂。灯下改丁班卷至十二点毕。”(《张棡日记》第三册,1304至1305页)

十月初 以下月六日父届五秩,作寿亲诗,并向友好索和。(《杜隐诗存》卷四)

同事蒋叔南赠以《和刘冠山〈三十述怀〉并寿其老伯蓉初先生》四章。张震轩赠以贺联。

《杜隐园居士张真侠随笔日记》九月初六:“晴。黑早登东后挑灯撰贺刘君冠三三代重庆寿联:‘瑞气萃高门,杞菊延年,三世同堂符九秩;诗豪惭哲嗣,桑榆差长,早公半月庆重阳。’今上贰年之十月五日为东瓯蓉初刘老先生大衍称觞之期,长嗣君冠山词友亦三十初度,长文孙翰香又十龄弧庆,九十春光,一门盛事,洵可贺也。鄙人长先生一龄,贱旦则在重阳后十日,而马齿虚增,豚儿椎鲁,览先生福命,羡且愧矣。属寓郡校,与冠山晨夕过从,欣逢胜会，勉赠数言，聊资颂祷，不足当方家一噱也。庚戌重阳月，通家弟张〇〇顿首拜撰。”(《张棡日记》第三册，1309页)按，“三世同堂符九秩”指其父五十，谱主三十，长子刘节十岁，三代合计之数。

十月十九日 张震轩送来寿诗一组四章，读后激赏不置，并共进晚餐。

《杜隐园居士张真侠随笔日记》九月十七：“雨。为刘君冠三撰寿诗四章。录如下：‘新诗飞到绛云笺，梓舍称觞韵管弦。梅岭花时先得福，桃源果熟喜开筵。门罗佳客传鸿烈，座有文孙誉象贤。更为君家征吉语，刘纲夫妇本神仙。’‘孝绰才名自古闻，况兼诗笔压吾军。趋庭戏彩春如海，入座朋簪会似云。几阕新词传雁荡，百缣妙墨抵羊欣。华年邓禹休贻笑，手揽环球伫策勋。’‘大节高名溯蕺山，还欣仙果落人间。居然江夏黄童誉，不让蓬瀛玉笋班。到眼凤毛看济美，问安燕寝定怡颜。相期百首梅花赋，《元史》欧阳元十岁赋梅花诗百首，今君家亦有十二本梅庐。接武椿庭莫放闲。’‘光阴飘瞥感巢痕，大衍如公齿足尊。三世年龄符九秩，一家喜气溢千村。清芬馥郁松梅菊，庆会团圞祖父孙。愧我系匏无雅奏，聊赓里句侑琴樽。’下午三点钟，将寿诗送师范刘君冠三斟酌，刘君阅之激赏不置。遂留予晚饮。同席者李君次荪、蒋君叔南、蔡君芷臣、王君经夫也。饮毕，夜雨极大，冠三命校役提灯送予归堂。”(《张棡日记》第三册，1311至1312页)

十月二十一日 符璋应刘绍宽之托，亦有和作。

《暖姝室日札》宣统二年九月十九日(十九日己未)：“刘次饶来寓，未晤。以师范教员刘冠山景晨《三十述怀》诗属和，不得已，为和四首。”(温州市图书馆编，陈光熙点校《符璋日记》，中华书局二〇一八年二月版，上册，399页)

十月二十七日 张震轩来过目投赠贺诗，以为符璋之作最为出色。

《杜隐园居士张真侠随笔日记》九月廿五:“阴。到刘冠三处阅投赠贺诗,唯符大令璋之诗最佳。”(《张棡日记》第三册,1315页)

十月三十日 **上午,蒋叔南偕张震轩来访并赏菊。下午邀省视学员刘秉文与师范诸同事游江心兴庆寺。**

《杜隐园居士张真侠随笔日记》九月廿八:“晴。早饭后,蒋君叔南来约予到刘君冠三家看菊。到门则菊尚蓓蕾未开,冠三令尊正督花匠装扎也,立谈数语出。乃过简巷访杨园主人,到则垂杨当门,内矮屋数间,槿篱编缀,菊花大小不下数百樽。壁间则遍贴诗笺,桌上置杨园同人咏菊诗十余册。主人亦出,肃客入室细谈,风雅秀逸,位置楚楚,洵东瓯中一佳士也。谈半晌出,乃过余小泉太史家少叙,即同至师范学校。时视学员刘君秉文正在冠三处,因留予陪饮,张君仲荐亦在彼处写寿诗,乃同饮焉。饭后,叔南、次苏、冠三邀予同秉文作江心之游,路遇刘君宏轩,因共拉之去。出麻行城门,唤渡过江上岸,先入兴庆寺随喜,寺内亦多菊花,坐片刻,乃到寺门外一带散步,见江心寺已荒废无主、卓公祠近修葺一新。东畔洋房数座为英领事驻扎地,现领事不在,同人推园门入,游览一巡出,仍至兴庆寺饮茶,时天渐晚,诸人乃下舟渡回进城。宏轩于松鹤楼设席饯刘君秉文,并邀诸同人陪饮,兼请刘君次饶预席。是晚猜拳行令,饮兴颇豪,约饮至十点钟始散。刘君秉文即雇河乡船赴瑞安调查学务去。”(《张棡日记》第三册,1315页)

十一月一日 **张震轩来代书贺寿诗四幅。**

《杜隐园居士张真侠随笔日记》九月卅:“阴。是日到师范学堂代刘君冠三写贺寿诗四幅。久不作楷,勉强捉笔,精力不继,殊觉左支而右绌也。”(《张棡日记》第三册,1316页)

十一月七日　刘绍宽和诗四章。

厚庄日记十月初六日："阴。午后谒恽观察，刘宏轩同往。作《述怀》七律四首，和冠三《三十述怀》原韵即赠。"（《刘绍宽日记》第二册，519页）

十一月十四日　张震轩来赏菊。同日，张震轩函复侄张醒同，谈及谱主尊人五旬寿诗拟结集印行。

《杜隐园居士张真侠随笔日记》十月十三："晴。是日来复一，晨改已实班卷廿一本毕。下午二三点钟均上已文班国文课。写信寄东洋家醒同犹子。'醒同贤侄文旆左右：九月十五日于郡中学收到尊札一封，开函快读，备详一切。（中略）近因同事刘君冠三，为乃翁五十祝寿，曾吟七律四章祝之。冠三又遍索同人吟赠，现已得百余首诗，亦东嘉中一佳话也。冠三拟付梓印送，倘得印成，当寄赠一本，以见老夫之兴尚不浅也。（下略）愚叔棡顿首。十月十三日灯下。'下午四点钟同刘冠三至渠家看花。其大堂上堆菊花山一座，东边客厅前亦堆菊花山一座，因同坐客厅与冠三尊翁蓉初先生少叙，并领寿面一瓯。乃同冠三至杨园看菊兼晤淡风主人。其书室极幽雅，四壁均悬诗笺名画，主人又示予笔记初、二、三、四集十余册，中间掌故诗词，极可披玩，斯君真东瓯隐君子也。其室中楹联皆此君自撰书，惜匆匆无暇笔录。犹记其书室门上一联云'不改酸丁面目；再扮花丑戏文'，亦可见此君之风雅矣。约谈至晚始回堂。"（《张棡日记》第三册，1320至1322页）**按，谱主尊人寿诗集未见。**

十一月十八日　黄笃生于福聚园宴请省视学刘彬文（秉文），应邀作陪。

《杜隐园居士张真侠随笔日记》十月十七："晴。六点钟黄君笃生设酒于福聚园，请省视学刘君彬文，要予及蒋君叔南、屈君应洛、吴君逵卿、刘君宏轩、刘君冠三饮酒，约至九点半钟始散。予

乃与叔南酌议,约于明晚合请刘君于此,而诸君亦并请陪饮焉。”(《张棡日记》第三册,1324页)

十一月十九日 赴福聚园聚餐。

《杜隐园居士张真侠随笔日记》十月十八:“晴。三点钟至师范学堂访蒋君叔南。叔南云,酒食单已送至福聚园,可定六点钟约诸人同去。予遂回堂邀黄君笃生、刘君宏轩、屈君应洛,先到福聚园坐片刻,而刘君彬文及刘君冠三、黄君仲胥、蒋君叔南并来。是席唯吴君辞不赴席,而多一仲胥先生,亦适符八人之数。是晚福聚园制作极精,味味可口,其炮鱼萝卜饼、牛乳圆尤佳。觥筹交错,尽宾主之欢,拇战行令,飞骚人之兴。饮至九点多钟,乃出园分路归校。刘君秉文云于明早赴处郡调查,各珍重一揖而散。”(《张棡日记》第三册,1324页)

十一月二十四日 赠张震轩图章一枚。

《杜隐园居士张真侠随笔日记》十月廿三:“晴。是日刘君冠三送赠篆刻图章一个,良友多情,心盟金石矣。是日拟束装回里,以物未买毕,遂止。”(《张棡日记》第三册,1326页)

十二月十七日 于温州城西购得一圆端石。

厚庄日记十一月十六日:“晴。同冠三到城西,见一圆端石,厚三分,径尺上刻回文八字‘迹宣理明璧圆水平’,中题‘梁邱迟铭,朱安甫镌’八字。究不知所用,冠三以小洋钱九枚购得之。”(《刘绍宽日记》第二册,522页)

十二月二十八日 张震轩来访。

《杜隐园居士张真侠随笔日记》十一月廿七:“晴。灯下到千顷堂并过刘冠三处少坐。”(《张棡日记》第三册,1335页)

十二月二十九日 张震轩来借《三冈识略》《履园梦说》两部,共八册。

《杜隐园居士张真侠随笔日记》十一月廿九:“晴。从师范冠

三处借来《三冈识略》六册及《履园梦说》二册。"(《张棡日记》第三册,1335 页)

本年 三子刘翰武生。后名刘武,字叔扬,以字行。

同年 租住慈山下小简讼里(今名小简巷),自称寓所为"十二梅花屋"。课余不时临摹清人金农(冬心)画册。

一九一一年（清宣统三年　辛亥）　三十一岁

一月八日　出席府中学堂甲班生三次毕业典礼，并致颂词。

《杜隐园居士张真侠随笔日记》十二月初八："阴。是日来复，为甲班生三次毕业行礼之期，堂内搭架结彩、布幔悬灯。九点钟太尊冯公先到，予与各教习、监督及毕业生先行谒圣礼、谒师礼，谒圣各三跪九叩，谒师则太尊、监督、教员西向立，诸生东向跪行三叩首礼，太尊、教员各三揖答之。礼毕少坐，而观察恽公亦到，各来宾亦俱齐，乃摇铃开会。先由两监学代诵观察、太守训词，次即监督登台演说训词。次即予登台演说训词、次则曹君志旦、刘君冠三，又次则学生李绳武读同学颂词，又次则甲班生马毓骧读毕业答词。终乃各生风琴合操，奏毕业之歌，然后摇铃散会。"（《张棡日记》第三册，1337页）按，太尊冯公、观察恽公，指温州知府冯敩典、温处道恽毓珂。

一月九日　地理课大考，委托张震轩代为监考。张震轩来访。

《杜隐园居士张真侠随笔日记》十二月初九："阴。晨改叶岩森课卷三纸，代林君颖川监博物大考课。下午一点钟代刘君冠三监地理大考课。冠三借去《世界繁华梦》三集。灯下到千顷堂少坐，即过师范学堂刘冠三处坐谈数刻回。"（《张棡日记》第三册，1338页）

二月十三日　刘绍宽来访。

厚庄日记辛亥正月十五日："雨。往道府、县署及各处贺年。到堂后，知林式言来邀，陈守庸来访，因往访式言，不晤。至守庸

宅,晤孟少鹤,谈及郭伯厚辞助教,往高等求学事。归途过师范学堂,晤冠三、仲荃、宏轩。”(《刘绍宽日记》第二册,529页)

二月十四日 于福聚园设宴招待黄溯初。

厚庄日记正月十六:“晚冠三饯饮黄溯初、吴宪中于福聚园。”(《刘绍宽日记》第二册,529页)按,时黄群任湖北法政学堂教习兼湖广总督署参议,返里度假。

二月十八日 新学期开学,随知府李前泮,监督、监学并众教员率学生谒圣。

厚庄日记辛亥正月二十:“开学。李太守前泮,教员陈燕夫琮、刘冠三、屈应洛温钰、林默君仲、顾莼臣守忠、张益三启贤、李次孙立中,监学刘宏轩、黄笃生树滋,同帅学生谒圣。”(《刘绍宽日记》第二册,529页)

二月十九日 应监督刘绍宽之邀,会商学堂基址事宜。

厚庄日记正月廿一日:“晴。午后邀余筱泉太史、吕文起观察渭英、陈子万、郭次乾、孟公亮、樊巽卿、叶晓南正度、刘冠三、陈宸笙、黄仲荃诸君,并请金鉴三厅长来堂,会商学堂基址事。”(《刘绍宽日记》第二册,529页)

六月十五 宴请省视学刘秉文,刘绍宽应约作陪。

厚庄日记五月十九日:“雨。夜,刘冠三邀刘秉文饮,与席。”(《刘绍宽日记》第二册,533页)

夏秋之间 赴武昌,任湖北布政使署幕僚。布政使连甲,满族人。

黄式苏赠以七律《潜庐将有鄂行以诗送别》,曰:“送君小别意踟蹰,四载精庐计未疏。天末故交云散后,谓郭蝦斋、徐寄庼诸子。樽前又对月明初。江湖满地难为客,风雨空山倘忆予。记取秋风莼鲙好,遄归莫恋武昌鱼。”(《慎江草堂诗》,卷一,二九页)

十月六日 中秋,与同乡黄绍第(缦庵)、黄群(旭初)、殷汝

骊(铸夫)、吴孟龙(云啸)相聚于江汉门外任桐寓所。

黄绍第《殷铸夫黄旭初刘冠山吴云啸诸同乡招集任琴甫寓斋》:“颇厌南楼近市廛,高斋旷朗树含烟。眼中云雨手翻覆,梦里池塘心往还。同在异乡为异客,只应明月说明年。今宵别有团圆乐,莫漫蟆精感玉川。”(冒广生辑《二黄先生集》,永嘉敬乡楼黄氏补版,民国二十年印行,缦庵遗稿,三至四叶)

十月十日　武昌新军首义,离鄂返里。

谱主《辛酉正月题蒋叔南游记第一集》回顾:“武昌大藩府,幕下滥竽吹。鼓噪忽宵腾,晓堞舞汉帜。仓卒弃装归,坝上恐儿戏。”(《刘景晨集》,203页)

十二月二十九日　次女刘蘅生。

冬　与蒋叔南同赴茶山看梅花。

一九一二年（中华民国元年　壬子）　三十二岁

元旦　黄式苏诗简谱主，刘绍宽次韵相和。

厚庄日记民国元年："旧历辛亥十一月十三日。是日，黄仲荃有诗简刘冠三，余次韵和之云：'闭门种柳草堂隅，长日樽前且捻须。不待桃源忘甲子，陶潜早已一诗无。'以冠三和诗有'山中甲子'语也。"（《刘绍宽日记》第二册，537 页）按，谱主此诗佚失。

五月　赴沪与共和党人接洽，受托回温筹建共和党温州分部。

《共和党纪事》："温州师范学校兼中学地理教员刘景晨君，于日前来沪商办共和党温州分部事宜。闻该党员刘君平日热心公益，不遗余力，共和党同志已请刘君回温以全力组织共和党温州分部矣。"（《时事新报》民国元年五月十三日）按，共和党五月九日成立于上海，黄群、项骧、林志钧、陈叔通诸人当选为干事，推举黎元洪为理事长。随后共和党本部（事务所）租设于北京石桥别业。

又按，刘节《干部简历表》（一九五二年）：家长/刘景晨，年龄/七十二岁，关系/父，参加党派/民元时进步党。（《瓯越此门两代贤》，温州衍园美术馆二〇二一年十一月出品，183 页）共和党系进步党前身之一，则谱主接洽时当已加入共和党。

六月　共和党永嘉分部成立，任文牍员。分部长周奋（孟由）。

《共和党分部成立》："共和党永嘉分部于开成立大会时，到者甚众，并举周奋为分部长，徐赤文、吴宪中、夏寅、林宗强、林同、王登墀、叶兴、项佐光、张廷黼、叶云龙等十人为干事员，刘景晨为文牍员，严雨农为庶务员，叶彬为会计员。现在陆续入党者颇踊跃，基址在城内谢池巷周氏花园。”（《时事新报》民国元年六月二十九日，第二张第二版）

夏 于城西旧货摊购得乾隆壬午（一七六二年）项佩渔《柳花图》。

八月九日 随刘绍宽到陈百川处参观陶器。

厚庄日记八月九日（六月廿七日）：“到郡，寓大同巷林一元栈。夜晤陈百川于师范学校。百川自言为妻营葬，发地得一陶器，形似虎，有口，不知其何用，因与冠三往观之。盖古虎子也，古称溺器为‘虎子’，正作虎形，今不知其名，故失其制。”（《刘绍宽日记》第二册，540页）

八月上旬 省议会初选失利。永嘉有人向省教育司及浙江都督指控谱主，刘绍宽认为其“言殊无根，多可笑语”。黄式苏为此赋七绝四章。

厚庄日记八月十一日（六月廿九日）：“永人有控刘冠三于教育司及都督者言殊无根，多可笑语。冠三省会初选不当选，仲荃调以诗云：‘飘零锦瑟岂初期，惆怅名姝孰护持？不信鹿城春似海，无人解画入时眉。’‘无端谣诼夜昏昏，枕上鹣盟语不温。闻道客星犯河汉，聘钱十万劫天孙。’‘长袖六魔舞可知，化身千亿更堪疑。一花倘现一真佛，未识兰因定证谁？’‘天台仙路隔人烟，流水桃花自杳然。底事刘郎难一到，只从洞口觅遗钿。’”（《刘绍宽日记》第二册，541页）

八月十一日 偕刘绍宽、王毓英至第八标团本部，交涉驻军迁址事宜。

厚庄日记八月十一日（六月廿九日）：“为永嘉教育会与军界事，谒徐班丈，即晤金仲荪知事兆棪。午饭于永嘉教育会，偕刘冠三、王俊卿毓英至团本部接洽移寓事，刘慎甫、斯道卿资深、钱皋、施

颂同均在。许以高等小学址与教育会原址相挨以处团本部,似有允意。”(《刘绍宽日记》第二册,541 页)

八月二十一日 赴平阳出席共和党分部成立会。

厚庄日记八月廿一日(初九日):“豫备明日共和党开会事,刘冠三寓统计处。”(《刘绍宽日记》第二册,542 页)

八月二十二日下午 共和党平阳分部成立,推举王理孚为分部负责人。

厚庄日记八月廿二日(初十日):“午后开会,举王志澄为分部长,又举干事十二人。是日到会者七十人,题名者二百人。”(《刘绍宽日记》第二册,542 页)

十二月下旬 永嘉众议院初选名单揭晓,谱主与黄群、林玉麒、陈㵐宸等在内。

《永嘉众议院初选名单》前二十名:“叶维周、黄群、蔡盛治、沈守经、朱煦、倪邦英、陈权东、林卓、林玉麒、刘景晨、徐陈冕、沈文卿、洪文成、潘宗尧、李述、高家模、谷承恩、陈钟庆、叶恩荣、金植林。”(共 172 名)(《时事新报》十二月二十五日)

本年 偕永嘉县教育会会长王毓英襄办永嘉劝学所。

王毓英《刘母陈太夫人六十寿序》:“壬子,余偕冠三襄办永嘉劝学所。访其家,得拜冠三二亲。”(《王毓英集》,168 页)

一九一三年（中华民国二年　癸丑）　三十三岁

一月十日　国会众议院浙江选区复选揭晓。

《浙江：国会覆选揭晓》："浙江第四区众议院复选举，于本月十日在永嘉开票，兹将当选人姓名录后：殷汝骊、黄群、赵舒、虞廷恺、徐象先、林玉麒、陈黻宸、杜师业，候补当选人傅师说，余俟十一日再选。"（《申报》一月十八日，六版）

一月中旬　成为国会众议院浙江选区候补当选人（即候补众议员）。

《浙省第四区众议院候补议员名单》："本区当选议员名单已载本报专电栏内，兹将候补议员照录于下：傅师说、陈国钧、洪国

▶淞滨六影（一九一三年二月六日）

垣、王宗尧、刘景晨、张之纲、项肩、沈守经。”（《时事新报》一九一三年一月十八日，第三张第一版）

二月六日 春节，逗留上海。与同郡黄式苏、陈守庸、徐寄庼、张云雷、刘项宣合影留念。

合影识语：“淞滨六影：黄胥庵、刘赞文、张云雷、刘潜庐、陈守庸、徐寄庼，旧历癸丑元旦。”（《刘景晨集》，卷首插页）

三月十一日 刘绍宽寄赠诗作。

厚庄日记三月十一日（初四日）：“寄黄仲荃、刘冠三诗二首。”（《刘绍宽日记》第二册，555页）

仲夏 为青田刘祝群刻“祝群珍藏”章一枚。

《疚庼日记》己巳年六月廿八日（阳历十八年八月三日）：“检箧中有石章一枚，文曰‘祝群珍藏’，为癸丑夏五永嘉刘冠三景晨所刻赠者。篆法、笔力均甚平常，然与冠三为文字交，不相见者已十六年矣。年华逝水，见物思人，因记存之。”（《温州市图书馆藏日记稿钞本丛刊》第51册，27257页）事隔多年，受赠者感慨系之。

五月下旬 与黄式苏、徐寄庼、王理孚、朱鹏、蔡冠英诸人游杭州西湖。

六月四日 与王理孚、朱鹏为黄式苏四十初度相聚。

上半年 与衡山李佩秋同客杭州，交结颇众。

六月 接替方从矩为缙云县知事。

浙江民政长命令：“调任缙云县知事方从矩开缺，委令刘景晨接充。”（《浙江公报》第四九三册，中华民国二年六月三十日，七页）

按，当时都督朱瑞兼民政长；方从矩仍在於潜县知事任上，直至八月十三日卸任。（《浙江公报》第五五二册，民国二年八月廿八号，一一页，通告）

七月 黄式苏、王理孚赋诗送行。

王理孚《送梅屋之官缙云用胥庵韵》两章：“狂游不受鬓毛催，

日向湖楼买醉来。旧雨最难千里别,好风又送一帆开。徘徊歧路成孤客,辜负明时是弃才。亲友相逢如问讯,天边倦鸟急飞回。”“官书星火漫相催,行见英姿飒爽来。赖有溪山供吏隐,几多怀抱向谁开?毛生苦忆双亲老,庞掾终非百里才。抛得杭州知恋恋,五云深处首频回。”(张禹、陈盛奖编注《王理孚集》,上海社会科学院出版社二〇〇六年九月版,9页)

八月一日 接任缙云县知事。前任为乐清冯豹(地造)。

八月二日 领衔电复都督朱瑞,主张持以镇静,俾人民休养生息。

电曰:“卅电敬悉,遵即转知各机关。并经会同商议,佥谓浙省自上年光复以还元气未复,此时外省虽有战争,吾浙自应持以镇静,俾人民休养生息,不致重罹水火。都督前电布告宗旨,大众极表同情,现缙邑虽有谣传,而地方尚属安谧,景晨等自当遵奉命令,力任维持。缘劳廑念,谨此电复。缙云县知事刘景晨、巡防管带江文光、县议会江旭阳、参议会卢俊达、教育会应友陶、县农会徐琛、商会应克勤等公叩。冬。”(《浙江公报》第五三〇册,民国二年八月六日,一一至一二页,收入《刘景晨集》,119页)

九月三十日 都督兼民政长朱瑞发出第五十一号布告,定于十月一日将民政长篆务移交屈映光。

九月 朱瑞以调解浙省同盟会内讧为名,召集全省各府首领赴杭州协调,绍兴军政分府都督王金发知其不怀好意,拒绝前往,并劝处州军政分府监督吕逢樵也勿赴约。吕逢樵依然成行,回寓后肚痛腹泻,连夜送入医院,数日不见好转,被送回缙云壶镇,请中医治疗,于当月夏历初五(十月四日)逝世,年仅三十七岁。

十月上旬 作挽吕逢樵联。

联曰:“俯瓯台金栝雄峰特起,苍山万年,郁奇气,产英豪,祖国力能扶,当时倡义誓师,公真志士;正赣皖沪宁战血横流,赤地千里，识时务，称俊杰，故乡归自好，即论首邱正命，死有余光。”上款“故处州军政分府樵初吕公千古”，下款“缙云县知事刘景晨挽”。(《冷生先生师友信札》稿本，温州市图书馆藏)

十月中旬 下乡禁烟。

浙江行政公署通告：“缙云县知事刘景晨电呈十六日赴乡禁烟。”(《浙江公报》第六零五册，民国二年十月二十日，一四页)

十一月下旬 夫人吴氏殁，终年三十二，谱主请假返里。

《母氏陈太夫人六十寿叙》：“(夏历)十月而妇殁，有三男二女，长者不过十三岁，少者才三岁。”(《刘景晨集》，113 页)

浙江行政公署通告：“缙云县知事刘景晨，电准给假二星期回里，职务委第一科科长庄以临代理。”(《浙江公报》第六四一册，十一月二十五日，六页)

十二月十日 电呈销假。

浙江行政公署通告：“缙云县知事刘景晨电呈于十日销假回署。”(《浙江公报》六六八册，十二月二十二日，九页)

十二月 向省方呈送验补水警退伍兵名册。

稍后接浙江行政公署指令三百二十二号：“内务司案呈，一月一日据‘呈送验补水警退伍兵名册，请察核饬发验补’等情，已悉。本公署前准都督函开退伍兵准补水上警察等因，并抄发补用条文，通饬各县知照在案。当时并未饬令转饬退伍兵报名候验，乃该知事不审案情，遽行呈送，殊属误会。惟既据将名册造送前来，除令发水上警察厅存查外，仰即转饬该退伍兵等在家各安生业，另候该厅示期赴试，毋庸率行来省，徒劳跋涉。”(《浙江公报》第六九四册，民国三年一月二十二日，六页)

本年 在温州城区世美巷买地建房，次年落成。

一九一四年（中华民国三年　甲寅）　三十四岁

一月十日　总统袁世凯下令解散国会,参众两院议员停职。

一月上旬　浙江民政长命令:缙云县警察事务所所长周铎与龙泉县警察事务所所长夏涛对调。(《浙江公报》第六八五册,民国三年一月十三日,一页)

一月　浙江行政公署指令第九百六十二号(缙云所长呈请奖励书记陈鸿猷由)令缙云警察事务所所长周铎:"内务司案呈,一月十六日据该所长'呈书记陈鸿猷办事勤能,请照所员补用'等情。查奖励警察官吏,照章应由该管县知事开具事实清册,呈请核奖。该书记既系成绩昭著,应即呈由知事审查明确,遵章呈候核夺。仰即知照。"(《浙江公报》第七零四册,民国三年二月二日,一一页)

二月　就景宁等县灾赈银米情形呈复省方:"奉传陆通球查明景宁灾赈银米不符情形",并称松阳、庆元等县短领款银确已交付,请予销案。(《浙江公报》第七八二册,四月二十一日)

三月一日　接浙江行政公署指令第二千零七十八号,查询具复景宁赈米纠葛是否出于复报。

指令表明:"此项短领款银,既据陆通球呈明,已经交付叶宗山暨利用公司分别转付,候分饬松阳、庆元两县知事严缉查追,一俟追缴到后再予销案可也",并要求具复景宁赈米确数——"再查景宁赈米仅有一千袋,而吕东升及吕渭英报册合计系二千袋,据委复称亦系出于复报,是否实在,仰该知事再行转询陆通球,据实具复,以便核办无违"。

三月 再次呈复民政长屈映光，景宁赈米确数仅一千袋。

呈文称："兹据陆通球呈称'通球遵查是项赈米，当由吕东升与吕渭英分任调查，按灾情轻重酌量分配，处属除青田另由温事务所就近领放外，原议应得赈米五千五百袋，内支配景宁一千袋。因景宁到温近便，仍存温事务所，托为代付，后温事务所以托付景宁一千袋作为温支配，似此吕东升报册内列配景宁一千袋，亦属空虚列领；温事务所五千五百袋，景宁所得赈米只有一千袋，所称合计二千袋之处，实出于复报'。"(《浙江公报》第七八二册，四月二十一日)

四月二日 浙江行政公署第四千一百八十七号指令《缙云县知事呈复景宁赈米确数请察核由》，全文为："内务司案呈，本年三月三十一日据该知事呈复，景宁赈米纠葛确系出于复报，请察核等情已悉。此案系复报，仰候令饬景宁县知事查照可也。此令。民政长屈映光。"(《浙江公报》第七八二册)按，是时孙世伟署内务司长。

四月初 浙江行政公署就谱主查复孔教支会陈宗达控县教育会应友陶一案情形发出指令："查应友陶被控各节，既据该知事查明均属虚诬，应无庸议。陈宗达身充孔教支会干事长，应如何顾名思义，恪守范围，乃竟诪张为幻，以毫无根据之事肆意攻讦，平日不安本分已可概见，应由该知事严加察看，如再有藉端为非情事，即行提究勿贷。"(第四千零八十二号《据缙云县查复陈宗达控应友陶一案情形由》，《浙江公报》第七八二册，命令)

六月十二日 电详巡按使屈映光，请求在官解警费内添设壶镇长警。

浙江巡按使屈批缙云县知事刘景晨详为由官解警费内添设长警由："文电阅悉。查该县警额业经本公署核定，碍难准予增加。该县壶镇地方果系重要，应由该知事另筹款次，督同该所长设法办理具报核夺,所请应毋庸议。此批,摘由发。中华民国三年六月　日。”(《浙江公报》第八四八册,六月二十日,五至六页,批)按,款次,疑为款项之误植。

六月下旬　因事离开缙云城关。

浙江行政公署通告:“刘景晨电呈六月三十日回署。”(《浙江公报》第八六二册,七月十一日)

七月　向浙江巡按使详送植物病害标本四份。

巡按使屈映光批复:“据详,送植物病害标本四份,应准存候汇转。来详未具副详,与公文程序不合,仰并知照。”(《浙江巡按使屈批〈缙云县知事详送植物病害标本由〉》,《浙江公报》八七八册,七月二十七日)

七月　屈映光就缙云项姓与仙居俞姓互控抢劫案作出批示,内容涉及谱主方面的说法:“查尔俞姓与缙云项姓互控抢劫,案情糅杂。项官波虽曾在仙居县署声明该匪非俞姓所纠,然在缙云县署则又称仙居供词实受俞植水等胁迫之行为。现俞植水等既避匿不到,此案自难审断。至尔夫俞植周,系抢劫项用川案内要犯,经防营拿解仙居县署收押,岂容任意保释,所请不准。”(《浙江巡按使屈批〈仙居俞杨氏呈请饬县将俞植周保释并严提项用宽讯办由〉》,《浙江公报》第八八二册,七月卅一日)

同月　就谱主关于警务编制的请示,屈映光批复照准。

屈批《缙云县知事刘景晨详据警所长酌量编制减饷添警请示遵由》:“据详已悉。变通警务编制,既于核定经费并无溢支,应准照办,仰即转饬知照。”(《浙江公报》第八八五册,八月三日)

八月初　永嘉、仙居、缙云县交界处“土匪藉端滋事,势甚猖獗”。鉴于缙云“邑小无城郭”,谱主“飞檄乞兵备”。

八月二日　署浙江巡按使屈映光致袁世凯等密电称:“近日乱党勾煽土匪周永广,在缙云、仙居一带聚众滋扰,由(兴武)将军

（朱瑞）饬所部驻缙游击队统领董道胜就近剿御，竟被戕害。现已会同将军分派军队，并严饬附近各县知事严密防范，分别迎击。”于是省方派警备队第四区统带梅占魁统兵剿办。巡按使据谱主详报，缙云县盗首周必昌勾结“仙匪”周永广等潜谋“叛乱”，饬示各属缉拿。（《浙江公报》第九零四册，八月廿二日）

九月四日　巡按使公署饬第二千三百二十六号，鉴于前缙云县知事冯豹所派调查员吕兴东“营私舞弊”，而谱主“适重禁烟，躬亲不获，以致（工赈）终无良果”等情酌记大过一次，其余工程责成谱主于文到一个月内勒限完工。（《饬缙云县知事认真办理工赈毋稍玩忽并酌记大过一次由》，《浙江公报》第九三三册，九月二十日）

九月上旬　警备队第四区统带梅占魁部抵达缙云。

梅占魁友人符璋《蜕盦日札》甲寅七月二十日（即九月九号）：“闻梅统领被匪困于缙云，毙二十余勇，以营盘被劫也。”（《符璋日记》中册，529页）

九月九日　尤副官于广仁寺拿获张陈银等两人，解送县公署。

九月十日　屈映光根据谱主详报《严禁私立会党各情形由》批示，略称：“前经正法之党匪李焕满初入鼎新会，继入共进会。共进（会）固不法之团体，顾名思义，鼎新会亦非正当之集合。该知事饬桃戒李，因并同心、关公、百子等会而禁之，具见杜渐防微、纳民轨物之意。察阅示稿，亦尚妥适。”（《浙江公报》九二八册，九月十五日，一一至一二页）

九月十二日　提集审讯，认张陈银、杨岩青、楼茂云、张华福四人犯“内乱罪”，依《刑律》第一百零一条，判处死刑，执行枪决。

同日　巡按使屈映光就《缙云县知事详送小队长副队长履历由》批复，核减小队月支预算表，同时取消副队长名目，要求另行

具报小队花名清册。(《浙江公报》第九三二册,九月十九日,一至一一页,批牍)

九月十五日 巡按使批示《缙云县警察事务所所长王若钦详报警官辞职照章保荐赐委由》:“详悉。该巡官项竞前准给假一月,业经批由该知事派员代理在案。审阅该巡官原详,并无辞职之语,既经给假在前,现在假期未满,未便即予开缺,所请应毋庸议。嗣后详荐人员,均应详由该管知事核转,不得径详,仰并知照。此缴。履历发还。”(《浙江公报》第九三四册,九月二十一日,六页,批牍)按,该绅等,此乃该所九个月内两度越级详报。

九月十七日 据壶镇村民吕炳汀(吕丁财之兄)、吕海洋关于旧历七月十五日(公历九月四日)“匪首”王元青率千人“到村滋扰”,吕丁财、吕海洋因探“匪情”而一死一伤的状纸,请求省方核恤。

巡按使十月三十一日批复同意,称:“由本使赏恤三十元,该知事亦应酌量捐恤,并谕由该绅等出为倡导,就地士绅酌量捐助,用慰存没”;“一面仍将匪徒应春兴等(五名)严拿,务获惩办”。(《缙云知事刘景晨详请将壶镇吕丁财等赐恤由并批》,《浙江公报》第九八五册,十一月十二日)按,“该绅等”,指委派两吕探查“匪情”的吕朝阳等人。

九月二十一日 电详枪毙“匪首”麻维容由。

巡按使公署饬文:“据该知事马电内称,梅统带解交匪目麻维容一名,系阮参军在黄坛地方查获,并搜出军装药弹等件。查日来搜拿匪犯,押候查讯拟办者甚多,该犯供证已确,若匪速办,实属可虞。当商同梅统带将该匪目麻维容即日按军法枪毙,以定人心。”(《饬缙云知事电详枪毙匪首麻维容由》,浙江巡按使公署饬第二千六百十八号,《浙江公报》第九四六册,十月三日)

九月廿九日 巡按使屈映光饬复:“该匪麻维容既据供证确

凿,缓办可虞,先行正法,系出于一时权宜之计,姑准备案。惟嗣后惩治匪犯,应先请示,俟核准后执行,以昭慎重。其余在押各匪,务从速分别讯明,按律问拟,俾伸法纪而寒匪胆。"(《浙江公报》第九四六册,十月三日)

秋 长子刘节入省立第十中学就读。

刘节《干部简历表》(一九五二年):家长/刘景晨/对你影响:"幼时灌输文学、哲学、历史知识甚多。"(《瓯越此门两代贤》,183 页)

十月五日 巡按使屈批复:"详悉。该巡官项竞假期已满,尚未回所,职务重要,未便久悬,应准如详,遴员接充,以重职守。除饬委李宝琛前往接替外,仰即知照。"(《浙江公报》九五二册,十月十日,一四页,批牍)

同日 屈映光饬委李宝琛充缙云壶镇派出所二等巡官。(《浙江公报》九五四册,十月十二日,四页,饬)

十月中旬 与梅占魁分别详报"防剿"情形。

十月二十一日 屈映光就悬拿"盗首"周必昌事再次批示:"详暨粘件均悉,准如所拟办理,候分别咨饬,一体查照协缉可也。缴黏件存。"(《浙江巡按使屈批〈缙云县知事详请悬赏购拿周必昌周必良等由〉》,《浙江公报》第九七二册,十月三十日)

十月二十三日 巡按使批复:"该统带梅占魁,管带李茂青、王文彬等,此次督队剿匪,尚属出力,深堪嘉许,自应分别奖励,候警备队司令官详报到署,再行核夺饬遵。匪首未灭,余孽仍留,东突西奔,靡有定所,该知事身任地方,责无旁贷,仰仍会督严防,力筹善后,毋遽以目前苟安,或致稍有疏懈也。"(《浙江巡按使屈批〈缙云县知事刘景晨详报梅统带在缙防剿情形由〉》,《浙江公报》第九七五册,十一月二日)

同日 巡按使批复警备队第四区统带梅占魁:"该统带等此

次督队剿匪，迭有毙获，洵属奋勇可嘉。至伤亡之兵士伙夫雇夫等，自应量予奖恤。”（《浙江巡按使屈批〈警备队第四区统带梅占魁详报叠决剿匪情形请奖恤阵亡受伤兵夫由〉》，《浙江公报》第九七五册）

十月二十五日 缙云县知事卸任，分浙任用知事张茯年接职。（《浙江公报》第九七五册，民国三年十一月二日）

按，张茯年，湖南人。新编《缙云县志》民国知事县长名录将张茯年的始任年月列为四年一月显然不当。

谱主任内将五云、鼎湖、崇正、右文等学堂改办成高等小学，实行新学制。（一九九二年一月施子江电话采访缙云县志办记录）

又，缙云任内撰《任氏祠堂记》。

《任氏祠堂记》曰：“黄河之水流分九曲，而其源则同出昆仑。吾谓宗祠亦然。考任氏宗谱，始祖肇自大宋，发祥于明，而楮溪一派，有明太常寺卿坦然公之孙正珣公迁居于此，厥后繁衍滋盛，甲于他族，但前此未有祠宇。当国朝咸丰壬子岁，光风勤于族政，始谋建祠，择基于楮溪南畔，鸠工饰材，堂高数仞，基广数丈，中为堂五楹，外缭以周垣，冠以门台，经之营之，无不宜之，榜之曰任氏宗祠。面对笔峰，旁临楮水，西环芙蓉峰，东障罗峰，渔屿帆海诸胜，美瞻壮观，于忝内增辉矣。由是族之中自一本而降，以至于五服九族，罔不过祠而生敬，入庙而致孝，岂非流分而源同者乎？而况宗族睦而祭祀修，昭穆序而伦纪明，则宗祠之建，是有大功于族也庶几哉！后之子孙，丕振箕裘，永绵厥绪，以垂不朽。现任处州府缙云县知事冠三刘景晨拜撰。”（《任氏宗谱》，共和甲子年重修本）

按，作为民国官员，行文中称“国朝咸丰壬子岁”（一八五二年），原文“国朝”之前空格，令人不解。共和甲子，民国十三年。

十月二十七日（重九） 与诸同乡在杭州吴山登高品茗，赋《知缙云事谢职赴杭九日登吴山》四章。王毓英、胡调元分别步韵。

王毓英《步景晨刘君〈知缙云事谢职赴杭九日登吴山〉原韵四律存二》，其二："心超物外一萧然，那有纤尘蔽目前？张旭云烟参造化，君素工书。青莲诗酒学神仙。山梁阒寂乾坤大，桑海变迁天地旋。彭泽家园遗业在，菊花篱下好归田。君家遗有先大人菊花。"（《王毓英集》，346页）

胡调元《次韵和刘冠山知事景晨九日吴山登高作四首》，其四："斗室朋簪意洒然，湖光山色满窗前。是日假一茶寮叙会，在座皆同乡人。呼鹰天外狂无匹，立马峰头健欲仙。谋国有人工劝进，时已发生洪宪帝政。思家何日赋言旋？只愁清浅蓬莱水，东海如今又变田。"（《补学斋梓馀吟草》，永嘉区征辑乡先哲遗著委员会民国抄本，卷上，十叶）

十月下旬 晋省销差。张震轩从缙云县署前民政科长黄骥（万里）处得悉。

张㭎日记民国三年十月廿五（十二月二号）："午饭时，适遇平阳黄君万里，故友久阔，一旦萍逢，为之快慰。万里自言：'近在刘君冠三缙云县署为民政科长，于前月始回温，俱寓冠三家中，冠三现已晋省销差矣。'予又问：'刘君凤仙近在何处？'万里言：'渠亦赴省谋差事去。'"（《张㭎日记》第三册，1493页）

十月 浙江巡按使公署《告示》认为缙云仙居此次事件起因与调查学龄儿童（六岁以上十四岁以下）一事密切相关："近来各处地方都为了调查学龄儿童，纷纷的闹，毁了多少学堂，害了多少人家，连累了多少人，""近来缙云、仙居的匪徒滋事，才用官兵平了，""这两件事原来就是共一个根苗。你们要晓得这个调查学龄儿童种种的谣言，都是这帮匪徒造出来的"。下文透露策划人隐身上海:“本使替你们想着,第一件要恨这个乱党土匪,到处派人哄诱,骗你们闯出这桩大祸来,受了许多苦楚,他却坐地分赃,住在上海,花天酒地,隔岸观火。”(《浙江公报》第九七零册,民国三年十月廿九日)

十一月 父故,享年五十四岁。自杭州奔丧回里。

《母氏陈太夫人六十寿叙》:“甲寅九月,景晨卸缙云县篆,十月奉讳。”(《刘景晨集》,113 页)

张棡日记十一月廿四(正月九号):“是晚南湖设宴款赵君,同席者本家西席杨君笺龄及地师潘君寿亭也。席散后与寿亭闲叙。寿亭乃西溪人,为人相地颇多,永邑诸大家均有延其择地者。此君谈锋颇佳,言与刘冠三之翁蓉初先生交好,而蓉翁竟于本月初头逝世,惜哉。予与冠三不通音问者几二载,闻其为缙云知事,大著政声,七月间离任回里,旋复晋省谋差。不意留杭未归,而乃翁不及视含殓。现奔丧旋籍,哀伤骨立,亦足见其孝心焉。”(《张棡日记》第三册,1503 至 1504 页)

约十二月 汪如渊绘蓉初先生五十四岁肖像。杨绍廉致送挽联:“一卷华严证妙果;半畦菊经认霜痕。”上款:蓉初先生千古,落款:杨绍廉挽。

一九一五年（中华民国四年　乙卯）　三十五岁

四月　缙云张陈光以其弟张陈银“惨遭枪毙”起诉谱主。

七月中旬　以保荐知事入觐抵京。与池仲霖、黄式苏同寓，三人均免试知事。

七月二十九日　上书政府要求释放章太炎。

七月三十日　被巡警捕去关押。

张震轩日记四年七月廿六（阳历九月五号）：“忽见周孟由自郡城来，久阔乍逢，为之畅然。茗谈之顷，孟由言予友刘君冠三，于旧岁保荐知事入京引见，掣签分发，定于前月二十号引见，突于十九号被巡警捕去关禁。闻其在署缙云知事时将某革命党枪毙，近其兄某赴京上控，已经邀准，故冠三遂遭此祸。闻其现押警署，断绝交通，一字不能寄出，而同寓池君仲龄、黄君仲荃均为同乡好友，故代为通信温郡，请人设法救护之也。噫！冠三向为郡校教员时，薪水所得不薄，日与予诗酒盘桓，颇饶乐趣。继因民国光复，营运仕途，署缙云知事一年，而妻亡父殁，极形懊恼。今此次保荐知事，方谓青云得上矣，而意外飞灾忽来身上，可见祸福所倚，塞翁之言有以夫。”（《张棡日记》第四册，1619页）

黄式苏《潜庐以事被诬，为奔走营救不得解，感而有作》认为：“固知公冶冤非罪，岂有曾参妄杀人！”（《黄式苏集》，92页）

九月十九日　张震轩从北京返里的侄子张醒同处获悉谱主因缙云命案被拘情形。

张棡日记八月十一（九月十九号，来复日）：“晴。下午宋三和来谈，言醒同已自京师回家一日矣。未刻后洗澡，拟往访之，至醒同家已申刻矣。时轶臣亦在伊处，因共坐谈。醒同言：京师筹安会，政府已有成见，不日定见发表。惟段其瑞稍不赞成，便罢其兵权。然一面罢之，一面又慰劳之，一面又遣人刺之，段于是不得不表同情。甚矣大总统手段之高也。刘君冠三与池仲麟、黄仲荃同寓，三人均免试知事，正在兴高采烈，因作大文一篇，乞政府释章太炎之禁。不意书甫上，而冠三即于次日被捕。是时池、黄二人非常恐惧，旋探得刘之被捕原因乃由缙云县命案发生，二人始放愁怀。然有人谓此案即由奏章之事，政府所以更外严禁，则两人恐亦未必脱然无累。不然醒同出京时，二人自言旅资用罄，约同回乡，岂知醒同出京后，留寓于杭又数天，而池、黄仍未出京，此中正非无故也。"（《张棡日记》第四册，1625 页）按，段其瑞，即段祺瑞。

九、十月间　在瑞安同乡、首届众议员虞廷恺（柏卿，亦作博卿）援救下得以出京，并抵杭候审。

谱主诗《哀仲弟》追忆："忆我都门初入觐，讦者中之遽逮问。博卿奔走白无他，槛车方免递诸郡。"《母氏陈太夫人六十寿叙》自述："至是被讦，返杭城待罪三载。"（《刘景晨集》，172 页、113 页）

十月初　函致家中劝慰。

张棡日记八月廿七（十月五号）："（前略）路遇沈君云笺，询问刘冠三近状。据说：'冠三已抵杭候审，且托黄旭初、徐寄庼二君代为运动，现闻黄、徐已赴桐庐游子陵钓台，恐其案无大关碍也。而冠三家信回家，亦慰劝家人谓无大事故，意欲再谋复官，想彼处讼事或可藉金钱力消弭之矣。'"（《张棡日记》第四册，1633 页）

一九一六年（中华民国五年　丙辰）　三十六岁

一月十八日　董锡麟与张棡分析缙云案情起因。

张棡日记十二月十四(正月十八号):“下午赴木杓巷余宅,即与小泉先生围棋三局。既而董君锡麟来访,董君亦予中校旧门生也。伊自杭城回,与刘景蕡同伴,予因询冠三之事如何,渠言:‘已运动原告,可以了案,但目下亏空极大。’予问其起衅是何原因,渠言:‘冠三任缙云县事,是接冯君地造之手,冯君有交盘洋尾欠数百元,冠君不顾乡谊,代为宽容,遽行电详巡按,以致冯君被议,并不能接篆他县,因此订恨,此次缙云控案,未必不由于此也。’”(《张棡日记》第四册,1696 至 1697 页)**按,此说并不可靠。**

三月二十二日　杭州传谱主获无期徒刑。

张棡日记民国五年二月十九(三月廿二号):“予亦出外,至蝉街林家大屋访大同女校长夏君大钊。又承夏君留予小点,食罢,与教员胡君某少坐,乃告辞回堂。适遇岑君晴溪、王君经郛,因邀之入房少坐,二君遂赴马少坪房内谈矣。闻姜校长伯翰说:‘近省有信来,刘君冠山案已经裁判,罪定无期徒刑。’噫! 刘君若如此受判,则毕生之生机绝矣! 为之奈何,然但愿此说之不确也。”(《张棡日记》第四册,1727 页)

三月廿三日　弟景蕡自沪返里探望张棡,告以缙云一案尚未判决。

张棡日记二月二十(三月廿三号):“又刘君景蕡自沪上毕业回来访予,询其兄冠三目下讼案如何,渠说:‘尚未裁判,然如此迁延,吾兄实拖累不起也。’言下颇有恐慌景象。可见民国知事真不

易做矣。”(《张棡日记》第四册,1727 页)

四月上旬 杭县地方审判厅裁判为无期徒刑。

张棡日记三月初十(四月十二号):“三句钟同李君次苏去访余小泉先生,时小泉先生尚在室养病,乃进内与之坐谈。(中略)又与谈冠三讼案。先生言:‘地方厅已经裁判,定为无期徒刑,幸徐班老代为讨情,姑免下狱,现寓亚细亚洋油栈中,一面赴北京抗告,然事已迟矣。此案总望此次革命成功,或可打销一切也。’”(《张棡日记》第四册,1739 页)按,徐班老,即徐定超,字班侯,时任浙江通志局提调。

四月十四日 浙江督军朱瑞下台,屈映光接任,浙江宣布独立。朱主政浙江期间,志士多因反袁而被捕杀。

五月二十四日 新任浙江都督吕公望饬陆军军法审判处处长朱寿同,刘景晨越权杀人一案经同级审判厅判决,管辖错误,应归由该处审结,以清权限。

浙江都督府饬军字第二百十四号《饬军法审判处据杭地检厅呈为刘景晨越权杀人一案经同级审判厅判决管辖错误应归由该处审结由》:“为饬发事。据杭县地方检察厅检察长陈毓璇呈称,‘案查前奉浙江高等检察厅饬办张陈光诉前缙云县知事刘景晨冤杀伊弟张陈银一案,并将原卷供单、保状、辩诉状及关系文件发交到厅,经票传刘景晨到案鞫讯侦查终结。该被告刘景晨对于张陈银确有越权擅杀之事实,依法起诉,送由同级审厅先付预审,经预审终结,认定刘景晨犯《刑律》第三百十一条之杀人罪,应付公判。嗣经同级审厅公开审讯,于本年四月二十五日判决,本件管辖错误。查阅原判理由,内载刘景晨办理张陈银等四名一案,梅占魁、王文彬确系共同行为之人,刘景晨既与其会同办理该案,按诸《陆军审判条例》第十八条、第二十五条、第二十六条及第三十一条之规定,不属普通司法范围以内,本厅当然无管辖之权。该被告及其辩护人之请求，尚属相合，应依《刑诉通例》谕知管辖错误等语，此案既经同级审厅依据《刑诉通例》为管辖错误之判决，应须归由军事裁判，以清权限。除抄录原判呈报浙江高等检察厅暨将刘景晨交保外，理合检同本案全卷及保状，备文呈请察核，发交陆军审判机关办理，并祈饬知承审之机关，于该案办结后，仍将原卷径还，俾便转送归档，实为公便'等情，并送原卷六宗、保状一本到府，除批复外，合将原卷六宗、保状一本，发仰该处长查核办理，审理终结后，仍将原卷、保状一并径送该厅转送归档，仰并知照。此饬。计发刘景晨案警务处卷一宗、高检厅原卷一宗、地审厅原卷二宗、地检厅原卷一宗、缙云县原卷一宗，共计六宗，保状一本。都督吕公望。右饬陆军军法审判处处长朱寿同准此。中华民国五年五月二十四日。"(《浙江公报》第一千五百十六号，民国五年六月一日，六至七页)

五月 浙江都督吕公望批《杭县地方检察厅为据呈刘景晨越权杀人一案，经同级审厅判决，管辖错误，归由军事裁判，检同案卷及保状送请察核由》："呈悉，候将原卷发交陆军军法审判处查核办理可也。"(《浙江公报》第一五一六号，民国五年六月一日，一四页)

张棡日记五月十九(六月十九号，礼拜一)："予前日看浙江政府公报，见刘君冠三命案已归军事裁判，司法厅已将案卷送交都督府收受，一经开庭，则案情打销，刘君可以恢复自由矣。"(《张棡日记》第四册，1773页)

六月六日 袁世凯病故。

六月十三日 叶墨卿告知张棡，谱主现在潘鉴宗旅部任书记。

张棡日记五月十三(六月十三号)："便过孟由新屋，时孟由正吃早膳，次骞内侄亦在，因相与谈近事。继而叶墨卿亦来谈，言刘君冠三案已打销，现在旅长潘君介宗幕下为书记，薪水尚不薄也。”(《张棡日记》第四册,1770 页)按,潘介宗,即潘鉴宗,时任浙军第二师第四旅旅长。

九月二十七日 偕同蒋叔南、蒋季哲参观商务印书馆。

张元济日记九月廿七日(星期三):“应酬:蒋叔南偕其弟名冶号季哲、又一刘姓友人,来参观本厂。”(张人凤编《张元济日记》,商务印书馆二〇一八年一月版,上册,131 页)

按,蒋叔南刘姓友人,不外乎刘放园、刘绍宽、刘景晨、刘祝群,作者于刘放园相对熟悉,名字不会失记,其时刘绍宽在故里,刘祝群尚未结交,(《疚庼日记》初次出现蒋叔南,见于民国十年五月十二日:“蒋季哲邀晚餐,并晤其兄叔南。”)而谱主诗《厚庄先生以诗文集致郑君孟达转赠,作五言长句报之》称:“待罪在西湖,风月自狎狃。访旧走海上,买春得携手。”表明本年有上海之行,与蒋家兄弟又非泛泛之交,故此处“刘姓友人”,疑即谱主。

约十一月 经黄溯初介绍,将赴湖北工作。

张棡日记十月十五(十一月十号,礼拜五):“晴。下午命校夫肩行李赴小南附波安官舱回里,于官舱遇蔡君志臣,因谈及刘君冠三之事。渠言冠三现得黄君溯初力,将赴湖北行政署办事,然事属秘密进行也。”(《张棡日记》第四册,1833 至 1834 页)

十二月二十五日 浙江省长公署批第一千二百四十三号,针对原具呈人缙云张陈光《呈一件呈伊弟张陈银被前缙云县知事刘景辰冤杀一案请究办由》答复:“呈悉。查此案前准督军署将全卷咨送到署,当经本公署审核,事属军事范围,应仍由陆军审判机关办理,以符事实,将原卷咨还在案。据呈各情,仰即自赴督军署呈请核办可也。”(《浙江公报》第一七二一号,民国五年十二月二十八日,二七页)按,刘景辰,原报如此。

是年 徐定超手录高则诚诗题赠,上款:“录永嘉高明柔克斋诗,冠三属正”,下署“徐定超,时年七十有二”。(手迹杨瑞津藏)

一九一七年（中华民国六年　丁巳）　三十七岁

四月五日　浙江高等审判厅刑事判决书裁定，谱主"杀人案"由杭县地方审判厅移交金华地方审判厅审理。

浙江高等审判厅刑事判决管字第三号（一九一七年四月五日）原文：

声请人　浙江杭县地方检察厅检察长

被告人　刘景晨，年三十六岁，永嘉人，业官吏

右被告人因杀人案经杭县地方审判厅判决，管辖错误，声请人声请指定管辖前来，本厅决定如左。

主文

本件应由金华地方审判厅审理。

理由

查《陆军审判条例》第一条载，"军人犯《陆军刑事条例》或《暂行刑律》所揭各罪，或违警罪及与其他法律之定有刑名者，又虽非军人而犯《陆军刑事条例》第二条所记载之罪者，均依陆军军法会审审判之"等语，所谓军人者，业于《陆军刑事条例》第七、第八条记载详晰，至虽非军人而适用军法审判者，其触犯罪质必合于该《条例》第二条所列各款，方为适法。本案被告刘景晨，在缙云县知事任内，拿获土匪张陈银、杨岩青、楼茂云、张华福等四名，先行枪毙，然后电禀省宪。杭县地方检察厅以其杀人罪提起公诉，原审以其会营讯问，援《陆军审判条例》第十八条、第二十五条、第二十六条、第三十一条各规定，认为属于军法会审，谕知管辖错误，不知适用军法会审，以军人或常人而犯《陆军刑事条例》

第二条各款之罪者为限，已如前所述。被告既非军人，而又非犯该《条例》等二条之罪，自属普通司法衙门管辖。况《陆军审判条例》第十八条乃专指军人而言，第二十五条乃言军人得逮捕与军人共犯之常人，第二十六条第三款末段虽有"若系常人送致于该地之检察厅，但与军人共犯之常人，应详由长官核定"云云，然并未言与军人共犯之常人，应由军法会审。至第三十一条，则明言除犯《陆军刑事条例》第二条之罪外，凡与军人共犯之常人，须送致于该管检察厅矣。乃原判以为谕知"管辖错误"之理由，显系不合，但原判业经确定。此外，又无应行管辖之审判衙门，声请人应爰(援)《刑事诉讼律》草案第十八条声请指定管辖前来，核诸该条第三款，洵属相符。爰为决定如主文。

本件经咨询同级检察厅检察官左赋才之意见。

浙江高等审判厅刑庭

审判长推事　沈　鸿(印)

推　　　事　章圭瑑(印)

推　　　事　谢振采(印)

书　记　官　施泽臣(印)

(《浙江公报》第一八二七号，中华民国六年四月十九日，一九至二〇页)

春　经过武昌。

王理孚(海髯)有诗寄怀："不为伤离始倦游，深深春色独登楼"；"江汉至今有东道，西湖所在即杭州。"**按，赠诗内"东道"未详。此首收入《海髯诗》，作者改题《寄怀刘贞晦武昌》，谱主阅后批注"是时尚未改号贞晦"。**

四月二十五日　鉴于谱主避不到案，检方饬令其提供担保。

《杭州快信》："前缙云知事刘景晨越权杀人避不到案，昨又饬警勒保限交。"(《申报》民国六年四月二十六日，七版)

六月十五日 《时事新报》“杭州快信”消息：“前缙云知事刘景晨滥杀无辜，经事主陈张光具控到省，发交杭地检厅依法讯办，现又催提预审。”按，陈张光，系张陈光之误植。

六月 逗留上海期间，展阅清乾隆项佩渔《柳花图》，因题七绝三章。

夏 朱鹏（复戡）、黄式苏赋诗寄怀。

朱鹏《寄怀贞晦沪上》：“诗人例合遭穷谴，吏道于今异所尊。白水宁知心可誓，青蝇竟使璧成冤。艰难身世怜蓬鬓，忧患文章借酒樽。避地狂歌黄歇浦，元龙豪气应犹存。”（《复翁吟草》，乐清县宋文印刷所民国三十六年铅印本，卷二，九页）

黄式苏《寄怀刘贞晦沪上次复戡韵》：“三年避地音书绝，知汝难忘狱吏尊。龚遂但为平贼计，曾参竟有杀人冤。穷愁天遣工诗笔，怒骂人争避酒樽。入道倘从忧患始，未应狂态故犹存。”脚注：“贞晦旧字潜庐，现改今名。”（《慎江草堂诗》，卷三，十一页）

按，谱主和以《胥庵复戡各以尊字均为七言律诗见示次均报之》七律两章（《刘景晨集》，194页）。

七月卅一日 北京大学教授陈黻宸病故于瑞安。

八月 挽陈黻宸联，下句称：“旧游如梦，溯雪满金台、涛生珠海，十年历历，忍忆师门最盛时。”（《刘景晨集》，344页）

八月中旬 声请赴金华地检厅就近投讯，获浙江高等检察厅批准。

《杭州快信》：“前景宁县知事刘景晨滥杀无辜，经高等检厅勒拘，由水利委员会技正林大同保候投案审讯，现又声请赴金华地检厅就近投讯，业奉照准。”（《申报》民国六年八月十四日，三版）按，景宁县，原报疏忽。

下半年 浙江高等检察厅将谱主越权杀人一案饬金华地方检察厅正式提起控诉，送交金华地方审判厅办理。谱主提起抗告,经大理院决定,抗告被驳回。

秋 赴金华准备出庭。其间参观沈约八咏楼。

《厚庄先生以诗文集致郑君孟达转赠作五言长句报之》(一九一九年)追忆:“秋来金华山,苍然一秀阜。低徊沈约楼,岁暮朔风吼。堂皇狱已具,谬误请应纠。”(《刘景晨集》,189页)

十一月十七日 温州旅沪同乡会第一次干事会推选谱主为文牍员。

《温州同乡会第一次职员会纪事》:“温州旅沪同乡会,于昨日(十七日)下午一时在该会事务所(法界永安街普安里十号)开第一次干事会,由正会长张云雷主席。议决事件如下:①修改会章,计十五条;②审查筹备事务所收支各款;③预算当年经费;④推举赞助及调查、交际各员并名誉会董;⑤临时提议筹办公所及善后事宜。推定林楚雄为基金监,刘冠三为文牍员,朱寿卿为会计,徐班侯、吕文起、徐寄庼及温属各县商会会长等数十人为名誉会董。”(《申报》民国六年十一月十八日,十版)

十二月下旬 金华地方审判厅一审,宣判谱主犯有四个杀人罪,依照《刑律》第五十四、第三百十一条,各减处三等有期徒刑三年一个月,执行刑期三年三个月。

十二月二十九日 被监禁。

《丁巳十一月十六日入狱口占》:“锄荆斩棘嫌唐突,毁冕裂冠终奈何。太息区区宁足道,灰心人恐后来多。”(《刘景晨集》,189页)

王毓英《刘母陈太夫人六十寿序》(一九二二年)就此案记载:“当日治匪缙云,其时民乱未靖,山僻不逞之徒犹将纷纷,聚党劫掠,所在多有,不从权乘势以挫其锋,戍卒叫嚣,后祸叵测,伊谁之咎?因先戮其党匪四人,得藉以散其势,涣其群,而事后之被讦与否,盖未遑计及之也。迨丁巳定谳金华,冠三坐越权杀人罪,监禁七年。”(《王毓英集》,168页)按,“监禁七年”,原文如此。

一九一八年（中华民国七年　戊午）　三十八岁

一月五日　二弟景琨（文甫）乘普济轮自沪返温，途中被新丰轮撞沉，与徐定超夫妇、黄梅初、虞廷恺等数百人同舟遇难。接徐寄庼信，得悉噩耗。律师金泯澜（范丞）赠诗劝慰。

一月　不服一审判决，向浙江高等审判厅声明控诉，并延请东阳籍名律师、金华律师公会会长金品黄（菊丞）为辩护人。

一月二十五日　前司法总长梁启超在黄群一再恳求下，致函署司法总长江庸，要求为谱主"昭雪"。

梁启超函："顷得溯初书，为前缙云县知事营救。细绎案情，所杀者确是匪，特因程序未完，致法庭不能为之开释，判决文中明表此意。其人既贤才，重以溯初在百忧中为之郑重营救，故敢更为切恳呈予昭雪。溯书称拟径呈部，想于程序无甚不合，如何之处，盼迅示，俾复前途。"（《致江庸书札五十通》，载《上海文史资料选辑》第五十八辑，上海人民出版社一九八八年一月版，28 页）按，黄溯初致梁函与江庸复梁函未见，二月四日江辞去司法总长之职。

四月二十六日　金华浙江第二高等审判分厅，在审判长、推事沈敏树主持下开庭终审，认为法律上县知事并无审判"内乱罪"管辖权，判处谱主徒刑三年又三个月。

四月二十九日　判决书贴出（详见《刘景晨集》附录三，391 至 396 页）。关入金华县监狱，自此"韬贞隐晦"，改号贞晦。狱卒允许其借书看。开始阅《易经》。

八月　署理金华知事钱人龙移官鄞县，谱主赠以七绝两首送行。

九月九日 《友夔先生知金华县事五载移官鄞县作二绝以赠其行》发表于《时事新报》。

诗曰:“卅六芙蓉古洞天,天教管领吏还仙。种成满地桃花去,亲见花开已五年。”“鹤谢旧巢翻健羽,琴移别案谱新声。此行又典名山水,快洗秋瞳看四明。”两章收入《贞晦诗草》,改题《送金华钱知事友夔移官鄞县》,桃花去,作桃花树;翻健羽,作骞健羽。**按,钱友夔,名人龙,一九一四年十二月任金华县知事,本年八月改鄞县(今宁波市鄞州区)知事,十月十四日赴任,首尾五年。一九二〇年三月因病出缺。**

十月 四弟景佑(季华)病故。

《母氏陈太夫人六十寿叙》自述:“戊午九月,季华病逝于家。景晨在狱,每闻而潸然曰:若我老母何?”(《刘景晨集》,113页)

十一月十日 温州旅沪同乡会常年大会推选谱主连任文牍主任,未到任前仍由谢侠逊代理。

《温州同乡会年会纪事》:“温州旅沪同乡会于昨日下午二时开常年选举,计到会者五百余人。首由张云雷报告一切,随即投票选举。选定张云雷为正会长,徐寄庼、林楚雄为副会长,并推定黄敏之为基金监,吕文起、黄溯初、蒋叔南、姜会明为名誉董事。文牍主任由刘冠三连任,刘未到会前仍由谢侠逊继续代理。会计主任为曹序庼,并举定沈滋澄、朱斋卿、林炎夫、谢侠逊、曹序庼、陈干夫、胡屏西、白秋澄、项铭周、徐仲英、吴松龄、林达夫、孙秀峰、杨毓生、蔡士达、金莫阶、刘锦亭、林仲昭、孟筱鹤、白成道、黄叔平、王芹发、黄鲁卿、张和卿为干事员。旧任调查员为杨雨农、周仲明、张益平、潘聘如、朱敬亭、罗翰臣、金介眉、林松樵、陈白川、金克臣、杨敬之、金玉亭、王慰卿、周子亭、金昌郎、黄金池、潘梁卿,新增为马缉夫、王祝封、郑幹卿、朱廉青、林捐芹、朱圣希、金廷沛、刘文波、王启文、郑鹏周、黄惠侯、徐尧卿、金卓卿、周子莱、宋锦楷、王锦文。旧任交际员为陈鹤九、冯月臣、陈杏人、白理甫、高步卿、朱佐庭、林书亭、奚晋卿、夏融卿、统华藏、陈启梅、叶郁章、王荟芝、曾廉卿、郑影瑞、张值三、郑正祥,新增陈子衡、朱促衡、陈益峰、林乐生、沈连元、刘庆禧。嗣由张云雷、徐寄庼、林楚雄等先后登台演说,并由全体合摄一影,散会。"(《申报》民国七年十一月十一日,十一版)

十二月六日　蒋叔南游历黄山返里途经建德,至严东关避风候船之际,作书致金华谱主。(《黄山游记》民国七年十二月印行,下册,三四页)

谱主有诗《辛酉正月题雁荡山人蒋叔南游记第一集》述怀:"三年思贞晦,周旋于法吏。吾侪知之深,感激为裂眦。尝游黄山回,挥斥松云閟。缄与金华狱,且用慰遐思。还答七言诗,五百六十字。"(《刘景晨集》,202页)

一九一九年（中华民国八年　己未）　三十九岁

一月二十日　《雁宕山人蒋叔南游记题辞》发表于《时事新报》第三张第四版报馀丛载，署名冠三。

五月　金华学生响应五四运动，于府庙排演时事新剧。因作七律三首“分赠”编剧、演员、观众。

其三后半云：“对境因思亡国惨，同舟已届遇风时。眼前莫作伶人看，记取登场是讲师。”（《刘景晨集》，184 页）

九月　作七言长诗《和平笔放歌》，多达一百二十六句，末句云“茫茫宇宙一诗囚，放歌且作忧天杞”。本月二十九日发表于《申报》十四版。

秋　致书王毓英，谓虽久被幽室，仍无日不学字读书以为乐。

王毓英《复刘君冠山书》略称：“读来教所云，因此读书励志，作诗精字，逆而以顺受之，困而以亨处之，深得养晦之道。此即所以成其真我者，去旧日故吾之怀才求试，已不啻脱凡身而超圣界矣。从此矢志艰贞，数年后出而应世作事，定超出于寻常万万。一切学问、智识、才干、道德进增，实有无量数，不可思议之概。人为君慨，吾为君望，未知君以为然否？君其勉之！辱在知交，务以德业相期，当不作泛泛劝慰语也。”（《继述堂三刻文钞》卷二，参见《王毓英集》，160 册）

下半年　赋诗《次韵和曼庵游金华山九龙双龙二洞七绝十二首》。

其十一：“三年谪置倘前因，肯负幽居自在春。万一金华山有意，含灵要铸永嘉人。”（《刘景晨集》，193 页）

按，曼庵，指郑孟特（1884—1962），名汝璋，一字孟达，号曼庵，平阳人。清末留学日本。民国间历任鄞县地方检察厅检察官，丽水、杭县、金华等地方审判厅厅长，浙江高等法院第二分院院长等。

本年 《厚庄文钞诗钞》五卷刊成，刘绍宽托郑汝璋（孟达）转赠。谱主答诗表示在狱中“晨兴读梵策”“间涉新学说”。（《刘景晨集》，189页）

刘绍宽诗《寄刘冠山次胥庵韵》：“世值沧桑漫是非，网罗仕宦况危机。孤城婴守前功在，大憝歼除宿怨归。对簿责言身暂屈，读书贞晦道应肥。苍生有望知终属，且为磻溪拂钓矶。”（《慎社》第二集，温州美成和民国九年石印本，慎社诗录，十四页）按，“读书贞晦道应肥”句小注：“君近学易，自号贞晦。”

一九二〇年（中华民国九年　庚申）　四十岁

一月二十九日　老同事刘祝群从上海时事新报馆营业主任张云雷处获悉谱主境况，资助二十大洋。

《疚庼日记》己未年十二月初九日（阳历九年一月廿九日）："晤张云雷先生于时事新报馆，计自甲寅于金陵别后，已六年矣，一见甚欢，以《印光和尚文钞》《金刚经会解了义》《安士全书》等三部见赠。谭及刘冠三兄下狱后，其二弟，一死于普济船中，一死于病，近状殊惨苦。幸在狱中能以读书自解，惟经济窘迫，恃旧友接济。因以廿金托云雷转寄金华县狱。回首旧游，为之一叹。"（《温州市图书馆藏日记稿钞本丛刊》，第50册，26762页）

五月二十六日　集石鼓文八言联赠旅婺（金华）友人郑汝璋。

联云："道有异同，君子是则；时其出处，硕人可求。"

上款：曼莽道兄正臂；下款：庚申浴佛后一日，弟贞晦集石鼓文。（张索藏，参见《瓯越此门两代贤》，56页）

六月三日　张震轩走访刘节，得读谱主《新旧文商量》（发表于《时事新报》）。

张棡日记民国九年四月十七（六月三日，礼拜四）："晴。晨至刘翰香房看所悬石经峪泰山石刻集字联一对，奇伟之至，联语亦阔大：'老树汉时种；长河天上来。'又有《瘗鹤铭》集字联一对，亦佳。翰香因出其父冠三在金华狱中寄来近作，如《和平笔》七言长歌六十四韵，《谢刘次饶赠集》五言长歌亦六十四韵，均大气盘旋，笔力沉郁，至和郑迈特《元旦感怀》七律数首，又志和音雅，泯一切牢骚之气，此正天之挫其身以老其才，三复之下，令人距跃三陌。

冠三现别号贞晦,《时事新报》曾登其《新旧文商量》一篇,语语中肯。又就《易》《书》《诗》各古义发明新理,警告《新青年》,亦大有见地,此君真可爱才也。予因检旧撰数诗及《六十感怀》诗赠其令郎,俟另日作函讯之。”(《张棡日记》第五册,2313 页)

七月二十一日 写墨梅一帧,并作七绝三首。

《庚申六月六日偶写墨梅一小帧口占七言绝句三首以记之》其三:“寒移暑换天常运,居易思危道未暇。从此年年悬一例,荷花生日写梅花。”(《刘景晨集》,199 页)

初秋 从友人徐桂芬组诗中得知故乡水灾严重,忧而和之,其四忆及民国元年惨象:“八年瞥眼惊前辙,一恸临江吊脚魂。和罢此诗愁满纸,酸辛来句忍重看?”(《刘景晨集》,199 页)

冬 为秋日解组归田的刘祝群刻印。

本年 蒋莲僧赠以《梅花书屋图》。

本年 胡调元《寄刘冠山金华狱中》,曰:“不见刘生四载余,凉风天末意何如?冶长自古原非罪,迁史从今合著书。家计稻粱饲鸿雁,客愁江海混龙鱼。为君日望金鸡赦,归待言诗更起予。”(《补学斋梓馀吟草》,卷上,十二叶)

按,“家计稻粱饲鸿雁”句下夹注:“黄旭初、潘鉴宗诸君为其令弟代谋馆谷,藉以赡家。”

一九二一年（中华民国十年　辛酉）　四十一岁

二月八日（正月初一）　接郑孟达贺年片。因作《十年元日曼庵以贺年名柬见投感赋此诗报之》七律一章答谢。（《刘景晨集》,201 页）

孟春　应邀为《蒋叔南游记第一集》题五言一百韵。

诗中总结此次入狱的教训,即执法不合程序,而自身平素缺乏研究:"奈何徒读书,律例阙讲肄。先戮后得请,于法乃乖刺。"赋诗之前接张云雷函。此诗开头提及:"昨得云雷书,浑括揭君意。君书与云雷,邮转亦我示。"(《刘景晨集》,203 页)

四月　接金炳南吉林来函,因作《昆生先生以庚申腊月自长春榷运分仓为书分俸见诒并示寄怀诗七律一首邮至之日则辛酉三月初旬矣因次均为诗谢之》。

诗曰:"雪塞邮书自去年,只今承诵暮春天。忍饥为我余鹦粒,俭宦知君陋鹤缠。好语归期百日近,且酬笺赠一诗传。蹉跎最负朋亲望,蚕室乌台愧昔贤。"(《刘景晨集》,204 页)

按,昆生先生,即金炳南,号雁荡山民、雁荡锄苓道人,乐清人。民国七年供职财政部印花税处,十年供差于长春榷运局。著有《沤庐诗存》《联语杂录》。

谱主嗣后画红梅图为金祝寿。金答之以诗《贞晦写红梅寿予兼之以诗》:"贞晦写梅为我寿,以我人与梅花似。不畏霜雪挺孤姿,铁骨纵横无乃是。不写桃花丽,妩媚斗春妍;不写海棠艳,富贵结尘缘。偏写红云绛雪,质笑我不解,仰面乞人怜。我闻梅花有三友,三友未必称花偶。惟有白雪成一家,出处相随交耐久。

君负品格白于雪，应写雪梅贻故人。长留清白人间世，同上孤山寄此身。”（《乐清文徵》，永嘉区乡著会钞本，第十四册）

七月底　刑满出狱。离婺返里之前诗答瑞安胡调元。

《榕村先生寄示见怀诗七律一首次韵报之》结句：“只怜天付藏修地，三载蹉跎足愧予。”（《刘景晨集》，204 页）

八月二十三日　归抵永嘉城区。

张棡日记八月初四（九月五日，礼拜一）：“昨刘子植来访，言其尊人冠三已自金华出狱，于廿三日抵家，现经朱隐青先生荐任厦门大学国文教员，大约两三日便动身。当去一访之，以慰阔悰。”（《张棡日记》第五册，2473 页）按，朱隐青，名章宝，浙江义乌人，省立第十中学校前校长，浙江省议会议员。当时执教于厦门大学。

八月　接黄群函，嘱代作杨嘉（则刚）挽联。杨嘉，系瑞安学者杨绍廉之子，七月三十日病故，年仅二十二岁。

九月四日　刘节访晤父执张震轩，示以黄群来函，谱主以事忙转托张代笔。

九月五日　张震轩、陈宗易来访未遇。回访张震轩与老同事。

张棡日记八月初四（九月五日）：“昨刘子植来访（下略，见前引）。子植又持黄君溯初函，托冠三代撰挽杨则刚联，冠三以事忙转托予。岂知予接杨氏哀启亦未下笔，又焉能越俎代庖耶。下午三句钟，与宗易同赴百里坊巷内访老友刘冠三，不遇而返。拟代撰黄溯初挽则刚联：文献助搜罗，桑梓有灵，喜尔英年才吐凤；交情联群纪，芝兰忽萎，伤哉老友哭童乌。四句钟冠三来谈，十年阔别，旧雨重逢，丰姿略形苍老，而义论飙举，犹是当年。渠言：‘厦门大学教席，乃朱隐青代为介绍，其时该校有教务长刘君楚青来沪招生，因匆匆面与订一草约，而正式关书俟到厦门另填。现定明晨附湖广轮船出去。'并嘱予切切代撰黄君挽杨生之联,遂辞出,遍访各教习房诸友始去。"(《张棡日记》第五册,2473至2474页)

九月六日 启程赴厦门大学任国文教员。事先与该校教务长刘楚青签订草约。

九月二十五日 作五律《予居同安集美厦门大学最上楼往往天色静霁而窗户间长日作响盖集美地形申出海上群岛环之大气出入有触辄鸣信笔写之志所历尔》。

诗曰:"满耳海天啸,平生闻未闻。将潮曾不浪,倘雨更无云。是气所回荡,大声长夕昕。楼高山四面,坐悟息群纷。"(《刘景晨集》,208页)

九月二十六日 赋五律《晓起偶作》,颈联云:"节睡客中意,哦书楼外声。"(《刘景晨集》,208页)

十二月 闻野鹤编辑《中国文学变迁史》,上海新文化书社出版。此书包括《中国文学变迁史略》(署名北京大学教授刘贞晦,计两万六千字)、《近代文学体系的研究》(署名沈雁冰)两篇。

按,该书嗣后重印多次。署名"北京大学教授",未详缘由。陈增杰《中国文学变迁史略著作人为谁——新编〈刘景晨集〉的一点疑问》(原载《温州通史编纂通讯》2013年第2期),经考证认为《中国文学变迁史略》作者"刘贞晦"并非刘景晨。修改稿收入陈著《豁蒙楼散稿》(北方文艺出版社二〇一九年十月版)。

一九二二年（中华民国十一年　壬戌）　四十二岁

二月六日　上午刘绍宽来访。

厚庄日记民国十一年二月六日（正月初十日）："阴。至方鼎如家。诣刘冠三，归偕曹亦藩、蔡耐夫赴吕文起、杨雨农西餐之招。"（《刘绍宽日记》第二册，723页）按，表明此前谱主离开厦门返里。

二月九日　会晤刘绍宽、郑仲愚。

厚庄日记二月十日（正月十四日）："昨午后访郑仲愚，与同至寂照庐、六属图书馆、松台别墅，晤吴璧华、刘冠三、赞文、王鸣卿。夜偕耐夫自永嘉回。"（《刘绍宽日记》第二册，723页）

二月二十日　访张震轩。

张棡日记正月廿四（二月二十日，礼拜一）："同事刘冠三来访。"（《张棡日记》第六册，2531页）按，是时应聘浙江省立十师兼第十中学国文教员。厦门大学执教仅一学期而罢，原因未详。

二月二十一日　《送姜伯翰游学美洲诗》五古一章及《题朱晓崖面壁图》组诗四首持示张震轩。

张棡日记正月廿六（二月廿二日，礼拜三）："昨晚刘冠三来示予《送姜伯翰游学美洲诗》五古一章，《题朱晓崖面壁图》七截四首，均流利可诵。"（《张棡日记》第六册，2531页）

二月二十三日　应张震轩、陈宗易之宴请，张并作《喜刘君冠三重来同事》两章。

张棡日记正月廿七（二月廿三日，礼拜四）："因老友刘冠三又与同事，与陈君宗易设酒福聚园于本晚请其赴席，兼请邵校长及校内四位主任、庶务员张君。拟作《喜刘君冠三重来同事》诗:'落落刘贞晦,睽违越十年。苔岑欣复合,诗酒续前缘。老吾仁谁辅,知君学悟禅。所期盟息壤,葆此岁寒坚。''旧雨欣重遇,相观鬓未丝。宦途超浩劫,文阵得雄师。骨铄梅同冷,情深酒不辞。卮言嗟日出,赖子共维持。'五句半钟赴福聚园待预饮之客,时陈君宗易亦来,既而刘君冠三先到,邵校长及公驭、子强、易谁、叔平、益三则陆续来,惟陈子浦不来。旋开宴,散席已下雨泥泞,各客均雇乘人力车归。回校付车力铜元六片,时钟已十下矣。"(《张㭎日记》第六册,2532页)按,邵校长,名聪,字季达。

四月四日 母陈氏六秩,谱主自为文以寿。寿序在报章发表,受到读者肯定。

刘绍宽《刘母陈太夫人七十寿序》(一九三二年五月十六日):"方岁壬戌,太夫人年六十,贞晦自为文以寿,其言质而不污,详而有体,不作一谀辞夸语;而太夫人家教之善,本末具见,是真性情文字也。"(《厚庄诗文续集》,民国二十六年刊本,文外一,三九叶)

王毓英以侍生名义贺以寿序,言谱主去年夏自金华狱满而归,距甲寅葬父之岁约八年,"所有家中内外大小诸政,咸由太夫人执理而维护之,黾勉劬劳,头发丝白,一经回首,而年已六十周甲矣。太夫人六子,冠三居长,皆能既翕并,知自立,以上顺父母。故其母得以日诵金刚弥陀而不以家之顺逆间人,谓有是母乃有是子,其先得力于家庭教育,后乃推其教以教人,故温州中学、师范诸门墙,咸矜式其能书能诗能文,且能精舆地学"。(《王毓英集》,169页)

春 委托叶怀古斋将弘一大师手写《五大施经》《戒香经》《木槵子经》合订本,印成百册,分赠戚友。

《弘一大师手写三经刊赠因缘》(一九二二年六月):"今年余

母六十岁。元旦日，余发愿写刻《金刚般若波罗蜜经》，印送百本为余母寿。俗缘牵掣，笔墨鲜暇，久之未能成册。以告余友吴璧华先生，先生云：'有弘一大师手写《五大施经》《戒香经》《木槵子经》合印一册，得之于周先生仲铮。如翻印流通，使一切有缘欢喜受诵，皆得无量寿报，岂不甚善？'余因请得是经，属怀古斋主人雕板，印成百本，敬诒戚友，以满夙愿。爰著数语，用志刊赠因缘。中华民国十一年六月吉日，永嘉刘景晨贞晦敬题。"(《佛说五大施经佛说戒香经佛说木槵子经》，永嘉怀古斋民国十一年刊本，卷末)

封面"五大施经、戒香经、木槵子经，辛酉二月弘一沙门演音敬写并题"，经书末后尤惜阴跋云："辛酉春暮，弘一大师欲赴温办道，来沪待船，贻穆藕初居士以手写三经一帙。一为《五大施经》，一为《戒香经》，一为《木槵子经》。每经后系以赞扬劝修语，并附行人常识数则，简约明显，妙契时机。穆居士特付石印，用广流通，以慰大师宏扬佛化之深心，并尽朋辈见闻随喜之至意。"

按，周仲铮，一作仲峥，字楚材，周孟由、周守良兄弟。弘一大师本年十月七日致则民居士信提及此事："手书三经，永嘉刘居士已刻木板印行。仁如须者，可托吴璧华商请。"则民，未详。弘一次年八月四日(夏历六月十二日)致郭奇远函，再次谈及此事。函云："省书欢慰无已。《五大施》三经，寄奉七册，是经为去春所书，拙劣无足观。石印之时，摄影勒石，几字尽脱略者，皆由匠人执笔添补，故与原稿颇多岐异。今秋约可写经十数种，当超胜于此。明春付印之后，邮奉法览。《五大施》三经石印局未存版，永嘉刘居士以石印本翻刻木板，不日当可锓竟，但神味散失，必更甚于石印本也。"

四月 应弟子胡荣铨(衡臣)之请，为省立十师新同事永嘉杨其苏(雨时)撰《杨母潘太夫人七十寿序》。

五月十二日 设家宴招待丽水来宾蒋玉山,王毓英、张震轩、金昆生、刘凤仙、张玉生、陈君檄及徐君同席。

张棡日记四月十六(五月十二日,礼拜五):"阴。晚刘冠三来邀晚饮。六句钟赴刘君冠三之约到伊家,而处州丽水蒋玉山先生及王隽卿先生已先在。蒋翁今年已七十有八,而白发长须,精神矍铄,耳聪音亮,真是难得。隽老亦七十一,尚康健如恒。蒋翁有诗一首,隽老和之,刘冠三亦和之书于扇上,颇见诸君雅兴也。既而金君昆生来,此君亦五十有九,予素未识荆。自言在福建办事多年,极其郡县之难治。既而刘君凤仙、张君玉生、陈君君檄及徐君某俱到,遂相将入席,酒馔极丰,主人亦殷勤劝客,厚谊可纫,席散已九句半钟。"(《张棡日记》第六册,2558页)

按,隽老和诗,即《次蒋玉山辛酉仲春还里原韵》:"一年一度一来游,一度一年一白头。从此年年来一度,一年鸿爪百年留。"(《王毓英集》,389页)

六月二日 徐世昌辞大总统职。

六月十一日 黎元洪进京复大总统职。

六月十三日 黎元洪发布《大总统令》,恢复国会:"民国六年六月十二日解散国会令,兹撤销之。"

上半年 在校期间嘱学生多翻辞典,勤读文艺书籍。曾书七言联"欲除烦恼须无我;历尽艰难好作人"赠学生姜邦熙。(姜邦熙《白发门生忆老师》,载温州一中八十周年校庆筹备委员会编辑《温州一中八十周年校庆专辑》,一九八二年八月铅印本,74页)

七月上旬 递补为国会众议员。此前,瓯海道尹林鹍翔(铁尊)于东山永嘉诗人祠堂设宴款待。

《水龙吟》脚注:"壬戌里居,先生招饮于祠楼。既有北京之行,未久先生亦卸职去。"(梅雨清辑《奉尝集》,温州籀园图书馆民国卅八年钞本,四页)

七月十三日 乘车离沪北上。

《议员十人北上》:“众议院议员孙炽昌、陈鸿钧、褚辅成、刘冠三、罗黼、李垚年、罗增麒、张大义、陈光勋、张联芳等十人,昨晚乘沪宁路车赴宁,转车北上。”(《申报》民国十一年七月十四日,十三版本埠新闻)按,议员乘车享受免费待遇。“新补议员亦得免费乘车,照旧议员一体待遇。”(《申报》七月二十日消息)

八月一日 第一届国会(通称第二期常会)复会。在京参预宪政问题讨论。寓宣武门外。

八月八日 众议院常会表决通过(追认)议员黄群、段永新、刘景沂等三人辞职案。(《众议院八日常会纪》,《申报》八月十一日七版)

八月下旬 因赴京出席国会会议,所遗国文教席由同事张震轩、陈宗易分任。

张棡日记六月卅(八月廿二日,礼拜二):“午后赴十中学堂晤张君益三,言刘冠三因国会召集已赴京,其国文教席尚悬无人接,现在谋此者极多,如伍梅铨、陈丹卿等皆是。而校内主张或仍由上级诸国文员兼任为是。至潘志澄,近忽患神经病,现已由西医诊治,未知即痊愈否,其所任二级国文,亦须觅人摄任之。”(《张棡日记》第六册,2587页)

张棡日记七月初九(八月卅一日,礼拜四):“是晚邵校长来谈,刘君冠三已赴京补国会议员,其所遗功课由予及陈君宗易分任之。于是下学期钟点每人各添五点,于经济方面颇佳,而多一班文改课,亦殊费精神也。”(《张棡日记》第六册,2590页)

九月十八日 国会第二期常会闭会。

九月二十日 沈雁冰就新文化书社编辑闻野鹤将《近代文学体系的研究》与《中国文学变迁史略》合订出版《中国文学变迁史》一事复函周作人,表示异议。(孙中田、周明编《茅盾书信集》,北京文化艺术出版社一九八八年三月版,72 至 73 页,参见《刘景晨集》附录二,358 至 359 页)。

十月十一日 国会第三期常会开幕。

十月下旬 议员徐象先、傅帅说、杜师业就日本人密运军械事件提出质问书,谱主等联署表示支持。

《议员徐象先等为关于日人密运军械事件质问书》:徐象先、傅帅说、杜师业,连署者刘景晨、刘治洲、洪国垣、周继溁、胡兆沂等二十人联署。(《众议院公报》一九二二年,第三期常会 4,67 至 71 页)

十二月十五日 大总统令,给予谱主三等嘉禾章。(《浙江公报》十二月廿四日,一页)

一九二三年（中华民国十二年　癸亥）　四十三岁

一月八日　黎元洪颁布大总统令，晋给谱主二等嘉禾章。

大总统令："（前略）黄汝鉴、熊兆渭、唐玠、宁继恭、刘景晨（下略）、齐守磷，均晋给二等嘉禾章。"（《民国日报》十二年一月十日，第二张第七版）

二月二十二日　拜访符璋。

符璋《蠡佣日札》癸亥正月初七："刘冠山景晨来，改字贞晦，现充众院议员。年尾回里，即将入京。别已七八年矣。"（《符璋日记》中册，834页）

二月二十四日　符璋答访。（《蠡佣日札》癸亥正月初九日，见《符璋日记》中册，835页）

二月二十八日　大总统令，给予谱主二等大绶嘉禾章。（《浙江公报》三月八日，一页）

三月二十三日　大总统令，晋给谱主二等大绶宝光嘉禾章。（《浙江公报》三月卅一日，三页）

四月六日　清明，符璋致信谱主。

符璋《蠡佣日札》二月廿一日（四月六号）："发四号京函，附致刘君冠三一函。"（《符璋日记》中册，841页）

五月二日　符璋致信谱主。

《蠡佣日札》癸亥三月十七日（五月二号）："发六号京信，又发九铭信，内附致刘冠山函。"（《符璋日记》中册，844页）按，符璋日记未涉及谱主回复以上两函。

暮春　在北京万牲园（今植物园）观赏牡丹并留影，题诗抒发愤世嫉俗之情。

《癸亥三月万牲园看牡丹摄影即题》:“人间富贵镜中花,独立苍茫帝子家。唤取一奁留影去,长将冷眼看繁华。”(《刘景晨集》,210 页)

六月六日 国务总理张绍曾领衔总辞职,政务无人负责。

六月十三日 大总统黎元洪被直隶督军曹锟所逼,辞职离京。

随后列名《国会议员离京宣言书》,宣称:“国会在北京此时政情之下,其机关已陷于被围状况,其信用已濒于破产地位。爰自六月十五日起,相率陆续离京,别谋建树。凡当世所以诟病国会者,有则改之,无则加勉。有何见教,无不虚承。”(《离京议员之重要表示》,《申报》中华民国十二年六月二十七日,第六版国内要闻二,据上海书店一九八三年六月影印本,第 192 册)

六月十六日 在参、众两院谈话会上领衔提出查办京畿军警长官以扶政轨之提案。

提案全文:

本月十三日,大总统出走。十四日,本院开两院议员谈话会,吴议员宗慈提出解决时局之办法三项:(一)定期开两院联合会,解决黎总统辞职事件;(二)总统未举出以前,由国务员摄行职权;(三)秩序恢复后,组织大总统选举会,以为解决时局。惟此快刀斩乱麻之法,用心不为不苦。是时,褚议员辅成方欲发言,议场中忽起哗扰。主席以吴议员之主张对众宣告,即定于十六日开两院联合会,再付议决而散。

议员等窃以此次政变之内幕如何,不能掩众人之耳目。但就外形而言,军警之索饷,即认为迫不得已之举,而公民团之包围总统,究竟何因而至?京畿军警长官屡次声明,对于地方治安负完全之责任,然则此公民团汹汹千百人,扰扰累数日,是否在京师地方以内,为妨害治安之行动?乃竟不闻不问,是何居心?卒之总统因此出走,该军警长官应否负重大之责任?吾两院同人,宜有公正之主张,为严重之表示。如仍伈伈伣伣,以为旧总统一走即了,新总统一举即成,儿戏国事,孰甚于此?无论腾笑中外,正恐因果相寻,报复无已。汉末魏季,覆辙昭然,最终之痛,归于人民。吾两院同人,受国民付托而来,纵不为个人伸一丝之正气,亦当为兆姓保一线之生机。金钱武力未必万能,吾两院同人,以公理正义为惟一之武器,拟请由本院表决,对于京畿军警长官,提出查办案,咨达政府,克日从严查办,以扶政轨,国之幸也。

为此提案,敬请议决。

提出者:刘景晨、杭辛斋、沈椿年、张世桢。

连署者:张传保、丁儁宣、金溶熙、傅师说、陈时夏、卢钟岳、蒋著卿、田稔、周学宏、王宗尧、袁荣叟、张浩、陈燮枢、周继濚等。

(录自《众院提议查办北京军警当局》,《申报》中华民国十二年六月十九日,第七版,据上海书店一九八三年六月影印本,第192册,399页)

本馆专电(北京十七日电):"昨两院虽以谈话会多数通过黎去职,院摄政。十三日后之黎氏命令无效。""刘景晨、杭辛斋等提出查办军警长官案,叙对黎举动为不当,非令负重大之责任不可。"(《时事新报》六月十八日)

六月 孙中山、张作霖、段祺瑞反直三角同盟商定,以每月三百元津贴活动国会议员南下。"反间之金",谱主亦拒而不纳。(刘绍宽《刘母陈太夫人七十寿序》)

七月十四日 参众两院南下议员举行移沪集会式,约两百人出席。议场设上海县西城外湖北会馆。

夏间 返里。

八月九日 访晤符璋。

《蠡傭日札》癸亥六月廿七日："刘冠山、林亮周来。"(《符璋日记》中册,858页)

八、九月间 旋京。

九月七日 众议院常会通过延长国会任期案。

九月十日 众议院举行总统选举预备会,谱主请假缺席,川鄂浙闽粤豫晋等省议员均未出席,但签到者竟达四三六名。

顽石《十日之预备会》:"被冒名代签之(四川)张瑾雯、李汝翼,(湖北)冯振骥,(浙江)刘景晨等,见油印出席人员名单后纷纷函吴诘问,以愚所知,则李兆年在宅卧病,(山西)李景泉亦因病就诊于德国医院尚未出院,刘景晨则是日与人在其同乡处作方城游,自午至夜深始罢。此皆可以证明者。"(《申报》九月十五日,六版,国内要闻·北京通信)

又有消息透露:"是日会场中王伊文、宋汝梅、张汉章数人,在签到处强迫职员签到。如福建之李兆年、山西之李景泉,均并不能出门。浙江议员刘景晨,则自午后二时至四时,均在友人家打牌。其余河南贺昇平、陈鸿畴、方德九,山西李素,均系人代签,并未真正出席云。"(《民国日报》九月十四日)

九月十一日 见报载出席议员名单列入己名,致函众议院议长吴景濂,声明选举预备会并未出席,严正指出"十日之会是否有效,天下必有公判"。

《今日之大选形势》引录原函:"莲伯议长左右:敬启者。十日大总统选举预备会,景晨未尝出席。顷阅报载出席人员,列有景晨之名,殊深浩叹。大总统选举预备会,关系何等重大,而会场捏报人数,舞弊显然,应请阁下注意。十日之会,是否有效,天下必有公判也。用特严重声明,希即饬科油印分送两院同人鉴察为幸。此颂议祺。众议院议员刘景晨谨上。九月十一日。"(《晨报》中华民国十二年九月十二日,第二版,据合订本第26分册,人

民出版社一九八一年影印本)

九月十二日 与四川、福建、湖北诸议员的质问书一并发表于《晨报》二版。下午,众议院举行会议。

《昨日大选未成》称:"众议员王枢登台谓,前日选举预备会,据孙科员通电,系由秘书长(郑林皋)指使捏造人数,议员刘景晨等亦声明并未出席,有请假收据为凭。今预备会之人数,竟有以少报多之嫌疑,实属破坏大选,损失国会尊严,若不从严查究,深恐贻国人以口实,大局更陷于不可收拾,应令吴议长退席,由预备会另推主席,进行大选云云。"(《申报》十二年九月十三日,二版)

同日 列名《国会议员否认北京选举会通电》,郑重声明:"自后吴景濂等如有宣告常会开会,或执行总统选举之事实发生,同人等认为,苟非虚报人数,即系冒名顶替,不惟绝对不负责任,抑且根本不生效力。"(《国会议员否认北京选举会》,《申报》十二年九月十二日,第七版)按,通电系褚辅成领衔,共四百八十三人联署。

按,《民国日报》同日第十版以《国会议员否认北京选举》为题报道,称署名者四百八十六人。

九月十三日 再次列名国会离京议员通电,宣布选会舞弊。

覃电仍由褚辅成领衔:"各省区军民长官、各省省议会、各公团、各报馆均鉴:自曹锟及其部属驱逐总统,盘踞首都以来,吴景濂等为虎作伥,甘心附逆,公然以贿买诈骗、浮报冒名等不法手段,进行伪选,密谋拥戴,迭经同人通电声罪致讨,与众共弃,谅邀洞鉴。兹将九月十日吴景濂在总统选举预备会所作不法之证据,列举如下:查照民二、民六先例,总选预备会须两院各有过半数之出席,方能开会。乃吴景濂但含混其词,谓签到者四百三十六人,已足法定数,悍然宣告成会,证一。以吴景濂印布出席名单考之,当日未出席之议员而被吴冒签者,计四川则有张瑾雯、李汝翼,湖北则有冯振骥，浙江则有刘景晨，福建则有李兆年，广东则有陈绍元、曾庆祺，河南则有方德九、孔庆恺、贺昇平、陈鸿畴，山西则有李素、李景泉等。截止十二日止，已有张瑾雯、李汝翼、李兆年、刘景晨、冯振骥等，具函声明否认，证二。众议院秘书厅科员孙曜具呈向吴景濂辞职，声明当日预备会人数实为四百二十一人，并拟将在场分路点查人数之报告单，及经孙曜核算之数目，用写真版公布，以明真象，证三。按以上三项铁证，虽由合法机关行之，犹当宣告无效，况吴景濂等降志从贼，卖身军阀，固根本上为国人所否认者耶！预备会如此，伪选举会不问可知，凡我国人，果不忍坐视国家名器为鼠窃狗偷辈所篡取者，其速起图之。谨此布闻，惟希亮察。离京议员褚辅成、汤漪、王用宾、彭养光、郭同、焦易堂、杨永泰、韩玉辰、郑万瞻、乌泽声、潘大道、刘恩格、黄云鹏、田桐、林长民、章士钊等四百八十三人同叩。覃。”（《申报》九月十七日，转引自王天松、尤裕森编《褚辅成文存》，中国文史出版社二〇一一年一月版，283 至 284 页）

九月十四日　列名国会离京议员寒电，宣布参议员岳云韬附逆之罪状。

寒电：“各报馆均鉴：顷见北京《顺天时报》登载参议院岳云韬启事一则，不胜骇异。查岳君云韬于七月初六日在津支领赴沪旅费，并盖印签名于对内对外两项宣言，迭经宣告中外，并经天津筹备处备案送沪，何得托词冒领，希图卸责。至于此次移沪集会，基于同人自由意志，纯为公开行动，既无所谓利诱，更无所施其强迫，在今日国民监视、社会裁制之下，自无一人甘冒反复无耻之嫌，以自绝于人类者。近据报载，某日某日有议员若干名北归云云，数见不鲜，何尝尽诬。惟其北归之任务，或为留京家属之省视，或为有关职权之接洽，虽其步伐未归一致，而其举动不越常轨，若乃降志从贼，利见金夫，参加伪选，甘受贿买，触犯刑律，助长内乱，则同人等所以自处之道，惟有宣布其附逆之罪状，与众共弃之，苟涉依违，不几于与不讨贼者同科耶！所幸怀刑之义，无间于君子；则履霜之戒，正深于此时。国会前途，庶其有豸。谨此布意，聊当息壤。离京国会议员褚辅成等四百八十三人叩。寒。”（原载《申报》九月二十一日，转引自《褚辅成文存》，285 页）

九月十五日 **列名国会离京议员删电，披露蒸日（十日）“伪国务院致曹锟电”一件。**

删电：“各省区军民长官、省议会、商会、教育会、各公团、各报馆均鉴：昨由保定负责机关抄来蒸日北京伪国务院致曹锟电一件，文曰‘本日两院人数实则四百零九人，由吴莲伯就两院书记编成三十人列席，凑成预备会半数之法定人数，惟大选须三分二以上出席，四分三以上当选，实在人数尚差百余名。吴请先发百万，方能办到此事。万一人数不足，此百万巨款，掷于虚牝，不得不慎重，请转令王孝伯直接与莲伯商量办法。秋舫来电，四帅对于莲伯等颇不放心，决定非俟议员足宪法会议人数，不能将款放手，如何之处，仍盼卓裁’等语，查十日大选预备会冒名浮报，种种舞弊实情，迭经在场秘书孙曜及被冒签代到之议员张瑾雯等，先后通电指证，铁案如山，谅邀鉴察，惟其顶替浮冒之人数，系由两院书记编成，匪夷所思，非个中人不能道破。连日吴景濂等极力进行宪法会议，以先宪后选或宪选并行为号召，意在必成。孰知此中黑幕，以要求百万巨款格于曹锐，非俟宪会足数，不能听其诓取，故以制宪名号愚弄我同人，遂其发财局骗之私，而王孝伯亦适于寒夜入京，实行蒸电直接商量办法，蛛丝马迹，更历历可寻。该电内容，业已完全证实，似此行贿作弊，白昼公行，情真罪确，此而可忍，不惟廉耻道丧，实人心全死，国何以立！敢据实披露，唯国人实图利之。国会离京议员褚辅成、汤漪等四百八十三人叩。删。”（《申报》九月二十一日，转引自《褚辅成文存》，284 至 285 页）

按,四帅,即曹锐,曹锟四弟,一九一八年经曹锟保荐任直隶省长,一九二二年离职后在幕后活动。王孝伯(1874—1936),名承斌,奉天(今辽宁)兴城人。毕业于北洋陆军速成学堂。历任陆军第三镇参谋、第一混成旅旅长、二十三师师长。一九二二年后任直隶省长、督军,直鲁豫巡阅副使等职。曹锐、王承斌两人协助曹锟"贿选"十分卖力。

九月二十六日 参议院常会通过延长国会任期案。

十月五日 直鲁豫巡阅使曹锟以五千银圆一张选票收买四百八十名议员,贿选告成,"当选"大总统。谱主毅然拒贿。

刘绍宽《刘母陈太夫人七十寿序》(一九三二年五月十六日)记:"方贞晦初选为国会议员,适值当国有贿选总统之举。诸议员多有受其钩致者,间或阳为不受,则阴纳反间之金,肆内讧而启兵衅,其为国蠹一也。独贞晦皭然不滓,两无所与。未几,遂弃职南归矣。"(《厚庄诗文续集》民国二十六年刊本,文外一,三九至四一叶)

马叙伦《刘太夫人七十序》(一九三二年十一月五日)称:"于曹锟贿选总统之际,所谓国会议员者,其中不乏瞀然自处之士或文誉满士林者,以伦所知,得区区五千圆之贿而乐受其污者多矣,景晨独皭然不滓,失厚禄显职而不悔。景晨故非裕于财者也,而乃若此。"(《刘景晨集》,465 页)

十月八日 众议员邵瑞彭致函京师地方检察厅,提起贿选诉讼。(《申报》十月十二日,六版)

十月上旬 离京抵沪。

十月十一日 列名《移沪国会议员为明正贿选之罪宣言》,严正指出:"直系军阀仍悍然不顾,恃其金钱,万恶可以驱使,一般无耻之徒,竟于十月五日,以五千元之票价,捏报五百九十人之出席,四百八十之票数,使民国罪魁及此次毁法乱纪之祸首曹锟,伪称当选总统。窃以共和国家,总统、国会,俱为全国人民所托命,今竟明目张胆,使神圣议会变为交易市场,尊严总统视若交易货品,显犯刑律,腾笑友邦。”表示“同人等虽不敢谓保兹清白之身,为国家留一线之正气,仍当大声疾呼,追随全国人民之后,明正贿选之罪,一致声讨”。(原载《申报》民国十二年十月十一日,参见《刘景晨集》,134 页)按,刘楚湘《癸亥政变纪略》称宣言脱稿于六日。

十月十二日下午 旅沪全浙公会召开干事会紧急会议,决定通电公布浙籍守正议员名单,包括谱主与童杭时、许燊、沈钧儒、褚辅成、杭辛斋、邵瑞彭等廿五人。

《全浙公会之紧急会议》:“(二)各报馆均鉴:曹锟贿选,全国痛心。讨伐之事,责在有力;清议之权,操之社会。是非不可不明,泾渭不可不分。谨将浙江参众两院议员始终在沪反对贿选诸君子姓氏,宣布全国,以彰正义。姓氏如下:参议员童杭时、许燊、沈钧儒、盛邦彦;众议员金溶熙、褚辅成、杭辛斋、张士桢、胡翔青、张传保、王任化、卢钟岳、孙世伟、周继潆、沈椿年、陈时夏、田稔、陈燮枢、余名铨、袁荣叟、邵瑞彭、刘景晨、赵舒、洪国垣、王宗尧。”(原载《申报》第一八一八七号,中华民国十二年十月十三日,十三版,据上海书店一九八三年七月影印本,第 196 册)按,通电在《时事新报》等同时发表。

十月十三日 众议院议员林玉麒(式言)在《政府公报》第二七二三号发表启事,称在津另有职务不得时常列席,曾经提出辞职书,合再登报宣言。

十月十七日 浙籍议员聚会之际,适最早揭发曹锟贿选丑闻的议员邵瑞彭抵沪,鉴于邵虽为淳安人,却生长于瑞安,所以第四区(旧温处两府)在沪议员五人邀其同摄一影,留作纪念,谱主立于后排。而绍属田稔与邵同庚,也加入合影。(宝记摄影,见《申

报》十月廿日,十四版)

十月二十一日 移沪参议院、众议院在《申报》发表“两院议员未参加贿选题名录”,其中浙江省国会议员包括王家襄、童杭时、许燊、陈时夏、邵瑞彭、张浩、刘景晨、赵舒、洪国垣、王宗尧等三十人(十月廿五日重新公布)。

同日 与黄式苏偕游扬州,登平山堂。

黄式苏《扬州杂诗》(一九三五年)其六:“青山依旧向吾曹,座上何人是酒豪?前度刘郎今未至,却先七日此登高。”脚注交代:“癸亥重阳后三日,与贞晦共登平山堂,忽忽十二年矣。”(《慎江草堂诗》,84 页)

《扬州杂咏八首》其一夹注:“癸亥秋,曾同迂叟来游。”(《刘景晨集》,257 页)

十月二十六日 张震轩重游江心屿,忆及昔日与谱主同游景象。

张棡日记民国十二年九月十七(十月廿六日,礼拜五):“晴。下午因四年甲、乙组诸生级任旅行休课,予亦与牟君子强及诸生由大街迤逦出朔门,于麻行埠税‘三板’二只同渡对岸孤屿游览。先登屿访古塔,是塔在东,正临白人洋房,四面檐槛均拆毁甃砖,无复昔时面目。西人洋楼二座,建筑极精致,而禁人入内,予等亦只得在外瞻眺而已。国弱外强,于此足见一班。既而遍游江心寺,文、卓二公祠,皆荒废无足观。忆予十余年前同刘君冠三等到此,气象较今犹佳也。”(《张棡日记》第六册,2720 至 2721 页)

下半年 曾与老友瑞安郭凤鸣(漱霞)相聚。

陈钧贤《中国近代展览的先驱——纪念郭凤鸣诞辰 150 周年》披露两人合影,并交代:“照片为郭凤鸣、刘景晨合影,照片的卡纸上有郭凤鸣和孙诒泽的亲笔题诗,郭赠诗曰:‘廿年故乡友,分袂已许久。东西各奔走,形容渐白叟。京华重聚首,意兴更浓厚。朝夕开轩牖,风月笑谈口。君才如八斗,画梅尤不苟。我腹积尘垢,吟诗耻居后。惜君戒饮酒,独我杯在手。此遇既非偶,鸿雪应留有。惟侧风雅右,并立愧老丑。斯图共保守,色相永不朽。贞晦老友吟政,并希惠和。'孙和诗道:'两公我畏友,同为客奔走。暂与久交结,愧负顽钝叟。郭公已白首,刘公心爽厚。论议震户牖,笑谈不住口。诗才漾八斗,浊世行不苟。胸次无尘垢,一切甘居后。又恨不饮酒,举杯杯落手。对景固非偶,神交无若有。并立分左右,左者嗟老丑。知白黑自守,德言功不朽。漱椒、贞晦仝摄立像。漱椒赠诗索和,即用元韵奉答,兼简贞晦。'"(《温州日报》二〇二一年一月十日,三版文化周刊)

按,作者下文断为一九二八年初所摄,其实"廿年故乡友","廿年"未必是实数,一九二三年下半年或次年会面留影可能性更大,鉴于孙诗称"知白黑自守,德言功不朽",当在拒绝曹锟贿选之后。除非当时郭不在北京(由此可以推想,两人初见早于一九〇八年),暂系于此。

一九二四年(中华民国十三年　甲子)　四十四岁

一月卅一日　访晤符璋。

符璋《蠡佣日札》癸亥十二月廿六日:"刘冠三来。夜二更谢年。"(《符璋日记》中册,880页)

二月二十九日　乘夜车赴京。

《甲子正月二十五日夜分车行直鲁道上极望积雪达曙偶赋》:"火车夜半过山东,千里平原积雪中。直遣轮声裂银海,恰移诗思入瑶穹。月痕斜觉穿窗白,日色回看出地红。莫笑劳劳走尘俗,征途此乐几人同?"按,此诗《刘景晨集》失收。

《自订年表》:"节后入京。在京。"(《刘景晨集》,111页)

三月十二日　赋诗寄赠六弟敀钦。

跋语:"二月八日刮大风,不能出门,枯坐旅斋,书此自遣,寄敀钦六弟。"

六月中旬　北京消息,谱主之弟发表为荐任职。

《蠡庸日札》甲子年五月廿五日(六月廿六):"雨止,天闷。得十八日北京快信,云保案发表,已奉总统指令,已登《政府公报》。同案有高锦甫、黄仲荃及刘冠山之弟某,黄为简任,三为荐任。发八号京函。说分发事。"(《符璋日记》下册,902页)

十一月四日　列名议员支日通电,主张惩办挑起战端的贿选总统曹锟。

《议员主张惩办曹锟》:"议员吕复等通电云:'各报馆均鉴:元凶窃国,召祸兴戎。回念去岁大选,行贿舞弊,种种不法,不戢自焚，致有今日，举国皆知。同人等苦口力争，始终拒绝参与，良以逆取，理所难忍，反动势有必然。转瞬一年，不幸言中。祸机四起，宁勿忘怀。曹锟之来，论法律则干犯国家刑章，言道德则破坏社会廉耻。此次擅开战祸，牺牲国家，人民生命财产更难数计，今仅退避，不足蔽辜，各行严加监视，依法诉追，方足以申纲纪而正人心。至于如何善后，千端万绪，切望全国父老，急起直追，共筹根本澄清之方，免贻将来流血之祸。同人等恪守正义，永矢勿渝，仍本奋斗之精神，以谋政治之改进，硁硁愚见，他非所知。先以电闻，余容续布。吕复、阎秉真、窦应昌、王源瀚、张则川、范熙壬、张宏铨、何海涛、梁登瀛、王宗尧、吴渊、张光望、逯长增、刘星奎、徐建标、刘景晨、王功映。支。'（四日）"（《时事新报》一九二四年十一月七日）按，第二次直奉战争九月十七日爆发。

十一月二日 曹锟宣布辞总统职。二十四日，段祺瑞就任中华民国临时执政。次月十四日，下令解散国会。

按，是时第二次直奉战争结束，直系战败。至此，国会第三期常会结束。第一届国会正式退出历史舞台。

本年 黄式苏诗作《赠刘贞晦》《海上喜晤刘贞晦作兼速杭州之游》（署名胥庵）发表《兵事杂志》第一一八期（5—6 页）、第一二〇期（3 页）诗录专栏。

一九二五年（中华民国十四年　乙丑）　四十五岁

一月中旬　与吕文起同舟归里。

一月十九日　访晤符璋。

《蠡佣日札》甲子十二月廿五日："刘冠三来。云与吕同船归。"（《符璋日记》下册，934页）

一月下旬　致函刘绍宽。

厚庄日记民国十四年一月三十日（正月初七日）："刘冠三信来，询予能否来永。"（《刘绍宽日记》第二册，772页）

二月初　联名致电省军政两署，请区统部移驻温州。

《电请统部移驻温防》："驻温混成旅调驻平湖乍浦，由警备队夏统领派第五营接防。兹悉军政两署，据温州士□刘景晨、杨振炘、潘绍岳、张书元公电云，彭军□□，温防紧要，开到警队为数不多，乞迅饬□□区统部照旧移温，俾增兵力，藉资镇慑□□。未知孙、夏两长果能准如所请否也。"（《时事新报》民国十四年二月三日，杭州通信）按，孙、夏，指浙江督军孙传芳、省长夏超。

二月五日　午设宴。晚应刘项宣之邀赴宴，首席符璋，同席刘绍宽（次饶）、黄梅生（枚生）、马孟容、马公愚诸人。席散，乘海晏轮赴沪转京。

厚庄日记二月五日（正月十三日）："晴。刘冠三邀午酌，梅生、刘赞文同在座。晚赞文邀酌，符笑拈首席，梅生、冠三、马孟容、公驭同在座。"（《刘绍宽日记》第二册，772页）

《蠡佣日札》乙丑正月十三（二月五号）："夜饮刘处，同坐为刘冠三，次（黄）枚（生）及马孟容、公愚昆季。刘子名孔钧，字复中，充中国银行会计及金库主任。冠山即登海晏赴沪入京。席间谈及修志事。据云力言于道尹、知事，非吾与次饶不任。其实此举未必成，成亦不愿预也。”（《符璋日记》下册，938页）按，是时瓯海道尹为张宗祥，永嘉知事为黄辰。

二月上旬 赴京。

《自订年表》：“在京。”（《刘景晨集》，111页）

二月二十六日 刘祝群自沪来函。

《疚庼日记》乙丑二月初四日：“寄杜冠卿、刘冠三两函。”（《温州市图书馆藏日记稿钞本丛刊》第51册，27014页）

三月十二日 孙中山病逝。向北京追悼大会献挽联。

联云：“奔走革命四十年，豪杰得前驱，如公真正无愧党魁，可悲遽死；华夏有邦五千载，艰难到今日，以后倘不速倡民治，曷慰先生？”（刘作忠编《挽孙中山先生联选》，山西高校联合出版社一九九四年三月版，486页）

仲春 林长民应邀题赠诗作。

四月二十二日 出席非常国会议员会议，提议拍发

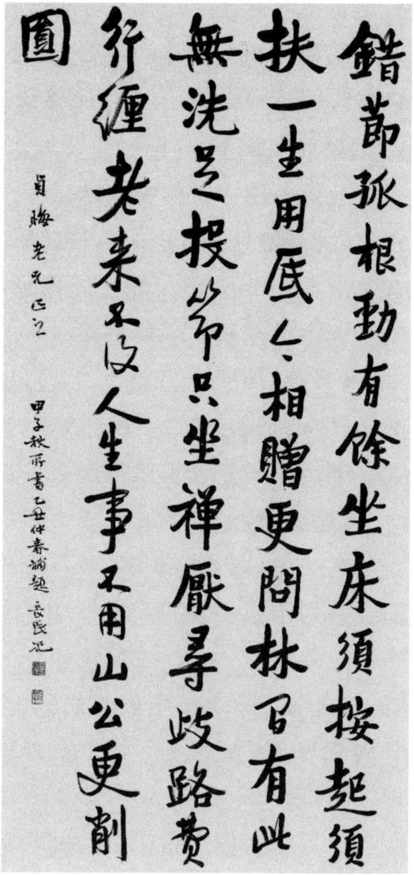

▶林长民行书《以拄杖供仁山主二首》

反对佛郎案宣言，众人赞成。

《觊觎佛郎者纷至》（本报念三北京电）：“昨日二时，非常国会议员在参议院第二休息室开会，臧景祺主席，到七十余人。刘景晨提议拍发反对佛郎案宣言，众赞成，推褚辅成、李肇甫等七人起草。褚谓此案极复杂，非简单数语所可说明，新协定之第一条，确较旧协定为优，但第二条承认电汇计算，但又折成美金，逐年借给中法银行发五厘债券，是否有损国库，大有疑问。又决发佛郎案宣言。五时散。”（《时事新报》四月二十四日）

初夏　为蒋叔南《雁荡山志》稿作序，内称旅京四年的观感：目睹“法统”“荡然不存”，“争之而不胜，退而观于玉泉翠微”。（《刘景晨集》，59 页）

七月一日　符璋来函。

《蠡佣日札》五月十一日（七月一号）：“发刘冠山函，寄北京东城米市大街议员公寓。”（《符璋日记》下册，956 页）

七月廿三日　函复符璋。

《蠡佣日札》六月初九日（七月廿九日）：“得刘贞晦六月初三复函。”（《符璋日记》下册，959 页）

七月卅一日　符璋来函。

《蠡佣日札》六月十一日（卅一）：“发刘贞晦函，附诗两篇，并托物色一书。”（《符璋日记》下册，959 页）

九月十日　复符璋函。九月十三日，符璋收到。次日，再次来函。

《蠡佣日札》七月廿六日（九月十三日）：“得十日京信，又同日刘贞晦函。”七月廿七日（十四）：“发贞晦函。”（《符璋日记》下册，965 页）

十月廿六日　重阳节，访晤郑曼青，同游陶然亭。

十一月十二日　与郑曼青联名向余绍宋介绍王荣年。

余绍宋春晖堂日记十四年十一月十二日(旧九月十六日):“永嘉人刘景晨字贞晦、郑岳字曼青,介王梅庵来会。”(《余绍宋日记》第一册,三四一页)

按,此前王荣年已造访余绍宋。春晖堂日记十四年十月二日:“戴君亮、王梅庵来。”

一九二六年（中华民国十五年　丙寅）　四十六岁

二月初　经上海返里。

二月四日　符璋遇刘项宣，得悉谱主在沪被汽车撞伤。

《蠡佣日札》乙丑年十二月廿二日（二月四号）："下午在沈宅晤刘赞文，云刘贞晦已旋，在沪撞汽车，跌受微伤。"（《符璋日记》下册，985 页）

二月五日　符璋来探望。

《蠡佣日札》十二月廿三日（二月五号）："清晨诣刘贞晦，尚卧，未晤。"（《符璋日记》下册，985 页）

二月八日　符璋再次来访。

《蠡佣日札》十二月廿六日（二月八号）："午后诣刘贞晦一谈。"（《符璋日记》下册，987 页）

二月九日　下午回访符璋，携归《台州府志刍议》稿本一册。

《蠡佣日札》十二月廿七日："下午刘贞晦来，并携去《台州志议》一册。"（《符璋日记》下册，987 页）

二月十四日　正月初二，拜会符璋。（《符璋日记》下册，989 页）

二月十七日　初五，再访符璋。（《符璋日记》下册，987 页）

二月十八日　符璋将和谱主诗示与曹昌麟（冷巢）。

符璋《翳彗旃斋日札》丙寅正月初六日（二月十八日）："冷巢来，示与贞晦倡和作，并题拙作《元旦》诗后一律，随次韵答之。"（《符璋日记》下册，989 页）

按，曹昌麟《冷巢集羽续集》民国丙寅刊本，收录谱主《奉题冷巢集羽集》七律一章，并符璋和作，注明："《冷巢集羽续集》题词一叶，丙寅孟春刻于永嘉。"

原作："落笔何曾有定庵，诗禅待与冷巢参。从浇块垒杯堪借，偶寄丝桐指自谙。艳体已卑香屑草，宦情休说永嘉柑。永嘉产柑微苦。文章万一逢时会，点窜犹应到雅南。"《刘景晨集》卷下诗（一九二六年）失收。

曹和作题《挟策》（答谢刘冠三题集羽集用原韵）见于《冷巢集羽续集》诗录，曰："一卷金经香一炷，君久持《金刚经》。家园黄熟半林柑。书生挟策成何济，词客如云气正酣。一骑传笺朱邸晚，十年春梦寺门南。湖山窟宅仙灵地，龙树灵根派别三。"（五叶）"书生挟策成何济"句下小注："君在国会多建白，惜政府不知用之。"

二月十八日 谢侠逊《滇越游踪》（续）发表于《时事新报》，包括《登太华山太极峰怀徐寄庼刘贞晦刘次饶马醴泉诸师》七绝两章，其二曰："瓯东回首望乡园，道履原同太极尊。惭愧功名如逝水，未成画阁负师门。"

二月二十六日 访晤符璋，并赠梅花一幅。

《翳彗旃斋日札》正月十四日（二月廿六）："刘冠山来，赠所画梅一纸。"（《符璋日记》下册，990 页）

三月五日 向符璋辞行，归还书稿。刘绍宽自平阳来永嘉，夜间相晤。

《翳彗旃斋日札》正月廿一日："刘冠三来，云本班船行，并以《志议》一册见还。"（《符璋日记》下册，991 页）

厚庄日记三月五日（正月廿一日）："雨。往永嘉，寓大新街杨顺发栈。夜晤刘冠三。"（《刘绍宽日记》第二册，814 页）

三月六日 刘绍宽来访。

厚庄日记三月六日（廿二日）："晴，复阴。访刘冠三，谈数刻，闻王仲平宗尧有长子之丧，又闻姜伯韩琦有离婚事，皆可骇。伯韩夫妇皆四十余，而有是举，新毒之害如是。黄仲荃自乐清来，寓浙东旅馆，高玉衡与同寓。谒符笑拈先生，赠以酱油、香菰两物。赠冠三以香菰、红柚两物。”（《刘绍宽日记》第二册，514 至 515 页）

三月七日 设宴款待刘绍宽、黄式苏、高玉衡诸人。

厚庄日记三月七日（廿三日）：“阴雨。午后至笑拈先生处谈少顷，过图书馆。冠三招晚饭，仲荃、玉衡同在座。”（《刘绍宽日记》第二册，815 页）

三月八日 符璋回访。

《翳彗旍斋日札》正月廿四日（八）：“诣冠山略谈，云明日县署为志事开会。”（《符璋日记》下册，991 页）

三月九日 海晏轮开航。（《翳彗旍斋日札》正月廿五日条）谱主当于是日会后出行。

本日开会情形，《翳彗旍斋日札》二月初一（三月十四日）追记：“晚赴杨园饮，始知淡风为侄孙开宴也。闻周仲明谈本日官绅会议事及日前县署开会刘、王冲突事。”（《符璋日记》下册，992 页）按，刘是否即谱主难以断定，王为何人未详。

三月上旬 老友刘绍宽对比之后，感叹谱主清贫：“侪辈中黄溯初家赀有数十万，徐寄庼、陈守庸皆有数万，如刘赞文等不下数千者甚多，而冠三、仲荃不名一钱，贫富之差甚远。”（厚庄日记三月八日条，《刘绍宽日记》第二册，815 页）

三月中旬 过沪，访张红薇于斜桥寓庐，受赠芙蓉图。（《红薇居士百花手卷》其三注）

三月 任外交部部立法政专门学校秘书，为期半年。校长为同里王鸿年，校址北京崇文门内东总布胡同。

七月二十二日 郑曼青赠以扇面一枚，并有题诗。

诗曰：“纷纷蝴蝶上云端，信笔图成不敢看。真个荒唐今日

事，淮南鸡犬莫须论。”落款：“丙寅六月十三日，写奉贞晦词丈法教。曼青郑岳并题于听雪庐。”（钤“曼青”章）

按，扇面左侧另有题跋：“故乡一别久经秋，云自高飞水自流。梦蝶惊风心欲醉，案前古鼎尚香浮。贝叶频开兴不孤，真空幻色两无殊。愁风愁雨更愁露，此景如何上画图？集梦东师语录廛贞晦先生一笑。南湖。”南湖，似为廉南湖。

夏秋间 离开北京。

《自订年表》：“出京。秋，充师秘书。”（《刘景晨集》，111页）

按，该师师长疑即伍文渊或伍文渊前任。

《翳彗旃斋日札》次年（丁卯）五月初五（六月四号）：“端午节。章、程二人先后来。闻刘冠山现在伍文渊师部充秘书，驻太仓。”（《符璋日记》下册，1076页）按，伍系江西安福人，原浙军第一师（师长潘鉴宗）旅长，所部番号为国民革命军第二十六军第一师。秘书一职，或许潘鉴宗介绍。

九月 顺德黄节应邀书赠以扇面，上书宋释保暹诗三章。

诗曰：“巴水寒声去渺茫，半窗云树落秋光。离人此夜和愁宿，不听啼猿亦断肠。”“孤舟孤鹤与孤云，湖上深居自不群。高卧可能容一榻，青山西岸且平分。”“却归天柱峰前住，高谢浮名似了心。林下孤灯一声磬，青猿啼断白云深。”落款：“病中书应贞晦仁兄。丙寅八月，黄节。”

十月九日 三女刘葵生，继室金东权出。

十一月五日 瑞安郑剑西和诗。

《草落叶诗次贞晦先生原韵》（丙寅十月一日）：“萧瑟商声夜叩扉，半床凉月梦因依。窗前小玉应相忆，门外王孙尚未归。指吴子玉、孙馨远。四壁蛩螀敧客枕，万家刀尺理征衣。御沟诗句无人问，空向西风历乱飞。宵来霜泛渡桑乾，点缀江南一片丹。塞雁衔芦横海急，南蒋发难，京国从政者流大率舍此就彼。哀蝉抱榆曳声难。谓灾官也。林烟花雨疑春暮，竹石松风警岁寒。记取浓阴长夏里，盈亏消息此中看。报载夏定侯被斩，直昙花一现耳。”（《万万庵吟稿》，稿本，温州市图书馆藏）按，谱主原作佚。吴子玉、孙馨远、南蒋、夏定侯，分别指吴佩孚、孙传芳、蒋介石、夏超。

十一月中旬 自北京归。

十一月二十八日 访晤符璋。

《翳彗旃斋日札》十月廿四日：“刘贞晦自北京回温，来谈，以《志议》一册赠之。”（《符璋日记》下册，1030页）按，此册《志议》为刊本。

十二月一日 符璋回访。

《翳彗旃斋日札》十月廿七日（十二月一号）：“晴，天暖甚。答候刘冠三。”（《符璋日记》下册，1030页）

十二月十日 访吕文起，遇符璋。

《翳彗旃斋日札》十一月初六日：“诣吕文老，而刘冠三亦至，谈良久。”（《符璋日记》下册，1032页）

一九二七年(中华民国十六年 丁卯) 四十七岁

一月七日 瓯海道尹张宗祥应邀在扇面上题字作画,上书旧作数章,落款:"书奉贞晦先生两正。丙寅十二月初四日,弟张宗祥。"另一面(枚)题:"孤芳自赏。贞晦先生嘱画,画不成画,独题字称索画者人品,可一笑。丙寅十二月四日,弟张宗祥。"(杨瑞津编《刘景晨刘节纪念集》,香港出版社二〇〇二年十月版,289页)

一月十日 访晤黄星如、符璋、刘绍宽。赠刘绍宽红梅一幅贺其六旬大寿。

《翳彗旍室日札》丙寅十二月初七(十):"次饶、冠山来。"(《符璋日记》下册,1038页)

厚庄日记民国十六年一月十日(十二月初七日):"晴。晤刘冠三于甜甘巷黄星如炳道寓。星如为子在永结婚,自山西假归。冠三与朱晓崖来访,冠三赠余所画红梅一幅为寿,已裱就。"(《刘绍宽日记》第二册,847页)

一月十六日 被推举为革命军(温州)招待所起草员。

《翳彗旍室日札》丙寅十二月十三日(十六年一月十六):"是日,党人在师范(学)校开大会,改保安事务所名称为革命军招待所,举起草员七人,刘冠三亦在内。县党部总理为王超凡、郑恻臣,第一区一分部助理戴树唐,女子协会总理何世音。"(《符璋日记》下册,1039页)按,戴树唐即戴树棠,何世音即胡识因。

二月三日 正月初二,拜访符璋。(《符璋日记》下册,1045页)

二月四日 符璋回访未遇。

《翳彗旂室日札》丁卯年正月初三日（四）："清晨，诣刘冠山，未晤。"（《符璋日记》下册，1046页）

二月十五日 访晤符璋，谈十九军诸事。

《翳彗旂室日札》正月十四（十五）："刘冠三来，谈十九军内容颇详。余师长至楼上，与杨老二有所接洽，盖杨派往黄岩调兵甫归也。下楼稍一周旋，未谈秘书事。"（《符璋日记》下册，1049页）**按，十九军军长是时由师长余宪文兼代。**

二月十六日 应黄式苏之邀赴宴，当晚乘船北上。

《翳彗旂室日札》正月十五日："寄京信，多至十纸，拟托刘贞晦带京，但轮船被扣，尚不能行。闻联军有二船在口。黄仲荃招饮于乐园，同席者为十七军参议诸暨人俞乃恒字久哉，厦门银行行长副朱镜宙字铎民，十九军职员张侯佐（字）次缪，朱鹏（号）复戡，皆乐清人；刘冠三，刘赞文等。冠三当夜登舟，将京函托交。闻十九军本日已开一团，即十七团所借之兵，由乐清赴海门。"（《符璋日记》下册，1049页）**按，厦门银行行长副，原文如此。**

春夏间 离开北京。四月上旬尚逗留北京。

《翳彗旂室日札》三月二十日（四月廿一号）："得初三日京信，云林函收到，刘冠山住前门内石牌胡同花园大院六号陈宅。"（《符璋日记》下册，1066页）

按，初三日，公历四月四日。据谱主《赠陈守庸五十四生日》"馀屋容借栖，退食乐宵旦"句，此宅主人疑即陈守庸。

五月上旬 夏承焘收到曹昌麟（明甫）《次刘冠山》绝句三章，随后和诗。

夏承焘日记一九二七年五月（日记稿本缺页，三日与十二日之间）："得民父上海书，寄来四诗，《次孙臞蝯韵》一首（下略），又有《次刘冠山》三绝，未知即吾乡刘景晨潜庐否。"（《夏承焘日记全编》第二册，1600页）**按，此处"刘冠山"即谱主，曹昌麟著有《冷**

巢集羽续集》,民国丙寅刊本。

五月十四日:"答民父三诗,应酬之作,明知无谓,欲戒不能。(中略)《民父书来述沪上燕游之乐即用其次刘冠山韵调之兼呈冠山》:'高人曲糵例相怜,妙语韩苏两可传。删尽东南金粉气,酒边好句胜莺边。''五十逃名已大迟,江湖坐惜鬓成丝。何如三丈柴门日,才是先生酒醒时。'"(《夏承焘日记全编》第二册,1602页)

夏承焘《我的学词经验》:"在温州任教期间,我先后参加了当时的诗社组织——慎社、瓯社。社友中如刘次饶、林鹍翔、刘景晨、梅雨清、李仲骞等,于诗学都有甚高造诣,经常与他们在一起谈论诗词,收获很大。我的诗词习作也开始在《慎社》杂志上刊载。"(《文史知识》一九八一年一月创刊号,12页)按,谱主并非慎社、瓯社社友,夏承焘晚年回忆略有出入,但其影响于此可见一斑。

五月十一日 就永嘉县党部联席会议更委温属图书馆馆长一事,联名呈浙江省务委员会文,吁请维持原案。

呈文略称:"此馆为六邑所共有,故馆长之进退,道署主之。今道尹制废,无所系属。以后馆长一职,拟由六邑教育局公举有学识者,呈请加委,著为定章,以昭慎重,不能由一县为政,致多争执。至新馆长未委定以前,所有馆务仍责成刘馆长继续任事,庶免停顿。"(《温州旅杭同乡会第五届报告录》,民国十六年刊本,五一至五二页,参见《刘景晨集》,136至137页)按,刘馆长,指刘绍宽。呈文系章味三领衔,"旅杭旧温属六邑公民"黄式苏、周锡经、林大同等十五人联署。

八月十九日(七月廿二日) 将《云居山庄奉怀》五古写寄潘鉴宗。

十月三日 符璋来函,托上海法界北京路浙江兴业银行徐寄廎转交。(《翳彗旍室日札》丁卯年九月初八日,《符璋日记》下

册,1098 页)

《自订年表》:“丁卯　在沪。”(《刘景晨集》,111 页)

十月下旬　离杭归里。

十一月一日　访晤符璋。

《翳彗斿室日札》十月初八(十一月一号):“刘贞晦自杭旋,来谈。”(《符璋日记》下册,1103 页)

十一月二日　下乡。

《翳彗斿室日札》十月初九(十一月二号):“清晨走答贞晦,遇诸途,云往乡间,赠以一律,略谈数语。”(《符璋日记》下册,1103 页)

十一月七日　问候符璋。

《翳彗斿室日札》十月十四日(十一月七号):“晴。午后蛟翔巷口失火,北风大作,势迫状危,合宅张皇,迁移混乱。幸不久即止,然亦万分惊惶矣。冠山来。文焕来。”(《符璋日记》下册,1104 页)

十一月二十四日　符璋回访。

《翳彗斿室日札》十一月初一日(十一月廿四号):“诣刘冠山一谈。”(《符璋日记》下册,1107 页)

一九二八年（中华民国十七年　戊辰）　四十八岁

一月二十六日　正月初四，拜访符璋。

《翳彗旃室日札》戊辰正月初四日（一月廿六）："晴，暖。陈仲陶、沈、陈来，刘冠山来。"（《符璋日记》下册，1117页）

二月十日　向符璋辞行。

《翳彗旃室日札》正月十九日（二月十号）："刘贞晦来，云廿五动身。"（《符璋日记》下册，1119页）按，廿五，即公历二月十六日。

二月十一日　符璋来送行。

《翳彗旃室日札》正月二十日（二月十一号）："以七律一首送贞晦行。伊住宅为百里芳西美巷第一号。"（《符璋日记》下册，1119页）按，西美巷，即世美巷。

二月中旬　晋京。

四月中旬　偕黄群离北平，同舟抵上海，寓沪西斜桥黄宅。两人开始合作校印《敬乡楼丛书》。

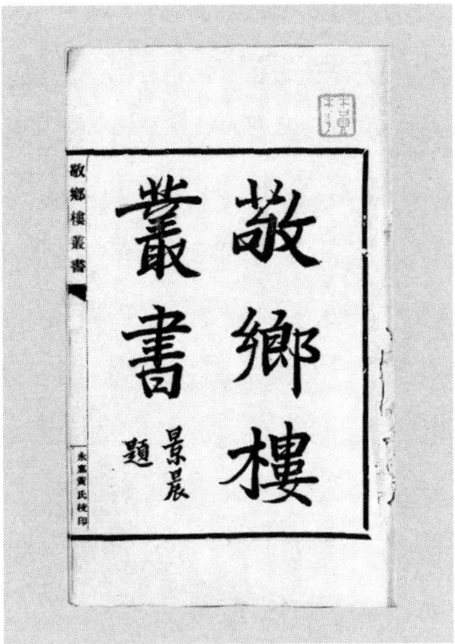

►《敬乡楼丛书》题签（一九二八年）

《秋将暮矣曼青以初秋述怀索和次韵二章奉报》其一颈联称："后日重阳休冷落，来时谷雨正霏微。"（《刘景晨集》，219页）按，本年谷雨为四月二十日，则抵沪当在二十日开外。

致孙仲闿函（七月十四日）："晨自正月底出门，二月初赴京，盘桓未久，即于三月半南旋到沪，寓溯初兄家，为之校印永嘉先贤遗籍，名以《敬乡楼丛书》。"（瑞安博物馆藏）按，是年有闰二月，夏历"三月半"当在五月初。南旋抵沪日期与上诗所记"来时谷雨正霏微"略有出入。

《校印敬乡楼丛书第四辑成赋似溯初》其一："北地春将尽，偕归渤海船。因君成晚计，为我发陈编。比岁蜩螗警，前生椠墨缘。闭门忘客寄，謦欬接乡贤。""为我发陈编"句下夹注："戊辰春与溯初同舟离平返沪，始决计校印兹书。"（《刘景晨集》，279页）

四月 校明康从理《二雁山人诗集》二卷。

五月 开始校宋徐照《芳兰轩诗集》、徐玑《二薇亭诗集》、许及之《涉斋集》、戴栩《浣川集》、明李维樾《谏垣奏议》。其间，致函刘绍宽，托其抄朱黼《纪事备遗总辨》。

厚庄日记民国十七年六月三日（四月十六日）："雨。冠三自上海信来，言黄溯初将刊《敬乡楼丛书》，冠三为校勘，属抄朱文昭《纪事备遗》一书。余因往与小垞约取抄之。"（《刘绍宽日记》第三册，912页）

六月四日 刘绍宽函复。

厚庄日记六月四日（四月十七日）："复刘冠三函。"（《刘绍宽日记》第三册，912页）

六月 校元陈高《不系舟渔集》十五卷、清释德立《藕华园诗》二卷、清宋恕《六斋卑议》。

六月十三日至十七日 五幅画作参加天马会第九届展览会。该会假上海西藏路宁波同乡会四楼举行。

柯定盦《今年之天马会》上篇："刘贞晦：梅花巨幅，繁枝密朵，自然可爱；九疑[嶷]古春，铁骨朱颜，湖山苍玉，与赤松游等幅，设色清淡，如入香雪海中矣。"（《申报》六月十七日，十七版）

黄影呆《天马会读画记》："国画部　陈列之国画，计有一百余

件，均为近人作品。名画家孙慕唐、刘贞晦、王陶民、马孟容、王一亭诸氏，均有作品陈列。”（《时事新报》六月十五日）

六月二十四日 校毕许及之《涉斋集》，于《永嘉集》内篇卷三十九其文天头批注：“据《四部丛刊》盘洲文集校定，戊辰端午后二日，景晨记。”

七月十四日 就《敬乡楼丛书》第一辑之《六斋卑议》校印事宜致函孙仲闿（诒泽，孙锵鸣哲嗣）求助。

“仲闿先生道右：久违清诲，驰系弥深，敬维道履清健为无量颂。晨自正月底出门，二月初赴京，盘桓未久，即于三月半南旋到沪，寓溯初兄家，为之校印永嘉先贤遗籍，名以《敬乡楼丛书》。第一辑出书十种，以时代序次，末一种为宋平子先生之《六斋卑议》。一因其书足传，一因宋先生在时颇与溯初投契也。宋先生硕学高文，《卑议》之外，如有他种著作，亦拟一并附印。其去世之后，曾

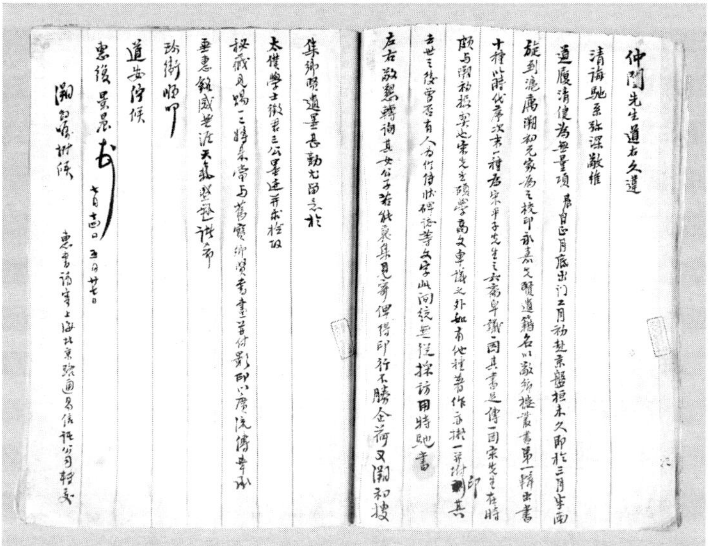

仲闿先生道右久违
清诲驰系弥深敬维
道履清健为无量颂晨自正月底出门二月初赴京盘桓未久即于三月半南
旋到沪寓溯初兄家为之校印永嘉先贤遗籍名以敬乡楼丛书第一辑出书
十种以时代序次末一种为宋平子先生之六斋卑议一因其书足传一因宋先生在时
颇与溯初投契也宋先生硕学高文卑议之外如有他种著作亦拟一并附印其
去世之后曾否有人为作传状碑志等文字此间绝无从探访用特驰书
左右敬恳转询其女公子若能裒集见寄俾得印行不胜企祷又溯初搜
集乡贤遗墨甚勤尤留意于
太仆学士徵君三公墨迹并求检取
秘藏见赐一二将来当与旧藏乡贤书画并付影印以广流传专承
[illegible]
珍卫顺叩
道安伫候
惠复景晨 [illegible]
溯初 [illegible]
惠书请寄上海北京路通易信托公司转交

▶刘景晨致孙仲闿函

否有人为作传状、碑志等文字,此间无从采访,用特驰书左右,敬恳转询其女公子,若能裒集见寄,俾得印行,不胜企荷。又,溯初搜集乡贤遗墨甚勤,尤留意于太仆、学士、徵君三公墨迹,并求检取秘藏见赐一二,将来当与旧宝乡贤书画,并付影印,以广流传。幸承垂惠,铭感无涯。天气盛热,诸希珍卫。顺叩道安,伫候惠复。景晨顿首。七月十四日/五月廿七日。溯初嘱附候。惠书请寄上海北京路通易信托公司转交。"

夏秋之间　寄寓杭州文澜阁,校阅南宋叶适《习学记言序目》五十卷。其间将黄群出资重刊的《西天目祖山志》一部转交浙江省立图书馆(今浙图孤山古籍部)。

八月二十八日　刘绍宽得陈小垞回复,允诺谱主借用朱文昭《纪年备遗总辨》钞本。

厚庄日记八月廿八日(十四日):"晴。陈小垞函来,因往商。寄钞本朱文昭《纪年备遗总辨》于刘冠三处。"(《刘绍宽日记》第三册,921页)

八月　印成《芳兰轩诗集》三卷《二薇亭诗集》二卷合订一册,《涉斋集》十八卷二册,《二雁山人诗集》二卷,《谏垣奏议》各一册,计五种五册。

九月十三日　新刻《敬乡楼丛书》五种函寄张震轩。

张棡日记民国十七年七月三十(九月十三日,星期四):"晴。午刻叶婿自南湖来,并带寄刘君冠三函一封,且交黄君溯初新刻《敬乡楼丛书》五种,良友惓惓,情殊可感。"(《张棡日记》第七册,3332页)

九月十八日　张棡赋诗答谢。

张棡日记八月初五(九月十八日,星期二):"晴。晨起阅刘贞晦来札,因拟撰律句二章却寄贞晦、溯初二先生。'阔别骎骎七载余,停云落月夜窗虚。忽欣戚好来传简,君手札由周姻侄守良寄予。兼荷良朋远惠书。好句镌新名不朽,宋许及之《涉斋集》、康裕理《二雁山人集》皆不传之本新刊者。开函话旧乐何如。老夫近日衰慵甚,把卷频思访潜庐。贞晦初号潜庐。''沧海横流不忍闻,居然好古念榆枌。高情远结梁园契,溯初与新会梁任公交最密。雅望今空冀北群。溯初曾任国会议员,未几即拂衣归。兔管秋毫吟子细,蟫篇秘籍校辛勤。孙莘老去扬云殇,衣钵松台赖有君。故友孙籀庼先生著《温州经籍志》《永嘉内外集》、杨志林撰《瓯海集》,皆关系郡邑文献,为他日修县志必备之书。今君刊《敬乡楼丛书》表彰先哲,则松台别墅可与籀园、拙庐并传千古矣。'下午即写信二封复刘贞晦及周守良,又为黄溯初书条幅一纸。"(《张棡日记》第七册,3333 至 3334 页)

九月廿八日 蒋叔南自乐清抵沪,恰逢中秋,相聚于斜桥黄群寓。(《海上次和雁宕山人中秋同饮溯初兄寓斋》,见《刘景晨集》,219 页)

十月上旬 林大同将张震轩邮寄的《玉甑山馆诗钞》转交谱主与黄群。

张棡日记八月廿七(十月十日,星期三):"晴。是日为民国双十节,各界又放假,举提灯会。昨从邮局接到林同庄函一通,言玉甑诗已收下转付刘冠三与黄溯初矣。"(《张棡日记》第七册,3340 页)

十月十七日 和郑曼青诗,有句云:"清课半年书四壁,市声曾不到双扉。"(《秋将暮矣曼青以初秋述怀索和次韵二章奉报》其一)按,此诗落款"戊辰重阳前四日",重阳为九月初九(十月廿一)。

十月二十一日 重阳,与蒋叔南、李佩秋、郑曼青小饮方壶,约共为诗。(《戊辰九日与佩秋、叔南、曼青晚饮市楼将归约共为诗,以蟹菊酒秋四字冠首句,各拈其一,禁用其三,明日诗成得蟹字》,见《刘景晨集》,219 页)

十月二十四日 夏承焘复函符璋,称道谱主长子刘节。

夏承焘日记一九二八年十月廿四日:"寄还符笑老《无题诗存》一册,并题词,告刘冠三先生有一才子名节,足为永嘉后起。"

(《夏承焘日记全编》第三册,1873至1874页)

十月 《敬乡楼丛书》第一辑又印成三种三册:《浣川集》十卷、《藕华园诗》二卷、《六斋卑议》各一册。

十一月中旬 《不系舟渔集》印成,分二册。函寄张震轩一部。

张棡日记十一月初十(十一月廿一日,星期五):"昨接刘君贞晦信,并《敬乡楼丛书》中《不系舟渔集》二册。"(《张棡日记》第七册,3366页)按,《不系舟渔集》系在刘绍宽校订的基础上,更取《永嘉集内编》《慎江文徵》《东瓯诗集》等详为校理,复得异同数十处,付之排印。

十一月三十日 致函张震轩,表示:"石笥先生(林从炯)诗集,此次不及付印,将来如刻续集时再议。"(《刘景晨集》,152页)

十二月 《习学记言序目》印成,分八册。至此《敬乡楼丛书》第一辑十种出齐。

《敬乡楼丛书》第一辑跋,略称:"敬乡楼中乡先哲待梓之书尚多,此但为第一辑。又予欲编录兹楼所藏乡先哲书目,亦有志未逮,期异日得勉成之尔。予于兹役,始孟夏,讫仲冬,匡其疏谬而为之分校者:衡山李君佩秋、萧山单君不庵、黄岩王君毅侯、瑞安邹君梦禅也。"(《刘景晨集》,60至61页)按,王毅侯,名敬礼(1885—1943),浙江黄岩人,王舟瑶之子。英国伯明翰大学商学学士,历任国立北京大学法科讲师、天津华义银行协理兼会计主任、北京通易信托公司副经理、中央银行监事、国立中央研究院会计处主任等职。

本年 与郑曼青诸人筹办中国文艺学院。

本年 画作参加上海中国现代绘画展览会。次年十一月,与另外廿五名画家的作品收入《现代名画》第一辑,由太平洋艺术社出版,在中日两国发行。(方丹文《方介堪先生年表简编》增补,载《方介堪诞辰一百周年纪念文集》,二○○一年铅印本,42页)

同年 经过嘉兴,晤词人林铁尊,匆匆一别。

《水龙吟》:“戊辰过嘉兴,甲戌客江宁,皆匆匆一见而别。”(《奉尝集》,四页)

一九二九年（中华民国十八年　己巳）　四十九岁

二月十日　春节，看望符璋，谈《敬乡楼丛书》编校工作。

《瞖彗主人旑室日札》己巳年正月初一日（二月十号）："晴。天色甚佳，合乎新年气象。刘冠山来，谈为人编印《敬乡楼丛书》十八册，许以叶水心《习学记言》一部见赠，云合各抄本、刻本校改黄刻本讹舛二百余处云云。如其言，功亦勤矣。"（《符璋日记》下册，1174页）

二月十一日　《习学记言序目》一部持赠符璋。

《瞖彗主人旑室日札》正月初二日（二月十一号）："刘冠三以《习学记言》八册见赠，书式仿《四部丛刊》，尚可看。其于有清御名皆不为讳，一一改从元文，然宋讳则依然未之改也。"（《符璋日记》下册，1174至1175页）

二月二十日　刘绍宽从林损（公铎）处获悉谱主尚未出门。

厚庄日记民国十八年二月二十日（正月十一）："往永嘉，寓宾乐旅馆。同寓林公铎损，任教西南大学国文科，即旧南洋公学也，今夜乘轮赴沪。探询刘冠三，尚在家。"（《刘绍宽日记》第三册，941页）按，西南大学，当作上海交通大学，前身为南洋公学。陈镇波《林损年谱》载，民国十七年秋任上海交通大学国学系教授。

二月二十一日　邀刘绍宽、符璋午宴。受黄群委托，将《敬乡楼丛书》两部交刘绍宽，其一赠陈锡琛（少垞）。

厚庄日记二月廿一："馈冠三虾米、彩蛋二色。刘冠三邀午酌，符笑拈先生亦在。冠三承溯初托赠《敬乡楼丛书》二部，以一部致陈小垞。"（《刘绍宽日记》第三册，941页）

《翳彗主人旌室日札》正月十二:“造诣刘冠三,因次饶在彼,约往会晤。午饭后归。”(《符璋日记》下册,1176页)

二月二十三日 符璋寄去新印润格。

《翳彗主人旌室日札》正月十四日(二月廿三):“雨,旋晴。以新印润格分致冠山、赞文、淡风、孟由等处。”(《符璋日记》下册,1177页)

二月二十八日 符璋函托代购上海信封及新出《唯识三字经》。

《翳彗主人旌室日札》正月十九日(二月廿八):“阴。函刘冠山,附洋两元,托购上海良晨字号大小新出信封,及新出《唯识三字经》。”(《符璋日记》下册,1178页)按,是时谱主当已赴沪续校《敬乡楼丛书》第二辑。

三月十三日 函复符璋。

《翳彗主人旌斋日札》二月初七日(十七):“晴。得刘贞晦初三自沪来函,并代购信封乙千个,《唯识三字经》一小册,云将往南京一行;又云郑曼青排除一切,从钱名山学。”(《符璋日记》下册,1180页)

符璋三月七日函开头称:“昨奉二月初三函并代购书件,以台旆云有秣陵之役,未即修答。(详下)”(原函杨瑞津藏)

四月十六日 符璋来函。

《翳彗主人旌室日札》三月初七日(四月十六号):“晴。发刘贞晦函,附诗四纸。”(《符璋日记》下册,1184页)

“贞晦先生左右:昨奉二月初三函并代购书件,以台旆云有秣陵之役,未即修答。顷仲荃说吾兄尚未离申,遥稔邸祉春融,企颂企颂。仲荃出示尊作及李君佩秋所和燕子矶诗,感慨良深,工力悉敌。璋亦曾和,不及远矣。录以相质,澜、端二字并押,不易和也。璋不得已而授徒自给,就学者甫十人,皆夜课,课以《左传》及公牍文字。三十年来未与盲左接近，试披故纸，则次日所演诸剧，皆昔人之绪余，上下三千年遥遥相对，伏尸流血，不算一回什么事，因成五排一篇，并附一慨。光绪辛丑在台州军次，曾编范子辑本两卷，久弃箧中，今春取观校补一番，于鸱夷子事迹粗具，录成定本，亦子家所不容阙者，颇惬寸心，但无力印行。常州钱名山先生见吾《自序》，竟欲惠股款俾付刻。璋以彼此皆窭人也，谨谢却之。以未识面之新交而用情若此，亦不易得矣。其名山各集诗文皆佳，文尤多不朽之作，当代大师也。上月次饶又来，赞文招饮于乐园，归途翻车，全身跌出，伤及右额、臂、腿，稍逾一黍，即及太阳，不成仙佛，成神鬼也哉！纪以绝句四章，写以博粲。佩秋君曾识一面，而不面已多年，兄曾识其人否？官僚中能诗而嗜学者，在沪，不知居何处。余不多及，此颂台釐。弟璋顿首。三月七日。附诗四纸。”

按，《翳彗主人旍室日札》二月十七日（三月廿七号）：“阴雨。次饶自平阳来。夜与二刘及沈饮乐园。饮后复至次饶寓，旋坐小车归，过桥时为后车冲翻倒地，伤及右额、臂、腿，虽不甚重，然亦危矣。”（《符璋日记》下册，1181 页）

四月 赋答《符小拈先生覆车无恙示诗四章次韵和之》。（《刘景晨集》，221 页）

春 继新会梁启超、湘潭周大烈之后，应邀撰《敬乡楼图记》。

《图记》倡议：敬乡楼主人于永嘉“城西南松台山麓别业，宜辟其隙地更筑一楼，海上藏书尽反诸楼中，纵乡人之浏览，表章昔贤，嘉惠来学，其于敬乡不愈大乎？别除雅室，自适起居，四时佳日，予将携酒过从，庶几少时同学之乐，可以复寻。”（籀园图书馆编印《蓼绥年刊》创刊号，一九三七年六月三十日版）按，手稿落款仅“己巳三月”四字，左端批注“写归溯初，并图装裱，手卷元稿寄节、武两儿观之”，具名“贞晦”。（《刘景晨集》，64 页）

五月三日 雨社社员润例联名发表于《申报》。润例所收雨社社员共十家，前九家依次为雁宕山人石宗素、龙城女史吴青霞、吴子鼎、姜丹书敬庐、马孟容、马公禺（即公愚）、张泠僧、西湖伊兰董哲香、赵半波（跛），谱主列其十。

孟夏 画梅赠黄宾虹。落款："滨虹先生法家正之。己巳四月，景晨。"

按，此画发表于《申报》民国廿二年十一月廿四日本埠增刊第三版"现代名人书画"栏，编者注："刘景晨，字贞晦，浙江永嘉人。"（《申报》影印本，上海书店一九八五年一月版，310 册）

六月廿二日 张震轩撰怀刘绍宽、刘冠三诗二章并交务本石印局付印。

张㭎日记民国十八年五月十六（六月廿二日，星期六）："晴。晨起撰怀刘次饶、冠三两君诗二章。十二句钟抄录近作七十诗及怀友诗数首，付亶儿上郡转致务本石印局郑一山老友钞印。"（《张㭎日记》第七册，3419 页）

上半年 开始茹素。

《辛亥同客武昌军兴散走不得闻问洎今己巳复会海上可胜惊喜赋呈一律兼求妙绘》夹注："先生已长斋，予与溯初近亦茹素。"（《刘景晨集》，223 页）

七月九日 列名于《雕刻家朱子常》启事。

启事曰："永嘉朱子常为现代雕刻大家，其作品精美绝伦（黄杨木雕人物肖像），海内外早有定评，不待介绍。兹缘朱君游杭之便，同人等拟请其留沪收件。如承鉴赏家惠教，请至法界斜桥安临里十九号朱寓接洽可也。润格承索即寄。曾农髯、陈树人、经子渊、徐寄尘、王一亭、丁辅之、汪英宾、黄溯初、刘贞晦、马孟容、周守良、郑曼青、马公愚、方介堪同启。"（原载《申报》七月九日，转引自王中秀、曾迎三编著《曾熙年谱长编》，上海书画出版社二

○一六年十月版，729 页）按，朱子常（一八七六—一九三四），名正伦，一作阿伦，浙江永嘉人。黄杨木雕刻名家，技艺高超，时人称其为“伦仙”。

七月二十八日　往黄群寓所会晤刘绍宽。

厚庄日记七月廿八日（六月廿二，星期）：“偕耐夫访王玉侯于霞飞路，项渭臣于某路谷风医院楼上，林同庄亦来，谈甚久。午后二时，黄旭初以汽车来邀，到其家中，晤刘冠三。少顷，董仲光锡麟、徐敏夫来。晚酌后，林大中、王复周来，旋与耐夫同回。”（《刘绍宽日记》第三册，969 页）

七月二十九日　访晤刘绍宽。

厚庄日记七月廿九日（廿三）：“溯初示以尊人冠圭先生及梦仙先生画像，属题。余见其上题者皆佳，为拟一首，初属稿而冠三来访，谈少顷，王复周、董仲光、周守良邀晚酌于功德林。许冶同、徐寄庼、黄溯初及耐夫同在座。”（《刘绍宽日记》第三册，969 页）

七月三十日　与刘绍宽往银行俱乐部赴徐寄庼午宴，同席蔡耐夫、黄厚卿、周守良。午后偕访殷汝骊，并过访殷亦农。刘绍宽当夜乘船离沪返温，谱主与周守良诸人前往送行。

厚庄日记七月三十日（廿四）：“晴。刘冠三来，与同往银行俱乐部，徐寄庼邀午酌也。耐夫、厚卿、守良、旭初、复周同在座。午后与冠三同至哈同路民厚里访殷铸夫，并过访殷亦农，今晚往南京。殷铸夫将移寓静安寺路地丰路口三百六十号。冠三来寓，谈二小时许。项渭臣同侄景林来访。董仲光来送行。夜三女宝璁同耐夫及蔡亮华送余至广济轮船，有依依不忍别之意。冠三、周守良亦来送行。黄迪我以父协甫病，同舟回。”（《刘绍宽日记》第三册，969 页）

八月二日　刘绍宽自永嘉来函。

厚庄日记八月二日（廿七日）：“晴。致黄溯初、冠三、寄庼、复

周、守良、仲光、耐夫函。"(《刘绍宽日记》第三册,970 页)

八月二十五日　张震轩来函。

张棡日记七月廿一(八月廿五日,星期):"晨写函寄沪上刘贞晦先生,即封交叶外孙赴沪之便带交。"(《张棡日记》第七册,3434 页)

秋　应上海美术专门学校之约,讲授诗文。校址沪南法租界菜市路 440 号,中国画系主任郑曼青。

《上海美术专门学校同学录》(民国十九年一月版):"刘贞晦,浙江永嘉人,诗文教授。"(转引自马海平编著《上海美专名人传略》,南京大学出版社二〇一二年十一月版,90 页)按,《传略》标注:"刘景晨(1881—1960),1929 年 9 月至 1930 年 1 月任上海美专诗文教授。"

九月十七日　作七律《林同庄兄五十生日》,并寄与瑞安张震轩。

末句:"欲写梅花介春色,岁寒同调最相思。"跋云:"震轩先生损书索观近作,近为敬乡楼校印丛书极忙,不多作诗,重违雅命,凑写十首呈乞教云。己巳中秋,时客海上并记。"(《刘景晨集》,222 页)

按,十首包括《文澜阁校读水心先生〈习学记言〉》《次和黄仲荃登燕子矶望大江韵》《符小拈先生覆车无恙示诗四章次韵和之》(四首)、《惘惘》(二首)、《石宗素五十生日》《林同庄兄五十生日》。

张震轩有《寿林同庄五十生日即次刘冠三元韵》三章,见《杜园诗存》卷十四(第八册)。张棡日记十一月廿八(十二月廿八日,星期六):"晨起撰寿杭省林同庄五十生日,即步刘冠三贺伊元韵,计得三首,颇有水到渠成之妙。诗毕又作函寄同庄,俟誊就投邮带去。"(《张棡日记》第七册,3472 至 3473 页)

九月二十六日 在温州旅沪同乡会理事会议上当选温属赈灾会筹备委员会委员。

《温州同乡会理事会记》:"温州旅沪同乡会,昨日下午三时,开理事会议。主席郭嗽霞,行礼如仪,议决事项如下:(1)赈灾会,决议公推黄溯初、徐寄庼、刘贞晦、周守良、项强(永嘉),朱铎民、倪文亚、蒋季哲、傅筑隐(乐清),林炎夫、姚抱真、郭嗽霞、王玉侯、项微尘、黄子瑜(瑞安),殷铸夫、林烈夫、宋佩燧(平阳),翁圣木(泰顺),陈鲁珍(玉环)等二十一人,为温属筹备委员会筹备委员,并定二十七日开筹备会。(2)征求会员,举行改选一票,决议登报征求会员,于一月内办竣,从事更选(余案从略)。散会已五时矣。"(《申报》民国十八年九月廿七日,十六版)

十月廿二日(九月廿日) 张棡七十寿辰。此前赋诗《贺振轩先生七十》道贺。

诗曰:"昔日闲存礼旧堂,匆匆廿载惜羲皇。郡中山书院,改办中学校,仍以旧闲存堂为礼堂。光绪戊申,与先生俱为教习,旧榜犹存。山中老羡勤书策,来书言近方温读《十三经注疏》。门外闲看换沧桑。秃顶早知多寿相,元晨遥喜作诗忙。自寿诗四章,今岁元旦作。春风曾识丁田路,庚戌人日,特访高斋,为郡校续订聘约。正拟重寻醉几场。"(《刘景晨集》,223页)

十月下旬 蒋叔南出差上海,来斜桥寓所访晤,谱主应邀为蒋撰《仰天窝记》作跋。

跋:"己巳九月向尽,叔南兄来游海上,遇余斜桥寓斋,示此索书。小窗寒雨,秃管之枯,草草濡墨应教,景晨漫记。"钤"刘景晨"白文方印、"贞晦"白文方印各一枚。(蒋叔南重修《雁荡山志》,线装书局二〇〇九年十二月版,475页)。

十一月二十九日 被推为温属旅沪筹赈会附设采办民食事务所所员。

温属旅沪筹赈会主席委员黄溯初致驻杭温属筹赈会函(民国

十八年十一月廿九日)："径启者。前准贵会转来浙江民政厅函开，以所陈办米各节，系属扼要办法，惟兹事体大，似应照民元温处水灾成例，先就沪温两处推定乡望素孚、办事精干人员，组织办米统一机关，为万不容缓之举等因，函转前来，准此敝会自应遵照办理，并经迭与贵函商，妥拟名称，所有在沪办米统一机关，定名为温属旅沪筹赈会附设采办民食事务所，推定所员卅人，缮附名单，函请转呈浙江省民政厅备案施行为荷。此致驻杭温属筹赈会。主席委员黄溯初。所员名单：郭嗽霞、黄溯初、朱铎民、王玉偰、殷铸夫、项逊斋、黄子瑜、林炎夫、戴立夫、刘贞晦、林烈敷、倪文亚、傅筑隐、陈鲁珍、翁圣木、蒋季哲、徐寄庼、项微尘、宋佩燧、周守良、林大同、余宪文、周锡经、叶溯中、志拯、项慎初、黄劼宸、张云雷、郭绩任。"(《温属旅沪筹赈会办赈报告》，三八至三九页)

十二月卅一日 应美专南昌籍学生熊子涵之约，为其画集作序。

十二月 校印《敬乡楼丛书》第二辑，累计完成八种，即宋戴溪《春秋讲义》、蔡幼学《育德堂外制》、徐自明《宋宰辅编年录》、元王与《无冤录》、明朱谏《李诗辨疑》、清孙锵鸣《陈文节公年谱》、林大椿《红寇记》、王景羲《墨商》等，共廿二册。其中《李诗辨疑》向北大教授马叙伦借得明嘉靖刻本(上下册)参校。

《敬乡楼丛书》第二辑跋称："溯初百事丛集，余孤陋寡闻，校理辄多疏漏，远辱良朋移笺教益，感勖何如！第一辑《藕华园诗》二卷，《常昭合志》云四卷，向固疑之。常熟丁君芝孙、蒋君韶九曰：《合志》盖沿杨英彝《海虞艺文目录》之误，常熟陈氏稽瑞楼藏有刊本二卷，见于其藏书目录。是诗全帙止二卷也。兹辑有《无冤录》，王君毅侯言已见沈氏《枕碧楼丛书》中，亦复印高丽注本，彼削其全注，此则分别删存，其他异同，亦足参订。凡此两事，辨疑考异，皆不可以不录。"(《春秋讲义》卷首)

一九三〇年（中华民国十九年　庚午）　五十岁

上半年　继续在沪教书。

一月　中国文艺学院筹备就绪，下旬开始招生。院址设于上海徐家汇福履理路，谱主等十八人为委员。（《中国文艺学院招男女生》，《中国文艺学院筹备告成》，《申报》廿四日五版广告、十一版教育消息）

《中国文艺学院筹备告成》：“中国文艺实居世界文化特殊之地位，惟因西洋文艺输入以来，几有喧宾夺主之势，且趋时之流崇洋抑夏，守旧之士泥古薄今，致吾国固有文艺日就式微，后进青年欲研究我国之高深文艺，无从问津，识者伤焉。兹闻海上文艺界名人，有鉴于此，爰创办中国文艺学院，公举黄琬、经亨颐、于右任、张宗祥、叶恭绰、刘穗九、李祖韩为董事，黄宾虹、商笙伯、黄蔼农、刘贞晦、章味三、张红薇、郑曼青、郑午昌、楼辛壶、许徵白、郭和庭、王师子、张善孖、夏宜滋、李秋君、马孟容、方介堪、马公愚等为委员。该院规模伟大，基金充足，现先设文学、画学二系，为中国艺术教育开一新纪元，而一洗祖国文艺为西学附庸之耻。”（《时事新报》一月廿四日）

二月上旬　访孙孟晋，赠以《敬乡楼丛书》第二辑。

张棡日记十九年正月十六（二月十四日，星期五）：“大晴。下午赴孙资政第访莘农不遇，旋访孙君孟晋，邀予入内书室畅谈。（中略）其先祖太仆公之《瓯海轶闻》又增修补正，闻助其搜罗者即莘农次子师觉。孙家有此贤子孙，籀庼休风其不坠乎。孟晋言数日前刘君冠三曾过伊家，赠以《敬乡楼丛书》二集刊本二十种，中有《李诗辨疑》一书,亦师觉所手校者,而《宋宰辅编年录》一书,尤为巨制。此集《丛书》,予尚未有,俟另日函索之。”(《张棡日记》第八册,3487 至 3488 页)

二月中旬 致函孙公达。

孙宣《晴翠馆日记》庚午正月二十二日(二月二十日):“得上海贞晦书,毅夫书。”(温州市图书馆编,谢作拳整理《孙宣日记》,中华书局二〇二一年三月版,18 页)

二月中旬 应聘转任上海中国文艺学院教授,讲授文学诗词。叶恭绰、张宗祥、吴待秋、商笙伯、张红薇、郑午昌、刘穗九、徐悲鸿、马公愚诸人同时应聘。黄宾虹为院长,郑曼青为总务主任。(《中国文艺学院招男女生》,《申报》二月十五日,六版)

黄达聪《黄达聪自传》:“1927 年我十四岁,在伯父赞许下,考进上海美专,半年后随原教师转入中国文艺学院,选读国画系。学院院长为黄宾虹,教授多当代名家,如山水课张大千、郑午昌、钱瘦铁、楼辛壶、许徵白等,花卉课郑曼青、谢公展、王师子、马孟容、张红薇、商笙伯等,走兽课张善孖,金石课方介堪,书法课马公愚,文学诗词课刘贞晦等。国画史、国画理论、技法,由黄宾虹老师兼任。”(上海市文史研究馆编、王国忠主编《上海市文史研究馆馆员传略》〈二〉,一九九一年十月铅印本,344 至 345 页)按,晚年回忆,年份偶误。

约二月 有作品应征捐赠常州以助赈。

《马迹山筹赈书画会征品》:“常州马迹山,为三吴名胜之区,而山地硗瘠,益以去岁秋旱,田禾槁死,遂成巨灾,延至今春,山民多有饿死者。刻由邑人钱振锽、庄蕴宽、邓春澍等发起书画展览会,售款充赈,上海征件由郑曼青、谢玉岑接洽。闻海上书画名家,如朱彊村、王一亭、曾农冉、阎甘园、楼辛壶、黄宾虹、谢公展、张善孖、张大千、张红薇、马孟容、马公禺、钱瘦铁、郑午昌、黄素龕、许徵白、刘贞晦、方介堪、王师子、王个簃、吴东迈、诸闻韵、诸乐三、杨清磬、李祖韩、孙雪泥、马万里、贺天健、黄太玄、叶渭莘、谢介子、张时敏、陈宝廉、陈雪扬、杜小甫、陈倚石等,捐助已有四五百件,现仍在积极征集中。”(《时事新报》三月四日)

二月底三月初　联名函聘前北京美专校长余绍宋任中国文艺学院教授。

三月五日　余绍宋复函辞聘。

余绍宋日记十九年三月五日:“复王锟徙书,附去与中国文艺学院信。文曰:‘聘书拜悉。诸公兴学,盛心至所倾佩,辱承不弃,畀以教鞭,感念之私,铭心镂骨。惟是弟疏懒性成,欲令每月遄征,良非所任。况月仅教授三小时,于学生亦殊无益处,尸其名而不务其实,非本怀也,亦与诸公培栽后进之心相背。用此掬诚奉复,务恳别聘贤才,以重校务,实所深幸。临书惶恐惶恐。’”(《余绍宋日记》第六册,281至282页)函后批注:“其来聘书署名者十五人记于此:刘贞晦、黄宾虹、刘穗九、商笙伯、郑午昌、张红薇、楼辛壶、许徵白、张善孖、孙蕴公、马公愚、马孟容、郑曼青、方介戡、杨清罄。”**按,方介戡,即方介堪。**

五月十日　联名启事《介绍名医李伯琦先生》见报。

《介绍名医李伯琦先生》:“东瓯名医李伯琦先生,精于内科,经验宏富,问世已逾三十余年,活人无算。此次由杭返沪,同人等敦劝在沪应诊。现设诊所于法租界北诸家桥归安里三弄九号,时间:上午九时至下午三时。敢为介绍,以告病家。介绍人屈文六、王一亭、褚慧僧、张申之、刘贞晦、黄溯初、徐寄庼、周守良。”(《新闻报》民国十九年五月十日)

五月　中国文艺学院据教育部令更名中国艺术专科学校。

六月十三日　孙公达来函。

孙宣《晴翠馆日记》庚午五月十七日:“晚寄上海贞晦书。闻介中近居沪上,乡间不靖,遂皆出走。海堧小郡,兵单官愚,奸民煽于内,强寇诱于外,吾恐咸丰之乱又见于今矣,思之不能成寐。”(《孙宣日记》,54页)按,介中,一作介宗,即潘鉴宗,前浙江陆军第一师师长。任温州旅杭同乡会会长多年。

六月廿八日 在中国艺术专科学校休业式上演说。

《中国艺专休业式》:“本埠中国艺术专科学校休业式于昨日举行本学年休业式,行礼如仪,蔡孑民、白坚甫、刘穗九、黄宾虹、刘贞晦、郑午昌、马公愚均有演说,词多勖勉。”(《申报》民国十九年六月廿九日,十七版)按,同日《时事新报》以同题报道,演说者“刘贞晦、郑午昌”之间多一“马孟容”。

六月 韩国钧应邀书赠扇面。

“易终于未济,斯天道之不穷乎;书终于秦誓,斯气运之将变乎;诗终于商颂,斯文弊之复质乎;春秋终于获麟,斯王道之永久乎。居要有九病,见善忘举者妒,知恶不劾者比,依违是非者谲,借公行私者佞,意存觊觎者狡。书《广阳杂记》。贞晦先生雅属。韩国钧,时庚午夏五。”下钤“止叟七十以后作”白文章。(《瓯越此门两代贤》,76页)

七月八日 孙公达来函。

《晴翠馆日记》庚午六月十三日:“小暑。上午寄家书。寄上海王毅侯书,刘贞晦书。”(《孙宣日记》,61至62页)按,时王毅侯供职于中央研究院。

下半年 当选温州旅沪同乡会执行委员会常务委员,主持会务。

《自订年表》:“在沪办会馆。”按,会馆即指温州旅沪同乡会所。

秘书林锦澜《筹募建置经费及本会办事处迁移始末概况记》:“温州旅沪同乡会自创设以来,垂三十余载。民国二年,创事务所于兆丰路景恒里二号。民五,迁往南市。民七,张云雷、徐寄庼、林楚雄诸公任正副会长时,乃筹划基金,在南市康衢路拓地约八亩,建设会馆;至十七年间,会馆、殡舍,相继落成。民国十九年,会务由刘景晨、黄溯初、徐寄庼、周守良诸公主其事,先后在八仙桥及亚尔培路明德里设办事处。抗战期内,会馆被敌机炸毁殆甚,复重建数椽,权充殡舍,而办事处则设于南京路天纶大楼内,惟该处不堪使用,虽迭再设法迁移,又闻限于经费,未克如愿。(下略)”(诸葛立淮、卢礼阳主编《温州旅沪同乡会史料》,温州市政协文史委二〇〇七年三月版,245至246页)

七月十六日下午 出席温州旅沪同乡会第一次执监联席会议,当选执行委员会常务委员。

《会议纪录》:

七月十六日下午六时,假座一枝香开第一次执监联席会议。

出席:监委戴立夫、谢侠逊、李卓真(胡熙如代表)、郑毓庭;候补监委曹匋成、戴祖同、王修庵;执委林烈敷、朱铎民、傅筑隐、倪文亚、郭志均、王玉侯、项心斋、黄子瑜、刘贞晦、蔡耐夫、殷铸夫、胡惕生;候补执委黄溯初、周守良。

列席:胡熙如、鲍仲明。

临时主席:殷铸夫。纪录:胡熙如。

行礼如仪。

甲、报告事项

(一)出席监委四人,候补监委三人,执委十二人,候补执委二人,已足法定人数;

(二)郭鸿蜚来函声请辞职。

乙、讨论事项

(一)郭鸿蜚君辞职

议决:一致挽留。

丙、选举

依本会会章第六章第九条之规定,执行委员当选后设立执行委员会,由执行委员互选常务委员五人,设立常务委员会。当即投票选举,结果:刘贞晦十票,朱铎民九票,林烈敷七票,蔡耐夫七票,项心斋七票,当选为常务委员;殷铸夫六票,王玉侯四票,郭鸣蜚三票,为次多数。

主席　殷铸夫(印)

(《温州旅沪同乡会史料》,44页)

《温州同乡会执监会》:"温州旅沪同乡会于前日(十六)下午六时假座一枝香开第一次执监会议,到林竞、戴任、黄溯初等二十二人,公推殷汝骊为临时主席,行礼如仪。讨论会务毕,即投票选举,结果刘贞晦、朱铎民、林竞、蔡耐夫、项心斋五人当选为常务委员,并定于二十日开常务委员会,推举主席委员云。"(《时事新报》民国十九年七月十八日)

七月二十三日下午　主持温州旅沪同乡会第二次执监联席会议。

《会议纪录》:

七月二十三日下午三时,在本会办事处开第二次执监联席会议。

出席:监委戴立夫、谢侠逊、方介堪、李卓真(胡熙如代);候补监委王修庵;执委刘贞晦、项心斋、殷铸夫(项心斋代)、王玉侯、郭志均、蔡耐夫、胡惕生;候补执委周守良。

列席:胡熙如。

主席:刘贞晦。纪录:胡熙如。

(甲)行礼如仪

(乙)接收移交。照移交册接收,移交册暂由胡熙如保存,分存各处之卷宗分别去函取还。

(丙)报告事项:

(一)出席监委四人,候补监委一人,执委七人,候补执委一人,已届法定人数;

(二)赖鸿达、郭鸿蜚辞职函;

(三)林烈敷因病请假,不能出席。

(丁)讨论事项:

(一)赶速办理向市党部声请许可,并向社会局登记备案。呈文修正通过。

(二)赖鸿达、郭鸿蜚辞职一致挽留,议决去函慰留。

(三)函致钱业、炭业,补助本会会费;提前向陈百川先生收取机器船乐助捐。

(四)本会现需款孔亟,议决征收特别会员费,每人五元,函知本届执监委后并派人收取。

(五)函致前届会计林达夫,付还存款及炭业胡寿珍之处存款。

(六)对外函件,须经主席签字盖章后方可缮发,惟关于普通函件,经主席核阅底稿,亦可缮发。

(七)定星期五(二十五日)下午八时在本办事处开第二次常务委员会,定星期六(二十六日)下午八时在办事处开第一次监察委员会,应分别函知,以便出席。

(八)本届预决算由常务委员会拟定,送交监委会审查。

(九)前届职员欠薪(文牍胡熙如八十元一角,庶务鲍仲明五十五元),俟有款时先行付清。

主席　刘景晨

(《温州旅沪同乡会史料》,45 至 46 页)

八月七日　主持温州旅沪同乡会第三次执监联席会议。同时代表黄溯初出席。

《会议纪录》:

八月七日下午八时,第三次执监联席会议。

出席:监委谢侠逊、方介堪、李卓真(方介堪代)、王修庵;执委蔡耐夫、项心斋、刘贞晦、林烈敷、朱铎民、傅筑隐(朱铎民代)、殷铸夫(林烈敷代)、胡惕生、王玉侯、姚抱真(蔡耐夫代)、黄溯初(刘贞晦代)。

主席:刘贞晦。纪录:胡熙如。

(甲)行礼如仪

(乙)报告事项

(一)社会局来函一件,派负责人员来局指示修正立案表单;

(二)赖鸿达君来函辞职;

(三)本届款项收支(收机器船乐助十九年份春季款五十元,炭业乐助款前找尾数十八元七角,胡寿珍还款十七元,特别捐、会员费等一百十四元,付本会另用鲍仲明手二十九元,存市银行一百零五元七角,净存六十五元)。

(丙)讨论事项

(一)派员赴社会局接洽案

决议:派胡熙如前往接洽,由会函知社会局,并请朱铎民君再函介绍。

(二)赖鸿达辞职案

决议:一致挽留。

(三)职员薪水应定每月何日照付案

决议:于每月十五日如期照付,本月份房租、茶房、旧欠十元,明日付清。

(四)讨论规程

决议:推定蔡耐夫、项心斋、王修庵、谢侠逊为审查委员,于星期六开会审查后,星期日再开执监会通过。

(五)征求会员案

决议:由各执监委负责征求,每人至少介绍十人,由会每人给予会员册一本。

(六)日本地震惨杀温州华侨悬案应如何交涉案

决议:保留,俟本会立案后迁移办事处,再慎重讨论。

(七)妇孺救济会于太原轮船破获拐卖人口案,内有温州人,本会应有所表示案

决议:先派胡熙如前往妇孺救济会调查真相后,再行查究。

主席　刘景晨

(《温州旅沪同乡会史料》,46 至 47 页)

八月十日　主持温州旅沪同乡会第四次执监联席会议。

《会议纪录》:

八月十日下午八时,第四次执监联席会议。

出席:监委戴立夫、谢侠逊、郑毓庭;候补监委曹匋成、戴祖同;执委刘贞晦、蔡耐夫、林烈敷、项心斋、王玉佚、胡惕生(蔡耐夫代)、殷铸夫(周守良代);候补执委周守良。

列席:胡熙如。

主席:刘贞晦。纪录:胡熙如。

行礼如仪。

(甲)报告事项

一、胡熙如报告赴社会局修正立案表单之经过,谓社会局对于本会立案之表单已逐一指示修正外,关于本会章程应加补充者如下:(一)会址;(二)会员资格之丧失;(三)会计之规定。应修正者如下:(一)第四章第五条;(二)第五章第七条附项。

二、郭鸿蜚来函辞职。

(乙)讨论事项

一、郭鸿蜚辞职案

议决:一致再予挽留。

二、修正本会章程案

议决:遵社会局命,先行修正补呈立案。当推定蔡耐夫、项心斋、王玉侯修正后,即交会通过,将来提交大会追认。

三、本会监察委员会规则、执行委员会规则、常务委员会规则、办事处规则照审查原文通过。

四、推定起草执监联席会规则案

决议:推蔡耐夫、林烈敷、项心斋为起草员,提交下次会议通过。

主席　刘景晨

(《温州旅沪同乡会史料》,48至49页)

九月上旬　续任中国艺术专科学校教授,至学期结束。黄宾虹辞校长职,由刘穗九继任。

刘穗九以校长名义连续三日在《申报》《时事新报》刊登续招新生广告,定九月八日上课,并公布名单:"本学期专任教授:余越园、黄宾虹、商笙伯、楼辛壶、王师子、陶百川、郑午昌、许徵白、朱荣庄、张善孖、刘贞晦、孙鳍公、章味三、郑曼青、马孟容、张红薇、马公愚、方介堪、王竹人、谢公展、郑师许、何毓辉、叶柏龄、赵仲博、葛小厂、刘穗九。"(《申报》九月六日至八日,六版)按,余绍宋(越园)既已列名,当已应聘。

十月二日　四女刘莱生。(刘显曾2021年11月20日微信答复)

十月初　返温。

十月五日　托刘缙(缙生)转约刘绍宽来温会晤。

厚庄日记十月五日:"缙生信来,云刘冠三先生回,乞一晤。"(《刘绍宽日记》第三册,1040页)按,刘缙生,刘绍宽之子,时为瓯海医院医生。

十月六日　张红薇绘《花卉草虫图》扇面相赠。

题诗曰:“色相空明迥绝尘,五羊岭洞证前因。毫端幻作秋襟佩,菩萨原来是化身。”跋:“庚午中秋,似贞晦先生两政,张光录旧作。”(《红薇长馨——张光诞辰一百四十周年书画纪念展》,衍园美术馆二〇一八年六月出品,36至37页)按,扇面今存温州博物馆。

十月十二日 刘绍宽应约往永嘉,寓大同巷四十号。(《刘绍宽日记》第三册,1042页)

十月十三日 访晤刘绍宽。(《刘绍宽日记》第三册,1043页)

十月十四日 邀刘绍宽、蔡冠英午饭。

厚庄日记十月十四日(八月廿三):“晴。校陈子上集至卷五。刘冠三片来,邀午饭,蔡漱泉亦在。”(《刘绍宽日记》第三册,1042页)

十月十七日 刘绍宽回请于郑生记,与池仲霖、梅冷生同席。

厚庄日记十月十七日(八月廿六):“晚邀刘冠三、池仲鳞、梅冷生叙酌于郑生记。”(《刘绍宽日记》第三册,1044页)

十月十八日 应李澄川之邀晚宴,同席刘绍宽、叶志超、吕人龙、梅冷生等。

厚庄日记十月十九日(八月廿八):“晴。昨晚李澄川招酌,同座刘冠三、刘小白、叶志超、李小波、杨联芳、吕麟士、梅冷生。”(《刘绍宽日记》第三册,1045页)

十月二十日 应孙孟晋之请赴宴。

厚庄日记十月二十日(八月廿九):“孙孟晋招午酌于城南大南医院。此院为李叔冰所开,孟晋戚也。同席刘冠三、陈仲陶、梅冷生、赵柏庼、王仙逸、王季思、傅某。”(《刘绍宽日记》第三册,1045页)按,王仙逸,即王希逸,王季思胞兄。

十月二十五日 应梅冷生之邀赴宴。

厚庄日记十月廿五日(九月初四):“首座刘冠三,同席唐伯

寅、曾丹轩、王咏山、赵柏庼、谢磊明、吕惠周、徐堇侯、杨雨农。”(《刘绍宽日记》第三册,1051 页)

十月二十六日 刘绍宽午前来访。

厚庄日记十月廿六日(九月初五):“阴。到鲍希初寓,以《寿序》示竹君,旋同竹君至中山公园,到东山书院小坐,归至刘冠三家,少叙回寓。”(《刘绍宽日记》第三册,1051 页)

十月二十七日晚 应王永山之邀赴宴。

厚庄日记十月廿七(九月初六):“夜,王永山招晚酌,在座冠盖骈集,此可见永山平日交游矣。余与冠三、冷生皆在座,席罢即回。”(《刘绍宽日记》第三册,1052 页)

十月二十八日 应陈仲陶、王希逸、王季思、赵柏庼之邀赴醒春居晚宴。

厚庄日记十月廿八日(九月初七):“陈仲陶、王希逸、季思、赵柏庼招晚酌于醒春居,鲍竹君、希初、刘冠三、梅冷生均在席。”(《刘绍宽日记》第三册,1052 页)

秋 缪钺赋呈《贞晦先生五十寿诗》。

诗曰:“刘伶混迹惟耽酒,枫落吴江叶拥门。斗米辞官陶令贵,高文继世马齿尊。青灯夜写书千卷,劲节常载竹满园。十月红梅向晴昊,延龄应进菊花樽。”落款:“后学缪钺拜祝。”(原载《河南大学校刊》第四十六期,一九三〇年十二月八日版)按,作者时执教于河南大学国文系,与谱主哲嗣刘节过从颇密,深得切磋之益。

约十一月 转返上海。

十二月中旬 《五十述怀》寄刘绍宽。(《刘绍宽日记》第三册,1061 页)按,此诗今佚。

十二月二十二日 顾墀(丹夫)函复谱主。

原函抬头“贞晦老伯大人尊鉴”,略曰:“承示佳作,拜诵之余,既喜且愧。长者大衍之庆，又得旧好聚首之欢，远道闻知，亦应额手遥祝也。”提到刘武，称“武弟在平一心向学，自是不可多得，偶于报章(《大公报》)上披阅其所作小品文字，亦多幽默一流，似其性情偏于静而不喜动，恐于身体有损，墀已劝其多运动矣。(中略)嘱转武弟一函，适渠来墀处，即行面交矣。”信中还提及“子植、仲博两兄常有书来，惟墀则每以疏于作答为歉也。”落款“墀拜上”，书于北平通易信托公司普通用笺。附言：“鲁璠先生月前赴沪，谅有晤及。不知现已北归否？”

十二月下旬 致函蔡冠英。

十二月二十八日 蔡冠英回函，附诗两首。

“贞晦老兄道鉴：昨奉手教并五十生日大著，诵悉一一，另当奉祝。黄仲丈已有函来，事简薪厚可慰，此公晚福亦佳也。敝事已函仲丈转托佛性兄，函由杭州医院陈济民兄转，便切询及。前兄说十一月间旋里，行止如何，在沪公干若何，美专仍受聘否，均念念。顺颂新祉不一。弟冠英顿首。十二月二十八日。溯老均此。附诗二首，录请粲正。又及。《秋郊归里》：‘穷到愁时犹讳穷，轻装就道压秋风。横流满地归舟日，衣物全家质库中。差喜双亲能健饭，可堪三载慰离哀。倦游便觉闲无事，重理渔矶把钓筒。’《将之括苍赋此志感》：‘今朝恋恋别庭闱，再出踌躇泪欲挥。只为衰亲营薄俸，未能垂老遂初衣。下车冯妇应堪笑，作宦渊明已觉非。西望括苍行色黯，独留霜月照征骓。’”

冬 偕原《时事新报》编辑王公弢等人专程到湖南，修复蔡锷墓，并祭祀。

万揆一《有关蔡锷经历的一场笔战》：王公弢上周副院长(钟岳，考试院)书，发表于《朝报》昆明版一九四五年元旦，略称：一九一七年秋，经姻丈蒋百里介绍，到上海时事新报任编辑。《时事新报》前身为《舆论报》，蔡松坡为出资人之一。蔡逝世后，生前友好在沪创办松坡图书馆,任基金保管董事。“1930 年冬,蔡墓塌毁,他曾和刘贞晦等人专程到湖南修墓祭祀。”(《民国春秋》一九九三年第三期,15 页)按,蔡松坡忌日在十一月八日,墓地位于长沙岳麓山。

《自订年表》:“冬,赴南京。”

冬 周武应约作菊花图相赠。

跋:“略师洪绶钩霜菊,未逮徐黄奈若何。二十一年磨慧骨,春风秋月等闲过。庚午冬将之辽东,应贞晦吾师大雅属,并请教正。胜龕武时客海上。”并有黄宾虹题辞:“黄筌父子均以双钩见称,明代始用钩花点叶之法。至陈老莲力追宋法,妙得古劲之致。胜龕学兄雅近老莲一派,能师其笔意,以求进乎宋人不难已。宾虹题。”(《瓯越此门两代贤》,167 页)

下半年 平阳黄梅生《和刘君冠三五十自寿诗》四章。

其二曰:“胶漆陈雷歇浦旁,春光荏苒又秋光。敬乡楼上一灯坐,珍重丹铅日月长。”(王理孚编校《飞情阁集》,民国三十八年上海铅印本,诗钞,三〇页)

一九三一年（中华民国二十年　辛未）　五十一岁

一月　返里期间，接黄群上海来信并所辑《二黄先生集补遗》一卷，信中表示承担《永嘉诗人祠堂丛刻》补刻经费，委托谱主附刊其后。遂将《补遗》交叶墨卿怀古斋制版。

二月九日　刘绍宽和谱主《五十述怀》。

厚庄日记民国二十年二月九日（旧十二月廿二日）："改和刘冠三《五十述怀》之作。"（《刘绍宽日记》第三册，1076页）

刘绍宽《和刘贞晦〈五十述怀〉五首》其三："自君入政途，长才屈一令。疾恶志鹰鹯，遇缴乃蹭蹬。武人为大君，师锡聊借径。君在国选场，不受伪污命。踽踽来沪滨，叔度笑相迎。谓黄溯初。相将校旧编，遗文访先正。表章付手民，弥切梓桑敬。三年两巨集，刊成乃见赠。逊学树前茅，孙太仆有《永嘉丛书》之刻。斯楼称后劲。黄君溯初所刊，名《敬乡楼丛书》。希世华子鱼，千秋愧管邴。"（《厚庄诗文续集》，民国二十六年秋刊本，诗三，十三至十四叶）

二月二十日　潘鉴宗作组诗《依韵和贞晦兄五十寿诞见寄》五章，诗前附函一通。

"贞晦兄有道：奉读损书并五十寿诗，得悉起居休豫为慰。溯兄前拟年假中偕兄来杭游湖，旋得书，谓有北平之行不来，殊为失望。弟未学诗，忝在知末，不计其丑，率和以博一笑，幸希斧正。此复，候新禧。弟纲拜。新正四日。"日期之左又补注"季纶处已交"五字。（潘长江编《我的伯父潘鉴宗》，二〇〇一年十月铅印本，65页）

按，季纶，即周锡经，平阳人，刘绍宽学生。清末留学东京高等商业学校，毕业授商科举人，任邮传部主事。民国初年任浙江公立中等商业学校（省立甲种商业学校）校长，省教育会评议员、副会长。后为杭县农工银行行长，温州旅杭同乡会评议员、副会长。

二月 委托王希逸、顾丹夫校勘《永嘉诗人祠堂丛刻》补刻本，交叶怀古斋刊行。离温赴京之前撰就跋文。

《永嘉诗人祠堂丛刻》跋："民国四年，如皋冒君鹤亭为瓯海关监督，汇永嘉先哲遗著十四种为《永嘉诗人祠堂丛刻》，版藏旧温属图书馆。后数年，瑞安薛君储石，为《札记》一卷，亦雕版附藏馆中。十九年，馆长王君希逸初受事，检所藏版，共缺三十叶。是时，余在上海为同里黄君溯初校印《敬乡楼丛书》，甫成，闻希逸言，为语溯初以此版残佚之故，相对感叹。既冬，余归里。溯初书来，任补刻之费，并寄其所辑《二黄先生集补遗》一卷，属为附刊于是书之后。因告希逸，亟以镌版之事属怀古斋叶君墨卿。议甫定，余又有秣陵之行，而顾君丹夫适归自燕台，乃以校勘之责托与希逸共任之。风雪载途，匆匆就道，倚装书此，喜兹刻之缺而获全且有所增益也。二十年二月，永嘉刘景晨。"（《二黄先生集·永嘉诗人祠堂丛刻札记》合订本，永嘉敬乡楼民国二十年补版，卷末）

春 抵南京。由立法委员、前温州府中学堂学生林彬介绍，任新疆省政府驻京办事处秘书。（一九九一年一月七日朱璋先生访谈录）

按，当时办事处主任为张凤九，亦是立法委员。张凤九（1882—1947），新疆迪化人。在新疆法政学校读书期间，因组织秘密团体被追缉，转上海参加同盟会。民国初年选为众议院候补议员，六年任护法国会众议院议员。一九二八年十一月起，历任国民政府立法院第一、二、三、四届立法委员。

四月中旬 偕黄式苏离宁赴沪。

四月十九日 晚酌于黄群家，同席刘绍宽、张宗祥、徐寄庼、

▶黄群、徐寄庼、刘景晨合影（前排右起，后排左一黄达聪，左二黄达权，左三郑曼青）

周守良、郑曼青、谢亦巽。

厚庄日记四月十九日（初二日）："刘贞晦、黄胥庵自南京来，晚酌于溯初家，同席张冷僧、徐寄庼、周守良、郑曼青、谢亦巽诸君。"（《刘绍宽日记》第三册，1096 至 1097 页）

四月二十日 在成和村黄群寓，与黄式苏手谈。

厚庄日记四月二十日（初三日）："申后至成和村溯初寓宅，贞晦、胥庵均在，手谈。晚饭后，回青海路。"（《刘绍宽日记》第三册，1097 页）

四月二十一日 偕同刘绍宽、黄式苏、施树勋前往杭州。

四月二十二日 与刘、黄、施一行至孤山浙江图书馆核查《石鼓论语答问》原本。

厚庄日记民国二十年四月廿二日（三月初五日）："晴。同贞晦、胥庵、施中周至西湖图书馆，取《石鼓论语答问》原本阅之，亦缺‘里仁’以下四篇。是日游公园、西泠印社、灵隐寺，午饭；再游数处而归。与贞晦、胥庵同诣潘鉴宗，留晚酌，夜回寓。”（《刘绍宽日记》第三册，1097页）

四月二十三日 偕刘绍宽、黄式苏、潘鉴宗、余鼎三、洪式闾出游。晚应郑式钦招宴。

厚庄日记四月廿三日（三月初六日）：“雨。同潘鉴宗、余鼎三、刘贞晦、黄胥庵、洪伯容游西湖、南山、虎跑泉、六和塔、云栖寺、龙井、烟霞洞、水乐洞、石屋洞而回，晚酌于功德林，以郑式钦邀酌也。”（《刘绍宽日记》第三册，1097页）

四月二十四日 偕刘绍宽、黄式苏、施树勋一行继续游西湖。

厚庄日记四月廿四日（三月初七日）：“晴。与胥庵、贞晦、仲周再游西湖，至三潭印月、孤山、葛荫山庄而回，晚酌于潘鉴宗处。”

四月二十五日 与刘绍宽、黄式苏离杭，下午转沪。

厚庄日记四月廿五日（三月初八日）：“雨。与胥庵、贞晦自杭州回。下午二时半至上海，过通易公司，遂回善庆坊寓。晚贞晦、胥庵同饭。溯初亦归。”（《刘绍宽日记》第三册，1097页）

四月二十六日 与李佩秋、刘绍宽、黄式苏、蔡耐夫诸人相聚于黄群寓所。

厚庄日记四月廿六日（三月初九日）：“晴。李佩秋先生洣来溯初家，胥庵、贞晦、耐夫亦来，同晚饭。佩秋即夜往海门。”（《刘绍宽日记》第三册，1098页）

五月八日 黄群把谱主所书《金刚经》长卷交刘绍宽过目。

厚庄日记五月八日（三月廿一日）：“夜，溯初来谈，并示以刘贞晦所写《金刚经》长卷，字作簪花格。旧有题识，余拟为题之。”（《刘绍宽日记》第三册，1102页）

五月九日 自南京邮寄诗作与刘绍宽。（《刘绍宽日记》第三册，1102页）

五月十四日 刘绍宽答寄诗作。(《刘绍宽日记》第三册,1103页)

六月 被推举为全浙公会节俭运动特别队支队长。

《全浙公会节俭运动各征求队正副队长暨参谋支队长题名录》:特别队支队长题名包括:"(前略)谢侠逊、黄梅生、洪鲁山、徐觐侯、林炎夫、梅冷生、陈百川、姚味辛、刘贞晦、梅思平、周季纶、黄述西、刘合钦。"(《全浙公会会务报告》,民国二十年六月起至二十二年三月止,一九三三年铅印本,三页)按,总队长褚辅成,副总队长殷汝骊、王晓籁。

七月中旬 赴杭出席潘鉴宗五秩祝寿会。旋返南京。

八月十二日 书王维《山中与裴秀才迪书》自遣,落款:"辛未立秋后四日灯下漫书,贞晦时客秣陵。"

八月十三日 孙公达与刘节畅谈,感叹其议论绝类其父,盖根柢深也。

《晴翠馆日记》辛未六月三十日:"天霁,仍热。过式言、丹夫二君,皆赁屋新华门内也,刘子植在坐,惓谭。今日有一通行讥讪之辞,曰开倒车。意指不合潮流,背新反旧者也。然新旧二字亦难言也。(中略)何者为新,何者为旧?一言蔽之,趋炙附势,盲从而已耳。其所趋承之风气皆随外族而转移,当二三十年前习闻为新说者,言富国则曰重商,言强兵则曰军国,民有举重农之义以为说者,则群嗤为腐旧而诋斥之,是何故?以当时欧美之学说如是,风尚如是也。至于今,则又竞言社会主义、弭兵主义,而重劳农贱武力矣。苟有仍执前说者,则又群嗤为腐旧而诋斥之,是何故?以今日欧美之新说如是,风尚如是也。(下略)夫人之为人,必自有其主见,自有其信仰,所谓豪桀之士者,不为风气转移,而能转移夫风气者也。今人开口,动曰世界潮流,既无真好恶,亦无真是非,苟其为世界潮流也,则群奉为天经地义,若其违之,则以为大逆无道，一犬吠影，百犬吠声，所谓顺世界之潮流者，皆吠声之犬也。人必不甘为吠声之犬，而后可与之言也。子植，贞晦长子，治文史，其议论绝类其父，盖根柢深也。丹夫赁屋南海之滨，而辟室留游客坐憩，饮sS浮瓜，以取直焉，此事亦不俗。久坐，午夜归。”（《孙宣日记》，178至180页）

八月十七日 应刘绍宽之邀至功德林素菜馆赴宴，与李佩秋、王仲平、蔡耐夫、林佛性、马之奇等同席。

厚庄日记八月十七日（七月初四日）：“晴。初校《石鼓论语》十二叶，复校七叶，《介庵集》四叶。晚邀刘贞晦、李佩秋、王仲平、蔡耐夫酌于功德林，林佛性、马之奇以有他邀先去。”（《刘绍宽日记》第三册，1128页）按，马之奇，即马星野，平阳人，当时供职于中央政治学校，次月留学美国密苏里大学新闻学院。

八月十七日 访晤刘绍宽。

厚庄日记八月十八日（七月初五日）：“晴。校《省愆集》十二叶。至鸿运楼午餐。回寓后，贞晦已来，与畅谈一时许。”（《刘绍宽日记》第三册，1129页）

八九月间 返回永嘉（温州）。

九月六日 晨抵上海，下榻振华旅馆。会晤刘绍宽。

厚庄日记九月六日（旧七月廿四日）：“雨。贞晦今晨自永嘉来，为溯初书《许乐山水操图跋》。覆校《管窥》卷三十七叶。”（《刘绍宽日记》第三册，1135页）

九月七日 刘绍宽至振华旅馆回访。随后偕访刘敔钦、黄溯初。

厚庄日记九月七日（七月廿五日）：“往访刘贞晦于振华旅馆，少顷刘敔钦来，与同至同孚路大中里敔钦寓，留午饭。饭后同贞晦来溯初家，奉示以近作一篇。”（《刘绍宽日记》第三册，1135页）

九月中旬 致函刘绍宽。

厚庄日记九月廿四日(旧八月十三日):“得黄胥庵、刘贞晦和余有感之作,贞晦并示《题香妃画像》绝句。”(《刘绍宽日记》第三册,1139页)

十月二十日 自南京至沪,与刘绍宽会晤两次。

厚庄日记十月二十日(九月初十日):“晴。校《介庵集》二卷。夜,贞晦自南京来少叙。”(《刘绍宽日记》第三册,1148页)

厚庄日记十月廿二日(九月十二日):“晴。校《介庵集》第三卷未毕,以伤风不能坐而止。刘贞晦来,亦伤风,示所服药与余自制方药多同,遂共煎服之。”(《刘绍宽日记》第三册,1149页)

本年 与刘绍宽通信讨论校印事宜。

《敬乡楼丛书》第三辑刘绍宽跋云:“今岁贞晦以事入都,溯初邀余踵其任”,“续辑贞晦自记所校,谓常得友朋之助。余于贞晦前规后随,札翰往来,多所商榷”。

一九三二年（中华民国廿一年　壬申）　五十二岁

一月二十八日　日军对驻沪第十九路军发起进攻。

一月底　预备离南京归里。

二月二日　友人孙宣担心谱主安危。

《晴翠馆日记》辛未十二月二十六日："南京既经一夕之惊，居民纷纷避难，或循陆奔浙，或渡江入皖，下关纷扰，殆如淞滨，不知毅侯、贞晦、卓英诸君果已行否。即同里戚友在金陵者，殆逾百人，又不知有还浙否。但两日间，句容一带劫掠蜂起，居者果危，行者亦殆。尘世茫茫，离此浩劫，吾东南半壁，其遂为战场也乎？"（《孙宣日记》，234 页）按，卓英，指钱王倬，当时供职于南京政府外交部。

二月下旬　为支持黄群编印温籍先贤书画集，刘绍宽来函，托其代将乡哲书画多件转致黄群。

厚庄日记民国廿一年二月廿三日（正月十八日）："检物件拟往永嘉，旋因天气风寒不敢行，乃函致刘赞文、贞晦，兼送所购乡哲书画托贞晦转致溯初。"（《刘绍宽日记》第三册，1180 页）按，黄群编印计划后未实现。

二月廿六日　夏承焘乘舟返杭，谱主同舟离温，途中谈及黄溯初刊印《敬乡楼丛书》前三集费用。

夏承焘日记一九三二年二月廿六日："予以行装已整难之，内子亦怪母过虑，相将登舟。止水、渭夫、大哥及父亲皆先后送至舟，友人来送者有张幼丞、吴天五。同舟熟人甚多，刘冠三丈、雁晴、幼和、叔岳先后到，惟剑夫开船时忽携行李上岸去，众人挽之不回，不知为何也。十一时开船。冠三丈过谈久久，谓黄溯初刻《敬乡楼丛书》三集，每集印五百部，共费万余金。夜到海门停。”（《夏承焘日记全编》第三册，2342 页）

按，刘绍宽《厚庄杂录》谈到《敬乡楼丛书》前二辑费用，合计九千金，包括谱主脩金：“黄溯初刻《丛书》二辑，自谓费至九千金，余以所知见者核之，固不谬也。书坊承印，每页五百字，计银圆一圆五角，每本通扯以六十页计（实须六五页通计，此取整数，为便算耳）须九十圆，每部通扯以二十本计，须一千八百圆；每本底面两页，每页一圆八角，则一本为三圆六角，二十本为七十二圆；每本前后衬纸每页七角五分，则每本为一圆五角，二十本为三十圆，共计一千九百零二圆。每部二十本，五百部得一万本，线装以少数估之得一万圆，则每辑须二千圆，两辑装印须四千圆。冠三在此三年，具脩三千六百圆，供给费岁四百，亦须千二百圆。此外，钞书、邮寄、装置诸费，盖不下千圆矣。通计九千金，实有赢无绌。”（《厚庄杂录》稿本第八册，藏温州市图书馆，参见龙港文史资料创刊号《刘绍宽》，二〇二〇年十二月版，73 页）

二月　登汤联奎（壁垣）之门贺寿。

孟春　遵嘱为《汤壁垣七秩倡和集》作跋。

略云：“春草始生，东风扇和。余衣食奔走，又将冒犯烽燧而有秣陵之行，重违先生雅意，率抒数辞，附兹卷尾。抑余怅念平生，荷长者期许，流光逝水，已逾始衰之年，纵川陆驱驰，敢不自爱！”（《永嘉汤壁垣辛未七秩倡和集》，民国廿一年刊本，三八叶，参见《刘景晨集》，72 页）

黄式苏也寿以七律两章，夹注透露：“刘君贞晦来京，述（汤）先生语，催余和作。”（参见《黄式苏集》，500 页）

春　仍在南京供职。其间有洛阳之行。

黄式苏《贞晦将有洛阳之行赋此奉呈》其二曰：“一城隔我似

天涯，失喜重逢转恨迟。岂意干戈今满地，相看涕泪此何时。江南休问探梅约，灞上早思折柳词。此去洛阳春正好，破题应是牡丹诗。”(《慎江草堂诗》，二〇〇三年重印本，76页)

五月十六日 刘绍宽《刘母陈太夫人七十寿序》脱稿并寄往南京。

厚庄日记五月十六日(四月十一日)：“寄寿序刘贞晦南京。”(《刘绍宽日记》第三册，1200页)

五月二十四日 抄录和诗赠与黄式苏。

谱主存稿跋：“壬申四月十九，雨窗无聊，写似迂叟先生郢教。”(杨瑞津藏)

八月十二日 孙宣为方文楼事来函，托谱主向黄群疏通。缘于方文楼为顾丹夫作保，顾丹夫在通易公司亏空万余金，公司扣押文楼所存债券作抵。

孙宣《宜楼日记》壬申七月十一：“下午与贞晦书，为文楼事也。即诣文楼言之。”七月十三日：“上午接心余书，下午诣之，式悫继至，亦论文楼事。文楼为顾丹夫作保，丹夫在通易公司亏万余金，公司竟扣押文楼所存责券。文楼殊焦虑也。既函贞晦转商溯初，不知溯初意何如也。”(《孙宣日记》，284页)按，方文楼(1882—?)，瑞安人。

八月十三日 刘绍宽就族曾孙志安赴南京申请专利之事，函托关照。

厚庄日记八月十三日(七月十二日)：“族曾孙志安，往南京过此，以渠创造切药机器，拟赴京求注册专利也。为函致刘贞晦，乞到京时为一照拂之。”(《刘绍宽日记》第三册，1218页)

八月二十八日 与王廷扬、余绍宋、褚德彝、张宗祥、章炳麟、蒋维乔、蔡元培、顾鼎梅诸人联名为中华书局编辑邹梦禅代订《篆刻润约》。

九月下旬 经谱主等多人关照,平阳刘志安切药机器在南京申请专利成功。

厚庄日记九月廿九日(八月廿九日):"自永嘉回,侄曾孙志安同行,志安创造切药机器诣南京请专利,已得刘贞晦、陈钟声相助,可照准矣。"(《刘绍宽日记》第三册,1228 页)

十一月上旬 张震轩从女婿处读到谱主辘轳体无题诗五章。

真叟日记廿一年十月初八(十一月五日,星期六):"十二句钟,鲍川戴婿来示予南京刘冠三、黄仲吹两君'风雨重阳句'辘轳体感时诗各五章,颇哀感顽艳,又示予所撰和诗五首,句尚清雅,然嫌未尽入彀,得暇细酌之。"初九(六日,星期):"阴。晨长、次两媳乘舟赴塘下附小轮晋郡。今早从枕畔拟和重阳辘轳体诗寄黄、刘两友,尚只得二章,姑置之。"(《张棡日记》第八册,3722 页)

十一月上旬 函复刘绍宽,寄以无题诗五章。

厚庄日记十一月十三日(十月十六日):"前寄胥庵、贞晦和诗后,得贞晦复笺,《无题》诗五首亦用辘轳体,较前作更胜。"(《刘绍宽日记》第三册,1240 页)

本年 石铎(宗素)赠以《梅屋奉亲图》。

一九三三年（中华民国廿二年　癸酉）　五十三岁

一月十一日　应黄溯初之邀往卡尔登戏院观新剧《巴黎茶花女遗事》，因雪不果，偕访郑曼青，索画山茶，并题诗留念。

黄溯初《雪夜观郑曼青画山茶》云："冲寒行到郑君家，灯下闲看落墨花。画史从今添一事，小楼雪夜写山茶。"（《敬乡楼诗》卷首，见《黄群集》，224页）

《曼青画山茶》："寒宵新剧任人夸，泪眼休看海外花。楼上画师方听雪，雪中来看画山茶。"脚注："曼青别号听雪楼居士。"前有小引："十二月十六日，卡尔登戏院夜演新剧《巴黎茶花女遗事》，黄溯初伉俪邀余往观，既而雪甚不果去，乃偕访曼青，索画此花。各题一诗，溯初先成，辄次其韵。"（《刘景晨集》，241页）

一月十三日　为郑曼青藏徐悲鸿《立马图》题七绝一章。

《徐悲鸿画马郑曼青藏》："画骨胜于画肉多，曹韩品别杜陵歌。吾今论马休论画，伏枥骞云意若何？"落款："壬申十二月十八日灯下为曼青兄题，贞晦刘景晨。"按，《立马图》现藏温州博物馆，上有徐悲鸿本人题诗、跋语及黄溯初、苏渊雷题诗。

徐诗曰："昂首欲何为，世情堪长叹。相识岂无人，担缠采薪者。"跋称："吾友曼青负绝艺而数奇，不得志于时，写此为之象征，亦记有位者之耻也。壬申岁图。悲鸿。"

黄诗曰："伏枥犹思万里行，昂头似作不平鸣。也知伯乐难常有，写入丹青待品评。"落款为："曼青吾兄兼正。壬申冬，黄群初学作诗，时客海上。"

苏诗曰："三绝艺坛夙饮名，渝州一别诹文旌。披图忽忆杜陵语，骥足真堪托死生。按，再甲壬申，苏渊雷题。”再甲壬申，一九九二年。此绝《苏渊雷全集》诗词卷失收。

同日　石宗素在山水图上重题。

石宗素跋：“醇士山水学石谷，而秀润之处常出石谷之右。余少时最喜模临此作，则参以廉州笔意，亦觉别成一格。质之贞晦兄，以为何如？壬申腊八后十日重题。”下钤“石铎”。

二月九日　在上海郑曼青玉井草堂作红梅图。

跋：“癸酉上元，道过海上，写于玉井草堂。刘景晨。”下钤“贞晦诗书画记”白文章。（今藏温州市瓯海区博物馆）按，上元节即元宵。从跋语看，谱主前往南京之前经停上海。

四月二十四日　新疆省政府主席金树仁通电下野，二十八日黄慕松接替。谱主因此辞去新疆省政府驻京办事处秘书一职，离开南京。

四月　《寿迂叟六十》五章发表于《津浦铁路月刊》第三卷第四期杂俎专栏，署名贞晦。黄式苏有《奉怀贞晦海上二首》（《慎江草堂诗》，外编，172页）。

春　郑曼青出差南京，于右任招宴，谱主应邀作陪，随后偕往紫金山看牡丹。

《曼青画牡丹》其三曰：“驱车一日两回看，是日清早，余已往看一过。倩白娇红锦作团。莫道宣南春更好，只今江左是长安。”小引：“曼青在南京，于右任先生招同午饮，后偕赴紫金山花畦看牡丹，因作此画，属余题句赠之。”（《刘景晨集》，247页）

五月二十一日　友人朱鹏病故，享年六十一。谱主题“朱味温先生遗像”。

六月三十日　与王毅侯访晤孙公达，并偕饮市楼。

孙宣《淞滨横舍日记》癸酉闰五月初八日（六月三十日）：“上午卓生来，穆光来。午间贞晦、毅侯来，稍坐，即偕饮市楼。”（《孙

宣日记》,351 页)

夏 庐山万松林小集,赋诗《旅寄南昌姚味辛兄见示集匡山万松林分韵得岩字五律一首感而和之用十五咸全韵》(曹缳蘅编《癸酉庐山雅集诗草》,上海中国仿古印书局民国二十二年九月初版,七叶)。

按,姚味辛原作题《集匡山万松林分韵得岩字》,诗曰:“曾向松林过,清阴接万杉。霏香浮远涧,积翠罨寒岩。仕隐终嫌俗,山居自不凡。直须随雅集,诗酒老青衫。”从《雅集诗草》看,李烈钧、许凝生、方本仁诸人也参与雅集。刘诗《刘景晨集》失收。

上半年 代江苏省第一区行政督察专员兼镇江县长叶震东撰《重修米公元章墓记》。此记由京师大学堂同级校友闽侯沈觐冕书丹。按,叶震东,字公恕,乐清人,叶石农宗弟,曾为《啸园六帙寿言录》(民国三十一年本)题诗。

七月初 逗留上海。

七月三日 访晤孙公达。

《淞滨横舍日记》闰五月十一日:“早间高生来,贞晦来。”(《孙宣日记》,352 页)

七月五日 从孙公达借取孙锵鸣诗文稿本,交黄溯初敬乡楼抄录。

《淞滨横舍日记》闰五月十三日:“上午贞晦来,朔初欲录先祖诗文副本,即以钞稿交之。”(《孙宣日记》,352 页)

九月九日 和张云雷诗。

《溯初出示云雷近诗次韵寄怀》:“把臂何时诉积胸,平生此友见犹龙。安心净土无量佛,得句灵岩第几峰?新树压村应莽莽,暗云来雨尚重重。江湖满地将焉往,萍转惭余别后踪。”落款:“癸酉七月廿日,景晨海上写稿。”(参见《刘景晨集》,245 页)

九月十一日 赋《余奔走四方雁荡乡山乃未一游岂非憾事今

将归矣游山莫宜于秋携履之约》,曰:"要将云水洗心胸,闻道灵湫下玉龙。携屐始为今日约,问天须上最高峰。空怀文字忧千载,倘话沧桑恨万重。惟有入山深更好,一笻君为指迷踪。"落款:癸酉七月廿二日。

九月二十九日 孙公达托陈守庸联系谱主向黄溯初索还孙锵鸣诗文稿。

《淞滨横舍日记》八月初十日:"早间接守庸书。午后慕弟来久谈,复守庸书。守庸将赴沪,托询贞晦取先祖遗稿也。"(《孙宣日记》,372页)相隔三月,要求敬乡楼归还。

秋 经姚味辛推荐,赴南昌任北路军前敌总指挥蒋鼎文部秘书,为期数月。其间有《南昌古迹五首》。

《自订年表》:"秋,赴江西。"

梅冷生自我检查(一九五七年八月十五日):"在做姚味辛的秘书两年以前,也是姚味辛推荐他当蒋介石的第□军长蒋鼎文的秘书,约有一年,那时正是江西大举'剿共'时期。后来刘景晨从江西回来告诉我:'我脚力不好,驻在南昌军部办事,蒋鼎文常临前线,我跟不牢,故此只好回家。'言下大有惋惜之意。"(温州市档案馆藏,卷宗号051-008-010-273)

十月 温州中学设立乡土博物馆筹备委员会,受聘为赞助人。同时受聘者有黄群、王绍志、刘绍宽、洪国垣、周予同、郭云章、刘祝群等十八位。

十一月二十日 十九路军在闽宣布反蒋抗日,成立"中华共和国人民革命政府"(即福建人民政府)。蒋鼎文改任左路军总指挥,所部集结于浙闽赣边区。国民政府军委会办公厅副官处长姚味辛兼任温州警备司令,谱主应邀任温州警备司令部秘书兼参议,为期五个月。因此离开南昌,友人邱珍(果轩)以诗赠行。

十二月二十七日 刘绍宽、江步瀛来访,谈蒋介石身边人才欠缺及南昌见闻，并以边疆民族问题为忧。

厚庄日记十二月廿七日（十一月十一）：“晴。同江蓬仙往看刘贞晦，留晚饭。贞晦自南昌来，随蒋鼎文来浙，遂回。言蒋介石旁太无人，所用皆偏裨材，无有可当方面者。又谓在南昌所见，无非兵民间小买卖，咸取给于兵。又谓共（产）党口号，只十字：‘兵不击兵，穷人不击穷人。’又谓甘肃、新疆回族必兴……”（《刘绍宽日记》第三册，1349页）

十二月二十八日 刘绍宽偕永嘉县教育局局长童海鹤（鹏超）来访。

厚庄日记十二月廿八日（十一月十二）：“晴。偕童海鹤往访刘贞晦，李寅生亦来。”（《刘绍宽日记》第三册，1349页）

冬 经过上海，刘放园赠以武夷茶两器。

《张凤九先生偶以乌苏柳花代茗分饮一杯爱其色香味俱佳因赋此诗用东坡和蒋夔寄茶韵》夹注：“去冬过沪，刘放园先生赠武夷茶，名铁观音、白毛猴者各一器。”（《刘景晨集》，261页）

本年 赋组诗《敬乡楼图卷次和溯初自题元韵》四章。

其一：“小邹鲁许古瓯江，文献东南盛此邦。犹有丛残收拾处，水光山色拥楼窗。溯初搜集乡先哲遗书，悉藏此楼。”其二：“少日乡斋耿短檠，隔邻同学弟和兄。不堪卅载人天感，向晚残鸿尚远征。溯初两兄一弟，余仲季两弟皆前逝。”其三：“淞庐下榻两经秋，世事相忘等野鸥。校得楼中书百卷，一篇更记画中楼。”脚注：“戊辰、己巳客海上溯初寓楼，校印《敬乡楼丛书》，曾为此图作记。”其四：“绝学何时振永嘉，要凭含蕴发光华。披图倘慰无穷望，派水从今溉万家。”（《刘景晨集》，247至248页）

本年前后 多次接待王季思。

王季思《刘景晨先生遗诗序》：“回忆九一八事变后，我多次以同乡后学谒见先生于世美巷家中，兼以所业请益，每蒙款接，慰勉有加。”

一九三四年（中华民国廿三年　甲戌）　五十四岁

一月二十四日（癸酉十二月初十）　致函刘绍宽，推敲江心屿《重建文信国公祠堂记》。

一月二十六日　刘绍宽复函。

“贞晦我兄大鉴：顷自南港回，得读初十日大札，附有大笔所书拙撰《文信国祠记》，许公句改甚谛当。弟当时亦疑有未妥，以民国官衔无前代官名可以比拟，遂仍未改定。今得匡正，甚喜慰。‘恻然’上脱‘见之’二字，读之尚不甚觉，似可不须重写，以此碑已写到恰好处，勿易为妙也。是否，酌之。附奉味辛司令游江心寺和作，次昔佳句，意以元清两代皆都燕京，今皆矣，而日本复有窥伺之举，霁山书放翁诗，参后云‘来孙却见九州同，家祭如何告乃翁’翻进一层意，志澂谓‘幽燕’二字，恐不善读者将以为乃心清室也，拟用‘只今’二字，似较空灵，说亦良是。但改‘只今’二字，不点出‘幽燕’，下句似泛说，易代之后，时间仍未定，非原作本意，故仍写入‘幽燕’两字。请代酌之。如须以改易为妥，则请为改正可也。原笺请即代呈司令为荷。肃上，敬颂著安，不一。弟绍宽启。一月廿五灯右。原函忘贴印花，不为洪乔之搁置，幸甚。又及。”（林勇主编《永怀集》，华东师范大学二〇〇一年十一月印行，卷首手迹影印件）

按，刘绍宽《重建文信国公祠堂记》结尾称：“许公与杨君，皆有心世道者，其表微阐幽，将有取于余言，故书以为之券焉。”许公，指浙江第三特区行政督察专员许蟠云；杨君，指重修捐资人杨雨农。

厚庄日记民国廿三年一月廿六日（十二月十二日）：“晨自藻

溪回，得刘贞晦书，以所写《文信国祠碑》落两字，应否再书，乞复。余以落两字不大妨碍，可不必再书。”（《刘绍宽日记》第四册，1356至1357页）

刘绍宽《和姚味辛游江心寺谒文相祠次韵》其二：“运祚终难复，臣心耿不磨。天骄亡夏日，国士殉身多。恻怆昆山咏，颉颃正气歌。昆山顾瑞屏图复明室，遇害江心，志事与文山正同。郡志称其游江北诸山寺，留题殆遍而皆不传，可惜。幽燕朝市改，时事竟如何？”（《厚庄诗文续集》，诗四，六叶）

姚味辛原韵《偕友谒孤屿文信国公祠》两章，其二：“红尘飞不到，积感待消磨。白浪风前急，青山雨后多。荒江谁洒泪，短策独悲歌。国事今犹昔，蔺廉意若何？”

一月 福建人民政府失败，所划四省闽海、延建、兴泉、龙汀取消。

二月中旬 温州警备司令部“奉令结束”，谱主又拟出门。

二月二十日 刘绍宽、张鹏翼前往送行，并结伴至五马街石刻店观看江心及仙岩诸碑刻。

厚庄日记二月二十日（正月初七）：“阴。余晨往永嘉，以刘贞晦将出门，往一晤也。姚司令于昨日由鳌江乘轮船到瑞安留宿，今日午前已到永矣。司令职务已奉令结束。午后晤贞晦，与张鹏翼同往，谈甚久。又与同至五马街石刻店，看江心及仙岩诸碑刻。贞晦邀酌，同席鹏翼、陈君檄，共四人。”（《刘绍宽日记》第四册，1361至1362页）

张棡日记廿四年三月十九（四月廿一日，星期）：“晨七句半钟同内子、稻、铁两孙儿，纫秋、绵绵两孙女，乘阿良舟赴仙岩山雷潭边祭扫先祖澹庵公墓。由亭下转湾至岩下面所建观音洞一座，中颇幽邃，洞门漆红色，外悬池云老书联一对，门外两旁各有长坐椅，亦水门汀筑就，壁上嵌方石一刻，盖即姚味辛及刘冠三唱和诗也。洞门左另辟一门入,正仰视瀑布,梅雨纷纷,此种布置皆数年前所未有,真可以快游者心目。”(《张棡日记》第八册,3948 页)

夏鼐日记一九四六年五月十九日(星期日):“与测候站吴干城主任及有光堂谢君,赴仙岩游览。(中略)乘河轮,经梧埏帆游塘口至霞林,过静安桥后登岸,遥望山侧,一塔巍然,即仙岩寺之净光塔也。(中略)又有‘通源胜境’四字,上题皇宋癸巳六年,开元寺僧□惠书,明嘉靖年及同治年石刻,民国间姚琮及刘景晨题。”(《夏鼐日记》卷四,45 至 46 页)

二月二十七日(正月十四日)夜 与姚雁秋、姚味辛夫妇、蔡农三夫妇、张驭虚夫妇、张驭虚之子松郎、杨雨农一行十人乘舟赴白溪,次日上岸开始雁山之旅,至三月五日下山。

《雁宕纪游七言绝句二十首》其一:“平潮浴月春方好,道海游山客不凡。舟泊白溪迟出日,藤舆鱼贯上灵岩。”脚注:“正月十四日深夜乘海船赴白溪,十五日迟明上岸,舆往灵岩。同游者姚丈雁秋先生、姚君味辛、姚夫人、蔡君农三、蔡夫人、张君驭虚、张夫人、驭虚之子松郎、杨君雨农及余,凡十人。”此行借宿灵岩五日。

其二〇:“出谷溪流尽向东,归来丘壑满胸中。千幽万怪谁镵凿,无始神灵海若功。”脚注:“二十日,仍由白溪归。余观雁宕诸峰,太古必为海中岛屿,流激蚀成此幽怪,殆无可疑。”(《刘景晨集》,249 至 251 页)

三月二日 应向导蒋叔南之嘱于听泉岩题字。

《雁宕纪游七言绝句二十首》其一三脚注:“散水岩水量绝大,下成深潭,其前山田平旷,潭边有巨石兀然,叔南属题刻数字。”

四月八日 刘绍宽来访,因赠以章太炎作《姚氏宗庙碑》拓本。

厚庄日记四月八日(二月廿五日):“晴。同孙女轩轩往永嘉。坐篷船到永,寓安乐旅馆。访刘贞晦,晤于途,遂同往渠家少坐。贞晦示以游北雁诗,且允为缮写姚公祭文。归后,贞晦以章太炎作《姚氏宗庙碑》拓本见赠。”(《刘绍宽日记》第四册,1371 至 1372 页)按,游北雁诗,即前引组诗《雁宕纪游七言绝句二十首》。

四月九日 与刘绍宽至温州警备司令部吊唁姚味辛之父姚雁秋。

厚庄日记四月九日(二月廿六):“晴。九时贞晦来,同往司令部吊祭,留午饭。二时往送丧,仪仗极盛,吊客及僧众等千余人,以丧归瑞安姚宅故里也。”(《刘绍宽日记》第四册,1372 页)谱主与刘绍宽均撰有祭文。

四月中下旬 赴杭州。

四月 《重修文信国公祠堂记》由刘绍宽撰文,谱主书丹,吴雄钦刻。原碑藏温州博物馆。谱主临行前将此《记》拓本十八纸寄与刘绍宽。

厚庄日记五月四日(三月廿一):“阴雨。刘贞晦寄来江心寺《文信国祠记》拓本十八纸,题其封面云:‘匆匆不另作书。明早开船,味(辛)兄同行。示复请寄杭州花市路十五号潘鉴宗兄转。溯初有四川之游,已动身一月矣。并闻。’”(《刘绍宽日记》第四册,1378 页)

七月七日 出差南京。造访黄式苏桃源村新居,因作《过迂叟桃源村新居赋二首兼呈李庸方陈季屏》。

其一夹注:“补壁有余书两联四屏幅。”其二曰:“昨岁别之沪,移居示好诗。今君重卜宅,恰我再来时。踪迹存篇什,江山感合离。吟成寄陈李,知有旧邻思。”脚注:“去夏叟移居华易里,与庸方、季屏二君为邻。”落款:“甲戌五月廿六日贞晦初稿。”(参见《刘景晨集》,254 页)按,黄式苏《慎江草堂诗续集》卷一收有《次韵贞晦见过桃源村新居之作》。

八月十八日 辛未(一九三一年)以来题画诗录存告一段落,得七十八首。“前诗写竟,犹有余纸,作二绝句以跋之。”

九月 《刘贞晦印存》作为“现代篆刻第九集”出版,由方介堪编选，西泠印社上海潜泉印泥发行所发行。共拓印谱主篆刻作品六十件。

方岩（介堪）短序："刘贞晦先生篆刻得两京意味，向不轻为人作。兹搜其近刻数十印，为之影印一集，公诸同好。"按，谱主另有《心经印谱》，未刊。

张索《东瓯印人与传世印谱》："《心经印谱》系刘景晨后人珍藏，原钤本，印面除方形外，也有少许随形和横式印章，现未见原石。计心经句五十四方，篆法严谨，面目多样，印风受温州前辈叶墨卿影响。末页钤有朱文'永嘉刘景晨贞晦手刻'。"（《持敬集》，文汇出版社二〇二〇年十月版，90页）按，后人即谱主孙女婿杨瑞津。

十月二十六日 拜访刘绍宽，赠以《刘贞晦印存》，并偕晤池仲鳞、金昆生。

厚庄日记十月廿六日（九月十九）："晴。刘贞晦来访，以昨晚杨雨农邀酌，闻余已来，雨农遣价来邀，余以持斋并小恙禁口辞之，故今晨来。余与同至孙孟晋处，询其在瑞（安）未来，因同至池中鳞、金昆生处少坐，贞晦辞去，余亦回寓。贞晦赠余所刻印集一册。"（《刘绍宽日记》第四册，1424页）

十月二十八日 应汪惺时之邀赴永嘉意大利菜馆宴。

厚庄日记十月廿八日（九月廿一）："汪圣时饯刘贞晦于意大利菜馆，邀陪席。"（《刘绍宽日记》第四册，1426页）

十一月五日（十月十日） 季女刘芷生。（刘显曾2021年11月20日微信答复）

十一月中旬 向刘绍宽了解《蒙求》作者情况。

疚庼日记甲戌十月十一日（十一月十七日）："次丈来书云，贞晦询以《蒙求》为谁作，伊以少时曾闻前辈说是刘文成作，其'大清一统'本是'大明一统'云云，究不知其何所据也。"（《温州市图书馆藏日记稿钞本丛刊》第52册，27747页）

两个月之后,刘祝群“复次饶丈书,又寄去《蒙求集注》一本”。(甲戌十二月二十日,见《温州市图书馆藏日记稿钞本丛刊》第52册,27765页)

十一月 重游扬州。韩国钧(紫石)、马士杰(隽卿)招饮于绿杨楼。有《扬州杂咏八首》。(《刘景晨集》,258页)

十二月上旬 返里度岁。

十二月九日 在瓯海实业银行股东大会上当选为董事。

《银行日志》:“十二月九日 瓯海实业银行开股东大会,改选黄溯初为董事长,张益平、洪鲁山、汪性良、周吉卿为常务董事,刘贞晦、张云雷、徐寄庼、朱铎民、杨直卿、项幹臣为董事,周守良、戴绶先、欧阳泽为监察,张惠卿为经理,吴静文为副理。”(中国银行总管理处经济研究室编《全国银行年鉴·一九三五》,汉文正楷印书局一九三五年六月版,39页)

十二月上旬 将一九三一年至一九三四年诗作七十八首结集,以《贞晦题画绝句》为名,由上海西泠印社书店发行。扉页系褚德彝题签。

十二月二十二日 晚应温州中学校长张镐之邀赴宴,同席刘绍宽、陈守庸等人。

厚庄日记十二月廿二日(十一月十六):“阴。中学校长张幼丞招晚酌,陈守庸、刘赞文、刘贞晦、陈叔平兄弟、李一飞均在座。”(《刘绍宽日记》第四册,1459页)

本年 诗作《豁蒙楼雅集》被侯官陈衍选入《石遗室诗话续编》卷四,编者评介此诗“俯仰古今,慨当以慷,而说来却不激烈”。开头交代“永嘉刘贞晦景晨,由放园、溯初与相识”。

夏承焘日记一九三六年三月五日:“铁夫寄来《石遗室(诗)话续编》二本。(中略)此老晚年誉人多溢量,取人亦比前集为滥。然并时俊彦,亦十得七八矣。吾乡陈仲陶父子,宋墨庵、王季思、刘贞晦、黄胥庵、姚味辛、黄菊襟、朱铎民，亦皆入选。谓墨庵工对仗，不让实甫、樊山。”（《夏承焘日记全编》第五册，2786 页）

同年 出差南京，其间与林铁尊短暂会面。

《水龙吟》脚注：“戊辰过嘉兴，甲戌客江宁，皆匆匆一见而别。”（《奉尝集》，四页）

本年 应邀为次年六秩之方朝雄（冠英）撰寿序。由弟子马公愚书，共八幅。“文化大革命”期间方家被抄，下落不明。

一九三五年（中华民国廿四年　乙亥）　五十五岁

一月五日　访晤刘绍宽。

厚庄日记民国二十四年一月五日(旧十二月初一日):“雨。刘贞晦来,吴冠英临本万年少赠顾亭林《秋江别思图》,时顾易名圭年,他书皆未之见。”(《刘绍宽日记》第四册,1466页)

一月九日　应专员许蟠云之约赴七枫巷晚宴,同席刘绍宽、胡定侯、张景飞、蔡旅平、徐缉之诸人。

厚庄日记一月九日(十二月初五):“晴。晚许专员邀酌于七枫巷寓所,同席刘贞晦、胡定侯、张景飞、蔡旅平、徐缉之,专员及其两公子,共九人。”(《刘绍宽日记》第四册,1467页)

一月十日　访晤刘绍宽。

厚庄日记一月十日(初六):“阴雨。刘贞晦来,致鲍竹君和诗一纸。”(《刘绍宽日记》第四册,1467页)

一月十三日　应许蟠云之约,赴江心寺浩然楼,出席学艺研究会,首次会商乡先哲遗著征集事宜,被推为学艺研究会会章起草员。

厚庄日记一月十三日(十二月初九):“雨。许专员邀温州文艺家连各机关共二十余人,在江心寺浩然楼开学艺研究会,推孙孟晋、叶蕴辉、陈仲陶、刘贞晦、吕灵士为会章起草员,通过文艺工作流动展览会、征集乡先哲遗著筹备会。周之庠邀晚酌,以请许专员、徐县长及科长等也,余与刘贞晦、徐端甫皆在席。”(《刘绍宽日记》第四册,1467至1468页)

同日　为杨雨农藏《秋江别思图》拓本题诗并作跋。

一月中旬 应专员许蟠云之邀,重游雁荡山。

赠孙孟晋扇面诗跋:“甲戌十二月许专员蟠云招游雁山,穷探三折瀑之胜,因赋此诗,乙亥正月写似孟晋我兄兼正之。弟刘景晨。”下钤“刘景晨”“贞晦”白文章两枚(扇面今藏温州图书馆古籍部)。

一月十八日 偕永嘉县政府秘书吴冠甫夜访刘绍宽。

厚庄日记一月十八日(十二月十四):“晴。夜,刘贞晦、吴冠甫来。贞晦谓雁山三折瀑极高,至第二折已可望海,第一折直无路可行,勉陟崖壁上观之。冠甫名朝冕,松阳人,前清拔贡,入民国为知事数任,今为永嘉县秘书。”(《刘绍宽日记》第四册,1469页)按,可见谱主雁山之行在十四至十八日之间,吴冠甫很可能随行。

《题雁山中折瀑种兰处》:“悬崖注水水明沙,宜种幽兰与客夸。三瀑景添中瀑美,一山路到半山斜。前游磴险艰筇策,是处峰开见海霞。西谷即今知并好,潭头细雨养梅花。”(《刘景晨集》,274页)

一月三十日 刘绍宽来访。

厚庄日记一月卅日(十二月廿六):“晴。午后到刘贞晦、赞文两处。贞晦作游雁山诗三首,未脱稿,云明日见示。”(《刘绍宽日记》第四册,1473页)

一月卅一日 访刘绍宽,谈诗。

厚庄日记一月卅一日(十二月廿七):“阴寒。刘贞晦来,示以游雁山三诗,相与酌定数字。诗甚佳。”(《刘绍宽日记》第四册,1473页)

二月四日 正月初一,拜访刘绍宽。

厚庄日记二月四日(旧历乙亥年正月初一日):“阴。枕上作除夕诗,起足成之,兼寄平阳黄梅生。吴子鸿、沈仲辉、刘赞文、樊

逊卿、马祝眉、刘贞晦、周孟由、仲铮、孙孟晋来。”(《刘绍宽日记》第四册,1476 页)

二月九日 访晤刘绍宽,示以寿郑孟达五十绝句组诗五章。

厚庄日记二月九日(正月初六):“雨。孙孟晋、严琴隐、黄仲谦、刘贞晦来。贞晦示以寿郑孟达五十绝句五首。”(《刘绍宽日记》第四册,1477 页)

二月十三日 应专员许蟠云之邀,与刘绍宽、孙孟晋商议第三特区征辑乡先哲遗著办法。

厚庄日记二月十三日(正月初十):“晴。午后三时,偕孙孟晋、刘贞晦在第三特区许专员处议定征辑乡先哲遗著办法并筹款法。”(《刘绍宽日记》第四册,1479 页)

二月十五日 应杨雨苏之邀,赴意大利菜馆餐叙。

厚庄日记二月十四日(正月十一):“晴。杨雨苏邀酌于意大利菜馆,刘贞晦、金翼云、林心伟、吴雄飞、陈守庸均在座。”作者批注:“此应在十五日,误记此。”(《刘绍宽日记》第四册,1479 页)

二月十七日 应刘绍宽之邀醒春居晚宴。

厚庄日记二月十七日(正月十四):“雨。晚邀郭文琴、李澄川、金荣轩、余度初、刘贞晦、梅冷生、郑克之、章莱峰、林君楚酌于醒春居,郭、李、金三君皆辞,金到而面辞。”(《刘绍宽日记》第四册,1481 页)

二月十八日 刘绍宽来访。

厚庄日记二月十八日(正月十五):“晴。午后过刘贞晦,顺访方鼎如,晚回。”(《刘绍宽日记》第四册,1481 页)

二月二十日 为征辑乡先哲遗著事第三特区第三次开会。晚,应吕维周之邀,会商东山书院书社保管事。

厚庄日记二月二十日(正月十七):“阴。十时第三特区开会,为征辑乡先哲遗著事,午席辞不往。晚吕维周招酌,刘贞晦、叶适

庵、杨雨苏、梅冷生、孙孟晋、郑姜门均在座，议东山书院书社保管事。”（《刘绍宽日记》第四册，1482 页）

按，此事，前见厚庄日记二月十二日（初九）：“严琴隐来，为东山书院书籍将交与周驹材接管。午后开会，余以怕风未往。晚间周驹材来，言书院书籍前人创置与保存，具一片苦心。严琴隐近年保存是书，亦有费耗，第仅为是四箱书斤斤保存，未见有大作用处，不若归并他图书馆为是。若为此区区之书，另行筹款以保守之，则恐无人应者。所言亦自近理。”（《刘绍宽日记》第四册，1479 页）

二月 应旧同事陈格（湘涛）哲嗣敏时之属，为《遁盦印剩》作跋。

二月 返沪。将孙孟晋所赠孙诒让致吴钟镕（璧华）二笺转赠吴氏长子启诚，“俾知其先人尝尽力乡邦学务，为前辈所倚重如此。抑乡贤遗墨，得之匪易，不愈足珍袭耶?”（《刘景晨集》，75 页）

同月 《南昌古迹五首》《旅寄南昌姚味辛兄兼示集匡山万松林分韵得岩字五律一首感而和之用十五咸全韵》发表于国民外交协会主办《国民外交杂志》第三卷第五期，诗录九九页。

三月下旬 致函刘绍宽。

厚庄日记三月三十日（二月廿六）：“八时偕胡奉群由虹桥乘汽车，到永嘉县城仅十一时。（中略）得刘贞晦书，并诗数首。”（《刘绍宽日记》第四册，1494 至 1495 页）

三月 受聘为浙江第三特区艺术作品流动展览会顾问。该会四月三日开幕。

四月五日 专员许蟠云设第三特区征辑乡先哲遗著委员会，应聘为委员。按，六月，第三特区更名永嘉区，该会相应更名，简称永嘉乡著会。

《警樨盦诗文集序》自述:"许君蟠云察政永嘉,下车未久,辄顾余庐。余所居隘巷,高轩之过于门者,皆谢不敢当。而君之来也,坦然如故人,入室倾谈,晷移而忘去。君所谈地方利弊兴革诸大端,靡不深切而周至,尤于六邑文献力主保存而表章之。于是组设永嘉区征辑乡先哲遗著委员会,不以余迂陋,引为委员。"(《警樨盦诗文集序》)并受委托约刘绍宽"共事"。

驻会委员梅冷生《我与籀园图书馆》:"在孙孟晋先生任内,本馆特藏乡先哲遗书四百余种。这发动原始,是许蟠云专员同刘贞晦先生,我被约去参加的,费了两年时间,把许多没有刻本的前人著作,抄集在一起,加以校订,送到本馆保藏。"(《籀园月报》第二卷第二、三期合刊,民国三十年三月三十一日,2页)

四月五日　郑曼青作《水仙图》相赠。刘放园、黄溯初、谱主及李佩秋先后题诗。

郑曼青落款:"贞晦先生法正。乙亥上巳将之阳湖,写于海上。浮丘居士郑岳。"

刘放园题诗曰:"如此传神妙莫伦,故将淡墨写灵根。梅兄矾弟都无色,洛女湘君共到门。小立但依泉一勺,相扶不用石盈盆。飘飘欲绝看双影,可是诗人画客魂?刘道铿拜题。"(《放园吟草》,22页)

黄溯初题诗曰:"湘娥疑不死,化作水中花;带月妆逾淡,凌波影欲斜。神来凭画笔,春好到诗家。玉立双仙骨,还应护碧纱。贞兄指政,溯初黄群敬题。"

谱主题诗曰:"前身子固不须论,灯下烦君写素根。绝世佩环湘水月,少年衣钵剑川门。曼青少学画于剑川居士汪君香禅。却教怀旧寻瑶轴,香禅尝为我临赵子固《白描水仙卷》。真欲移香供玉盆。一幅横斜堪作伴,笔端我有古梅魂。次放翁韵。贞晦。"**按,此处放翁,指刘放园。**

李佩秋题诗曰:“郑虔三绝擅香名,我写盈盈倩女成。笑尔西施空网得,浮江一舸伴梅兄。云英犹未遇蓝桥,粉面冰机但自描。洛浦感甄原是梦,何曾真个与魂消?无土无根比画兰,所南家法见毫端。凌波未许阎罗袜,白练裙边一样看。刺船海上访成连,画意琴心好共传。不独写生夸妙手,移情一曲细调弦。贞晦先生笑正。乙亥十月,湖外人李洣率题。”脚注:“贞翁别号梅隐,曼青壮犹未娶。此幅自描无根,曼青游学毗陵。”

春　倡议补刻光绪《永嘉县志》,征求永嘉县县长徐用(子勉)赞助。

梅冷生《补刻光绪永嘉县志跋》:“特谋之徐县长子勉用泊同邑诸君子,先集资补版。”历时八个月,由梅冷生校竣。其间,谱主“屡自沪上邮书,殷殷督促”。(《梅冷生集》,9页)

《永嘉县志版本残缺　黄溯初等从事修补　现已集资雇工重刻》:“永嘉县县志自逊清光绪年间修纂后,迄今已历四十有余载,故民间所藏者,颇多散佚,去岁地绅刘贞晦、黄溯初、梅冷生、杨雨农等诸人,以志乘为

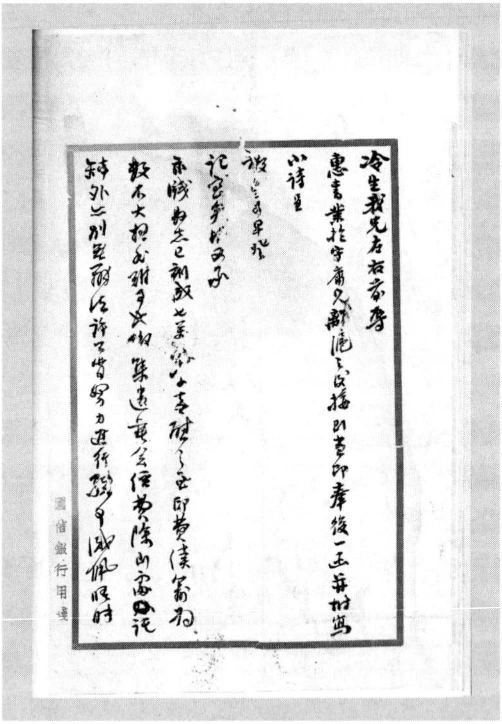

▶刘景晨复梅冷生函之一(一九三五年五月十七日)

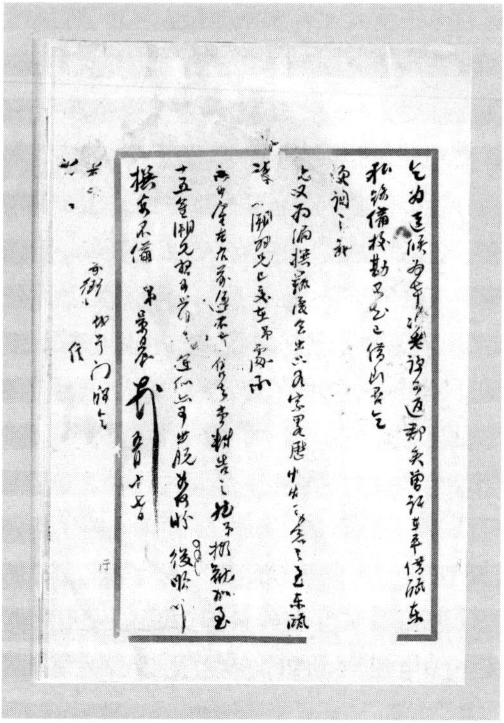

▶刘景晨复梅冷生函之二

记载一邑政治文艺物产风俗等，不可任其散佚，特从事重修。闻以所费浩大、采访手续困难，一时难以着手，拟先将旧修木版再行付印，俾广流传，讵知旧有木版被人盗去，作为薪料。细加检点，残缺二百五十余页，不能付印，特议集资就残缺者而补刊之，近已付诸梨枣，每页旁注‘民国念四年补刊’等字样。闻所需刻费约六百余金，由打锣桥学古斋、博古斋及瑞安戴某等承刻，大约数月后即可告竣云。”（《浙瓯日报》一九三五年五月一日）

五月十三日、十七日　两次函复梅冷生。

第二通全函：“冷生我兄左右：前辱惠书，业于守庸兄离沪之后接到，当即奉复一函，并附写小诗呈缴，□□早登记室矣。顷又承示笺，《县志》已刻成七万余字，喜慰之至。印费续筹，为数不大，想非难事也。征集遗著会经费，除到处托钵外，亦别无办法。许公肯努力进行，殊可感佩，晤时乞为道候为幸。次老谅可返郡矣，曾托在平借《瓯东私录》备校勘，不知已借到否，乞便询之。我兄又为编撰艺展会出品各家略历，□□感念之至。《东瓯诗录》，溯初兄已交在弟处，承示十金左右，前途不□售去，当转告之。然弟拟劝加至十五金，溯兄想可□□，□途似亦可出脱。如何，盼复。撰安，不备。弟景晨顿首。五月十七日。”（《梅冷生师友书札》，148 至 149 页）

按，此通亦作于国信银行用笺，《刘景晨集》失收。

《永嘉县志》计补板 512 叶，二十六万三千余字。“印费续筹”，县长徐用拨助公款二百元，其余一千零五十金均系绅士赞助，内黄溯初、潘鉴宗、徐寄庼各捐资二百元，周守良、陈守庸、杨雨农、顾耕梅各一百元，吴百亨、翁来科各廿五元。（光绪《永嘉县志》民国二十四年补刻本，卷末《补刻助赀人姓氏》）

艺展会，全称浙江永嘉区艺术展览会，一九三五年四月举办。出品各家略历，收入《浙江永嘉区艺术展览会书画纪念册》，亦名《瓯雅》，由梅冷生、谢磊明、林志甄合编，同年宣和印社影印版。

五月　张红薇抄录近作《红叶》《白芙蓉》《桂花潭》《秋日怀汝玉姊申江》《溯初先生邀往超山观梅因事未果越日示纪游诗依韵和之》等十七题二十章相赠。落款：“乙亥孟夏之月，录近作似贞晦先生诗家，并希两政。”

夏　赴沪校印《敬乡楼丛书》第四辑。至仲冬完成《两汉博议》《畏庵集》《章恭毅公集》《瓯滨摘稿》《半山藏稿》《困志集》《章恭毅公年谱》《张文忠公集》《谏垣奏议补遗》《宝研斋吟草》等十种计十八册，其中《两汉博议》系刘绍宽校正，《张文忠公集》刘绍宽受托用六天时间与孙孟晋藏明万历刊本对校。另外校阅孙宣编《海日楼遗集》稿，但未按原计划列入第四辑。至迟五月中旬，已供职于上海国信银行。五月十三日、十七日致梅冷生函两通，即书于国信银行用笺。

刘祝群疚庼日记乙亥五月十九日（六月十九日）：“刘贞晦寄书来。自上海国信银行寄。”次日作复。

六月七日 《次和溯初五十三生日书怀》发表于《浙瓯日报》,署名刘贞晦。

诗曰:“乘风忆各理扁舟,万里曾为汗漫游。巨浪无惊君更健,中流自适我何尤。闲寻丘壑供诗料,老遣情怀借酒筹。射虎屠龙知有命,人前休说气吞牛。”

按,黄溯初《五十三岁生日作》原韵:“此身直似一轻舟,敢向奔湍作溯游,浪静风和知有日,渊深冰薄庶无尤。岂嫌久现劳人相,聊喜今添海屋筹。供世犹余筋力健,不辞呼马与呼牛。”五十三岁生日,时在正月十四,即二月十七日。

刘绍宽亦有答诗《和黄溯初〈五十三岁生日作〉次韵》,曰:“时世推移悟壑舟,不攘六凿与天游。诗追杜史余忠爱,学到蘧年寡悔尤。范蠡浮家成大隐,计然为国运深筹。延津宝气终难闷,夜夜龙光射斗牛。”(《厚庄诗文续集》诗四,十叶)

六月八日 《次和溯初题海上孤鸿图》发表于《浙瓯日报》红尘副刊,署名刘贞晦。

诗曰:“风波险绝去来舟,一羽凌霄独健游。遐举岂真甘寂寞,群蜚何以远愆尤?鹏骞或击天池翼,鹤寿宜添海屋筹。六作叠五十三生日□怀韵。各有心期君莫笑,隐居我正羡蜗牛。”(胡春生、施菲菲编《温州老副刊》,黄山书社二〇一二年七月版,下册,200页)按,黄群原作题《叠自寿韵题〈海上孤鸿图〉》,刘放园也有和作(见《放园吟草》)。

同日 七律《海髯六十双寿》发表于《浙瓯日报》红尘副刊。又收入《戊社十周年汇钞》。(后改题《王海髯六十生日》,参见《刘景晨集》,272页)

六月十日 《乌龙潭春禊曹缵蘅代拈韵得景字》发表于《浙瓯日报》红尘副刊。(参见《刘景晨集》,272页)

六月十七日　刘绍宽来函。

厚庄日记六月十七日："上午至第三特区抄京、杭、沪筹捐名单。函致刘贞晦。"(《刘绍宽日记》第四册,1522 页)

七月初　致书刘祝群,拟至南田山中会晤。

《疚庼日记》夏历六月初六日："刘贞晦寄书来,云得暇即来山中一晤。复书速之。"(《温州市图书馆藏日记稿钞本丛刊》第 52 册,27849 页)后未成行。

七月十三日至廿八日　《永嘉县志发行预约》在《浙瓯日报》连续刊登:前因板片残缺,兹经本县官绅捐资补刊竣事,即日雇工印刷。预约一月,自七月十日起至八月十日止。全书分装三十厚册,定价六元,预约仅收工料费四元。出期九月十日。

七月十八日　刘祝群寄以《百丈漈造观瀑岭募捐启》四份,托转黄溯初、周守良、徐寄庼三人。

《疚庼日记》民国二十四年六月十八日："寄《百丈漈造观瀑岭募捐启》:刘贞晦,并转溯初、守良、寄庼。丁辅之,并转福厂。陈叔通、李嚼雪,并转公脩、梦熊。梅冷生,并转守庸。王志澄、吴冠甫,并转子玖。尤寿卿,并转哲明、子温。叶南坡。六月十八晨行。"(《刘祝群日记》上册,326 页)

七月中旬　《张文忠公集》校样寄请刘绍宽过目。

厚庄日记七月十九日："刘贞(晦)寄来《张文忠集》属校,以所印本与孟晋所藏明本对校之也。"(《刘绍宽日记》第四册,1533 页)

七月三十日(旧七月初一)："校《张文忠集》诗四卷毕,即封交瓯海实业银行,转上海刘贞晦点收。"(《刘绍宽日记》第四册,1538 至 1539 页)按,下半年收入《敬乡楼丛书》第四辑付梓。

八月二日　刘绍宽函寄和诗。

厚庄日记八月一日(旧七月初三)："昨晚临卧,拟和刘贞晦四诗,今早起续成之。"二日(初四)："发黄胥庵、刘贞晦信,寄和

诗。”(《刘绍宽日记》第四册,1539页)

八月上旬 归里。

八月十一日至八月十四日 与刘绍宽晤面四次,与许蟠云应酬两次。

厚庄日记八月十一日(七月十三):“夜,刘贞晦来谈。”八月十二日(十四):“校《纪年总辨》第六卷未毕。许专员邀晚酌,首座刘贞晦,同席章味三、马祝眉、郑曼青、孙孟晋、谢磊明、梅冷生、杨雨农、叶景中,共十人。”八月十三日(十五):“刘贞晦来,以李佩秋和诗二首及佩秋尊人《万山草堂诗续集》二册见赠。”八月十四日(十六):“晚,胡定侯邀酌于松台别墅,许专员、刘贞晦、汪圣时、叶蕴辉及郑楼诸教员,共两席。”(《刘绍宽日记》第四册,1543页至1544页)

八月中旬 逗留数日,旋即返沪。

《警樨盦诗文集序》自述:永嘉区征辑乡先哲遗著委员会组设之初,“余奔走衣食,方又有远行,越半载而归,则区会征写之书,已百数十种”。(《刘景晨集》,78页)

八月十五日 长子刘节与钱稻孙三女钱澄在日本成婚。

十月六日 撰《从兄玉如兄七帙寿序》,略云:“昔从叔祖焕文公,当光绪中叶医名藉甚,景晨幼时犹及见之。今兄复以医显,则是世业克承,尤可敬已。且人之责任与生俱来,自论道经邦之士,负荷孔巨,而百工庶役,皆当有一长以自效于世,不然食粟而已,修短亦何足道哉!”(《刘景晨集》,116页)

同日 黄溯初作诗《重九寄佩秋杭州兼示放园贞晦》,提道:“忽复忆去年,此日正欢聚。置酒问谁家?楚友实为主。知己两三人,我与二刘伍。此乐渺难追,新醪成独抚。”(《黄群集》,250页)

十月中旬 致函刘绍宽,嘱宋陈季雅《两汉博议》提前校送,以便收入《敬乡楼丛书》第四辑付印。

厚庄日记十月十九日(九月廿二):"校《纪年总辨》至第二十六卷,未毕,接校《两汉博议》。以刘贞晦信来,《敬乡楼丛书》四辑将结束,属提前校送,以便付印也。"(《刘绍宽日记》第四册,1564页)

十月二十五日 刘绍宽来函。永嘉区专员公署就乡先哲遗著再次举行征集委员会会议。

厚庄日记十月廿五日(九月廿八):"至图书馆检对《两汉博议》疑误数条。午后作与刘贞晦函,随往永嘉特区公署开征集委员会。"(《刘绍宽日记》第四册,1565页)

十一月九日 老友许璇(叔玑)因脑溢血病故于北平大学农学院,享年五十九岁。

十一月中旬 挽许叔玑联语,曰:"耒耜教民颓上座;沧桑挥泪失良朋。"(《中华农学会报》第一三八期,许叔玑先生纪念刊,民国廿四年七月五日,一六六页)

约十一月中旬 光绪《永嘉县志》补刻本面世。按,从刘祝群《疚庼日记》乙亥十月廿二日"杨雨农赠《永嘉县志》一部"判定。

十一月间 黄群向友人、甘肃省政府委员兼财政厅厅长朱铎民推荐李佩秋赴甘襄助,李允诺前往,后因太太有恙,而未能成行。

谱主《佩秋罢皋兰之行示诗次答》:"万里初疑一诺轻,邮诗忽报罢西征。宁缘垂老难为别,却讳何人尼此行。踽踽陇头孤马策,原拟偕孙公达同行。闲闲湖上恋鸥盟。只应怅断居停望,虚约高车出郭迎。"(《刘景晨集》,273页)按,皋兰,县名,位于兰州北部,指代甘肃。

十一月 致函刘绍宽知会李佩秋此事。

刘绍宽《致某人》书:"前得贞晦书,知从者已辍兰皋之行,因以俚句代柬奉讯起居。辱承赐和,珠玉在前,自惟形秽矣。令先尊公诗续集两册,谨拜领。先尊公之学术、遭际,梦华先生叙备言之,足为颂诗知人之一助。(下略)"(《刘绍宽》,208 页)按,此处"某人",当即李佩秋。所谓令先尊公诗续集两册,即谱主八月中旬转交之《万山草堂诗续集》。

十二月十七日 夏承焘与李佩秋谈及谱主近况。

夏承焘日记一九三五年十二月十七日:"往城站新开街卅八号访湘人李佩秋洣,曾久居温州,识温人甚多。闻刘贞晦在国信银行,黄仲荃已卸职。"(《夏承焘日记全编》第五册,2764 页)

十二月二十三日 夏承焘寄赠《姜白石歌曲斠律》《冯正中年谱》。

夏承焘日记十二月廿三日:"晴冷,冬至。以《姜词斠律》及《正中谱》分致刘冠三、黄溯初二先生。"(《夏承焘日记全编》第五册,2765 页)

十二月下旬 函复夏承焘道谢。

夏承焘日记一九三六年一月一日:"雨。接刘冠三先生上海复,谢寄《斠律》《冯谱》。"(《夏承焘日记全编》第五册,2769 页)

十二月 为《敬乡楼丛书》第四辑作跋。

《敬乡楼丛书》第四辑跋略称:"今春来沪,溯初复属校理《敬乡楼丛书》于其寓庐。时事俶扰,忧思无聊,时对古人,贤于独叹,月维仲冬,版印告蒇,得右书十种十八册。盖至是《敬乡楼丛书》已出四辑,总为书三十有八种七十有八册。发陈编于久潜,备博览于来学,溯初表章乡邦文献之素心,宜足以稍慰矣。前三辑中,宋元明清四朝之书皆具,兹辑独无元籍。初拟列入元王执中氏《针灸资生经》七卷,顾其书插图著说,总载诸穴,分论诸证,毫厘之差,生死攸系,自非专门名家,安敢率尔校定,故留以有待也。"结尾提到刘绍宽、刘放园、李佩秋等三位友人的帮助:"窃余校印兹辑,九阅月报竣,中间又不无他事牵掣,疏舛知不能免,幸获刘厚庄绍宽、刘放园道铿、李佩秋洣诸先生时予启发,此则溯初与余

同深感泐者矣。”(《两汉博议》,卷首)

夏承焘日记一九五一年十二月二十日:“夕阅朱琏著《新针灸学》,不忍舍手。忆十年前黄溯初印《敬乡楼丛书》,有针灸图书一部,刘贞晦翁恐画穴稍一不慎,贻害人命,劝溯初勿印。”(《夏承焘日记全编》第八册,4805 页)

十二月三十日 作组诗《为溯初校印〈敬乡楼丛书〉成第四辑感赋》。

诗曰:“北地春将尽,偕归渤海船。因君成晚计,为我发陈编。戊辰春与溯初同舟离平返沪,始决计校印兹书,迄已巳冬成一二两辑。比岁蜩螗警,前生椠墨缘。闭门忘客寄,謦欬接乡贤。”“吾乡经制学,少小意相关。袖手俱霜鬓,埋名且市阛。图书经劫贵,沧海拾珠还。溯初少游日本,购获乡先哲遗著,皆国内所无。藏守终何地,商量辟故山。今藏书全在沪寓,余谓当载还乡,辟室守之。”“尔我童髫事,书堂旦夕同。宁知垂白际,还共汗青功。前轨追琴叟,孙琴西先生始刻《永嘉丛书》。分劳念厚翁。刘厚庄先生校定第三辑。沪西楼一角,他日付谈丛。”落款:“溯初吾兄吟正。乙亥十二月初五日,景晨海上写稿。”

十二月 永嘉区乡著会委员梅冷生《郡斋征书记》小结会务,提道:“贞晦丈客居上海,亦常在念,函札往还,时有指示。”(《劲风阁遗稿》,一九八三年誊印本,文录,八叶)

一九三六年（中华民国廿五年　丙子）　五十六岁

一月六日　被永嘉区行政会议推定为区志筹备员。会议在永嘉县政府大礼堂举行，由许蟠云主持。

浙江省永嘉区行政会议第四次会议纪录：地方教育类　永嘉区行政会议第四次会议议决，改修《温州府志》为《永嘉区志》，"推定刘次饶、梅冷僧、杨雨苏、孙孟晋、黄溯初、徐世康、沈权、沙迦耶、刘景晨九人为筹备员，并指定刘次饶为召集人；名称定为纂修永嘉区志筹备委员会"。（本会议秘书处编《浙江省永嘉区行政会议特刊》第三号，见《浙瓯日报》一月七日，第四张第十七版）

一月上旬　致函刘绍宽、夏承焘，附《敬乡楼丛书成第四辑感赋》五律两章征和。

厚庄日记民国廿五年一月九日（乙亥年十二月十五）："阴。刘贞晦信来，附有敬乡楼四辑刊成五律二首，又溯初二首，征和。"（《刘绍宽日记》第四册，1589页）

夏承焘日记一九三六年一月十一日："接贞晦丈复，属和数诗。"（《夏承焘日记全编》第五册，2772页）

一月十三日　林志钧书赠《乙亥东坡生日分韵得玉字》。

一月十五日　夏承焘寄奉和诗。

夏承焘日记一月十五日："发刘贞晦丈复函，附去一诗一词。大鹤山人故居。贞晦丈以校印《敬乡楼丛书》四辑告成诗属和，兼呈厚庄、溯初二丈。'陈止斋叶水心遗文劫火前，谁珍一义比珠船。欲招闾里英灵魄，来共云龙上下缘。五厄书因千顷重，九流学以二刘传。墙东避地今何世，神物终期护宝编。'贞晦欲于故里辟室藏书。从书皆黄溯初丈室藏,厚庄、贞晦二刘丈为任校勘,‘五厄’一联指此。继思‘九流’句拟人不伦,然惮于改作矣。”(《夏承焘日记全编》第五册,2773页)

一月十八日 自沪归里度岁。

《抵沪读溯初北平迂叟南京示诗次迂叟立春日大雪韵书感》:“诗为乡居一字无,年头岁尾付尘驱。旧岁小除夕前还家,新年元夕后复出。出门琐琐仍千里,怀旧迢迢恰两都。各以睹闻兴感喟,同于篇什见忧虞。沪楼披诵装初卸,惹得吟魂却更苏。”(《刘景晨集》,281页)

一月十九日 刘绍宽闻悉来访,当夜回访。

厚庄日记民国二十五年一月十九日(十二月廿五):“晴。访刘贞晦,以昨自上海归也。夜,孙孟晋、刘贞晦来谈。”(《刘绍宽日记》第四册,1592页)

一月中旬 《朝邑志》底本携交刘绍宽校正。

厚庄日记一月二十日(十二月廿六):“晴。黄溯初令侄女抄得《朝邑志》一册,从《小石山房丛书》录出,贞晦将其原本携来,俾一校正。”(《刘绍宽日记》第四册,1592页)

一月二十一日 以乙亥年所作诗六十余首请刘绍宽过目。王理孚、刘绍宽步和《校印敬乡楼丛书成第四辑感赋》五律。

厚庄日记一月廿一日(腊月廿七):“晚,刘贞晦来谈。”一月廿二日(廿八):“和贞晦校印敬乡楼丛书四辑成诗,计四律,以王志澂适以是题和诗见示,遂乘兴和之。贞晦昨示以本年所作诗得六十余首,中多佳作。”(《刘绍宽日记》第四册,1593页)

一月二十三日 访晤刘绍宽,谈及通易公司专务董事刘放园。

厚庄日记一月廿三日(十二月廿九):“雨。午后贞晦来谈,始悉刘放园道铿乃前清己酉拔贡,朝考一等一名,授小京官,为国议院秘书。后弃而入商界,与溯初同来上海也。”(《刘绍宽日记》第四册,1593 页)按,应作“优贡”、众议院秘书长。

一月二十五日(丙子正月初二) 出席永嘉区征辑乡先哲遗著委员会第五次常会,议决修理叶水心祠墓,选辑《永嘉诗徵》,推两刘负责。会前走访刘绍宽。

《区征辑乡先哲遗著委员会决议 修葺先哲叶水心祠墓》:“永嘉区征辑乡先哲遗著委员会,于本月廿五日下午三时,在专员公署内开第五次常会。出席者刘绍宽、许蟠云、刘景晨、孙延钊、梅雨清,主席许蟠云,记录李作宇,行礼如仪。甲、永嘉城内慈山乡先哲叶水心墓及金銮石巷专祠,应行修葺案。议决:由本日到会委员发起,并请永嘉学艺会全体理事会员暨各方人士协助。乙、本会选辑《永嘉诗徵》,应于二十五年内完成,并请推员主持案。”(原载《浙瓯日报》一九三六年一月二十九日,转引自《温州老新闻》上册,200 页)

厚庄日记一月廿六日(正月初三):“晴。昨杨雨农、周季材、刘贞晦来访。晚,许专员邀刘贞晦、梅冷生、孙孟晋及余酌于县政府。又征辑遗书开会,惟余及贞晦、冷生、孟晋四人到会,议决修理叶水心祠墓,由会发起,合学艺会诸人同为之;又议选《永嘉诗徵》,以余及贞晦负责,另组各县诸人为之。”(《刘绍宽日记》第四册,1594 页)按,《永嘉诗徵》后由池仲霖经手编集。

一月二十七日 应杨雨农之邀晚宴,随后应杨雨农与陈守庸之邀观看文明剧。

厚庄日记一月廿七日(正月初四):“晴,夜雨。晚杨雨农邀酌,同席刘贞晦、陈守庸、梅冷生、叶适庵、张玉书、池仲霖、陆某,共九人。雨农、守庸共邀余及贞晦、冷生、仲霖,至福禄林看文明剧。”(《刘绍宽日记》第四册,1594 页)

一月二十八日 刘绍宽来访。晚应刘绍宽、孙孟晋之邀赴宴。

厚庄日记一月廿八日(初五):“阴。访朱廉青、董品三、刘贞晦、方鼎如。下午六时,同孙孟晋于意大利菜馆邀宴许专员、刘贞晦、杨雨农、马祝眉、刘赞文、梅冷生、池仲霖、陈仲陶、严琴隐、王亩仙。仲霖于席上吟诗,谈艺颇畅。”(《刘绍宽日记》第四册,1594页)

一月三十日 刘绍宽持诗稿来访,当晚回访。

厚庄日记一月廿九日(初六):“晴。抄录去岁诗,得数十首,拟送刘贞晦一阅。”一月三十日(初七):“阴。访刘贞晦,呈诗一册。晚,贞晦来。”(《刘绍宽日记》第四册,1595页)

一月 逗留杭州期间致函李佩秋,转约夏承焘面叙。

夏承焘日记一九三六年一月廿七日:“午后入城,访李佩秋,不值,遇于涂,云贞晦先生在杭时曾有一函约予过谈,未尝到也。”(《夏承焘日记全编》第五册,2776页)

二月一日 吕维周设宴饯行,刘绍宽、马祝眉、叶适庵、杨雨农、孙孟晋、梅冷生、谢磊明等作陪。晚梅冷生宴请许蟠云,应邀作陪。

厚庄日记二月一日(旧正月初九):“晴。吕维周为饯刘贞晦邀午酌,同席马祝眉、叶适庵、杨雨农、孙孟晋、梅冷生、谢磊明等,共十人。晚,梅冷生邀酌,首席许专员,同席刘贞晦、孙孟晋、杨雨农、项铭周鼎、谢磊明、马祝眉、叶适庵、吕维周。”(《刘绍宽日记》第四册,1596至1597页)

二月四日 访晤刘绍宽。晚应杨雨农、张玉书之邀陪宴。

厚庄日记二月四日(正月十二):“晴。陈穆庵、张玉书、李子瑾、梅冷生、孙孟晋、刘贞晦来。杨雨农、张玉书为胡奉群、吴天五备素食,邀酌,同席叶适庵、刘贞晦、梅冷生,共八人。”(《刘绍宽日记》第四册,1597页)

二月六日 出席永嘉区署《永嘉诗徵》《永嘉区志》编纂会议。

厚庄日记二月六日(正月十四):“晴。王志澄来永,与许专员同自平阳来,以下午开会也。午后二时永嘉区开会,为编纂《永嘉诗徵》事,临时推余为主席,列席者梅冷生、王志澄、洪鲁山、陈仲陶、严琴隐、宋默庵、刘贞晦、池仲霖,惟李孟楚后至。同时开纂修《永嘉区志》会,到者孙孟晋、梅冷生、徐世康、沙迦耶、杨雨苏、刘贞晦。发议时,孙孟晋主前清截为府志,民国另为区志;刘贞晦主专修民国为区志。最后决议,从杨雨苏说,从前皆通为区志。两会皆推余为主席,许专员列席。”(《刘绍宽日记》第四册,1598至1599页)

《纂修永嘉区志筹备会昨开首次会议》:“纂修永嘉区志筹备会于昨日(六日)下午四时,在专员公署召开第一次会议,出席者刘绍宽、梅冷生、杨雨苏、徐世康、孙孟晋、沙迦耶、刘景晨,列席许蟠云、李翘。主席刘绍宽,纪录李国馨。行礼如仪。甲、主席报告《温州府志》更名《永嘉区志》经过情形,并筹备员黄旭初、沈权请假事宜;乙、讨论事宜:一、如何纂修永嘉区志案,议决,以永嘉区志名义,变更旧府志体例,重行纂修新志;二、如何筹措区志经费案,议决,(一)府城隍庙庙产收益;(二)各县地方教育经费百分之一,由专员公署呈省核准支拨;(三)筹捐。三、聘员编纂《永嘉区志》案,议决,聘请陈穆庵、李孟楚二先生为区志编辑员;四、推员起草纂修永嘉区志委员会组织章程案,议决,推定沙迦耶、徐世康、孙孟晋负责起草;五、规定下次会议日期案,议决,定于二月十七日下午二时。”(《浙瓯日报》二月七日,七版)

二月八日 《浙瓯日报》发表评论《关于纂修永嘉区志》,提出:“今次修志,应着重社会、经济、民生状况等事实,其人与当时社会不生相当关系者,可略之,其事与当时社会不生相当关系者,可略之。诗文除引用外,不宜另辟专篇,图表却宜力求精确。而

修志诸公,尤须以修志为尽地方文化事业之义务,而决不可妄生‘名山’之心也。”(《浙瓯日报》二月八日,三版)

二月上旬 致函夏承焘,约杭州会晤。

夏承焘日记二月十五日:“接贞晦丈函,明日来杭。便将过予,去电告潘宅,约明早往访。”(《夏承焘日记全编》第五册,2780页)

二月十六日 赴杭州,在花市路潘宅与夏承焘畅谈三小时,涉及《永嘉诗徵》。

夏承焘日记二月十六日:“早入城过花市路十五号潘鉴宗家访刘贞晦丈,畅谈三小时。近日许蟠云专员倡编《永嘉诗徵》,地人亦有拟修志者,其中颇有奔竞名利,恐无佳果。贞老有气骨敢言,惜不得长侍謦欬耳。”(《夏承焘日记全编》第五册,2780页)

二月十八日 从上海返回温州。

二月二十六日 应邀为方介堪画红梅一帧,落款:“丙子二月初四日,刘景晨写于玉篆楼。”钤“刘贞晦”白文章、“二水仙室”朱文章。(126cm×50cm,春兰草堂藏,《瓯越此门两代贤》,17页)

三月五日 纂修永嘉区志委员会正式成立,通过修正章程五章十三条。(《浙瓯日报》三月六日,七版)

四月十一日 致电夏承焘,约明日过谈。

四月十二日 过杭州,于潘鉴宗宅与夏承焘叙谈。谱主感叹永嘉人为学,鲜精深博大者,亦鲜晚成之器。

夏承焘日记四月十二日:“晴。早入城,于潘鉴宗家晤贞晦丈,并邀同庄丈、鉴宗同过清波门邓孝可园看樱花,丁香正盛开时。午鉴宗留饭。贞晦谓永嘉人为学,从鲜精深博大者,有天资者,亦鲜晚成之器,不得其故,只好归之地方风水矣。”(《夏承焘日记全编》第五册,2801页)

四月十三日 返沪,继续供职于国信银行。

四月中旬 接三弟书,得知八年前赠潘鉴宗之《写经咒》现藏于光善寺僧惠静处。

四月二十四日 刘绍宽托杨雨农转请其代书《杨母金太夫人八秩寿序》。

厚庄日记四月廿四日(闰三月初四):"《杨序》已送交雨农,转呈刘贞晦书之。吴洗凡来,为杨雨农致送润金三十元。"(《刘绍宽日记》第四册,1621页)

四月三十日 邂逅刘祝群。

刘祝群《疚庼日记》丙子闰三月初十:"九时许阅市,过大马路,遇刘贞晦。不相见者已逾廿载,忽于途中遇之,喜极欲狂。(中略)刘贞晦来谈,并索余诗稿加墨。老友敲诗,极是雅事。"(《温州市图书馆藏日记稿钞本丛刊》第53册,28030、28031页)按,刘祝群四月廿九日抵沪,寓谦吉旅馆。

春 经过南京。其间柳诒徵邀共聚于秦淮河畔,同席王毅侯、黄式苏。(《慎江草堂诗》,177页)谱主次和黄式苏《感事》韵。(《刘景晨集》,282页)

春 汤尔和书赠《题高洛园》《步夷初甲戌除夕均》《丙子春感怀》诗等三章。

诗曰:"叩遍苍苍渺不言,知君胸次积烦冤。三年边事劳樽俎,万种乡愁入梦魂。垂老诗书才有味,写时功罪本难论。欲招渔父浑无路,读罢离骚且灌园。题高洛园。""默数平生几乘除,儿时兴味近何如?忧天应蓄三年艾,绝俗都缘万卷书。敢谤公家轩有鹤,只愁私室食无鱼。卧薪尝胆欺人语,日日昌言剪阎闾。步夷初甲戌除夕均。""牡丹开后犹□手,柳絮飞时未脱棉。应恨乱离生此日,转嫌老健胜常年。葛藟瓜蔓都穷乏,隶卒舆台总圣贤。五十九年贫不死,而今敢受傥来钱。丙子春感怀。"上款:贞晦兄两正,落

款：弟尔和书于六松堂。（诗笺参见《刘景晨刘节纪念集》，155页）

春 赋诗《韩紫石先生八十寿》，曰："殷勤东道忆扬州，初识丹颜已白头。开府石城乡荫远，工诗魏国晚香稠。山中墨妙方娱老，海畔民生尚借筹。大耋称觞春正好，江淮我欲广前游。"（《刘景晨集》，284页）

五月五日 孙孟晋函复朱铎民，婉拒聘请，改荐侄师觉，言其得到谱主延誉。

孙函略称："辱荷委垂，操翰记室，葑菲不弃，远道见招，自省佝庸，感惭交集。本当谨遵台命，趋备驱策，惟弟年来补读楹书，抱残拾坠，缮校粗毕，梨枣未蒇，赓续需时，暂难脱手。左右思维，意拟转荐舍侄师觉，代恳鸿施。舍侄久从弟游，颇资臂助。窃喜其新旧晐贯，才知并佳，论撰粗能，笔札必茂，频岁浪迹东南，贞晦、溯初诸贤尝为延誉，尚无毷氉不舞之讥，用敢冒渎清听，仰乞推爱栽植。倘蒙畀予斯席，似能胜任愉快。履历附呈，肃候衡量。"落款五月五日，未标年份。（谢作拳编《朱铎民师友书札》，浙江古籍出版社二〇二〇年一月版，111页）

按，夏承焘日记一九三六年十一月十五日："四时，送冷生至净寺返山，朱铎民新放陕财厅长，招冷生、孟晋去，孟晋犹迟疑。"（《夏承焘日记全编》第五册，2860页）时孙孟晋接掌籀园图书馆仅一年半，渐上轨道，迟疑很正常。不出三日，梅冷生已动身西行。民国二十六年十二月十五日，朱铎民续电邀孙孟晋入川。（参见拙编《梅冷生师友书札》）

五月十二日 刘祝群来访。

刘祝群《疚庼日记》丙子闰三月廿二日："九时后雨止。步至国信银行访刘贞晦。午后齿痛忽止，往访贞晦。读其诗稿，并留晚餐。"（《温州市图书馆藏日记稿钞本丛刊》第53册，

28043 页)

五月十三日　与李佩秋、刘放园相聚于黄群寓所。

《疚庼日记》闰三月廿三日:“李佩秋亦自杭至,溯初遂约佩秋、放园、贞晦及余至其寓庐,午餐甚盛。”(《温州市图书馆藏日记稿钞本丛刊》第53册,28044页)

五月十四日　写诗笺赠刘祝群。

《疚庼日记》闰三月廿四日(十四号):“放园、贞晦各写诗笺以赠。(中略)午后五时,趁益利轮船离沪。”(《温州市图书馆藏日记稿钞本丛刊》第53册,28044页)

五月上中旬　偕黄群、刘放园及黄群两侄重至余杭超山观梅,有《溯初约同超山观梅归赋》五绝五章纪行。

五月十九日　组诗《溯初约同超山观梅归赋》发表于《浙瓯日报》红尘副刊,署名贞晦。

组诗其五曰:“同车怀旧盛相夸,溆浦东风散绮霞。屈指清明寒渐减,可能更约看桃花。”第二句夹注:“溯初为言南北坞桃花特盛。”(参见《温州老副刊》下册,206页)

五月中旬　托刘祝群转致刘绍宽函。

厚庄日记五月十六日(闰三月廿六):“阴。刘祝群自杭来,赠洛泗酱油二瓶、雕鸟扇二柄、香蕉两丛,云孟晋尚未回,并携来贞晦书,云将有北平之行。”(《刘绍宽日记》第四册,1628页)

初夏　有北平之行。学生洪式闾、陈祖经分别录宋文天祥、清龚自珍诗相赠。洪上款“贞师诲正”、落款“丙子四月”,陈称“廿五年初夏同客北平”。林志钧对其诗稿有所评点。(《酬林宰平先生北京》夹注)

五月　杨雨农母金太夫人八秩大庆,寿以屏条。

厚庄日记五月廿八日(初八):“霁。杨雨农太夫人金氏今日八十开贺,余十时往贺,得见张冷僧、林同庄及刘贞晦所书屏。”

(《刘绍宽日记》第四册,1632 页)

六月中旬 赴沪,仍供职于上海国信银行。通易信托公司停业,总经理黄群仓促离沪,避往日本长崎县小滨町小滨港。次日,谱主获悉,未及送行。

六月 永嘉区更名为第八区。

夏 北大文学院教授马叙伦杂录近诗相赠。

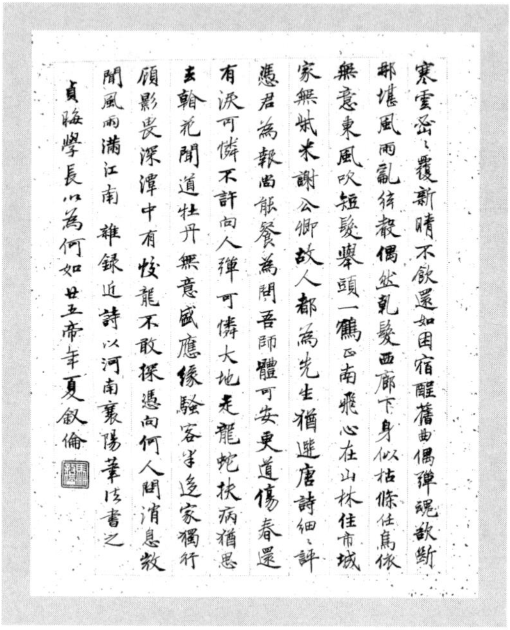

▶马叙伦手迹

七月十七日 法院宣告上海通易信托公司破产。

八月一日 自沪返温,与刘绍宽谈通易公司倒闭原因。

厚庄日记八月一日(六月十五日):"晴热,申后阴。刘贞晦自上海回,挈其子节及媳妇见太夫人,云一星期后即出门。刘节拟于明年赴美,顷在青岛云。贞晦言溯初作事,失于独断,商业本非所长,而自以为是,不谋诸人,所以败也。其始由于通成纱厂,先是纱厂主某,借溯初钱二十万,不能偿,乃以四十万抵与溯初接开,延池宗墨主其事,陆续付本至二百万,旋归倒闭,此为失败之始。"(《刘绍宽日记》第四册,1661 页)

八月三日 应孙孟晋、夏承焘之邀赴宴,同席刘绍宽、梅冷生、吴鹭山、许笃仁及长子刘节诸人。

夏承焘日记八月三日："雨。午与孟晋合宴诸师友，到刘次饶老，刘贞晦丈、子植、天五、笃仁、介夫、伯烺、冷生。宴散，至中山公园选《词徵》，得潘自强、陈虬、张□□、林培厚等数家。"（《夏承焘日记全编》第五册，2829 页）

厚庄日记八月四日（六月十八）："阴，后申晴。孙孟晋、夏瞿禅以郑伯烺、魏介夫将出门，邀设宴于醒春居，刘贞晦子植乔梓、吴天五、梅冷生、杨雨农、许笃仁均同席。"（《刘绍宽日记》第四册，1662 页）按，刘绍宽所记晚一日。

夏承焘日记八月四日："晴。早孟晋、伯烺、天五、琴隐、冷生来。子植、唐澂士来。午冷生为伯烺践行，邀作陪。"（《夏承焘日记全编》第五册，2829 页）

八月五日 刘赞文、夏承焘先后来访。访刘绍宽，斟酌《永嘉徐公祠堂记》。

夏承焘日记八月五日："午后访冠三丈、子植于济美巷二号，遇刘凤仙先生。"（《夏承焘日记全编》第五册，2829 页）按，济美巷，当即世美巷。

厚庄日记八月五日（六月十九）："晴热。至中山公园，属万冠畴以志稿送与孙孟晋图书馆中。贞晦来访，云徐班丈祠堂记文甚佳，为指示斟酌数处，余依改之。"（《刘绍宽日记》第四册，1663 页）

八月十日 午间刘绍宽请客。席散后，偕夏承焘、吴鹭山及长子刘节过孙孟晋家，观赏孙诒让藏品与手稿。晚设宴招待，四桌。

厚庄日记八月十日（廿四）："午后邀刘贞晦、子植乔梓，瞿禅，赵伯钦，吴天五，周孟由，梅冷生，孙孟晋，万冠球蔬食于功德林。"（《刘绍宽日记》第四册，1664 页）

夏承焘日记八月十日："子植夫妇来。午次饶先生招饮，同席十余人。席散，与子植父子、天五过孟晋家看仲容先生所藏麦鼎及古盉。子植谓麦鼎铭文似西周物，惟形制可疑。又见仲容先生著书手稿五六种，其二十余岁所写蝇头眉批，与暮年无大殊，其精勤可想。夜冠三先生招饮，共四十余人。”（《夏承焘日记全编》第五册，2831 页）

八月十一日 午应吴鹭山之召，偕刘节出席，刘绍宽作陪。

厚庄日记八月十一日（廿五）：“吴天五午刻招陪饮刘贞晦乔梓于醒春居。”（《刘绍宽日记》第四册，1664 页）

八月廿三日 在温州旅沪同乡会会员大会上得一百四十六票，当选为执行委员。

《温州旅沪同乡会报告录》：

二十五年八月二十三日下午二时，假座宁波旅沪同乡会开会员大会，到会员四百八十六人，市党部代表樊国人莅会监选。

主席团：姚抱真、赵树声、王孝通。

纪录：胡熙如。

（一）全体肃立，向党国旗暨总理遗像行最敬礼

（二）主席恭读总理遗嘱

（三）报告

主席赵树声报告开会宗旨后，前届主席姚抱真报告民国二十五年二月一日起至八月念日止之收支账略及会务经过。

（四）党部代表樊国人致训词

（五）选举

推鲍仲明、蔡宗潘为发票员，林安植、张君侠、丁国华为记票员，黄垚埙、黄岩定、万斯年为唱票员，万寿民、黄岩定为监票员。

开票结果：周守良三百零四票，姚抱真二百八十六票，徐寄庼二百五十七票，马公愚二百二十三票，张君侠二百十七票，胡熙如二百零八票，黄子瑜一百九十六票，赵树声一百九十六票，陈光中一百九十五票，王孝通一百九十一票，傅筑隐一百七十二票，项景嶙一百九十票，张临球一百七十七票，刘贞晦一百四十六票，金伟宗一

百四十一票，当选为执行委员；黄堃埙一百二十六票，万寿民九十票，黄岩定七十五票，万斯年三十四票，叶文卿三十票，当选为候补执行委员；陈品纯二百零五票，陈百川一百九十票，苏邦民一百八十一票，曹仲渊一百七十二票，谢侠逊一百四十五票，当选为监察委员；薛定华四十二票，丁国华三十七票，当选为候补监察委员。

赵树声　王孝通　姚抱真

(《温州旅沪同乡会史料》,55 至 56 页)

九月一日　为前台州九峰书院主讲黄岩许元颖（榕垣）诗文稿作序，赞扬哲嗣许蟠云"秉承家学，抒为政猷"，"察政之勤，庶绩具举"，尤其"于六邑文献力主保存而表章之"。关于文章之道，谱主认为"本之诚意，揭其所怀，与后人以感发，斯可传尔"！(《警樨盦诗文集》民国廿六年刊本，卷首，收入《刘景晨集》)

按，刘绍宽、孙孟晋亦应约作序。张㭎日记民国廿七年四月十八（五月十七日，星期二）："看《警樨庵诗文集》。此集为黄岩许元颖先生撰。诗文均极有根柢可味。元颖为前永嘉专员许君蟠云之父，能上承先志，在温乞吾友刘厚庄、贞晦、孙孟晋等作序刊行。遗集雕印古雅，洵近日官吏中之能品，为蟠云者，不愧为许家肖子矣。"(《张㭎日记》第九册，4208 页)

九月四日　赴银行公会出席温州旅沪同乡会第一次执监联席会议。

《温州旅沪同乡会报告录》：

二十五年九月四日下午六时，假银行公会开第一次执监联席会议。

出席：监察委员苏邦民、曹仲渊、谢侠逊；候补监察委员薛定华、丁国华；执行委员徐寄庼、张君侠、姚抱真、胡熙如、傅筑隐、刘贞晦、马公愚、陈光中、赵树声、王孝通、项景嶙、周守良；候补执行委员黄堃埙、万寿民、黄岩定、万斯年、叶文卿。

临时主席:姚抱真。纪录:胡熙如。

行礼如仪。

报告事项

(一)主席报告出席监察委员三人,候补监察委员二人,执行委员十二人,候补执行委员五人,已足法定人数;

(二)主席报告募款购机祝寿委员会来函催收捐款;

(三)主席报告今日以时间关系,执监联席会如无提议事项,继开执行委员选举常务委员。

选举

继开执行委员(会)选举常务委员七人。开票结果,姚抱真十三票,赵树声十三票,黄子瑜十一票,胡熙如十票,陈光中十一票,张临球九票,项景嶙六票,当选为常务委员,并由常务委员推举姚抱真为主席委员。

主席

(《温州旅沪同乡会史料》,56至57页)

九月八日　刘绍宽函托刘嶷士转寄。

厚庄日记九月八日(廿三):"晴热,夜雨。过世美巷访刘嶷士,交与寄贞晦信。"(《刘绍宽日记》第四册,1675页)

九月十一日　列名《征刊刘厚庄先生诗文钞续集启》。

启事曰:"平阳刘次饶先生,高文笃行,久著州闾。前有《厚庄诗文钞》之刻,早已流播海内矣。本年夏历十月十三日,为先生七十弧辰,诸戚世好暨门下士辈拟制锦称觞,以祝难老。同人等佥谓人寿有涯,言寿无涯,先生白头劬学,著作等身,而积稿庋藏,不自表曝。今议集羊酒之赀,将先生所著《厚庄诗文续钞》付之梨枣,俾垂久远。盖先生见闻广博,识解恢闳,笺经则通汉宋之邮,论史则窥马班之奥,而且仿襄阳耆旧之传,竭钻仰于乡贤,衍永嘉学派之源,冀弥纶乎世变,其于经籍绪言、乡邦掌故,关系非尠矣。

方今国学沦胥，儒风衰薾，寥寥文献，实如景星庆云，不可多觏。斯议诚谐，则名山述作，将得其人，而传华国文章，庶以千秋不朽，是同人所以为先生寿者，厥泽弥长，岂仅如世俗祝厘铺张之举哉？觊我同志，各赞成焉。

收款处：永嘉县立贫民习艺所周之庠。

发起人：许蟠云、潘国纲、张烈、姚琮、刘燿东、刘景晨、池源瀚、徐象严、徐陈冕、郭云章、孙延钊、梅雨青、夏承焘、陈闳慧、林彬、陈谧、姜会明、王理孚、黄光、陈蔚、郭心崧、蔡信芳、徐世康、周之庠同启。”（《浙瓯日报》一九三六年九月十一日）

厚庄日记民国二十五年九月十一日（廿六）：“周之庠来商《征刊文集启》事。”（《刘绍宽日记》第四册，1676 页）按，启事系池仲霖（源瀚）拟稿。

九月廿六日　刘祝群来函。

《疚庼日记》丙子八月十一日（廿六号）：“寄丁辅之函，又贞晦函。”（《温州市图书馆藏日记稿钞本丛刊》第 53 册，28108 页）

九月　作《陈（屏周）母杨太夫人六十寿序》，着重称赞杨氏善待用人之举：“平日，佣有病者，太夫人自为调药。曰：‘人有贵贱，病痛岂有贵贱哉？彼身为仆役，疾苦中之，主人不为关护，将呻吟而有所不便，呼唤而谁复应之？笃病之因，或由此起。’仁哉言乎！”（《刘景晨集》，118 页）

十月五日　得悉母陈氏病危。

十月七日　乘航班离沪归里。请西医李素冰诊视母亲。

十月十日晨　母陈氏病逝，享年七十四岁。（《哀启》，参见《刘景晨集》，98 页）

十月十一日　托长婿林主光到刘绍宽处报信。次日，刘绍宽来吊唁。

厚庄日记十月十一日（八月廿六）：“晴。林主光来，知刘贞晦太夫人于昨日逝世，乞明日过贞晦，商《哀启》等事。”十月十二日(廿七)：“晴。雇车至刘贞晦吊唁，其赴启等约两日后送阅。”(《刘绍宽日记》第四册，1688页)

十月十五日　刘绍宽阅定刘太夫人《哀启》。

厚庄日记十月十五日(九月初一日)：“阅定刘贞晦太夫人陈氏《哀启》，年七十有四。”(《刘绍宽日记》第四册，1689页)

十一月七日　夏承焘致送挽联。

夏承焘日记十月廿三日：“重九日。接贞晦先生太夫人讣。”(《夏承焘日记全编》第五册，2854页)

夏承焘日记十一月七日：“雨。寄刘冠三先生母堂挽联：‘系世教乃在闺门，欧孟遗徽前史重；述先芬补传列女，向歆鸿笔一家难。’”(《夏承焘日记全编》第五册，2858页)

十一月十五日　以七七开祭事邀请亲友相商。

厚庄日记十一月十五日(旧十月初二)：“阴。晚刘贞晦以七七开祭事邀诸友相商，膳用素菜，甚佳，功德林所制也。同席二十人左右。”(《刘绍宽日记》第四册，1699页)

十一月二十七日　出殡。刘绍宽、刘祝群来送行。

厚庄日记十一月廿七日(十月十四)：“晴。本日为刘贞晦太夫人陈氏开奠出丧之期，晨即往与襄事，午留会食素馔，申刻与送出丧。挽刘贞晦太夫人陈联：‘与嗣君游，登堂拜谒，久仰贤明仁智，彤史堪书，萱草荫方长，羡报春晖有东野；奉乾竺学，净土处修，更能读诵受持，金经兼习，莲华开正好，定随圣众见弥陀。’”(《刘绍宽日记》第四册，1693页)

《疚庼日记》丙子十月十四日：“九时后诣刘贞晦，吊其母丧。午后送殡，经大街而回。”(《温州市图书馆藏日记稿钞本丛刊》第53册，28139页)

黄式苏挽联曰：“我乍秣陵归，一束生刍，来吊郭林宗母；世传

泷冈表，千秋碑石，待续欧阳子文。”（《慎江草堂联语汇存》，一九九〇年油印本，41 页）

十一月二十八日 黄式苏、刘祝群来访。

《疚庼日记》丙子十月十五日（廿八号）：“晨餐毕，偕迂叟诣贞晦、驭虚、志远、宏轩。”（《温州市图书馆藏日记稿钞本丛刊》第 53 册，28139 页）

十二月三日上午 至谢池巷访晤周孟由，遇老友张震轩，相见甚欢。刘绍宽来访未值。

《真叟日记》民国廿五年十月二十（十二月三日，星期四）：“晴。晨八句钟赴谢池巷访周孟由内侄兼晤其弟仲铮。孟由见予至甚喜，与之茗谈片时，而老友刘冠三来访，予正思去访伊，不意忽于此相遇，何友谊之缘巧合也，因相与叙阔数刻，刘君先告辞去，孟由坚留予午饭。”（《张棡日记》第九册，4063 页）

厚庄日记十二月三日（十月二十）：“晴。晨往访刘贞晦，而贞晦适以谢步来访，不晤。”（《刘绍宽日记》第四册，1704 页）

十二月五日 午后约头陀寺僧与刘绍宽来家商议，僧人以头陀寺驻兵事乞向专员许蟠云关说。闻专员已赴省，乃往访秘书叶景中，表示于勘视后再酌。

厚庄日记十二月五日（廿二）：“晴阴。午后至刘贞晦家晤头陀寺僧，仍以驻兵事乞向许专员缓颊。闻专员已赴省，乃往访秘书叶景中，许于勘视后再酌。梅之芳来，拟将遗著会结束，余谓俟专员杭回。”（《刘绍宽日记》第四册，1705 页）按，梅之芳，系梅冷生次子，当时供职于籀园图书馆。

十二月七日 访晤刘绍宽。

厚庄日记十二月七日（廿四）：“阴。改章小峰文两篇。刘贞晦、周孟由来谈。”（《刘绍宽日记》第四册，1705 页）

冬 陈百川来访，商议修筑茅竹岭沿江新路，偕同实地考察。

十二月二十三日　《浙瓯日报》消息:《雁荡士绅徐缉旨等发起组织雁社,广征同志,为名山宣扬,入社者得享种种权利》。雁社发起人共四十位,许蟠云领衔,谱主以刘贞晦列名,位于许蟠云、张叔梅、张玉麟、黄仲荃、刘次饶五人之后。

本年　计划续校《敬乡楼丛书》第五辑,因通易公司倒闭而未果。

王理孚《贞晦校印敬乡楼丛书四辑成以诗征和》其二脚注交代:"吾家遗著以《半山》《玉介》两稿为最,《半山》已承收入《丛书》四辑,兹从北平钞得《玉介》全稿,收为五辑之储。"(籀园图书馆编《蓼绥年刊》第一期)

约本年　应乐清郑郁(蓉荃)之约书条幅相赠,郑赋诗志喜。

《刘冠山先生惠书条幅志喜》:"绰有才名处处传,更钦妙墨比青田。笔端隐约龙蛇出,书味浸淫岁月专。品拟柏松香晚节,隐居城市亦神仙。捧笺乞得元章笔,恰好装潢蓬荜悬。"(黄煜编注《郑云衢集郑郁集》,线装书局二〇一五年六月版,316页)按,此章编列《乙亥冬赴上海感作》《江头闲眺》两章之后。《江头闲眺》起首"踏遍江头路,风情二月天",故暂系于乙亥(一九三五)之次年。

一九三七年（中华民国廿六年　丁丑）　五十七岁

一月四日　长孙刘显曾生于北平。当时刘节执教于燕京大学文学院。

一月中旬　鉴于年来旅沪同乡日增月盛，而劳动工人实居多数，平时收入仅可勉强维持，若不幸亡故，往往无以棺殓，与黄子瑜等提议旅沪同乡会发起筹备施材会，以资救济。

温州旅沪同乡会致某某卿函："径启者。案准本会执行委员黄君子瑜、刘君贞晦等提议'年来旅沪同乡日增月盛，而劳动工人实居多数，平时收入仅可勉强维持生活，不幸死亡，往往无以棺殓，言之可悲。本会应发起筹备施材会，妥拟办法，条具章程，从速进行，以资救济'等由，并随送筹备计议书到会，当经本会执监联席会议讨论通过本会附设施材会章程十一条在卷。惟施材基本金及常年费未有成款，势不能为无米之炊，为此录案，附录章程，函请台察，慨予资助，共成善举，不胜翘企之至。此上○○卿先生台鉴。旅沪温州同乡会执行委员会主席○○○　执行委员○○○、○○○、○○○同启。"（《温州旅沪同乡会史料》，182至183页）按，○○卿，疑为姜选卿。

一月三十日　访刘绍宽未遇。

厚庄日记一月三十日（十二月十八）："晴。午后至池仲霖处，回，知刘贞晦来访。"（《刘绍宽日记》第四册，1719页）

一月卅一日　访晤刘绍宽，告知上海通易公司有望复业。

厚庄日记一月卅一日（十九）："雨。刘贞晦来访，言黄溯初通易公司可望复业，惟须债权人开会允许后，方可谈到此层。"（《刘

绍宽日记》第四册,1719 页)

一月 将《敬乡楼丛书》第四辑、《贞晦题画绝句》托汪惺时(醒时)函寄张震轩。

张棡日记民国廿五年十二月廿二(二月三日,星期三):"晴。是日鲍田、南湖均送节礼来,又接得老友刘冠三手札一通,并赠《敬乡楼丛书》第四辑十八册、冠老《题画绝句》诗一本。灯下检《敬乡楼丛书》。"(《张棡日记》第九册,4075 页)

二月二日 设宴招待刘绍宽、黄式苏、陈守庸、孙孟晋诸人。

厚庄日记二月二日(廿一):"晴。贞晦晚宴客,黄胥庵、孙孟晋、孙公达、陈守庸、吴天五、梅冷生,余亦与席。"(《刘绍宽日记》第四册,1720 页)

二月九日 张震轩赋诗答谢。

张棡日记十二月廿八(二月九日,星期二):"阴。晨撰答谢老友刘贞晦惠赠书籍、诗册七律二首:'吟怀回溯卅年前,郡校同君执教鞭。化雨浓沾春草碧,秋宵醉赏月光圆。那堪出处分骊唱,剩有平安付雁笺。却幸谢池重聚首,诗豪依旧态如仙。今年十月间于谢池巷周家晤君,数岁阔悰,一朝重叙,丰采如昨,快何如之。''高门具庆饫郇筵,曾有芜吟赋客边。昔于郡校曾赋诗贺君家先椿萱大衍之庆,并祝君卅、令郎十龄弧诞。顾我须眉真老矣,感君风木转凄然。近方知君抱终天之戚,未为赙唁,殊觉歉然。惠书渴慰平生愿,承赠《敬乡楼》四辑,快慰心曲。把袂欣联别后缘。聊托汪伦申谢悃,巴词休作报琼传。来简托汪君醒时寄交,兹仍由汪转付察阅。'"(《张棡日记》第九册,4076 至 4077 页)

正月初四(二月十四日,星期):"写谢刘冠三近诗,交公祏带交。"(《张棡日记》第九册,4079 页)

二月十日 访刘绍宽。

厚庄日记二月十日(十二月廿九):"阴,夜雨。刘贞晦来,言永嘉行政会议定十五日开会。"(《刘绍宽日记》第四册,1722 页)

二月上旬 柳诒徵应邀书赠自作《青岛海水浴场》《题朱二玉画册》两题三章。

《青岛海水浴场》曰:“朱楼嵌树碧玲珑,白浪排山绿蒨葱。天发杀机次净玉,人无固志凿华风。千魔戏水蓉肤黝,万趾翘沙蔻甲红。堪笑老夫从裸俗,舞场残奏听丁东。”

《题朱二玉画册》曰:“一丁不识已夔皋,画革旁行气更豪。绝倒过江名士众,犹夸痛饮读离骚。怪云半吐山如沐,纳牖松涛支枕读。奚奴赤足也趋时,担水搬紫差不俗。”“惟有鹿麋堪共语,白石青溪相尔汝。不能踏海钓六鳌,底用涓沫濯尘土。龙虵跳掷不可捉,添丁涂雅抚撇掠。可怜煮字不疗饥,嗅取梅花捣冰嚼。”

落款:“贞晦先生征集知好诗字,猥及下走,重违盛旨,录小诗乞教,不敢侪大匹之册也。丙子残腊,劬堂柳诒徵。”下钤“柳诒徵印”白文章。(《瓯越此门两代贤》,116 页)

二月十五日 永嘉县政府召开乡镇长讲习会,应邀与会商讨县政。

二月下旬 又往上海。友人孙孟晋、吴鹭山,专员许蟠云等设宴饯行。

厚庄日记二月二十日(正月初十):“刘贞晦来,云将乘益利轮船往上海,下午六时。吴天五、孙孟晋饯贞晦于醒春居,邀陪酌,同席高性朴、陈铭石、梅冷生、李亦怀、洪叔翰诸君。”(《刘绍宽日记》第四册,1726 页)

厚庄日记二月廿一日:“郑伯琅邀午酌于女居士林,用素食,共四席,刘贞晦、武如谷、李亦怀、孙孟晋、梅冷生、吴天五均在席。(中略)许专员邀晚酌于公署,首席刘贞晦,同社梅冷生、孙孟晋、谢磊明、吴天五、郑伯琅、陈仲陶、曾耕西。”(《刘绍宽日记》第四册,1726、1727 页)

二月二十五日下午 出席温州旅沪同乡会第三次执监联席

会议。

《会议记录》:

二十六年二月二十五日下午六时,第三次执监联席会议。

出席者:监察委员陈品纯;执行委员黄子瑜、胡熙如、马公愚、徐寄庼、项景嶙、刘贞晦、周守良、傅筑隐;候补执行委员万寿民、叶文卿。

主席:姚抱真。纪录:胡熙如。

行礼如仪。

报告事项

(一)主席报告执行委员赵树声先生逝世,遗缺应由候补执行委员黄垚埙递补,常务委员遗缺由次多数马公愚先生递补;

(二)前次执监联席会议决议案已执行者:(甲)殡舍已雇工修理完竣;(乙)殡舍寄顿之灵柩已于去年十一月底运回二十具。

讨论事项

(一)设施材会案

通过办法,推黄子瑜负责筹备。

(二)调查同乡案

议决:分头进行

(1)向公安局户口登记处调查;

(2)召集各业领袖商议调查办法。

主席

(《温州旅沪同乡会史料》,60页)

三月 为谢磊明之子谢师约代订《刻画例》,与赵叔孺、叶叶舟、丁辅之、马公愚、王福盦、谢公展、方介堪诸人联名。

四月上旬 过杭州。

四月七日 明信片托潘希珍转交夏承焘,约明日会面。

夏承焘日记一九三七年四月七日:"晴,夜大雨。潘希珍女生

持刘贞晦丈片来，云明早与李佩秋、杨雨农来看。”（《夏承焘日记全编》第五册，2899页）

四月八日 在夏承焘陪同下，偕杨雨农、李佩秋、陈庭生、翁来科出游。

夏承焘日记四月八日：“早贞晦丈、雨农、佩秋、鄞县陈庭生垣、翁来科过访，在山下午饭，同过九溪茶场、理安寺，三时归。”（《夏承焘日记全编》第五册，2899页）

四月九日 应潘鉴宗之邀午宴，与余鼎三、姚味辛、李佩秋、夏承焘同席。

夏承焘日记四月九日：“晴。早与内子往闸口，火车已开，复折回。乘汽车入城访冠三丈于鉴宗先生家，逢其会宴，晤余鼎三、姚味辛及李佩秋诸君。听鉴宗谈弥陀寺智慧上人苦行，令人神往，思为一诗记之。”（《夏承焘日记全编》第五册，2899页）

大致在这次聚会中间（或前后），向人介绍潘希珍系夏承焘（瞿禅）女弟子。

琦君《三十年点滴念师恩》回忆：“我进之江大学，完全是遵从先父之命，要我追随这位他一生心仪的青年学者与词人。”“我进之江才半年，先父的挚友刘贞晦伯伯指着我向别人介绍：‘这是瞿禅先生女弟子。’我真是又得意又惶恐。”（《青灯有味似儿时》，九歌出版社一九九八年七月版，二〇一〇年四月增订版，97、101页）按，潘希珍一九三六年下半年入之江大学就读，晚年回忆称“进之江才半年”，姑系于此。

四月十日 夏承焘应邀誊抄诗十章、词五阕。落款：贞晦仁丈两政，乡晚夏承焘俶稿。下钤“夏瞿禅”章。

夏承焘日记四月十日：“为刘冠三丈写诗词十二纸，颇疲。”（《夏承焘日记全编》第五册，2900页）按，册页今存杨瑞津处。

四月十一日 与夏承焘泛舟三潭印月，回忆国会议员任内拒曹锟贿选事。

夏承焘日记四月十一日："晴，休日。早入城以诗词十二张呈冠三丈。午后与刘冠三丈泛舟至三潭印月，桃柳正盛，夜雨初过，新绿满眼，春水春阴，玩赏无尽。冠三丈谈为国会议员时拒曹锟贿选事，谓某君实曾受曹贿，不厌其欲，乃幡然改计。"（《夏承焘日记全编》第五册，2900页）

四月中旬 返沪；致函夏承焘、刘绍宽。

夏承焘日记四月十八日："雨。午后三时，与寥士冒雨返杭。五时渡江，六时余到之江。见各友人书札，有刘贞晦丈等数对。"（《夏承焘日记全编》第五册，2900页）

厚庄日记四月廿四日（十四）："阴。贞晦自上海函来，以寿序见商，并商墓志题式。"（《刘绍宽日记》第四册，1739页）

四月二十四日下午 出席温州旅沪同乡会第四次执监联席会议。

《会议记录》：

日期：二十六年四月二十四日下午二时。

开会地点：福建路新普庆里本会办事处。

出席者：徐寄庼、马公愚、陈光中、黄子瑜、胡熙如、姚抱真、刘贞晦、谢侠逊、项景嶙、苏邦民、黄垚埙。

主席：姚抱真。纪录：胡熙如。

提议事项

（一）前届主席向通易公司借款壹百五拾元，现由该公司破产财团向法院诉追，已两次传审，应如何对付案

决议：托由项委员景嶙向该破产团律师接洽展延。

（二）同乡捷兴汽轮被警抄获毒性药品，本会据各该同业联名及该公司函"请转呈上海市警察局，在案情未明以前将被扣轮船先行释放"等情，本会以温属商家委托该船于本班装运货品甚多，

倘久被扣留,各装货商家势必无辜被累,蒙受损害,当即据情转呈警察局迅予审明,先行释放被扣汽轮,以恤商艰。当时以时间匆促不及开会,请予追认案

决议:照案追认。

(三)调查旅沪同乡会确实人数,现已制印调查表格,正在进行办理,请各委员分别代为调查案

决议:照案办理。

(四)会馆中被保安团占据饲养军马,虽经去函催请迁移,嗣据函复,已另觅房产,但迄未迁出,应如何再向交涉案

决议:托由陈委员光中向保安队交涉,一面函请姚味辛先生转函淞沪警备司令饬属迁移。

(五)施材会章程业已拟就,请讨论修正案

决议:照案通过。

(六)谢委员侠逊拟举象棋比赛,所取票资捐充本会经费案

决议:先觅场所再定日期。

(七)本会拟刊印征信录,征求关于本会历史之文件案

决议:请由谢委员侠逊、胡委员熙如征求之。

(《温州旅沪同乡会史料》,61至62页)

四月廿四日　夏承焘函复。

夏承焘日记四月二十四日:"发贞晦丈复、郭梓雨复、蔡嵩云复、周泳先书,为伯焜问借款。"(《夏承焘日记全编》第五册,2905页)

春　叶墨卿应邀题赠杨沂孙《在昔篇》,其辞曰:"昔杨子云汇《三仓》之言,作《训纂篇》,班孟坚继之,作《在昔》等篇,其文久佚矣。余喜究六书之旨,既观许氏《说解》,乃溯其传,以蔡邕、吕忱、江式、颜之推、李阳冰、徐铉、徐锴为适系。后尠深通是学者,迄于我朝乾嘉之际,盖绝响八百余年矣。于时硕儒挺生,经学昌明,有段懋堂氏。"落款:"贞晦姻丈大人雅政。丁丑春日,叶鸿翰,时年

八十又二。”下钤“叶鸿翰印”“字曰墨卿”两白文章。(《瓯越此门两代贤》,72 页)

五月 李佩秋应邀为其《画梅百咏》作叙。

李《叙》略称:“数十年来身世蓬梗之所遭,友朋缟纻之所寓,游览笻屐之所届,皆大略具是而感慨系之。盖真能兼咏梅画梅之长,突过(宋)雪岩一等矣。昔冯海粟有《梅花百咏》,王熏斋以其人颇可议,别作百首为花洒耻。贞晦制行高洁,唾弃巨万,若将浼焉。是其铁石心肠,增重岁寒之友,宁复有瑕疵之者?张天瓶论倪云林诗格如梅花,天竺两边四十万树中仿佛遇之,吾于贞晦亦云然也。”(《刘景晨集》,365 页)

六月上旬 将《画梅百咏》李佩秋叙寄请刘绍宽过目。

厚庄日记六月十一日(五月初三日):“雨。刘贞晦见示李佩秋《画梅百咏序》,余只好避序,改作跋语一篇。”(《刘绍宽日记》第四册,1749 页)

夏 黄式苏应邀为《画梅百咏》题诗四章。

《题贞晦画梅诗卷》其一:“兴到江楼掷酒杯,百缣挥洒遣松煤。老来傲骨犹如昔,不画群芳独画梅。”(《慎江草堂诗续集》,一九八一年油印本,卷二,三三页)其四:“移船何日白门过,倾倒元章应更多。还是读诗还读画,教渠两眼手频摩。”脚注:“贞晦将以所画梅花百缣于都门开展览会,故云。”(《黄式苏集》,335 页)按,百梅展览会有否如期举行,未详。

上半年 于陈叔通百梅书屋观赏明清名家画梅真迹。应籀园图书馆之邀为《蔘绥年刊》题“方志叙跋”栏目。

七月七日 卢沟桥事变发生。

八月三日 刘节拜访张震轩,谈及谱主近况。

张棡日记民国廿六年六月廿七(八月三日,星二):“午后三句钟,刘冠三之令郎刘节来访。询知今年已卅七岁,现与钱念劬女孙结婚,已得一子。伊刻自北平携眷南下,将于明日赴沪。述其父冠翁现在沪三马路国信银行办事,约与予茗谈廿余分钟去。”(《张棡日记》第九册,4131页)

八月五日下午 委托黄子瑜代表出席温州旅沪同乡会临时紧急会议,与姚抱真、黄子瑜、陈鹤浦四人被推负责先行筹募经费。

《会议记录》:

二十六年八月五日下午三时,临时紧急会议。

出席者:姚抱真、胡熙如、黄子瑜、万寿民、陈光中(陈鹤浦代)、徐寄庼(姚抱真代)、叶文卿、王孝通、苏邦民、张临球(万寿民代)、万斯年(万寿民代)、陈品纯(姚抱真代)、刘贞晦(黄子瑜代)、项景嶙、马公愚、黄垚埙、黄岩定、曹仲渊。

主席:姚抱真。纪录:胡熙如。

报告事项

主席报告上海市各界抗敌后援会救济委员会,日前召集旅沪各同乡会谈话,希望各同乡会关于战时救济工作即着手开始准备,已准备者报告内容,以供参考。本会亟须准备,应如何着手,请讨论。

讨论事项

(一)准备战时救济工作案

决议:组织战时救济委员会,除执监委员为当然委员外,另聘旅沪之有力同乡参加。内容分总务组,推陈光中为主任、苏邦民为副主任;经济组,推徐寄庼为主任、周守良为副主任;救护组,推万寿民为主任、孙文甫为副主任;收容组,推陈鹤浦为主任、黄子瑜为副主任;给养组,推姚抱真为主任、陈品纯为副主任;遣送组,推沈公哲为主任、项景嶙为副主任。各组委员另推之。

(二)推姚抱真、黄子瑜、刘贞晦、陈鹤浦先筹募经费。

（三）推姚抱真、陈鹤浦分别寻觅接洽收容场所。

（四）通知各同乡早日遣眷回籍，先召集各业领袖谈话请转为劝告。

（《温州旅沪同乡会史料》，63至64页）

八月十三日 日本侵略军在沪制造“八一三事变”。

八月中旬 致电回家报平安。

八月二十日 刘绍宽访刘峩士，探问谱主近况。

厚庄日记八月二十日（七月十五）：“晴，夜雨。午后过刘峩士，询贞晦有近信否，平安如何，云有电来，平安而信寄不通。”（《刘绍宽日记》第四册，1770页）

黄式苏《秋日里居有怀诸子》其六：“春申江上忍回看，烽火弥天归自难。昨过君家心为喜，电传两字是平安。”夹注称：“刘贞晦自沪电来，报告平安。余至其家探问，闻之而喜。”（《黄式苏集》，339页）

八月三十日下午 出席温州旅沪同乡会紧急会议。

《会议记录》：

八月三十日下午二时，紧急会议。

出席者：姚抱真、黄垚埙、刘贞晦、胡熙如、黄子瑜、项景嶙、陈光中（陈鹤浦代）、曹仲渊、万寿民、苏邦民、周守良、叶文卿。

主席：姚抱真。纪录：胡熙如。

主席报告

（一）温州收容所收容难民已五百余人，应设法遣送；各同乡欲归里，苦无船只，现正设法租雇外商轮船，已托周守良向刘鸿生、虞洽卿接洽；

（二）同乡孙文甫来会报告船票被骗。

讨论事项

（一）租船遣送同乡案

决议:推周守良再向前途接洽。

(二)船票被骗案

决议:根据孙文甫报告,函宁波同乡会报告情形。

(《温州旅沪同乡会史料》,64 页)

九月四日下午 出席温州旅沪同乡会临时执、监联席会议。

《会议记录》:

九月四日下午二时,临时执监联席会议。

出席者:曹仲渊、徐寄庼(黄子瑜代)、姚抱真、万寿民、苏邦民、黄垚埙、黄子瑜、刘贞晦、周守良、项景嶙、叶文卿、胡熙如。

主席:姚抱真。纪录:胡熙如。

报告事项

(一)主席报告救国公债上海市市民劝募总队召集各同乡会主干商讨劝募经过;

(二)本会救济难民经费竭蹶,拟分电各县商会、县党部及士绅代为筹募;

(三)本会经常费收入无着,如何维持;

(四)收容所干事办事认真,似应发给车马费。

讨论事项

(一)成立救国公债上海市市民劝募分队案

决议:宣告成立,主席委员为分队长,常务委员为副分队长,全体执监委员为分队队员,开列名单函知总队查照,并依照总队章程将会馆地产抵押提百分之十认购救国公债。

(二)分电温属各县党部、商会筹募难民捐款案

决议:用同乡会名义分电劝募,一面执监委员中可以私人名义去电劝募。

(三)本会经常费问题案

决议:本会经常费应由执监委员按月认捐若干,以资维持(九

月份起至十二月份止),绝对不能动用救济捐款。当场周守良先生每月认助十元,黄子瑜先生每月认助十元,胡熙如先生每月认助十元,苏邦民先生每月认助二元,刘贞晦先生每月认助三元,项景嶙(先生)每月认助五元,余则由主席委员亲往各委员商请量力按月捐助。

(四)收容所干事车马费问题案

决议:由收容所主任斟酌略给。

(《温州旅沪同乡会史料》,64 至 66 页)

九月五日 自沪致函刘绍宽。

厚庄日记九月十四日(八月初十):"阴雨。得刘贞晦上海信,系五日所发,盖在途九日矣。"(《刘绍宽日记》第四册,1777 页)

九月二十五日 三子叔扬拜访刘绍宽。

厚庄日记九月廿五日(八月廿一):"贞晦第三子叔扬来,询知贞晦三子两女皆前出,又三女皆后出;此第三子也。"(《刘绍宽日记》第四册,1779 页)

九月下旬 《杂感》诗十首寄与刘绍宽。

厚庄日记九月廿八日(廿四):"阴。刘贞晦寄《杂感》诗十首。"(《刘绍宽日记》第四册,1780 页)

秋 偕乐清张云雷往瞿溪看望潘鉴宗。

秋冬之间 致函避居日本的挚友黄群。

黄群寄诗道谢,曰:"无端身类藏头雉,一月曾承一度寻。别后萍踪飘碧海,年来瑶札抵黄金。"稍后又转寄李佩秋函致黄群。黄感动之余赋诗为答,题《去年八月佩秋托人为余算命,并以所批八字交贞晦转寄,至今年十一月始到》。

十月一日下午 出席温州旅沪同乡会执、监联席会议。

《会议记录》:

十月一日下午四时,执监联席会议。

出席者:胡熙如、姚抱真、刘贞晦、黄子瑜、黄垚埙。

主席:姚抱真。纪录:胡熙如。

报告事项

主席报告救济同乡收支账略及办理收容遣送经过。

讨论事项

(一)《浙瓯日报》登载鸣谢启事,内有本会副会长陈鹤浦之语,应否更正

决议:以新闻更正,不必刊登启事。

(二)本会经费如何筹措案

决议:目前暂收各委维持费以资维持,另设法向永嘉方面筹措。

(《温州旅沪同乡会史料》,66至67页)

十月　支持永嘉县重新整顿佛教组织,以适应抗战需要。

释木鱼《战时僧尼救护队》:"一九三七年十月,我终于离开杭州回到了江心寺。这时,温州的青年僧众,出于爱国的赤诚之心,提出温州佛教界应有一个适应战时需要的佛教组织,要求永嘉县佛教分会重新整顿。这个建议得到了'永嘉县动员委员会'负责人柯逢春、刘景晨以及国民党永嘉县党部民运干事周世俊、永嘉县政府社会科科长俞誉宏等人的积极支持。于是,同年十一月,即在永宁巷天宁寺召开了全县僧尼大会,选出了新的佛教机构'中国佛教会永嘉县分会'。"(温州市政协文史资料研究委员会编《温州文史资料》第二辑,一九八五年九月版,82至83页)

十月　和诗两章寄刘绍宽。

厚庄日记十一月三日(十月初一):"晴。刘贞晦寄和黄胥庵中秋诗来,一和黄敬乡楼诗,甚佳。"(《刘绍宽日记》第四册,1789页)

十月、十一月间　自沪避兵归里。

十一月十三日 孙孟晋复浙江图书馆张慕骞书，寄出谱主（“方志及舆图”）与谢光（“乡贤汇传”）吴鹭山（“乡贤遗物”）等三份题签。

孙孟晋复张慕骞书：“文展会专载各类题签，兹遵嘱求书于刘、谢、吴三氏，共得三纸，即以附奉。”（温州博物馆藏，参见谢作拳、陈伟欢编注《瑞安孙家往来信札集》，浙江大学出版社二〇一七年十二月版，332 页）按，文展会，即浙江文献展览会，三份题签用于《浙江文献展览会专刊》下册。

十一月中 上海沦陷、南京政府迁渝。谱主认为“重庆之迁实非善策”。

厚庄日记十一月廿九日（十月廿七）：“阴雾。与汉孙同往永嘉。六时动身，至永嘉已十二时半，寓安乐旅馆。午后访刘贞晦，谈甚久。贞晦言：沪战自蕴藻滨大场退却后，士气为馁，遂至不振。重庆之迁实非善策。此次战事自军、旅、师长以下多有死者，然皆平日无名，死后始知。其平时握兵权数十年，鼎鼎大名，无一死者，不足以震动民众。其说甚是。”（《刘绍宽日记》第四册，1794 页）

十一月三十日 偕刘绍宽往籀园图书馆会晤馆长孙孟晋。

厚庄日记十一月三十日：“吴天五来访，少顷刘贞晦来，与同往图书馆晤孙孟晋、高性朴，谈甚久，见孟晋作性朴文集序甚佳。午后黄胥庵自乐清来访，余适往访吴天五，途中晤天五，谓胥庵已往刘贞晦处矣。余遂雇车往贞晦家，与晤谈。孙孟晋、吴天五、周季材、郑伯琅、徐堇侯邀晚酌于季材家，同席黄胥庵、高性朴、池仲霖、周孟由、刘贞晦。席罢，杨雨农、王子真万年来叙。”（《刘绍宽日记》第四册，1795 页）

十二月一日 撰《茅竹岭沿江新路记》。该路西起岭趾，东抵白楼下；其中陈百川（伯川）出资三千金，姚味辛捐助两百金。午

间，设宴招待刘绍宽、黄式苏、杨雨农诸人。

厚庄日记十二月一日（十月廿九）：“晴。访黄胥庵于同华旅馆，与同往专员公署访王超凡，不晤。回寓后旋往池仲霖，晤刘赞文、沈仲辉即仲纬，时赞文适访余不晤来此，以刘贞晦邀午酌，遂雇车往。杨雨农、黄胥庵、王超凡、王子真、吴天五亦来，余忽发疟，入席后竟不能支，雇车先回寓。”（《刘绍宽日记》第四册，1795页）

夏承焘日记一九三八年一月八日：“夜刘贞晦翁招饮，云雷、陈伯川诸翁在座，伯川七十五矣，犹健啖如壮年人，近以三千金修茅竹岭路，贞晦翁为之记。”（《夏承焘日记全编》第五册，2993页）

十二月二日　至瓯海医院看望刘绍宽。

厚庄日记十二月二日（十月三十）：“晴。八时移住瓯海医院。（中略）刘贞晦、黄胥庵、吴天五及贞晦第三世兄叔扬先后来访。”（《刘绍宽日记》第四册，1795、1796页）

十二月三日　夏承焘来访。再次到医院探望刘绍宽。

夏承焘日记十二月三日：“谒刘贞晦先生，亦于时贤多不满。”（《夏承焘日记全编》第五册，2981页）

厚庄日记十二月三日（旧历十一月初一）：“晴。高性朴、吴天五、刘贞晦来访。”（《刘绍宽日记》第四册，1796页）

十二月四日　回访夏承焘。

夏承焘日记十二月四日：“晴。早天五、孟晋来。贞晦丈来。”（《夏承焘日记全编》第五册，2981页）

十二月五日　下午走访籀园。

夏承焘日记十二月五日：“晴。午后天五来，同过籀园性朴翁、孟晋处，贞晦丈、陈守庸、王梅庵荣年先后来，谈救国公债事，晚方散。”（《夏承焘日记全编》第五册，2982页）

十二月九日　应郑伯烺之约，与周守良、夏承焘共进晚餐。

夏承焘日记十二月九日：“晴。天五来，伯烺来。夜伯烺招饮，

周守良、贞晦丈诸人同席。”(《夏承焘日记全编》第五册,2982 页)

十二月十日 夏承焘应约为《画梅百咏》题辞。

十二月二十一日 孙孟晋为《画梅百咏》作跋。

孙跋略称:“梅之合德于君子者,无间显隐,而求其趣味,则于隐者为尤合。先生志洁而行芳,遗外声利,夐绝尘表,梅隐自号,信堪比况。更以咏梅之笔,兼擅画梅之长,要亦性格特近,自然超妙,非夫俗学所赞一词矣。”(《刘景晨集》,368 页)

十二月二十二日 走访夏承焘。

夏承焘日记十二月廿二日:“阴。早贞晦丈来。孟晋携题贞晦《梅花百咏》文来商。”(《夏承焘日记全编》第五册,2987 页)

十二月二十四日 马祝眉应约隶书斗方《和吴天五同南侠老游东园赠诗并述琴意》相赠。

诗曰:“大道遍荆榛,斯文亦踯躅。雅乐久无闻,谁能免尘俗。吴生矫不群,明心如桦烛。况同南叟游,东园畅所瞩。邱壑罗胸中,静趣爱琴曲。来学耐苦功,弦指非难色。理性自和平,此德优之极。岂惟妙音声,铿铿胜金玉。何当奏熏风,解阜追遗躅。丁丑冬至后二日,录和吴天五同南侠老游东园赠诗,并述琴意,即请贞晦仁兄先生两正,菊叟马寿洛。”(《刘景晨刘节纪念集》,62 页)

十二月三十日 褚辅成、赵舒由乐清赴缙云,途经温州,前来访晤。

《丁丑十一月廿八日褚慧僧赵澄志由雁荡赴缙云过郡见访赋此赠之》:“旧雨宣南忆往还,当时民隐也相关。十年进退人俱老,两戒兵戈客转闲。便道喜维永嘉楫,上江浓看括苍山。未应遽触沧桑感,盼是收京指顾间。”(《瓯越此门两代贤》,40 页)

按,赵澄志(1884—1948),一作箴志,名舒,号明止,浙江缙云人。清光绪二十九年留学日本早稻田大学。龙华会、光复会会员。参加辛亥光复杭州、处州之役。当选众议院议员。一九二三年曹锟贿选总统，拒不参与。一九三四年任江苏第七区(淮阴)行政督察专员兼保安司令，次年春辞职回里。此后任浙江省临时参议会参议员、第四届国民参政会参政员、浙江省善后救济工作团第三分团团长等职。著有《明止文集》《红蓼馆诗草》等。

十二月 高谊(性朴)为《百梅绝句》作跋，认为谱主画梅以瘦劲胜，咏梅之作则笔意爽劲。

《刘贞晦题画百首绝句跋》："吾友贞晦刘君善写梅，以瘦劲胜，昔于天五家画册见之。今读其咏画梅百首绝句，笔意爽劲，具有侧身怀古、回首息机之概。吾乡二酉轩徐氏，有《集唐梅花百咏》，摭一代李、杜、元、白诸家之长，编为雅咏，也称其巧思绮合。以观君作，双管齐下，尤别开生面焉。吾闻贞晦昔居慈山之下而自署曰'十二梅花屋'，未久移居，迄今三十年。杜老所谓'江树垂垂，已催人头白矣'，值此乱离比天宝为甚，和门洒泣，正在斯时，即余抚兹题画，能禁岁暮乡愁一时迸发耶？为书数语，以当题词。"(《薏园文钞》，民国二十七年夏刊本，卷四，九叶)

一九三八年（中华民国廿七年　戊寅）　五十八岁

一月五日　晚应周季材、吴鹭山之招宴，与张云雷、徐慕初、高谊、王超凡、孙孟晋、夏承焘同席。

夏承焘日记一九三八年一月五日："阴。夜季材、天五招饮，张云雷、徐慕初、刘贞晦、高薏园诸翁及王超凡、孙孟晋诸君在座。"(《夏承焘日记全编》第五册，2992)

一月六日　应王超凡、杨雨农之招赴宴，于乡保长作弊之事表示不满。

夏承焘日记一月六日："夜王超凡、杨雨农招饮雨农家。云雷、贞晦、性朴、孟晋、天五、王梅庵诸人同席，并晤王经甫师。席间谈近日乡保长作弊事，贞晦甚愤慨。"(《夏承焘日记全编》第五册，2993 页)

一月八日　夜做东，请张云雷、陈伯川、夏承焘诸人共饮。

夏承焘日记一月八日："早阴，大冷，河水尽冰，午后放晴乃暖。午间孟由先生招饮，云雷诸翁在座。夜刘贞晦翁招饮，云雷、陈伯川诸翁在座。"(《夏承焘日记全编》第五册，2993 页)

一月九日　为章寿岩画梅花一帧。

跋："碧桃花发倚东风，转眼芳菲一扫空。瘦到梅花终有骨，冷红酣斗北风中。丁丑腊八日，寿岩仁兄雅正。景晨并题。"(钤"刘景晨""贞晦")按，寿岩，即章屏，瓯海中学教员，与夏承焘友好。此图今归余氏珍藏。

一月十日　应丹叶草堂主人陈守庸之邀赴宴，与张云雷、孙孟晋、杨雨农、夏承焘、吴鹭山诸人同席。

夏承焘日记一月十日:“晴。午赴陈守庸席,屋曰丹叶草堂,甚精丽,同席云雷、贞晦、雨农、孟晋、天五诸君。”(《夏承焘日记全编》第五册,2995)

一月二十二日 访夏承焘,斟酌一文。

夏承焘日记一月廿二日:“晴冷。早贞晦翁来,持一文相商。”(《夏承焘日记全编》第五册,2998)按,此文估计即《杨氏徐忝墓表》。

一月二十三日 应杨雨农之邀赴午宴,与叶适庵、夏承焘同席。

夏承焘日记一月廿三日:“晴。午雨农招啖雪鳗,贞晦、适庵二翁同席,园梅颇盛。”(《夏承焘日记全编》第五册,2999页)

一月下旬 《杨氏徐忝墓表》修改稿寄请刘绍宽过目。

厚庄日记民国廿七年一月廿七日(十二月廿六):“刘贞晦寄示《杨氏墓表》,余为阅定寄还,而贞晦未接余函,又将改本寄来,余复为阅之。”廿八日(廿七):“阴。函送刘贞晦《杨氏墓表》。”(《刘绍宽日记》第五册,1804页)

按,杨氏,指城南花柳塘杨蕴山、星如、勋廷昆仲,长兄设正记南北货行,改善柑饼制法,振兴实业。三弟之子杨雨农、雨苏,分别主持招商局温州分局、旧温属联立中学,致力于地方社会事业。

一月二十八日 持一文与夏承焘商量。

夏承焘日记一月廿八日:“阴。贞晦丈携一文来商。”(《夏承焘日记全编》第五册,3001页)

一月二十九日 访夏承焘,并同访梅冷生。嘱夏承焘和《茶山看梅》。

夏承焘日记一月廿九日:“阴雨。早贞晦翁来,与同访冷生小坐。”(《夏承焘日记全编》第五册,3002页)

一月三十日 送《雪鳗》诗嘱夏承焘和。

夏承焘日记一月三十日："夏正二月二十九日，除夕。晴。贞晦翁昨夜送来《茶山看梅》诗，今晚又送来《雪鳗》诗属和，小坐去。"（《夏承焘日记全编》第五册，3002 页）

一月下旬 复函刘绍宽。

厚庄日记二月三日（初四）："雨霰，寒。刘贞晦复书，并寄示诗二首。"（《刘绍宽日记》第五册，1805 页）

二月一日（正月初二） 夏承焘、吴鹭山、郑伯烺来贺年。

夏承焘日记二月一日："阴。午后董佚、天五来。与天五、伯烺过贞晦翁、孟晋贺年。"（《夏承焘日记全编》第五册，3003 页）

二月二日 访夏承焘，谈佛学。

夏承焘日记二月二日："阴。早，孟由先生、驭虚、贞晦丈先后来谈佛学，孟由送来佛经二种。"（《夏承焘日记全编》第五册，3003 页）

二月九日 夏承焘、吴鹭山来访未遇。

夏承焘日记二月九日："阴。午后与天五过贞晦翁不值，过祝眉翁小坐，并诣垂平。"（《夏承焘日记全编》第五册，3006 页）

二月十三日 再访夏承焘，示以数词，并言新近接刘节信。

夏承焘日记二月十三日："雨。晚贞晦翁来，示数词，属和雪鳗词。云新接子植信，已自杭附日本兵车至沪。谓杭州并无焚烧，惟商店多被劫，里湖日宪兵住，甚安。"（《夏承焘日记全编》第五册，3007 至 3008 页）

二月十四日 会晤夏承焘。

夏承焘日记二月十四日："晴。夜又雨。早过天五，晤贞晦翁、冷生、周仲铮。"（《夏承焘日记全编》第五册，3008 页）

二月十七日 应周季材之邀午宴。

夏承焘日记二月十七日："晴。午季材招饮，同席冷生、天五、适庵、止水、剑生，贞晦、祝眉二翁。"（《夏承焘日记全编》第五册，

3009 页）

二月二十三日 小楷《梅花百咏》一纸赠夏承焘。

夏承焘日记二月廿三日：“晴。贞晦先生送来小楷《梅花百咏》一纸，甚精，欲送柳翼谋，而南京陷，乃转贻予。为贞晦翁写词七阕。”（《夏承焘日记全编》第五册，3011 页）

二月二十四日 夏承焘来送行。

夏承焘日记二月廿四日：“晴。早有警报，日机六架过境。我机十二架飞炸台北机场。送贞晦翁行。贞晦翁来，久谈。”（《夏承焘日记全编》第五册，3011 页）

二月 《杨氏徐岙墓表》定稿。

结尾强调：“圣人有言：‘惟孝友于兄弟，施于有政。’杨氏仍世孝友，门业大矣。孝友之行可以维治极，消乱萌，有能躬行而迪后者，君子必著之以风当世焉。此余所以表杨氏之墓而向往靡已云。”（《刘景晨集》，103 至 104 页）此文后交“吴宏源刻”。

三月六日 以《永嘉空袭》诗两章嘱夏承焘和。

三月上旬 复刘绍宽信，附《谒叶忠定（水心）墓》诗。

厚庄日记三月十三日（二月十二）：“雨，寒。得刘贞晦复书，附来《慈山谒叶忠定墓》诗，极佳。”（《刘绍宽日记》第五册，1815 页）

三月十七日 在瞿溪潘希珍家晤夏承焘，诵叶水心墓诗。

夏承焘日记三月十七日：“晴。早过瞿溪小学。希珍来邀，谓贞晦、雨农新自城来，午后过其家，并晤鉴宗、叶鼎三，鉴老病后甚惫，贞翁谓两访予家。为予诵《水心墓》诗，上半云：‘蔽海东来又敌氛，大仇未复语如闻。□论时事同孤愤，况对丘山下夕曛。’雨农谓瓯江封港后仍可运货，瞿溪山内纸工暂可无忧矣。”（《夏承焘日记全编》第五册，3022 页）按，《叶水心墓》一诗今佚。

三月下旬 致函刘绍宽，附以《思五湖》五首。

厚庄日记四月三日(三月初三):“晚得刘贞晦书,附《思五湖》诗古体五首。”(《刘绍宽日记》第五册,1818页)

三月 读戴家祥藏嘉庆、道光间乡贤手札,发现方雪斋《谢古芸舍人馈笋》诗乃《宝砚斋吟草》佚作,欣然移录,并为之作跋。手迹现藏温州博物馆。

春 撰《钦云和尚六十寿序》。

夏承焘日记一九四二年九月二十日:“伯烺、冷生邀游江心孤屿,遇翩父同行,三时渡江,傍晚归。江心寺晤钦云方丈,壁悬贞晦翁寿序,称其为临济宗第七十四代。”(《夏承焘日记全编》第六册,3745页)

按,钦云生于光绪五年三月初七,永嘉人,俗姓林,二十二岁出家。《钦云和尚六十寿序》称:“于是西山护国寺则愿和尚深器识之,付以临济宗法要,为是宗四十七传之弟子。”(底稿藏澳门洪光华处)夏承焘日记偶误。

四月一日 孙师权为《画梅百咏》题七绝七章。

四月二日 夏承焘来访未遇,回访时赠以《思五湖》诗。

夏承焘日记四月二日:“晚访贞晦翁不值,遇其侄岸烈,谓昨自上海归,谈子植在杭情形,谓寓湖边村,常六七日不得勺水洗面,杭人逃入莫干山者多被劫掠,小孩单衣亦不免,灵隐一带难民遗弃箱笼共千四百余。天气晴朗,午后二三时以后始不愁飞机,传闻县府拟迁瞿溪,故限十日内筑自城至郭溪瞿溪行道,此说未知确否。北方日军月来不得进展,战线愈长,彼愈困难,目前当不致攻温州,但轰炸可畏耳。夜,贞晦翁送忆五湖诗来,谓日军必不在温州登陆,亦不致炸温州,若彼大败后,或来劫掠泄愤耳。”(《夏承焘日记全编》第五册,3030至3031页)

四月三日 夏承焘来访未遇。

夏承焘日记四月三日:“晴。过贞晦翁不值,晚饭止水家。”

(《夏承焘日记全编》第五册,3031 页)

四月四日 回访夏承焘。

夏承焘日记四月四日:"晴。晚贞晦翁来,谓温州未必有事。"(《夏承焘日记全编》第五册,3031 页)

四月十日 访夏承焘未遇。

夏承焘日记四月十日:"晴。贞晦翁来不值。"(《夏承焘日记全编》第五册,3034 至 3035 页)

四月十一日 与夏承焘约游雄溪。

夏承焘日记四月十一日:"晴。贞晦翁来,与约游雄溪。"(《夏承焘日记全编》第五册,3031 页)

四月十五日 夏承焘来访,示以李佩秋函。

夏承焘日记四月十五日:"晴。晚过贞晦翁,见佩秋书,谓随身无整卷之书,皆留杭州,不知近来何似,可叹可叹。贞晦以李北海古诗墨迹一册见假,宋内府藏本,无锡文华书局印,上海商务印书馆经售,定价三元六角。"(《夏承焘日记全编》第五册,3037 页)

四月十八日 访夏承焘未遇。夏承焘回访,吴鹭山随同。

夏承焘日记四月十八日:"晴。早与天五坐公园移时,贞晦翁来访不值。午后与天五同答谒,约明游万年寺。"(《夏承焘日记全编》第五册,3038 页)

四月十九日 应王立斋之约,偕夏承焘、梅冷生诸人游雄溪万年寺。

夏承焘日记四月十九日:"晴,晚雨。午后一时,王立斋约贞晦翁、冷生及予游雄溪万年寺。小舟行至新桥,改乘轮船,午后三时到雄溪,燕弟气色甚好,大姊亦安。道士引至东偏隙地,相度欲筑屋。贞晦谓寺内外可遍植梅,如超山、灵峰。上戴溪墓,墓碑谓少望墓在姑溪石马岙,此为其夫人墓,县志则指此即少望墓,不知孰是。四时下舟归。九时半方到家,中途遇雨。"(《夏承焘日记全编

编》第五册,3039页)

四月二十日 晚应翁来科之邀,与孙孟晋、范介生、高公度、夏承焘诸人同席。从陈仲陶处获悉,叶水心墓近日被铲平。

夏承焘日记四月廿日:“晴。为万年寺临李北海字一大张。夜许漱玉、翁来科皆招饮,辞许赴翁,贞晦翁、孟晋、公度、介生诸人同席。贞晦翁谓,闻之仲陶,叶水心墓近日为挖军壕者铲平,约贞晦翁后日往看。”(《夏承焘日记全编》第五册,3040页)

四月二十六日 李佩秋函转夏承焘。过慈山觅叶水心墓不得。

夏承焘日记四月廿六日:“晴,夜大雨。早贞晦翁携来佩秋诗及函,尚有兴纳箧室,奇哉!”(《夏承焘日记全编》第五册,3044页)

四月二十七日 夏承焘来访,转交李佩秋来函。

夏承焘日记四月廿七日:“晴。过济美巷贞晦翁处小坐,谓昨过慈山觅水心墓不得,想已被军人挖战壕者划去云云。五时与内子往慈山查看,则仍无恙,当邀地人发起为立一石坊。接佩秋长沙函,附来致贞晦、仲荃两翁函。”(《夏承焘日记全编》第五册,3044页)

四月三十日 夏承焘来访,同谒叶水心墓,并过海坛山。

夏承焘日记四月三十日(夏正四月初一日):“午后过贞晦丈,再谒水心墓,贞翁属予为一启,醵金在墓前立一牌坊,旁植树木;并同过海坛山杨府庙、火神庙。欲往松台山,遇雨而归。示我庭中花木八诗,甚佳。”(《夏承焘日记全编》第五册,3045页)

五月二日 李佩秋致函夏承焘,附致谱主函。

夏承焘日记五月二日:“雨。接佩秋复,谓文锦函乃交湖大国文系教授刘盅园寅先转递,附来贞晦翁函。”(《夏承焘日记全编》第五册,3047页)

五月四日 应夏承焘、周季材之邀赴宴，与高性朴、叶适庵、孙孟晋、梅冷生、吴鹭山等同席。

夏承焘日记五月四日："雨。夜与季材醵饮，贞晦、适庵、性朴诸翁，冷生、孟晋、天五、堇侯、明石、介庵诸君，席间冷生口快，有数人为之不欢，贞翁于时事大发议论。群居守口不易，冷生将悔之。"(《夏承焘日记全编》第五册，3049页)

五月七日 与夏承焘合拟募修叶水心墓启，刘绍宽、黄式苏等十位共同列名为发起人。并主张设立水心社，每年生日(五月初九)公祭。

夏承焘日记五月七日："贞晦翁来，共拟成募修叶水心墓启，欲于四围植树，前建牌楼，限五月初九水心生日之前竣功，并于是日举行公祭。列刘次老、高性朴、池仲霖、黄仲荃诸翁及冷生、孟晋、天五、仲陶诸君为发起人。午后持访孟晋不值。贞翁拟组一水心社，每年生日公祭。水心卒于嘉定十六年癸未正月廿日，生于绍兴廿年庚午五月初九。"(《夏承焘日记全编》第五册，3050页)

五月十日 夏承焘来访，留明信片谈叶水心生日。

夏承焘日记五月十日："午后二时即到太史码头，雇车过贞晦翁不值，留一片告水心生日。"(《夏承焘日记全编》第五册，3051页)

五月十一日 与夏承焘商谈水心墓修复事宜。

夏承焘日记五月十一日："午前贞晦翁来看《水心谱》，谈单不庵事，谓不庵在沪病危时，胡适之在北平为延一西医来，为费钱不少。午前访喈琴不值，还《水心谱》。午后来，谓管水心祠墓者，近惟余一盲者，年已长，其嫡系后人则不可寻。喈琴一派，乃水心弟过之后，犹非正传也。午后三时访贞晦翁，商修水心墓事，听谈仲容、燕生诸老遗事甚多。"(《夏承焘日记全编》第五册，3052页)

五月十八日 夏承焘来访未遇。

夏承焘日记五月十八日："往北门邮局领之江汇款，过访贞晦翁不值。"(《夏承焘日记全编》第五册，3055页)

五月十九日 回访夏承焘。

夏承焘日记五月十九日："贞晦翁来，谓永不他避，予问其家人惧否，谓晓以利害即不惧。"(《夏承焘日记全编》第五册，3056页)

五月二十三日 访夏承焘。

夏承焘日记五月廿三日："早贞晦丈来，谓温州必无事；伍敏行来，则谓难免。"(《夏承焘日记全编》第五册，3059页)

五月三十日 陈梦麟(天孩)访业师刘绍宽，称道谱主诗作。

厚庄日记五月三十日(初二)："晴。陈天孩来谈甚久，天孩见贞晦有'浮沉三十九年春'之句，以冠首作七律四首，颇佳。"(《刘绍宽日记》第五册，1830页)

按，"浮沉三十九年春"之句，见《兰畹以缙云菊女士伤时感怀诗七章见示次韵和之》(一九一九年)组诗其四："惭愧须眉男子身，浮沉三十九年春。名场累辱谁能料，后日山林道倘伸。"(《刘景晨集》，190页)

五月下旬 函复刘绍宽，寄小诗十四首。

厚庄日记六月一日(旧历五月初四)："昨刘贞晦复书，寄小诗十四首，皆迭韵之作。"(《刘绍宽日记》第五册，1831页)

六月上旬 致刘绍宽函，告以李佩秋长沙住址。

厚庄日记六月十四日(五月十七)："昨得刘贞晦书，今得高性博书。刘书已复。刘言李佩秋现住长沙铁佛寺街二十五号。"(《刘绍宽日记》第五册，1834至1835页)

六月十九日 赴瞿溪看望潘鉴宗。

夏承焘日记六月十九日："晴，晚大雨。闻贞晦翁在潘宅，午后往看，则已行矣。"(《夏承焘日记全编》第五册，3072页)

六月二十八日 刘绍宽来函，附门人陈梦麟诗。(《刘绍宽日

记》第五册,1838 页)

七月三日 潘鉴宗病逝于瞿溪,享年五十又七。

稍后跋潘鉴宗《丁丑秋避乱归来云雷与贞晦来访》,回忆:“开岁五阅月,余诣君月数次”。(《刘景晨集》,83 页)

七月六日 夏承焘来访未遇,当晚回访。

夏承焘日记七月六日:“晴热。过贞晦翁不值,过冷生小谈。晚贞晦翁来,示数诗。”(《夏承焘日记全编》第五册,3079 页)

七月中旬 《潘鉴宗哀启》寄与刘绍宽。

厚庄日记七月二十日(廿三):“晴。刘贞晦信来,见示《潘鉴宗哀启》。”(《刘绍宽日记》第五册,1841 页)刘绍宽随后于七月廿二日函复。

七月二十九日 刘绍宽接谱主函后表示“余拟钞近作并呈阅”。三十日,“以和贞晦诗送五女代缮之”。(《刘绍宽日记》第五册,1843 页)

八月二日 赴瞿溪。

夏承焘日记八月二日:“晴。夏正七夕。访贞晦翁,已赴瞿溪矣。”(《夏承焘日记全编》第五册,3090 至 3091 页)

八月三日 途遇夏承焘,偕访梅冷生。

夏承焘日记八月三日:“晴。途遇贞晦翁,约过冷生谈,午饭冷生家。见介夫和予《燕巢》词,贞翁、冷生亦欲同作。贞翁谈时事,多感喟,问近移温州各工艺机器往内地,亦有于其中渔利者。”(《夏承焘日记全编》第五册,3091 页)

八月四日 夏承焘拟与谱主协商刊行张玉生遗著《十杏字典》。

夏承焘日记八月四日:“晴。早与内子吊张玉生先生,其夫人挥泪为予诉病状,谓昏乱时常突然起坐,言刘冠三、陈叔平、夏瞿禅必列名其间。其意必指刊《十杏字典》。其令嗣以字典出示,手录已竟，厚半寸许一本，蝇头小楷，用力甚勤。谓先生旧以八百金买九六公债，欲以此为刊书之资，而此公债近跌价，仅值三百金矣。当与贞晦翁共图之，以遂其愿。"(《夏承焘日记全编》第五册，3091 页)

八月五日 夏承焘来访，谈及钱名山。

夏承焘日记八月五日："午雁迅来，谓半月前见报载，钱名山先生于常州陷落时骂敌被害，为之震惊无已。(中略)晚过贞晦翁，谓曾见其照像，殊有锋鋩。其手札在予手者共数十通，当检出装池，不可无词。晚送《燕巢》词与贞晦翁，彼方把笔作和章，云明早送示。"(《夏承焘日记全编》第五册，3092 页)按，此处"其"即钱名山。

八月六日 午前和章示夏承焘，并谈辛亥年在武汉事及任国会议员见闻。

夏承焘日记八月六日："晴。时有秋霖。早贞晦翁袖示和予《燕巢》词。坐方定，遽闻警报，贞晦翁为予谈民元光复在武汉事及任国会议员所见闻，予劝其写为详赡年谱。"(《夏承焘日记全编》第五册，3092 页)

八月九日 访晤夏承焘，表示欲注苏、辛词；允为夏承焘《永嘉词徵》作序。

夏承焘日记八月九日："晴，西风，大热。早贞晦翁、孟晋来，贞晦翁欲注苏、辛词，允为予序《永嘉词徵》。"(《夏承焘日记全编》第五册，3093 页)按，因《永嘉词徵》嗣后并未及时完稿，故谱主未作序。

八月二十一日 与杨雨农往瞿溪潘宅吊唁。季子翰修生。

夏承焘日记八月廿一日："晴热。午前与林老伯往吊潘鉴老。午贞晦翁、予侬自城来，谈至午后三时，归。贞晦翁新举一男，今年五十八矣。"(《夏承焘日记全编》第五册，3098 页)按，新举一男,即季子翰修。予侬,指杨雨农。下文一作予浓。

八月二十四日 往瞿溪吊潘鉴宗。

夏承焘日记八月廿四日:"晴热。潘鉴翁今日开吊。九时与巨容同往,午后五时方归。来客四五百人。晤王梅庵、王雅青定一、徐慕初、贞晦翁。"(《夏承焘日记全编》第五册,3099页)

八月二十五日 夏承焘从瞿溪回城,下午来访。

夏承焘日记八月廿五日(夏正闰七月初一):"住瞿溪几三月。送林宅租金十四元,昨再送五元,坚不肯收。午后过贞晦翁,写与《祝英台近》词。见刘次老、李佩秋函及瑞安孙宰诗,学玉溪、梅村甚工,有《后蝴蝶曲》,可告仲联。"(《夏承焘日记全编》第五册,3100页)按,孙宰,疑有脱字。

八月二十七日 郑伯烺、周季材分别设午宴、晚宴,为夏承焘饯行,应邀作陪。午间表示欲选苏、辛两家词为一编。下午访夏承焘,嘱写《祝英台近》词题其画册。

夏承焘日记八月廿七日:"晴热。沪行定明早首途。午伯烺招饮功德林。同席贞晦翁、周欣乐、周季材、止水诸君。贞晦翁示予一新词,学苏、辛甚佳,彼近欲选两家词为一编也。午后贞晦翁来,嘱写《祝英台近》词题其画册。晚季材招饮醒春居,同席贞晦、王梅庵、止水、伯烺诸君,九时散。"(《夏承焘日记全编》第五册,3101页)

八月二十八日 夏承焘乘舟赴沪,前往送行。

夏承焘日记八月廿八日:"晴热。早予侬来托其子。余烈夫来送行。冷生来。周孟由先生来,携来介绍范古农信。九时与内子上海福船,止水、式昭送至埠。贞晦翁、叔炎弟继至,买舢板渡至船,流甚急。江干遇姜门、磊明,匆匆数语即别。同舟有沈君义箴往沪习法学者,许震心女士及姜门令爱、南夫人。十二时方开船。"(《夏承焘日记全编》第五册,3101至3102页)

八月三十一日　《温州日报》推出“景贤书馆周年纪念特刊”，刊头十字系谱主所题，落款：“廿七年八月，刘景晨题。”下钤“贞晦”朱文章。（四版）按，景贤书馆系一九三七年八月二十六日李景贤筹资创办，租借瓯江小学开设暑期班，专门招收失学青少年。

八月　和夏承焘贺新凉词一阕。

《贺新凉》小引曰：“戊寅四月，夏瞿禅避兵瞿溪，主人为治舍而覆燕巢。瞿禅赋此调见示，感而和之。”原词：“院落春时节。怪无端书巢旋定，羽巢旋夺。终是多情呢喃燕，那诉香泥摧裂。但主客丁宁将别。十载高栖双凤稳，蓦风风雨雨还危绝。成毁事，付天决。层愁叠怨都休说，莽江南，乌衣晚照，六朝消歇。拍手楼台重金粉，一夕雷奔电掣。更万柳西湖水咽。仓卒无依人间恨，待结邻、相守归来日。新尔垒，允逢吉。”（《刘景晨集》，341页）按，底稿作“戊寅七月，景晨初稿”。

九月十五日　夏承焘将业师林铁尊《半樱词续集序》寄请谱主商斟。

夏承焘日记九月十五日：“晴。接铁尊师函，改词序数句，即寄求刘贞晦翁商酌。”（《夏承焘日记全编》第五册，3112页）

九月二十二日　致函夏承焘，并托转一函与潘鉴宗夫人。

夏承焘日记九月廿二日：“阴。访潘夫人于东亚旅馆，不值。与希珍久谈。接刘贞翁函，属转潘夫人函。”（《夏承焘日记全编》第五册，3115页）

九月中旬　函询刘绍宽何时到永。

厚庄日记九月廿四日（八月初一）：“晴。接刘贞晦信，询何时到永，并以夏瞿禅文见示。”（《刘绍宽日记》第五册，1857页）按，夏瞿禅文，即指《半樱词续集序》。

九月下旬　快函寄还夏承焘，附刘绍宽函，两人表示认可。

夏承焘日记十月二日:“早雨午晴。接刘贞晦翁快函,寄返《半樱词续序》及次老书,二翁不肯易一字。即复一函,附还次老书。”(《夏承焘日记全编》第五册,3120 页)

十月三日　夏承焘复函。刘绍宽寄《陈小垞墓表》请斟酌。

夏承焘日记十月三日:“雨,晚晴。发贞翁复。午后送潘夫人行。”(《夏承焘日记全编》第五册,3120 页)

厚庄日记十月三日(初十):“《陈小垞墓表》缮就,分寄刘贞晦、池中霖、王志澂,为正之。”(《刘绍宽日记》第五册,1859 页)

十月四日(夏历八月十一)　将李佩秋函转交夏承焘。三弟刘景毅(莪士)逝世,享年五十三岁。

夏承焘日记十月四日:“接贞晦函,转来李佩秋函,索王周士词跋,往年由予转交榆生者。子植来,不值。”(《夏承焘日记全编》第五册,3121 页)

刘节日记十月五日(星期五):“今日下午岸立来,报告三叔父病故,凄然久之。三叔一生劳碌,甚为可怜也。”(《刘节日记》,未刊稿)

十月上旬(夏历八月中旬)　致函刘绍宽,告以其弟莪士(八月)十一日作古。仍将刘绍宽《陈(少垞)君墓表》润色寄出。

厚庄日记十月十日(八月十七):“晴。今日双十节国庆日。刘贞晦昨函来,其令弟莪士于十一日作古,兹叠接两函,仍将陈君墓表改成寄来,甚为可感。”(《刘绍宽日记》第五册,1861 页)按,次日刘绍宽将谱主所改《陈君墓表》寄王理孚。

十月上旬　致函夏承焘,告以三弟景毅去世。

夏承焘日记十月十一日:“晴。接贞晦翁函,寄来二词,谓新有三弟之丧,其《贺新郎·寿许达夫》,排奡如稼轩。”(《夏承焘日记全编》第五册,3124 页)

次日　夏承焘作复。

夏承焘日记十月十二日:“晴。发贞晦复,唁其丧弟。”(《夏承焘日记全编》第五册,3125页)

十月十七日 刘绍宽撰联挽刘景毅。

十月二十日 侄刘文在《温州日报》刊登《讣告》,下方附有谱主具名的《附启》,表示国难期间丧事简办。

《附启》:“景晨不幸遭三弟莪士之丧,国难时期,政府励行节俭,民间丧事应从简约,爰与侄文商定,登报通告亲友,不再印致讣书,亦不开祭领帖。鼎惠一切恳辞,伏乞鉴谅,感泣之至。刘景晨敬启。”(《温州日报》,四版)

十一月一日 刘绍宽将谱主历年所寄诗作誊抄成册。

厚庄日记十一月一日:“黄胥庵、刘贞晦时寄诗来,计十数年,贮藏箧中,检付人钞成两册,尚有遗落也。”(《刘绍宽日记》第五册,1868页)

十一月二十一日 七律《寄怀黄菊裳衡山即次其山中月夜诗韵》《次酬姚味辛过洞庭湖见怀》、词《水调歌头题吕文起丈于园诗稿》发表于《温州日报》四版艺苑副刊,署名刘贞晦。

《寄怀黄菊裳衡山即次其山中月夜诗韵》:“短衣力疾楚南岑,愤发高歌不自禁。呎尺风声三镇亟,低昂月色万山深。可堪极望伤多垒,未许归飞托旧林。石廪祝融同壮拔,怜君报国此时心。”

按,诗两章《刘景晨集》失收,词见《刘集》卷下(342页)。发表日期,《温州老副刊》(下册,213页)误作十一月廿七日,现据王长明先生查阅结果(2020年9月22日),予以订正。

十一月间 两次前往白累德医院探望刘绍宽。

厚庄日记十一月廿一日:“此次在院中,首尾共十四日,来院访视者,杨雨农来二次,刘贞晦来二次。”(《刘绍宽日记》第五册,1870页)

十一月二十三日 前往瓯海医院探视刘绍宽。(《刘绍宽日

记》第五册,1870 页)

十一月二十七日 《水调歌头·题吕文起丈于园诗稿》发表于《温州日报》艺苑副刊。

十二月十九日 《题画偶记》发表于《温州日报》第四版,艺苑副刊第七期。

按,此文即《跋杨君雨农藏〈秋江别思图〉拓本》,落款:"甲戌十二月,永嘉刘景晨写记。"(收入《刘景晨集》,72 至 73 页)

十二月三十日 赋诗《雪湘鲁女士七十寿》(戊寅长至后八日)四章。

其一曰:"最老瓯滨女画师,渊源为致剑川思。同门当日三闺彦,张蔡于今鬓未丝。"其四曰:"梅花风格似诗人,寂寞江山自在身。天遣凌寒长作健,朱颜岁岁雪中春。"按,长至即冬至。戊寅冬至,十二月廿二日。张、蔡,指张红薇、蔡笑秋,三人均汪如渊弟子。

同日 作红梅图,为亡友瑞安陈湘涛七十冥寿纪念。按,该图现存温州博物馆。

同日 夏承焘来函,求画红梅为父亲寿。

夏承焘日记十二月三十日:"写止水函、家函及贞晦翁函,求画红梅为大人寿。"(《夏承焘日记全编》第五册,3156 页)

本年 姻亲叶萃夫辞世。

刘节日记一九三八年九月十一日(星期二):"下午翰烈自温州来,言故乡情形甚多,亲戚中张玉生姨丈、叶萃夫舅均成故人,闻之怅然。"(《刘节日记》,未刊稿)

约本年 重庆国民政府军委会办公厅邀任秘书,未就。

黄式苏《贞晦六十生日赋呈四十韵》(一九四〇年)夹注:"往岁军事委员会办公厅招贞晦任秘书,不出。"(《慎江草堂诗》,二〇〇三年铅印本,98 页)

一九三九年（中华民国廿八年　己卯）　五十九岁

一月十六日　七律《一弹次和迂叟一电诗韵》发表于《温州日报》艺苑副刊，署名贞晦。

诗曰："一弹能贻帝父惊，卅年党籍冠声名。时来已幸参钧轴，敌困方图寝甲兵。臣妾甘心真大惑，山陵遗恨旧同盟。澄清共有无穷望，可许丝丝浊浪生。"（《温州老副刊》下册，217页）按，此诗《刘景晨集》失收。

一月二十八日　独谒江心屿宋文信国公祠。

同日　刘节来函。

刘节日记一月廿八日（星期六）："上午在寓寄信给父亲及昆明徐森玉君。"（《刘节日记》上册，21页）

二月四日　为姚味辛书近作十二首。

《溪行归赋》："霜林紫赤叶如花，照影波间感鬓华。卅里溪程归缓缓，秋光浓到夕阳斜。不知身在画图间，设色峰峦近可攀。如是何疑蒋三语，谓叔南。携筇最好晚秋山。"

《哀长沙次迂叟韵》："湘流何日塞余哀，焚弃当时愤突来。纵以刑诛威众稚，已于文物吊残灰。仇雠咫尺犹窥隙，财粟艰难且拯灾。省取茅茨堪出治，慎毋规复亟池台。"

《高宗武有欧美之行次迂叟韵以送之》："悍者无终黠亦穷，兰心知自拔荆丛。吾曹宜作千秋想，此别真乘万里风。器必晚成方见大，才缘积健始为雄。好持忠笃行蛮貊，归振先猷祀与戎。宗武为明尚书襄简公之后。"

《题画梅》："酒醒无那写横斜，处处风林噪乱鸦。偏是孤山忘未得，年时惆怅又梅花。”

《得林佛性重庆寄书并见怀长句次韵酬之》：“吴戈道阻蜀山深，珍惜还邮墨似金。遥叹守官支半壁，漫劳怀旧托长吟。离愁经岁真千斛，把臂何时共一林。愤绝蚩尤犹作雾，指南车上岂无针。”

《一弹次和迂叟一电韵》（见本年一月十六日条引，从略）

《题画梅为鲁雪湘女士七十寿》（四章，已收入《刘景晨集》，略）

《小寒后二日徐君建三招饮于醒春居酒罢与同席诸君偕登大观亭遂访一清泉谒东瓯王庙归而陈仲陶有诗纪之因次其韵》：“山静川恬得几州，眼前戈戟未容收。此身剩作登临客，何计能消醒醉愁。”“四海交游萍久散，一亭遮护树仍稠。艰难要巩王摇土，内徙宁堪溯越瓯。”

跋：“戊寅十二月十六日，写近稿十二首，寄呈味辛我兄雅教。墨冻笔秃，小书尤不足观也。刘景晨记。”钤印两方：“刘景晨”“贞晦”。（黄绿整理《刘景晨集外诗》，见卢礼阳主编《温州历史文献集刊》第五辑，黄山书社二〇二〇年八月版，570至571页）

二月四日　刘节嘱托弟刘仲博汇款归家。

刘节日记二月四日：“见仲博，交伊国币百零五元，嘱其电汇温州，大约周内可到。”（《刘节日记》上册，26页）

二月二十四日（正月初六）　次孙颂曾生。

三月中旬　酌定刘绍宽《郭小梅墓志》。

厚庄日记三月二十日（三十）：“雨。《郭小梅墓志》又经贞晦为酌定，附池中霖信来，云乃为转寄贞晦，乞酌定即交宰平，不必再带来。”（《刘绍宽日记》第五册，1886页）按，此文脱稿于年初。厚庄日记民国廿八年一月一日：“病中作《郭小梅墓表》一篇。”（《刘绍宽日记》第五册，1873页）后由王荣年敬书，谱主篆额。宰平，郭小梅（凤诰）哲嗣。

四月三十日 应梅冷生之约作《次和牡丹诗六首》。

小序曰："道光二十五年乙巳三月二十三日，嘉兴七十八岁老者张廷济叔未甫赋《牡丹》诗六首。当时和者：其子庆荣，子妇朱莹，孙男晋爕、福煦，甥徐同柏、徐大杭，孙甥徐士燕，年侄蒋槐世，姻侄王逢辰，世侄朱锦、徐荣宙、史诠，十二人，皆手书妙绝，又徐同柏题端摹汉瓦文曰'宜富当贵'，总二十七纸，流落人间。第一纸有'陈祖绶观'朱文四字印，则吾永嘉前辈墨农先生尝见之矣。今梅君冷生装成巨册，属题其后，因次和六诗，书以归之，请置册末。盖九十五年之后犹有好事者一人，附骥之嘲，吾所甘尔。中华民国二十八年己卯三月十一日。"

诗曰："绝似峨妆人倚楼，酡颜相映醉乡侯。出墙春过一枝杏，照眼花先五月榴。多与买脂商画本，也应烧烛燕吟俦。猩屏晚占无双誉，婪尾繁华第二流。红

"凤掖轻寒艳赐袍，魏花新册领宫曹。娇如欧碧痕终浅，秾到鞓红品未高。金盏妆台酣酒足，彩幡禁苑护春牢。小家却任矜颜色，映竹窥窗百叶桃。紫

"真王花国辟荒莱，旦日加身衮绣来。正卜两岐登麦陇，可容一摘贱瓜台。张之云幄熏成麝，酹以金波酌满杯。种出姚家原帝后，中央土德报祥开。黄

"妃青俪碧总千般，自古文章本色难。粉稿徐黄同入妙，缁尘京洛莫相干。人言富贵宜行素，我见清真未觉寒。最好倚栏明月夜，白描诗句赴毫端。白

"名园处处暗蕉天，鬓色如花惜少年。吟赏可安藤下席，移栽宜放柳阴船。九疑仙子皆珠佩，三调才人倘翠鞯。草长江南春且老，莫教风雨怨繁弦。绿

"国色非夸点染工，长安红紫漫丛丛。自缘天遣英奇晦，岂与人争藻墨雄。他日盛名姚魏外，此心玄契老庄中。生香要胜金壶

汁,岁岁根芽慎朔风。黑"

(黄绿整理《刘景晨集外诗》,见《温州历史文献集刊》第五辑,572 至 573 页)

仲春 次陈仲陶韵,报谢其惠赠陈酒汗。

五月中旬 致夏承焘信,谓温州大炸十日,坚坐不避,日惟作诗消遣。廿三日,夏承焘作复。下旬,再致函夏承焘,示以律诗四章。

厚庄日记五月十三日(廿四日):"晴。黄胥庵书来,以避地沙垟,近日始回皋园,有小诗十余首见示,且云刘贞晦家搬乡下,惟渠父子两人在家看守云。"(《刘绍宽日记》第五册,1898 页)

夏承焘日记五月廿一日:"休日。晴。佩秋来函,附来贞晦翁函,有蝇头写诗一幅。谓温州大炸十日,坚坐不避,日惟作诗消遣,其胆量可佩,然亦太险矣。"五月廿三日:"雨。作书复贞晦翁、王馨一。"(《夏承焘日记全编》第六册,3214 页)

五月三十日 抄录近作十章,寄请姚味辛过目。包括《寄怀四将军诗》及此前所作《次和牡丹诗六首》。

《寄怀四将军诗》曰:

沈建豪靖,军事委员会秘书,清季名诸生。侍太翁宦武昌,遣赴日本,士官学校毕业,归充江南新军管带。光复后,累功至少将。善饮酒。

文章弱冠负才名,随宦旋为投笔行。东海浅深浑在眼,南都轻重夙专营。

只今偏借枚皋檄,何日重张魏尚兵。抚髀可无消遣事,成樽渝酿故能倾。

石宗素铎,中央军官学校教官。上年官训练总监部,尝奉命出都,简阅军队。著军事学数书,能画山水。

枢府严兵效远谟,昔年驰传简车徒。山连豫鄂宜摧敌,人重孙吴为著书。

艺事交游匆往迹，材官造就急前驱。铜梁在处佳山水，犹有闲情设色无。

黄菊裳，军事委员会法规审验委员会主任委员，原任参谋处长。前年告病归，僦居郡城。去年再出，有《月夜归南岳》诗。今年敌机犯郡。旧僦数椽皆炸毁。

随身药物得抽闲，事亟何心更掩关。岐海春迟扶病出，衡山月静寄诗还。

久参帷幄发应秃，横挟风雷寇益顽。忆否旧年赁栖处，一场瓦砾且榛菅。

姚味辛琮，军事委员会办公厅副主任。有宅在南京，别业在杭州。著《味笋斋诗》，已成第一集。去春招余赴衡山，车来，未果往。

江左吟斋湖上楼，屡叨杯酌劝勾留。沧桑小别百端集，歌哭中年一卷收。犹割黄金赡朋好，逾倾赤胆翊军谋。同仇亦是书生责，惭对弓招谢白头。

落款："已卯四月十二日，书近诗十首，寄请味辛我兄郢正。"钤印："刘景晨""贞晦诗书画记"。（黄绿整理《刘景晨集外诗》，见《温州历史文献集刊》第五辑，573页）

五月底　致函夏承焘并附律诗四章。

六月三日　夏承焘接谱主函。

夏承焘日记六月三日："晴。接贞晦翁函，示四律诗。故里乱离中，而吟兴犹健，襟抱可佩。"（《夏承焘日记全编》第六册，3218页）

六月九日　夏承焘复函。

夏承焘日记六月八日："作贞晦翁复，附去送怀枫词。"六月九日："之江毕业考。发贞晦翁复。"（《夏承焘日记全编》第六册，3214页）

六月中旬 刘节在重庆托周守良汇归百元;谱主复信。(《刘节日记》六月五日、十九日条,见上册,94、101页)

六月二十一日(端午) 致夏承焘信,谓永嘉虽屡有警报,幸能度过端午。

六月二十六日 夏接谱主函。

夏承焘日记六月二十六日:"接贞晦先生函,谓永嘉虽屡有警报,幸能安静度过端午,友人皆避乡间,盼予归慰寂寞,示四诗。"(《夏承焘日记全编》第六册,3226至3227页)

六月三十日 夏承焘致函林铁尊,附宣纸,代谱主求其写词。

夏承焘日记六月三十日:"接铁师函,谓词社定名申社、午社,征求众意。即复,选申字。附去宣楮,求为贞晦翁写词。"(《夏承焘日记全编》第六册,3228页)

七月上旬 暂至青田避难。

厚庄日记七月十九日(六月初三):"连日飓风,午后仍雨。又黄胥庵寄诗问讯两函皆七月七日发,胥庵笺七月三日作,于贞晦之徙青田,尚未之知也。"(《刘绍宽日记》第五册,1914页)

八月中旬 函复刘绍宽、作诗笺贺张震轩八十。李佩秋将谱主函转寄夏承焘。

厚庄日记八月十六日(七月初二):"晴雨不定。刘贞晦以古画见还,并示《新乞巧》诗,余今日作复,并呈诗数首。"(《刘绍宽日记》第五册,1921页)

张棡日记民国廿八年七月初四(八月十八日,星期五):"晴。昨自郡得友人刘冠三寿予八十诗笺一长幅。"七月十三(八月廿七日,星期):"晴。十一句钟林志霄、钟子芬来访,并索读刘冠三之诗。"(《张棡日记》第九册,4371页、4373页)

夏承焘日记八月廿四日:"晴大热。佩秋翁寄来贞晦翁函及新《七夕》八绝,隐喻国际变幻之局。函谓温州土货、洋货皆涨价,

即复佩秋一函,约廿七日午宴。希珍来晚饭,抄去贞晦翁《七夕》诗。”(《夏承焘日记全编》第六册,3253页)

八月廿九日 张震轩次韵寄和。

张棡日记七月十五(八月廿九日,星期二):“阴。晨起云雾沉沉,风亦未靖。前得友人刘冠三寿诗一幅,锦轴生新,珠玑溢目,马齿余生,投琼乏报,特觉歉然,谨就原诗次韵寄和,亦略表平生之友谊云尔。两诗并录于右:

更欲乘舟访薜萝,丁田一老得春多。无忧天与年年健,不饮颜如日日酡。骥足有材门且大,蝇头着草墨新磨。相逢不用谈桑海,正好同吟河上歌。刘原作“相娱”二字,嫌与“相逢”字复,故以同吟僭易之。

老来身只伴烟萝,颁到新诗友谊多。梦得豪吟胸次阔,伯伦斗酒醉颜酡。楹书各有佳儿读,哲嗣子植与四儿交好,著述斐然。匣剑还思壮士磨。卅载知交风影过,白头犹喜共赓歌。”(《张棡日记》第九册,4374页)

张棡日记七月十六(八月三十日,星期三):“微晴。晨写信二封,一寄交通银行叶外孙正宗,托购百补丸大洋一元,一寄友人刘冠三,并附和诗一章,均于十句钟投邮。”(《张棡日记》第九册,4374页)

七八月间 扇面画梅花图赠孙孟晋。落款:“孟晋我兄雅正。已卯六月,景晨。”钤朱文章“贞晦”。按,此扇面今藏温州图书馆古籍部。

九月一日至三日 应永嘉县党部之聘主讲《礼运·大同》篇启事见报。

《聘请刘贞晦先生主讲〈礼运·大同〉欢迎各界参加启事》:“本党部□定九月三日下午七时半(海关时间)聘请刘贞晦先生在本党部大礼堂讲解《礼运·大同》篇,欢迎各界莅场听讲。本党部敬启。”(《浙瓯日报》一九三九年九月一日,一版)

九月三日 刘祝群寄赠《刘文成公年谱》一部。

《疚庼日记》九月三号(七月二十日):“复次丈、胥庵。又寄刘贞晦《年谱》一部。”(《温州市图书馆藏日记稿钞本丛刊》第54册,28634页)按,刘文成公,指刘基(伯温)。

九月四日 刘节自贵阳来函。

刘节日记九月四日:“回至旅馆,作函寄父亲及仲博,即送邮局。”(《刘节日记》上册,139页)

九月二十七日(中秋) 姚味辛在重庆赋《中秋望月寄怀黄仲荃刘贞晦张驭虚》。

同日 刘祝群以尺纸寄谱主求写诗幅。

《疚庼日记》九月廿七号(八月十五日,中秋):“以尺纸寄永嘉刘贞晦,求写诗。烽火弥天之下,风雨晦明之思,自笑其迂,聊破吾闷。”(《温州市图书馆藏日记稿钞本丛刊》第54册,28641页)

十月二十七日 夏承焘返里探望父亲。

十月二十九日 慰问夏承焘。

夏承焘日记十月二十九日:“晚雨。大人今日汤水不能下,气力益弱,右手常按胸,状甚难受。或由昨由服参致痰结,予侍诵《感应篇》,大姊念救苦救难观世音菩萨。予念大人往年往杭州为视予病辛劳状,痛不可支。早贞晦翁来。”(《夏承焘日记全编》第六册,3290页)

十月三十一日 夏承焘之父(夏步瀛,字蓬仙)逝世。

十一月二日 前往夏家吊唁。

夏承焘日记十一月二日:“晴。早默大人《自述》。贞晦翁、吴洗凡来,劝七中当素食。孟由先生亦以此为劝,不可不从。”(《夏承焘日记全编》第六册,3292页)

十月下旬、十一月上旬之间 与刘绍宽函商诗文。

厚庄日记十一月五日(九月廿四):“阴雨。星期。刘贞晦昨寄诗文来,乞评阅,又将余所寄诗阅过附来。”六日(廿五):“雨。复刘贞晦信,并寄示《褚九云诗文集序》。”九日(廿八):“阴,雨寒。得刘贞晦复书,谓《褚序》可用,为酌两三处甚善。”(《刘绍宽日记》第五册,1936页)按,褚九云,名传诰,浙江天台人,著有《新定中国历史》《享敝帚轩吟稿》《石桥潜书》等。

十一月十日 夏承焘答访,示以刘绍宽、郑曼青来函。

夏承焘日记十一月十日:“晴。午后过贞晦翁,谈某君才太高,能太多,而不能守穷耐淡泊,恐终不能成家。又谓三十以前说聪明、说天分,三十以后恃功力。示次老函及郑曼青重庆歌乐山乡建社函,与无锡丁女士在沅陵订婚矣。丁慕韩女公子也。曼青近到处行医,发明膏药治疟疾。于贞翁座晤顾丹夫墀,孩稚交游,三十年不见矣。予六岁从其尊人惺石先生发蒙。先生三年前去世,予在杭州,未得讣也。”(《夏承焘日记全编》第六册,3294页)

同日 因未及时应承刘祝群,刘来函有所批评。

《疚庼日记》十一月十号:“寄刘贞晦索书册叶,年来屡乞其写诗,久不得报,书以让之。”(《温州市图书馆藏日记稿钞本丛刊》第54册,28668页)

十一月中旬 手录上年、本年诗稿廿六章致南田刘祝群。

《疚庼日记》十一月廿二日(十二日):“刘贞晦手写长卷,录示戊寅稿己卯稿各十三首。诗境高远,多可传之作。钦佩钦佩!”十一月廿四日,复信道谢。(《温州市图书馆藏日记稿钞本丛刊》第54册,28673、28675页)

十一月二十三日 手书蝇头小楷《佛说阿弥陀经》一帧持赠夏承焘。

夏承焘日记十一月廿三日:“雨冷。午后贞晦先生送来手书蝇头小楷《佛说阿弥陀经》一小长帧,为大人生西纪念。”(《夏承焘日记全编》第六册,3300页)

十一月二十五日 午杨雨农招作餐菊宴,与余听樵、张驭虚、陈仲陶、梅冷生、王冰臣、吴洗凡诸君同席。

夏承焘日记十一月廿五日:“午雨农招作餐菊宴,贞晦丈、余听樵姻丈,八十一岁。张驭虚、陈仲陶、梅冷生、王冰臣、吴洗凡诸君同席。”(《夏承焘日记全编》第六册,3301页)

十一月二十七日 访晤夏承焘。

夏承焘日记十一月廿七日:“午后吴洗凡、王梅庵来,介夫来,贞晦翁来。”(《夏承焘日记全编》第六册,3302页)

十一月三十日 夏承焘、陈仲陶来访。

夏承焘日记十一月三十日:“阴冷。午后仲陶来招宴,谢之。与同诣贞晦翁,见王梅庵诗及李佩秋先生上海札,知卧湿温重候几殆。仲陶以王寒川《劫后吟》见赠。与王君别两三年矣。”(《夏承焘日记全编》第六册,3303页)

十二月三日 夏父出殡。谱主送至三角门。

夏承焘日记十二月三日:“晴,夏正十一月。今日大人五复,开吊出殡。昨犹阴翳欲雨,今早放晴,和煦如春。早五时大哥即起,八时家祭,九时开始受吊。男女来宾共二百五六十人。午宴廿余席。午后三时发引,白衣执绋者二百人,仪仗长半里。出谢池巷,由大街折入县城隍殿巷法院前,再自大街入五马街出三角门,抵清明桥厝所。刘贞晦、余兰卿诸翁送至三角门,冷生、仲陶、孟晋、介夫、性禅及诸戚友送至厝所。”(《夏承焘日记全编》第六册,3305页)

十二月四日 夏承焘前来道谢,示以近两年诗稿《茧愁集》。

夏承焘日记十二月四日:“晴。过谢贞晦翁,承以近二年诗名《茧愁集》一册嘱商确。”按,《茧愁集》此册未存。(《夏承焘日记全编》第六册,3305页)

十二月五日 下午走访夏承焘。

夏承焘日记十二月五日："晴。仲陶、雁迅来，与共阅贞晦翁诗。午后贞翁来，为吹求数字。夜承其送《润琴词学》一册来，瑞安李饮冰作。"(《夏承焘日记全编》第六册，3301 页)

十二月六日　夏承焘乘舟外出，遇之于途。

夏承焘日记十二月六日："晴。十一时渡江上华成船，冷生、子平、止水送至江干，炎生送至船。途遇贞晦翁，挥手为别。"(《夏承焘日记全编》第六册，3306 页)

十二月三十日　赴永嘉县党部大礼堂出席县长罗毅欢送会并率先致辞。

浙永社《本县各界领袖昨欢送罗县长　到场者达七十余人》(本埠讯)："永嘉县党部暨各镇领袖、地方绅耆于昨日下午二时，假座县党部大礼堂，举行欢送罗县长大会，届时各界人士，陆续到会，计七十余人。首由刘贞晦先生致欢送词，次由动员会柯常委、县党部叶书记长、商会杨主席、九镇代表唐伯寅、教育界代表周复勉，先后致词，对罗县长在永政绩，既多赞扬，并表惜别之意，末由罗县长答词，对过去施政情形作详尽之报告，至四时许，始行尽兴散会。"(《浙瓯日报》十二月三十一日)按，柯常委、叶书记长、杨主席，指柯逢春、叶璜、杨雨农。接罗毅任永嘉县长者为庄强华(弱夷)。

一九四〇年（中华民国廿九年　庚辰）　六十岁

一月十五日　《叶子贞先生八十寿序》脱稿，与刘绍宽推敲。

《叶子贞先生八十寿序》：

楠溪渠口叶子贞先生，比过余曰，昔我访居士周孟由，劝我念佛诵阿弥陀经，我但有儒家典籍，无佛氏书。居士出所藏以赠，而为我演说念佛功德甚殷挚，我就其丈室，礼佛而归。归而诵经念佛，迄今愈廿稔，未尝一朝辍也。余省其语，而服其向佛之诚。于是先生年七十有九矣，朱颜照座，皤髯拂胸，见者以为粹然儒者气象也。先生为清光绪戊戌县诸生，诵诗读书，明习世务。民国肇兴，为龙沙乡议事会议长，既为县自治委员，阅十又一载。瓯海道尹林鹍翔，陈报浙江省公署，称其经管瓯海道道仓、永嘉县社仓及文成会存款，弥补前董之亏耗，倍增公家之收益；任孔教会永嘉支会会长，兼任孔庙典守，修葺府县两孔庙，历办他公益事宜，皆著成绩。叙奖如例。先生践履笃实，夙以儒行为归，而揆诸佛弟子之修，亦波罗蜜者，种种而合。东汉以来，士大夫有尊儒而辟佛者，有出儒而入佛者。余谓儒佛教旨，要于修身以济世而已，观于先生，可以知孝道者，不必故分畛域矣。

明年庚辰正月，八十揆庆，哲嗣虎如征余文以为寿。先生长余二十龄，余以光绪己亥入庠，后先生一岁。窃念四十年来，远游之日多，与乡里长者款接之日少，自丁丑岁暮避兵而归，陋巷索居，更谢酬应。城西南有落霞潭，水光湛然，籀园图书馆，临乎其上，此先生所尝经理，卷帙整齐，池榭雅洁，余喜其远离嚣浊，暇辄相就，以遣世虑者也。城东南有公园，当华盖山之麓，茂林被山，浓叶接翠，此先生所始植，余每过之而叹为嘉荫者也。先生比爱乡居，城中人不获时亲其杖履，然而霞潭晚采，华盖清阴，遇于余目者，在在皆先生之寿辉也。

虎如才识过人，十年以前于城东江浒，集资辟埠，曰永楠，四(曰)振华者二区，划街衢，筑廛屋，冀成市聚。先生初许伟图，而颇虑其晚效。未久，城北招商，旧埠沙涨，不堪舣寄，商船悉改就虎如所新辟者而赁泊焉。朱柏商业，于焉勃兴矣。抑余闻先生言，虎如之子，长曰际豪，早由中央陆军军官学校毕业，擢为教官；次曰际杰、际俊、际秀，皆在枫林济时中学肄业。虎如今年五十，有孙升钜，年五龄矣。《书》曰，"身其康强，子孙其逢吉"，先生有焉，而念佛勿懈，寿且无量。余重虎如之请，为文以寿先生，心所忻慕，不觉琐琐序之，先生倘为掀髯一笑也乎？

刘景晨顿首拜撰。中华民国二十有八年岁次已卯十二月吉日。(《叶寿桐文钞》，民国稿本，附录)

厚庄日记一月十六日(腊月初八)："晴。刘贞晦昨以所作《叶子贞寿序》见示，中段叙叶建筑籀园图书馆及植公园树木，以从旁游览中叙出之，极得化板为活之法，为圈取还之。"(《刘绍宽日记》第五册，1955 页)按，此序《刘景晨集》失收。

一月上旬 **致夏承焘函，并附致李佩秋函。**

夏承焘日记一九四〇年一月十六日："雨。七时半赴之江大考。午后接贞晦翁信，附致佩秋翁信。子植随浙大迁贵州都匀县。"一月十七日："晴。午后以贞晦翁函及眉孙函交佩秋，不值。"(《夏承焘日记全编》第六册，3325 页)

一月二十八日 **抗战书画展览会在温州中学开幕，谱主有作品参展，系赞助最力者。**

《抗战书画展览会昨日开幕》："温台防守司令部政治部为防守战士筹募布鞋，特举办抗战书画展览会，以作品售价之半拨充布鞋捐款,经邀请画作家多人参加,业志本报。兹悉该会已于昨(廿八日)晨在道司前温州中学开幕,陈列作品达四百余件,洵为名家杰作,琳琅满目,美不胜数。又,该会此次参加展览作品最富者为平阳王楠君,次为永嘉林鹤、乐清施公敏两君;赞助最力者,则为永嘉年高德劭之刘景晨氏。此外,尚有女画家如鲁藻、鲁苹、李一舫、曾淑瑛、马如兰、李聪、钱澄等,或为大家闺秀,或为名门小姐,平素均不轻易为人作画,此次居然大量供给,尤属难能可贵。故昨日虽在阴雨蒙蒙,但参观者仍比肩接踵、络绎不绝,无不交口赞誉、叹为观止。闻该会展览期仅余今明两天,时间每日自上午八时至下午五时。”(原载《浙瓯日报》一九四〇年一月二十九日,转引自孙焊生编《温州老新闻》,黄山书社二〇一二年十月版,中册,207 页)

二月　张震轩做寿,赠诗而缺席。

张棡日记民国二十九年正月初八(二月十五日,星期四):“微晴。是日为本地赛会之期,家家有客,而予家以祝寿事贺客来者尤多。(中略)而未到赠联、诗者,如王君梅庵,王侃,黄仲吹,刘次饶、冠三,池仲麟,郭奇元,许达夫、冶孙、治同诸家,尤夥颐不能备什,真翰墨之良缘,衣冠之盛会也。执笔记之,殊于老夫增光不浅。”(《张棡日记》第九册,4434 至 4435 页)

三月上旬　与乐清老友聚于永嘉世美巷。

留影跋语:“庚辰上巳日鹿城禊集。中立者施树勋仲周年七十五,立其左者洪邦泰鲁山年七十四,次左者黄迂迂仲年六十七,皆乐清人,次右者刘景晨贞晦年六十,永嘉人。”(《瓯越此门两代贤》,6 页)

次日　增加平阳王理孚,宴集于巽园,并合影,谱主仍作题记。

三月十七日　应梅冷生之约,前往东山永嘉词人祠堂公祭前瓯海道尹林鹍翔(铁尊),并献《水龙吟》词。

《水龙吟》:“庚辰二月,瓯社诸君集东山永嘉词人祠堂,公祭前瓯海道尹林铁尊先生,招与会奠,敬献此词。倚栏王谢斜阳,好官旷代还追惜。如碑万口,今之循吏,去思何极。丹荔黄蕉,此时筵几,士林沾臆。念江山文藻,凭谁振起,知仍展,蒲江席。容易海田过眼,耐低徊,廿年踪迹。沪西闻道,劫余栖寄,□然双屐。鸳水颓流,凤台衰草,昔游休忆。倘重来,梦里醉歌无恙,旧云根石。壬戌里居,先生招饮于祠楼。既有北京之行,未久先生亦卸职去。戊辰过嘉兴,甲戌客江宁,皆匆匆一见而别。”(梅雨清辑《奉尝集》,四页)按,夏承焘撰有《归安林铁尊先生家传》。

三月十九日 约同黄式苏、孙孟晋、梅冷生前往平阳访刘绍宽,因雨改期。

厚庄日记三月十九日(二月十一):“雨。章小峰来,言刘贞晦诸君今日本来访,因雨见阻云。”三月廿一(十三):“日前闻刘贞晦诸君将来访,故留家中待之。至申刻,河轮到步,而不见来,乃出往马敏中家一谈。”三月廿二日(十四):“阴。黄胥庵书来,附以小诗四绝,以日前约同贞晦、冷生、孟晋来访,因雨见阻,再约清明后来云。”(《刘绍宽日记》第五册,1975页)

三月二十四日 为张湘雨书左思《咏史》八首、《招隐》二首。

落款:“湘雨仁兄属正。庚辰二月十六日,秃笔劣墨,强作小书,殊无足观。刘景晨记。”下钤“贞晦诗书画记”白文章。(张维藩先生藏)

四月五日 刘绍宽来函,章莱峰之尊人九十生辰,托代送贺仪。

厚庄日记四月五日(二月廿八):“晴。清明。洪鲁山信来,云古历三月三日将同黄胥庵到永嘉,初四日来平相访。而余适有函致刘贞晦,以小儿缙肺病复发,章莱峰之尊人九十生辰开贺,请为

先送贺仪。贞晦接此信,想能转知胥庵二君,暂缓来耿?"(《刘绍宽日记》第五册,1980页)

四月上旬 黄式苏来访。

厚庄日记四月十二日(三月初五):"晴。昨晚得胥庵信,知到永嘉晤刘贞晦,贞晦出余前函与观,遂废然中止不来。胥庵今年近七十,洪鲁山、施中周皆七十四,高性朴七十三,老人相聚颇不易,况余与鲁山、吴志云三人之《岁寒三友图》为苏昧朔所画,鲁山亦未之见,不得晤赏,甚为可惜,未知何时再得一叙也。"(《刘绍宽日记》第五册,1982页)

四月下旬 《姚味辛母董(氏)七十寿序》寄请刘绍宽过目。

厚庄日记五月一日(旧历三月廿四日):"晴。刘贞晦昨示姚味辛母董七十寿序,今晨寄还。"(《刘绍宽日记》第五册,1989页)

五月十三日、十四日 刘绍宽函托代缮寿姚味辛母诗。

厚庄日记五月十四日(初八):"寿姚母诗昨寄贞晦代缮,今晨续寄明片,改酌数字。"(《刘绍宽日记》第五册,1993页)

五月二十日 刘绍宽来函。

厚庄日记五月二十日(十四):"刘苑香昨来,留宿,为茶叶事乞函致白文俊律师,因附函致刘贞晦。"(《刘绍宽日记》第五册,1995页)

五月中旬 函致刘绍宽。

厚庄日记五月廿一日(十五):"得刘贞晦信,知姚寿诗以腊笺屏条书之,价一元五角云。"(《刘绍宽日记》第五册,1995页)

五月三十日 永嘉县立民众教育馆举办战时书画展览会,有书法作品参展。

《永民教馆举行书画展览　名作琳琅满目》:"永嘉县立民众教育馆为发扬战时艺术起见,特定期举行战时书画展览会,详情已志前报。兹悉该馆已将展览品汇齐,内容至为丰富。自今日起至六月三日止，在该馆大礼堂展览五全日，会场布置整齐雅洁，深合美化，就中如刘贞晦、苏昧朔、鲁藻之丹青，许达初、吕灵士之墨宝，陈振龙、朱夷白之漫画，张明曹、郑野夫之木刻，黄振琪之图案，尤属名贵之作，触目琳琅、美不胜收云。”（《浙瓯日报》一九四〇年五月三十日）

五月三十一日 **周仲篪领衔呈永嘉县政府文，要求准许第五学区区立上戍小学立案，谱主列名该校经济委员会，副署表示支持。**

呈文曰：

具状人周仲篪等　年六十五岁，住永嘉永临区中央乡藤桥头地方。学。

查第五学区之后垟、藤桥两初小校长黄林斌、周钟尧于本年三月联呈钧政府，以合并初小、添办高级等情，即蒙委派叶永华前来调查环境与试办情形，谅已呈复在案。兹仲篪等已依法组织经济委员会，推定周仲篪为主席，随即分途出发筹集开办费及经常费，迄已完成。爰遵照永嘉县各乡区呈请设立区立小学应行注意事项之规定，呈送区立上戍小学简章、经委会简章，经济委员一览表、教职员一览表，开办费收支预算书，经常费收支预算书各一份，校图一件；连同校产收件回执三十一纸，各项捐税契约五份，共计四十三件，请予察核令知，准许立案。

再，金作铭之资历证件，业已取具前来。兹检送其瓯海中学初中毕业证书一张，区立戈恬初小校长委令一件，并请委为校长，以便到校主持。

谨呈

永嘉县政府县长庄

具呈人　周仲篪　刘景晨　吴兆璜　叶蕴辉　周振喜
赵　麟　池菊庭　叶笑兰　周钟尧　周达夫
金作铭　夏信埙　傅兆炎

计附呈区立上戍小学简章一件
经济委员会简章一件
经济委员一览表一件
教职员一览表一件
开办费收支预算书一份
经常费收支预算书一份
所有权登记收件回执三十一纸
各项捐税契约共五份
金作铭初中毕业证书一件
区立戈恬初小校长委任令一件
金作铭相片一纸
(温州市档案馆,卷宗号 L205—002—176)

六月中旬 周守良汇交法币一百七十元。

温州中国实业银行用笺:"径启者。顷奉尊电,文曰:'交城内世美巷刘贞晦法币一七〇元,周守良汇。'(〇四〇八)号洊寒已遵译悉,代为照理。除另填报单外,特再函复,即请台洽为荷。此致渝行。瓯处谨启。中华民国廿九年六月十七日。"(温州市档案馆藏)

六月二十二日 陈仲陶《贞晦师有诗谢送陈酒再叠前韵奉答》发表于《东南日报》,脚注:"时闻我军反攻杭垣讯。"

八月二十三日 永嘉县动员委员会第十三次会议决议,在动员专业费项下拨款三百元修理叶水心墓,推定朱震生(委员)与陈仲陶负责。(《浙瓯日报》八月廿四日,二版)

九月十一日 刘绍宽赋诗两章寿其六十。

厚庄日记九月十一日(八月初十):"晴。作寿刘贞晦七律二首,先与贞晦阅过,再缮与之。"(《刘绍宽日记》第五册,2020 页)

九月 为籀园图书馆采编组编印的《孙籀公传略》小册子题签,落款"庚辰八月,刘景晨敬题"。(《孙籀公传略》,16 开铅

印件）

十月九日 与刘绍宽、杨雨农等十二人为开设分诊所的章肖峰医生发表启事。

十月上旬 致函之江大学国文系代主任夏承焘，抄示词作数阕。

夏承焘日记十月十四日："得贞晦翁寄数词并子植二词。子植在成都，近欲归里。贞晦翁今年六十，当有诗贺之。"（《夏承焘日记全编》第六册，3443页）

十月十九日 夏承焘作诗《寿刘贞晦翁六十》。

夏承焘日记十月十九日："刘贞晦翁前日函来，谓今年六十。今日成一寿诗，惜不能寄也。《寿刘贞晦翁六十》：'刺天何意羡群飞，一笑修门径拂衣。青史家声蕡宠重，故乡学论薛浪语陈止斋微。重呵玉海藜千尺，懒问金城柳十围。铙鼓收京同拭目，待磨盾鼻佐公挥。'翁以国会议员拒曹氏贿选，归为敬乡楼续编《永嘉丛书》。比年屡辞军幕之辟。'收京健笔我犹能'，翁近句也。"（《夏承焘日记全编》第六册，3445至3446页）

十月中旬 将《读旧作和平笔放歌感而有作》并旧作《和平笔放歌》寄与刘绍宽。

厚庄日记十月廿二日（廿二日）："雨。报载绍兴、诸暨二十日失手。得刘贞晦书，附有二十年前旧作《和平笔歌》。乃咏法国务总理克勤满沙氏签定对德和约事。氏初遇刺不死，国人贺之，有飞丽中学校女士制金笔以献，今氏以签定和约传为和史美谈。二十年后法为德覆，贞晦复作歌以纪世事之反复，颇有感于物质文明之不能保持和平也。"（《刘绍宽日记》第五册，2031页）

十月二十四日 夏承焘寄赠寿诗。

夏承焘日记十月廿四日："阴，暴冷。夕作照弟、冷生、止水书，并复贞晦翁，寄寿诗去。"（《夏承焘日记全编》第六册，3446页）

按，林佛性贺诗题《刘师贞晦六十生日诗七首次韵和之》，惜谱主原作已佚，和作其一曰："得名四十载，妙笔好吟诗。今年得六十，放歌胡可辞？既歌以自寿，众意始无违。共知抱负壮，事业期皋夔。道虽未大行，此志终坚持。常先天下忧，鬓发已成丝。取喜神情旺，长宜对酒卮。有酒兴自足，嗟叹复奚为？"其七曰："东夷肆侵凌，历年已数十。内犯及芦沟，战火开七七。是时吾国人，始惊外祸亟。久战将决胜，伐石功可勒。远客望收京，穿峡归有日。因羡三径乐，向平愿已毕。兵戈不相侵，芝兰馨在室。婆娑得养生，无量寿九佛。"（张炳勋《鳞鸿旧影——近世乐清旧札掇拾》，敦煌文艺出版社二〇一四年九月版，135 页）

十一月五日 刘绍宽作《寿刘贞晦六十》七律两章，称誉谱主"矻矻自传永嘉学，名山事业足千秋"。

厚庄日记十一月五日（十月初六）："雨。写《寿刘贞晦六十》七律二首，亦命女蕙生书二首。"（《刘绍宽日记》第五册，2033 页）

诗曰："献诗生日知非岁，弹指流光又十年。溯自校书申浦上，曾同携屐圣湖边。枌榆我结瓯中社，山郭君移白下船。底事倦游归故里，茫茫大地正风烟。""惊心板荡遍神州，碣石朝台记旧游。一卷诗成昭谏集，半生足茧杜陵愁。君裒近作名《茧愁集》。谁怀经制匡时略，为洗干戈失地羞。矻矻自传永嘉学，名山事业足千秋。"跋："贞晦先生六十初度，谨献俚句奉祝，即请粲政。庚辰十月，次饶刘绍宽初稿。"

十一月中旬 永嘉县城发生闹米风潮，请愿民众死十七人，伤数十人。

十一月十八日 省保安处长宣铁吾来温调查，专员张宝琛当晚在大会堂召开各法团负责人及士绅会议，谱主应邀出席。宣铁吾谈话中诬蔑中共地下党"煽动"请愿民众冲击县政府。

县动员委员会书记长柯逢春《回忆录节选》：（宣铁吾讲话

称)"我奉命来查办温州人民在国难当头,胆敢在共产党煽动下,借米荒为名,捣碎县政府。县府是国家统治机关,捣碎县府就是目无国家。宣布后,会场气氛十分紧张。我环顾全场,惟我与刘老贞晦先生年最高,又坐在一起,我想若再说错话,这天大政治罪名,温州人民怎能当得起。我叫刘先生发言,他说这从何说起,我就站起来,先说明自己身份,再说自己与庄强华的关系,才把闹米荒问题提出来。先从历史上看,清代至今,我们见过闹米荒风潮多次,但都未见过流血。从现在来看,乐清县有闹米荒,瑞安县、平阳县都有过闹米荒,但都无流血。而永嘉县闹米荒,不仅流血,而且大流血。政府认为还不够,报请省政府查办。民以食为天,民无食向县长要求,是正当的,不是分外的。"(《柯逢春先生纪念集》,一九八五年油印本,80 至 81 页)

谱主继柯逢春之后发言,严厉谴责庄强华的失职行为。

永嘉县律师公会主席陈安枢《闹米风潮与刘景晨仗义执言》回忆:"他说,民以食为天。市面上老百姓籴不到米,作为县长的庄强华竟一无所知,足见他平时对老百姓的生活,毫不关心,及至闹成罢市风潮,群众被迫请愿。对此,县当局又未能及时劝导疏散,相反命令部队开枪,打死打伤赤手空拳的老百姓,事后以有人从中煽动为由,逮捕了律师公会会员(张明东、戚兆光)及无辜民众多人。这是违法的行为。要求政府立即将失职县长撤职查办,并严惩凶手,以平民愤。其次要求政府迅速调运粮食来温,解除民困,并对死伤民众予以抚恤医治。刘老先生最后还说:'温州为抗日前线,万一处理失当,激成民变,责将谁负?'刘老先生为民请命,大义凛然的一席话,说得宣铁吾哑口无言。而参加会议的代表在刘老先生发言结束后,报以掌声。"(《鹿城文史资料》第二辑,154 页)按,次月庄强华调离永嘉,改任临海县县长。

十一月中旬 《读旧作和平笔放歌感而有作》见报。

张棡日记廿九年十月十七(十一月十六日,星期六):“晴。阅昨报,载有友人刘贞晦《和平笔放歌书感》一长歌,极见真力弥满,笔健词豪。”(《张棡日记》第九册,4515页)

十一月二十四日 题词“雕绘维新”发表于“抗建木刻漫画展览会特刊”,落款:“刘景晨题。”(《温州日报》,二版)

按,抗战建国木刻漫画展览会,系籀园图书馆举办,展品有温属各县选送七八百件,浙江省战时美术工作者协会木刻研究社自丽水送来五百余件,省立温州中学自青田送来三百余件,共一千五百余件,展期十一月二十三日至二十五日三天,观众约七千人次。展后刊印《抗建木刻漫画集》。

十一月 梅冷生集联贺寿。

联曰:“公是先生弟子记;东坡居士不二门。”(参见《梅冷生集》,188页)上款:贞晦先生六十寿,落款:庚辰十月,梅雨清撰句,张漪敬书。(杨瑞津藏)

十二月二日 为将李亦怀夫人赙仪助赈,与杨雨农、张益平、吴百亨等十五人联名在《浙瓯日报》发表启事。(参见《刘景晨集》,160页)

十二月二十八日 陈仲陶《刘贞晦师命题庭中杂植吟绘册》发表于《东南日报》。

冬 杨雨农、柯逢春谋为建筑新宅,叶蕴辉拟辟宅基两亩相赠,皆婉言谢却。

《洞仙歌·次瞿禅梅花唱和词元韵之二》(癸未二月十二日)小引:“岁丁丑,余客海上,自题画梅百绝句,有云:‘白发宜歌归去来,眼中起仆万楼台。但求两亩瓯滨宅,半长儿孙半长梅。’是岁冬避兵还乡。迄庚辰,年六十,友好杨雨农兄、柯君怡斋谋为余筑新宅,叶君蕴辉拟辟宅基两亩为赠,皆婉言却之。旧庐虽仄,兵劫未弭,经营土木,念非其时也。”按,此阕《刘景晨集》失收。

本年 黄式苏《贞晦六十生日赋呈四十韵》忆述两人将近四十年的交谊:"昔我初识君,踵门趋江浒。是时两少年,慷慨期自树。闻君侃侃谈,我讷惭无语。论交四十载,意气融水乳。风雨思如晦,谈经共州序。"(《黄式苏集》,381 至 382 页)

洪邦泰赠以《祝刘贞晦六十寿》七律,下半首称"集纂敬乡成巨著,诗成落纸尽奇观。岁寒高节谁堪拟?自写梅花与自看"。(《潜园诗钞》卷下,五三叶)

同年 长女刘薇辞世,年仅三十三。

一九四一年（中华民国三十年　辛巳）　六十一岁

一月中旬　《六十自寿》《和平笔歌》函示夏承焘。

夏承焘日记民国三十年一月十八日："晴。夜雨。接贞晦翁函，示《六十自寿》诗及《和平笔歌》。"（《夏承焘日记全编》第六册，3486页）

厚庄日记一月十九日（十二月廿二）："晴。昨晚得林佛性立法院信，寄来一诗，乃和高性朴长歌以寄贞晦者。"（《刘绍宽日记》第五册，2049页）

一月二十三日　夏承焘将谱主诗作寄与刘仲彝。

夏承焘日记一月二十三日："寄贞晦翁诗与刘仲彝。"（《夏承焘日记全编》第六册，3489页）

一月中下旬　致刘绍宽函，告知项幹臣墓志铭一稿已收到。

厚庄日记一月廿六日（十二月廿九）："得刘贞晦书，知项公溥已将其父幹臣墓志铭送贞晦阅之，余和王鲁璠《七十遣兴》诗，因梅庵未来，尚存渠处。"（《刘绍宽日记》第五册，2052页）

一月二十八日　刘祝群思念谱主。

《疚庼日记》一月廿八日（正月初二日）："复厚庄丈书，谢其去腊寄赠佳笔。忆自丁丑永嘉别后，忽逾四稘，老友如黄胥庵、高甍园、王海髯、吴天五、孙孟晋、梅冷生、刘贞晦，皆多年未见，殊念念也。"（《温州市图书馆藏日记稿钞本丛刊》第54册，28919页）

一月　为王梅庵诗集《越巢集》题七律一章。

张索《章草大家王荣年史料拾遗》："至于《越巢集》，虽今不见，但在厦门王益强处还存有刘景晨先生的《越巢集》题词：'四载乡居阅鼓鼙，酒肠诗胆与支持。还寻山好未经处，坐叹民穷无告时。小雅余音闻足戒，太平同醉梦相期。茧愁亦有归来稿，长庆风流耐细思。庚辰腊月，贞晦。’”（《持敬集》，文汇出版社二〇二〇年十月版，182页）按，王益强，系王梅庵三女，厦门大学历史系副教授，已退休。庚辰为民国二十九年。此诗《刘景晨集》失收。

二月上旬 《项幹臣墓志》改定寄还刘绍宽。

厚庄日记二月十二日（正月十七）：“阴。昨晚得刘贞晦信，改定《项幹臣墓志》处多可从。”（《刘绍宽日记》第五册，2056页）

二月下旬 上海《中美日报》载文称誉谱主。

夏承焘日记三月二日：“前日此间《中美日报》有署名摘奸者著《正气楼随笔》，于林公铎、刘景晨翁甚致倾仰。故孝鲁疑为温州人作，不知出何人手也。”（《夏承焘日记全编》第六册，3506页）按，孝鲁，又名效鲁，江苏如皋人，冒广生之三子。

二月底三月初 致函刘绍宽。

刘绍宽日记三月七日（初十）：“雨，午后阴。得刘贞晦信。前二日得孙孟晋丽水复信、梅冷生籀园复信，皆已接事。”（《刘绍宽日记》第五册，2067页）按，此处“接事”指孙孟晋、梅冷生分别接任浙江省立图书馆、温州籀园图书馆馆长。

三月四日 刘绍宽来函，附寿黄梅生诗。

厚庄日记三月四日（初七）：“阴，寒。函致刘贞晦，并附《寿梅僧》诗。”（《刘绍宽日记》第五册，2066页）

三月五日 夏承焘复函。

夏承焘日记三月五日：“晴。作贞晦翁复，作天五书，作鸣石书，皆由照弟转，午后送与陈仲雷，代付便船。”（《夏承焘日记全编》第六册，3507页）

三月七日 复函李子瑾。

“子瑾仁兄左右：去年辱赐书并示和拙作雪字韵七古一首，诵佩之至。俗冗迄未裁答,幸察恕之。顷由杨雨农兄转下大著诗一册,仰见学力精进,极为喜慰。弟去年六十,友人索诗者甚多,初不拟有所述,至生日前二日郡中闹荒罢市,予闭门愤叹成五古七首,印赠诸知旧求正,兹附呈一纸,以博一粲。又,呈画梅二幅,其一遵前谕转赠贵友刘君百祥,草率殊不足观。乱世远游,虽较辛苦,亦是一乐。即论诗境,正可开拓至深阔处也。匆匆不具,顺颂台安。弟刘景晨顿首。三月七日/二月十日。"(李子瑾家属藏,承卓永先生提供)

四月十九日 永嘉县城首次沦陷,为期十三日。

四月二十日至二十二日之间 王永山来访,邀其出任伪永嘉县临时商会会长,当即以"年老不理世务"推辞。

浙江省政府致国民政府文官处公函(民字第12935号,民国三十六年元月七日,为刘良臣等呈控本省前八区专员张宝琛贪污一案将办理情形复请查照由),援引本省第八区行政督察专员余森文查报,内称:"(前略)永嘉县警察局特务股呈报之永嘉县沦陷时期临时伪商会各逆其他汉奸动态调查表(三十年五月报,七月六日阅)内第一项称:王永山在'四一九'事变、敌军进城后,由新新旅馆老间黄汉兴及黄兰卿二汉奸之引导,至高中部晋谒敌酋,百般献媚。旋宰猪四只及鸡、饼干犒慰敌军,并连日在王宅开会,到者戚友周华国、吴寿廷、张英甫、黄竺卿、黄汉兴等数人而已。王遂赴百里坊,拟邀刘景晨(冠三)先生出任会长,刘以年老不理世务辞去。王决自任会长,托其爪牙周华国、陈成九、吴寿廷等四出邀请各业代表参加。此后王家每日宾客满座,整日讨论组织办法。廿三日,王恐民心不顺,假意放人高绑于墨地坊布业公所前,半小时后仍坐包车回家,以此欲掩人之耳目耶?至廿四日伪临时商会产生矣,会址暂设扬名坊普安施药局内。(下略)"(台北"国史馆"档案,典藏号001-103002-00015-006,第0827至0828页)

四月二十二日 夏承焘十分挂念。

夏承焘日记四月廿二日:“念刘贞晦先生不置。此老倔强,恐其危急时不肯脱去也。”(《夏承焘日记全编》第六册,3530 至 3531 页)

五月中旬 与柯逢春等二十余名绅士以动员委员会名义向专员兼县长张宝琛建议,表达市民意愿。

知情人叶汉龙《温州三次沦陷见闻》回忆:“据我所知有这几点:一、筹备救济资金,购买粮食实行平粜,强令米行开业,恢复城隍殿施粥;二、健全动员委员会组织,安排办公地点以便正常办公,处理事变善后工作;三、参加伪商会董事应区别处理,不能一概而论,释放吴百亨,通缉王永山;四、安定社会秩序,制止便衣特工任意抄家,恐吓威胁,侵犯人权;五、对破坏秩序、趁火打劫人犯,要严肃复审,以免良民遭冤;六、惩办铁井栏官侦缉队长黄晓凡,清算他乱捕贫民,刑审逼供,敲诈勒索,侵吞赃物等罪行;七、严惩贪生怕死,临阵脱逃,混水摸鱼,侵吞日军遗弃物资的不法人员。这些建议言之成理,便张宝琛不得不接受,随即释放了无辜的百姓,吴百亨也安然回家。”(《温州文史资料》第二辑,一九八五年九月版,14 页)

六月十日 潘鉴宗夫人访晤夏承焘,告以谱主全家安稳留在永嘉县城。

夏承焘日记六月十日:“夜雨。潘鉴宗夫人来,言希真婚事。谓得温州书,瞿溪屋被炸。贞晦先生全家安稳在城。”(《夏承焘日记全编》第六册,3553 页)

六月十三日 与黄式苏、杨雨农、孙孟晋、王梅庵、梅冷生、吴洗凡结伴往平阳看望刘绍宽、黄梅生、姜啸樵,一宿而归。

厚庄日记六月十二日(五月十八):“晴。晚得梅冷生书,云明日与黄胥庵、刘贞晦、孙孟晋、吴洗凡同来,勾留一宿云。”十三日

(十九):"阴,晚雨。晚四时,永嘉杨雨农、刘贞晦、梅冷生、王梅庵、吴洗凡,乐清黄胥庵,瑞安孙孟晋来访,留宿,以余夜不能久坐先往卧,而客自坐夜话,甚为歉然。"十四日(二十):"雨。同杨雨农诸君至黄梅生家,姜啸樵、陈子琳亦来。午刻会酌于啸樵楼上。午后贞晦与诸人坚欲行,余与梅僧、啸樵留之不得。余本与两君议定,今晚分宿其两家,而诸君形迹未化,性嫌来者过多,致有劳扰,决意而去。去后风雨颇大,过飞云江计又是逆潮,定受沾湿,深为悔恨。诸君三年契阔,远道而来,不能尽地主之仪,憾何如之!"(《刘绍宽日记》第五册,2103至2104页)

六月十六日 刘绍宽来函。

厚庄日记六月十六日(廿二):"晴。函致杨雨农、刘贞晦、梅冷生、黄胥庵、孙孟晋、吴洗凡,深谢前日招待不周之罪。梅庵不另信,附雨农、冷生、贞晦函中。"(《刘绍宽日记》第五册,2104页)

按,刘绍宽弟子陈梦麟赋诗《黄胥庵刘贞晦诸前辈买舟来访厚庄师翌日冒雨归厚庄师有诗志别承示感作》(《秋心集》,中华铸字印刷厂民国卅四年刊本,卷上,三〇叶)

《疚庼日记》八月二十日(闰六月廿八):"次饶丈来书,云日渐衰耗,右目废后,日落即卧,醒睡听之,必待日出而后起,此所谓老懒也。诗文非应酬或遣兴不作,作亦不佳。作字惟晴日光线合时,可以为之,至晚即不能成字。前月胥庵、贞晦、孟晋、雨农同来平,一宿而去,甚为怅怅。晚年人友朋不易聚合,况以病目不能出门,更觉离索之足感也。"(《温州市图书馆藏日记稿钞本丛刊》第54册,29027至29028页)

七月上旬 《法华经普门品》手抄本寄赠刘绍宽。

厚庄日记七月九日(六月十五):"得贞晦次和胥庵《过江》诗,余亦拟和,俟伫兴作之。贞晦于敌登陆陷永时,在家写《法华经普门品》至十七本,以一本见赠。"(《刘绍宽日记》第五册,2111

页)

八月十九日 刘绍宽检点师友信札,其中谱主最多。

厚庄日记八月十九日(闰六月廿七):"晴。检旧信札交陈筠庵,为黏于簿册,以刘贞晦为最夥,当拣择之。"(《刘绍宽日记》第五册,2124页)

闰六月 赋组诗和瑞安项骧。

八月下旬 组诗《五叠舟字韵》函寄刘绍宽。

厚庄日记九月三日(七月十二):"晴热。贞晦寄五叠'舟'字韵诗来,一首和《昙花》,二首和马少坪,一首寄题飞情阁,一首寄阮伯陶。"(《刘绍宽日记》第五册,2126页)

九月二十日 受聘为永嘉县动员委员会设计委员。

《永嘉县动员会五次委员会通过要案多起》(县讯):"永嘉县动员会昨(念日)开第五次委员会议,主席李主任委员。决议案如下:(中略)本会设计委员聘任已久,(鉴于其中一部分人员先后离温他去)通过并改聘刘贞晦、吴志屏、毛应熊、晏奉思、沈永年、沙迦耶、杨雨苏、杨雨农、李超武、郑严登、徐世康、顾培根、徐建三、邱鸣和……等人为设计委员。(下略)"(《浙瓯日报》九月二十二日)按,李主任委员,指兼主任委员的县长李则渊。

九月二十九日 籀园青年读书会在籀公祠举办国学专修班,应聘讲师,每星期日下午开课。

《百年温图纪事》:"1941年9月29日,籀园青年读书会举办国学专修班,定每星期日下午在籀公祠开课,聘刘贞晦等任讲师。"(《百年温图》,44页)

十月三十日 刘绍宽函寄《藻溪学记》。

厚庄日记十月三十日(九月十一):"晴。函致刘贞晦,寄示《藻溪学记》。"(《刘绍宽日记》第五册,2138页)

十一月中旬 函复刘绍宽,附李子瑾四川来信。

厚庄日记十一月十五日(九月廿七):“晴。得刘贞晦复函,附乐清李瑜子瑾四川信并诗。致贞晦、冷生函。”(《刘绍宽日记》第五册,2140页)

十一月二十九日　以《陈禹门寿序》函寄刘绍宽。

厚庄日记十一月廿九日(十月十一):“阴雨。刘贞晦以《陈禹门寿序》见示,阅过即寄还。”(《刘绍宽日记》第五册,2142页)

十一月三十日　出席温州中学校友会成立大会,并演说,当选为校友会监事。

《温中校友会昨开成立会》(本埠讯):“省立温州中学校友会,自陈继严、陈光谦等发起筹组以来,迄已半月,详情迭志各报。兹悉该会于昨日下午二时假座温中高中部大礼堂举行成立大会,计到会员李伯雄、陈卓等百多人。主席杨润金率领行礼如仪,继报告宗旨,即由县党部代表王烽明及校友代表刘景晨、李一飞等演说毕,通过会章,讨论提案。计通过发起筹募建筑会舍与生产事业基金,及呈请省厅令饬母校移□校舍等要案。后开始选举大会职员,陈继严、陈光谦、杨润金、周启文、戴醒亚、周素芬、王烽明、吕真华、叶正乐、方恭敏、潘家槐当选为理事,叶璜、沙家声、邱鸣和、刘承芳、黄佩珍、吴秉经、陈惠开、赵勇、林炳坤、翁履仁、姚凤英当选为候补理事,刘景晨、李一飞、陈叔平、胡封、徐世康、朱钤、李伯雄当选为监事,陈卓、陈安枢、吴国钤、徐琳生、胡威、王权、陈君檄当选为候补监事。选举完毕后举行茶话会,并□会员集体签名,以留永久纪念。先后经过六小时之久,至晚八时许散会。”(《浙瓯日报》一九四一年十二月一日,一版)

十一月　应籀园图书馆之约讲《荀子》劝学篇,听众上百人。

夏承焘日记十二月卅一日:“晴。接止水、鸣石本月十四日函,谓其秋间患疟,几危。冷生办籀园图书馆甚有进展,月前请贞晦翁讲《劝学》篇,听者百余人。”(《夏承焘日记全编》第六册,

3633 页）

《旧温属联立籀园图书馆》："（前略）外此推广事业，如推进青年读书会工作，举行每周学术讲座及图书馆（国）学专修班等，如前邀请刘贞晦、王季思、汪远涵诸氏演讲，每次听众，必逾三百人以上，刘氏且为长期担任，耆年劝学，至堪敬佩。"（《浙江圕通讯》第一卷第一期，民国三十年十二月二十日版，53 页）

十二月八日 孙延畛（星农）病故。应邀书"瑞安孙星农先生讣告"，落款"永嘉刘景晨敬题"。孙家亲翁项骧撰行状。

一九四二年（中华民国三十一年　壬午）　六十二岁

二月一日　应邀在籀园图书馆为青年读书会续讲《荀子》修身篇。此前本埠报纸发布预告。

《刘贞晦续讲〈荀子〉修身篇　地点籀园读书会》（县讯）："籀园青年读书会，定二月一日（星期日）下午二时至四时（普通钟），请永嘉耆宿刘贞晦先生续讲《荀子》修身篇，讲本由该会油印分发，并欢迎各□□士莅临听讲云。"（《浙瓯日报》一月三十一日，二版）

二月二十二日　永嘉青年服务社开办国学专修班，与梅冷生两人应聘为专修班主任教师。

《永青年服务社国专班招生》（海防社讯）："永嘉青年服务社，为促进文化建设、普及国民教育，特举办国学专修班，已敦请本县学术界宿儒刘贞晦、梅冷生二先生为该班主任教师。并定三十一年二月二十二日开学。闻即日起在该社开始报名云。"（原载《温州日报》一九四二年二月六日，转引自《温州老新闻》中册，230页）

三月十五日　托王敏转交刘绍宽一函。

厚庄日记三月十五日（正月廿九）："王敏自永嘉来，刘贞晦托寄函一封，内附近诗数首。"（《刘绍宽日记》第五册，2158页）

四月九日　夏承焘惦念谱主。

夏承焘日记四月九日："晴。予少年受陈铁南先生熏感，待人尚能撝谦，少作自满语。以此不为交游所菲薄，而亦不免骫骳从俗。念刘贞晦先生及心叔、冷生、云从皆有刚果气，当勉力效之，勿流为奄然媚世之乡愿，寻常言辞酬对之间，尤须注意。"（《夏承

焘日记全编》第六册,3671 至 3672 页)

四月二十一日 以发起人身份列名《追悼陈一民先生启事》。

按,陈一民,字幼民,原任江苏省泰县警察局长,是年一月当选为永嘉县党部执行委员,不久兼书记长,三月十三日病故。

五月六日 刘绍宽(厚庄)病逝,享年七十六岁。

挽以联语,曰:"经师人师,门下老犹接材俊;出世入世,生前病亦读华严。"(据冯国栋藏旧诗联杂钞本,参见《刘景晨集》卷下,347 页)

五月十日 《抗敌殉难人员追悼大会祭文》发表于《浙瓯日报》抗敌殉难人员追悼大会特刊。

祭文略称:"及兹大祭,恪遵省令,涕泣致词,静默致敬。后死之责,驱贼出境,青天白日,重光国运。"(《刘景晨集》,105 页)

五月中旬 浙江省政府主席黄绍竑同意永嘉县纂修县志委员会经费四万元,准在特别事业费下开拨。

《纂修县志委员会已准成立》:"本县纂修县志委员会,前经三十年度县行政会议通过组织在案,此次本县李县长并经签请黄主席批准,所有经费四万元,准在特别事业费下开拨。闻该会行将成立,以县长及党部书记长为当然委员,专员为当然监察,并聘请刘景晨、杨雨农、白文俊、沙迦耶、周孟由、王荣年、张驭虚、杨雨苏九人为委员,王景甫、叶蕴辉为监察云云。"(《浙瓯日报》一九四二年五月十五日,一版)按,消息称九人为委员,见报名单八人,脱漏梅冷生。

五月二十一日 夏鼐、刘昌镠来访未遇。

夏鼐日记一九四二年五月二十一日(星期四):"上午刘昌镠君持其祖厚庄先生行述来,为之斟酌更改数字。又同赴世美巷刘景晨(冠三)先生处,未遇。"(《夏鼐日记》卷三,31 页)

五月 受聘为永嘉县纂修县志委员会委员。

国民党浙江省永嘉县执行委员会书记长叶璜、县长李则渊呈浙江省第八区行政督察专员兼保安司令张(宝琛)文《为奉准成立县志纂修委员会定期开会,依照章程呈请担任监察并请出席指导由》称:“查本县县志年久失修,前经提交三十年全县行政会议,决议组织永嘉县纂修县志委员会,重加纂修,并经本府拟订章程,呈省核示在案。旋为积极进行起见,拟先在本年度县特种事业费项下拨支四万元充作修志经费,如有不敷,另向地方募款弥补,经签奉浙江省政府主席黄批开照准等因,自应加速筹备,以树规模。兹依照规定章程,应请钧座担任当然监察,暨由书记长与县长担任当然委员,并聘请刘景晨、杨雨农、梅雨清、白文俊、沙迦耶、张驭虚、周孟由、王荣年、杨雨苏诸先生为委员,王景甫、叶蕴辉二先生为监察,先行成立纂修县志委员会。定于五月二十五日下午一时(标准钟)在县政府会议室举行第一次监察暨委员联席会议,讨论一切进行事宜。”(《各会议纪录及杂项文件》,党民教字第1758号,中华民国卅一年五月廿三日,浙江省档案馆藏,卷宗42.1.43,第35页)

按,国民党浙江省永嘉县执行委员会、永嘉县政府公函(党民教字第1739号,为奉准处理县志纂修委员会定期开会检同聘书函请出席与议由)致梅雨清附聘任书,今藏温图档案室。(行政管理类A15,第58—59叶,天头批注:收文90号,五.二四)

六月中旬 托郑伯烺邀夏承焘返永嘉。

夏承焘日记六月廿五日:“雨。伯烺廿日复,冷生屋被炸,欲重建,约需万金左右。贞晦翁邀予返永。”(《夏承焘日记全编》第六册,3708至3709页)

七月十一日至八月十五日 永嘉县城(温州城区)第二次沦陷,为期三十六天。

八月二十三日 夏承焘返温下船,途遇郑伯烺,获悉谱主第二次沦陷期间未曾离城。

夏承焘日记八月廿三日："五时途遇伯焜，知贞晦翁始终未离城，同过谢邻。"(《夏承焘日记全编》第六册，3734页)

八月二十五日 夏承焘来访，谈张震轩、刘绍宽去世及永嘉修志情形。

夏承焘日记八月廿五日："晴热。早诣贞晦翁于世美巷。沦陷时闭户四十日不出，寇来扰三度，幸所失尚微，写《观音经》数十部，字如蝇头，允以一部为赠。谈震轩、次饶两先生即世及永嘉修县志情状。一小时许辞出。子植尚在四川，见其次郎，已四岁矣。"(《夏承焘日记全编》第六册，3735页)

八月二十七日 回访夏承焘，未遇。

夏承焘日记八月廿七日："贞晦翁来，予浓来，皆不值。雨苏来。"(《夏承焘日记全编》第六册，3736页)按，予浓，即杨雨农。

八月二十八日 回访夏承焘。

夏承焘日记八月廿八日："方子言、刘叔扬来，子炎谈遇寇被殴事，甚可叹愕。贞晦翁来。"(《夏承焘日记全编》第六册，3736页)

九月二日 夏承焘来访。

夏承焘日记九月二日："午后候贞晦翁谈佛。贞翁自谓持经几三十年，舟车无间。谓劫无大小，在我应付。见子植两郎应对琅琅，至可爱。"(《夏承焘日记全编》第六册，3738页)按，子植两郎，即刘显曾、刘颂曾。

九月四日 夏承焘参观温州府城隍国难荐福道场，见谱主题联。

夏承焘日记九月四日："傍晚挈汝愚看府城隍国难荐福道场，有贞晦翁一联，云：'大劫岂无因，惟佛知之惟佛救；众生皆自忏，此心净者此心安。'"(《夏承焘日记全编》第六册，3739页)按，此联《刘景晨集》失收。

九月上旬 患痢疾,为期两月。

《自订年表》:“秋,病。”

夏承焘日记九月十三日:“早予侬来久谈。贞晦翁病痢,其窘状至可念,予劝其讲学。”(《夏承焘日记全编》第六册,3742页)

九月十五日 夏承焘、王梅庵、郭宰平来探望。

夏承焘日记九月十五日:“晚雨。候贞晦翁病痢,遇王梅庵、郭宰平。”(《夏承焘日记全编》第六册,3743页)

九月二十二日 夏承焘、吴鹭山来探望,各赠五十元、百元。

夏承焘日记九月廿二日:“晴。早与天五过籀园,借佛学书二册。过瓯海中学。过贞晦翁,痢仍未愈,精神较前日倦。天五馈百元,予馈五十元,其窘况甚可念也。”(《夏承焘日记全编》第六册,3746页)

十月八日 孙孟晋与夏承焘来探望。

夏承焘日记十月七日:“晚孙孟晋来,谈寿州孙养癯传瑗事、余越园浙江史料委员会事,约明日同候刘贞翁病。”十月八日:“晴。午后孟晋来,同候贞晦翁,病已大减,而仰屋骂贵官无耻,医谓肝旺,索予近作看。三时与孟晋过渭夫家看屋。”(《夏承焘日记全编》第六册,3752、3753页)

刘祝群《疚庼日记》民国三十一年十月十八日(九月初九):“孙孟晋还山中,闻刘冠三病痢幸愈。”(《温州市图书馆藏日记稿钞本丛刊》第55册,29223页)

十月十八日 夏承焘偕游止水来探望。

夏承焘日记十月十八日:“晴。休日。午后与止水、闻、岚登华盖山,应重阳节。登慈山,寻水心墓,颇疑今康熙、道光重修之墓,未必即故址。归与止水省贞晦翁病,承改《念奴娇》一二字。”(《夏承焘日记全编》第六册,3758页)

十一月三日 夏承焘从杨雨农获悉谱主病况。

夏承焘日记十一月三日："晴。予侬来，谓贞翁病仍未痊。"(《夏承焘日记全编》第六册，3768页)

十一月九日　夏承焘来探望。

夏承焘日记十一月九日："晴。候贞晦翁病，仍未起，谈编《寇难实录》，彼甚不以王君为然，谓一病二月，费两三千元，持经礼佛数十年，此番乃得其益。"(《夏承焘日记全编》第六册，3772页)

按，夏承焘日记十一月十九日："接善后委员会函，《实录》编辑已聘王梅庵代予。"九日所谓"王君"，疑指王梅庵(荣年)。

本年　与梅冷生、夏承焘泛舟出游。

夏承焘日记一九八五年一月六日："晴，休日。补寄叶徵洛祝岳叔父教学著述六十五周年贺诗：(其一其二略)'一楫悠然三老来，雀喧迎客户徐开。杯深为羡乡居静，野获新编好剪裁。'"脚注回忆："一九四二年岳叔父偕舅父梅冷(生)、刘景晨丈驾舟来舍，与家君闲话半日。"(《夏承焘日记全编》第十二册，7368至7369页)按，叶徵洛，原浙江化工学院教师。家君，疑为叶范卿，梅冷生姐夫。

一九四三年（中华民国三十二年　癸未）　六十三岁

二月初　病后须鬓全白。

夏承焘日记二月八日："晴冷。今日共接七信，天五廿七函附来二诗。小岚日来在谢邻发春，决偕商人张君西行。贞翁病后须鬓全白。天五劝予明年意倦，即作税驾计，勿亟亟为衣食虑云云。"(《夏承焘日记全编》第七册，3821至3822页)

二月二十一日　夏承焘来函托夫人游俶昭转。

夏承焘日记二月廿一日："晴。休日。发俶昭信，附去希真、贞晦翁函。"(《夏承焘日记全编》第七册，3829页)

三月十二日　和夏承焘《梅花唱和词》。

《好事近·次瞿禅梅花唱和词元韵之一》："病叟爱逋花，相对隔窗骨立。消受雪中滋味，却不沾寒色。　钱唐今日奈何春，峰路塞南北，大好巢居香影，付与谁家笛？"落款："癸未二月七日，贞晦写稿。"

三月十七日　再和夏承焘《梅花唱和词》。

《洞仙歌·次瞿禅梅花唱和词元韵之二》："岁阑病减，共梅兄欢笑。烽火连年又春到。算归来无恙，故屋寒栽，凭遣我今日眉苍髯缟。　宅新能两亩，半长儿孙半长梅花，计还早，万树雪都香，邓尉罗浮笳声起，荡然如扫。且俯仰低檐几枝春，也莫问枝头，着花多少。"落款："癸未二月十二日，贞晦初稿。"

小引交代原委："岁丁丑，余客海上，自题画梅百绝句，有云：'白发宜歌归去来，眼中起仆万楼台。但求两亩瓯滨宅，半长儿孙半长梅。'是岁冬避兵还乡。迄庚辰年六十，友好杨雨农兄、柯君怡斋谋为余筑新宅，叶君蕴辉拟辟宅基两亩为赠，皆婉言却之。旧庐虽仄，兵劫未弭，经营土木，念非其时也。夏君瞿禅以梅花唱和词洞仙歌见示，因感前事，缀为此章以酬之。”按，以上两阕《刘景晨集》未收。

三月二十八日 致函夏承焘，告以病后尚不能出门。

夏承焘日记四月五日：“雨。得贞晦翁永嘉三月廿八书，病后尚不能出门。和予《好事近》《洞仙歌》梅花词，《洞仙歌》结云：‘且俯仰低檐几枝春，也莫问枝头，着花多少。’并问予在沪所作杏花词，以希真告也。”（《夏承焘日记全编》第七册，3849 页）

四月六日 夏承焘作复。

夏承焘日记四月六日：“晴。作贞晦翁复。”（《夏承焘日记全编》第七册，3849 页）

四月二十八日 夏鼐初次进谒，谈及修志事。

夏鼐日记一九四三年四月二十八日（阴历三月廿四日，三）：“午间家中为余设宴饯行。下午与黄君希霸同至刘冠三（景晨）先生处。刘先生为永嘉前辈名宿，此次尚属初次进谒，刘先生身材瘦小，与其哲嗣刘节（子植）君相仿佛，须发均已斑白，去秋曾大病一场，体尚未复元。谈次言及子植君在川情形，托余至川后如晤及子植君，可劝其勿神经过敏，并谈及永嘉修志事。（下略）”（《夏鼐日记》卷三，99 至 100 页）

春 病愈。（《自订年表》）

五月六日 夏承焘、王季思各以百元寿乐清黄式苏，由王季思函托谱主转致寿仪。

夏承焘日记五月六日：“晴。与季思各以百元寿仲荃先生，由季思去函托贞晦翁转致。”（《夏承焘日记全编》第七册，3863 页）按，黄式苏七十寿辰在五月廿三日（夏历四月十九）。谱主与刘武父子寿以《草堂偕隐图》。

六月 吴鹭山致函夏承焘，谈谱主对夏诗作的点评。

夏承焘日记六月十三日："晴。休日。得天五书，谓冷生以予寄天五三诗，皆与平时所作不似。天五、贞晦则谓艰穷归平澹，正是进境。"(《夏承焘日记全编》第七册，3878 页)

七月二十日 与杨雨农访夏承焘，言永嘉县志失修六十余年，嘱其留下修志。

夏承焘日记七月十九日："大风。午后放晴。过冷生，新为次郎事忧虑，自诧是荷叶命，谓刘贞翁、雨农欲留予在里共修《县志》。"七月廿日："晴。贞晦翁、雨农来，谓永嘉修志，已在省府备案，廿五日开筹备委员会。二老留予，嘱下期勿出门。谓县志失修已六十余年，吕文老在时，已倡议重修，因循二十年矣。"(《夏承焘日记全编》第七册，3889 页)

七月二十二日 梅冷生、夏承焘来访。

夏承焘日记七月廿二日："晴雨无定。早冷生来，同过雨农，晤贞晦翁、介夫。"(《夏承焘日记全编》第六册，3890 页)

七月二十四日 与梅冷生、夏承焘相遇于杨雨农宅，言次日县志会议。

夏承焘日记七月廿四日："晴。午岳希夫妇招宴，张□□、冷生同席。张谈修志事，谓以公署办公方式行之，一二年可了。饮散，冷生招过雨农家，晤贞晦翁，谓县志事明日开委员会，予恐不胜任，辞不就。"(《夏承焘日记全编》第七册，3891 页)按，张□□，疑为专员张宝琛。

七月二十五日 《永嘉县志》筹备委员会举行会议。

夏承焘日记七月廿五日："晴热。止水来谈修县志事，劝予勿即就，目前尚茫无头绪也。"(《夏承焘日记全编》第六册，3890 页)

七月二十八日 夏承焘、吴鹭山、周季材来访。

夏承焘日记七月廿八日："晴。大热。晚饭后与天五出谒贞

晦翁，遇周季材同行。”(《夏承焘日记全编》第七册，3892 页)

八月三日　应吴洗凡之约尝新。

夏承焘日记八月三日：“晴热。午赴洗凡招尝新，贞晦翁、梅庵、介夫、天五、蔡漱泉诸人同席。”(《夏承焘日记全编》第七册，3893 页)

八月四日　应杨雨农之约尝新，随后与王梅庵讨论佛学。

夏承焘日记八月四日：“晴。大热。午雨农招尝新，与天五同往，酒后梅庵、贞翁辩佛学，言语甚多。”(《夏承焘日记全编》第七册，3894 页)

八月十九日　夏承焘过访，谈修县志事。

夏承焘日记八月十九日：“过刘贞翁谈修县志，见陈用斋一字幅，甚秀润。”(《夏承焘日记全编》第七册，3898 页)

八月中旬　应聘为永嘉县志纂修处总纂，经费初步落实。梅冷生、白文俊、沙迦耶三人协助。

《纂修县志委员开始工作　专署拨四万元充基金》：“(县讯)本县纂修县志委员会业经成立，已志前报。兹悉该会遴聘本县名宿刘贞晦先生为总纂，并推梅冷生、白文俊、沙迦耶协助总纂，草拟《县志纂修处组织规程》暨编具该处经费概算，提经该会第一次常会决议修正通过，业已呈会核示，俟奉指令核准，即可组设县志纂修处从事工作云。”(又讯)“本县纂修县志委员会虽已成立，而基金无着。前经该委员会第一次监委暨委员联席会议决议，呈请第八区行政督察专员兼保安司令公署，提拨周华国捐款四万元充作基金，兹闻已获专署指令准予提拨应用。该会业务当可开始进行云。”(原载《温州日报》一九四三年八月二十日，转引自《温州老新闻》中册，222 页)

八月二十六日　应王荣年、吴洗凡之招赴杨宅午宴，与余绍宋、马祝眉、梅冷生、夏承焘诸人同席。

夏承焘日记八月廿六日:"晴。大热。午王梅庵、吴洗凡招饮雨农家,与冷生同赴。余越园夫妇前日自云和来温,昨食鲜过度腹泻,不能起坐。贞翁、马祝翁、张天放、衢县人。周季材同席。贞翁与梅庵以修县志事又有后言。"(《夏承焘日记全编》第七册,3901页)

八月二十七日 应邀在永嘉县政府礼堂讲孔子。

夏承焘日记八月廿七日:"晴。大热。傍晚风,不雨。早与云帆过县政府礼堂,听贞晦翁讲孔子。今日孔诞,教师节,各校皆今日开学。"(《夏承焘日记全编》第七册,3893页)**按,云帆,即叶云帆,永嘉县立中学校长。**

朱肇棠《回忆先岳父刘景晨先生》(一九九一年九月):"1942年10月6日(农历八月廿七日)是孔子诞辰纪念日,也是当时的教师节。这天,温州全体中学教师,集中在县学前参议会礼堂,聆听刘景晨先生讲孔子生平。只见他说:'孔子一生,在乎'忠恕'二字,总起来是一个'仁'字,他被尊称为万世师表,为历代学者所敬仰。他治学之道,主张有教无类,注意个性的发展,同时又很严格。孔子很谦虚,说'三人行,必有吾师'。所以当教师是一项清高的工作,要有崇高的品德,渊博的学问,诲人不倦的精神;更要以身作则,用自己的模范行为去感染学生。其所谓严,并不是用打骂的办法所能奏效的。'当时在教师中曾出现体罚、辱骂学生的现象,这段话是针对这种情况说的。他接着说:'教师必须要谆谆善诱,使学生心悦诚服,才是最好的方法。当教师是一项辛劳清苦的工作,但是,当他培养出一批出类拔萃的人才,对国家民族来说,那是功德无量的。到了桃李满天下的时节,你就会体会到当教师的光荣了。'听了这一席话,使我牢记在心,在历年教学实践中,得益非浅。"(《温州文史资料》第九辑,浙江人民出版社一九九四年三月版,68页)

按，朱肇棠回忆作一九四二年，时隔将近半个世纪，当以夏承焘日记为准。

八月二十九日 应梅冷生之邀赴籀园午宴。

夏承焘日记八月廿九日："休日。早赴籀园，午冷生招饮，贞晦翁、季思、桂芳、蔡孔耀、王小同、幼和同席。午后季思演讲。"（《夏承焘日记全编》第七册，3901至3902页）

八月三十一日 赴杨雨农宅会晤浙江通志馆馆长余绍宋。

夏承焘日记八月卅一日："凉阴。早冷生来，同过雨农，少许贞晦翁来，晤越园，谈半小时。越园询温人著作，为省通志采访。"（《夏承焘日记全编》第六册，3902页）

九月十四日 中秋，应约为永嘉县立中学国文教员潘希真（琦君）书条幅，录宋王开祖语，作临别赠言："君子之道始于复，成于泰，极于夬；小人之道始于姤，成于否，极于剥。天地之数止于五，故乾之上则亢，坤之上则战，势之使然，事故有极而不反者，故君子不可不谨。"（引语见《儒志编》，永嘉诗人祠堂丛刻本，四页）按，未几，潘离温赴杭谋职。

九月二十日 专员张宝琛、县长吕律设宴于味雅酒楼，谢磊明、夏承焘应约，谱主缺席。

夏承焘日记九月廿日："晴。夕张宝琛专员、吕古音律县长招饮味雅，予以为贞翁、冷生在座，至则仅一磊明，余皆杂宾也。"（《夏承焘日记全编》第七册，3908页）

九月二十一日 与梅冷生、夏承焘访徐堇侯，谈宋平子。

夏承焘日记九月廿一日："晴。午后与冷生、贞晦翁过堇侯久坐，听贞翁谈辛亥在武昌藩署目击民军起义及北平旧国会事。陈介石为宋平子哀词，谓平子性善哀，而笃于用情，悲愁之色，常溢于面。目睫中泪常满，潸潸然终日无断时。或作终夜泣，衣枕常湿，或成血。予以问贞翁。贞翁谓尝赴平阳谒之，手持大巾拭涕泪，盖日常病感冒者。又其人虑患甚深，作《家难记》，疑其弟蓄意相害，实无其事也。冷生谓陈家文风好附会，然则介石好论史，实不宜撰史也。”（《夏承焘日记全编》第七册，3908 至 3909 页）

十月七日　重九，应梅冷生之约往新桥登高，夏承焘夫妇、潘希珍、吴无闻同行。途中与无闻讨论女权问题。

夏承焘日记十月七日：“冷生约往新桥登高。十时与贞晦翁、内子、无闻、希真同舟往，午饭万和酱园陈天俊家，啖银豆甚美。天俊构新居于山间，拏舟一小时到，颇高爽清旷。归途看水面跳鱼，斜阳中发银光，恨无句写之。无闻与贞翁辩女权，无闻意气甚盛，予虑其不能持久，问山与风孰大。乶游一日归。”（《夏承焘日记全编》第七册，3914 页）

十月八日　访夏承焘，以寿序一篇相商，谈王开祖，谈金华狱中事。

夏承焘日记十月八日：“晴。夕，贞晦翁来，以寿序一篇属商，谈王儒志，谈在金华狱中事。止斋、水心集中皆不及儒志，此甚可怪，当细阅南宋各家集。”（《夏承焘日记全编》第七册，3915 页）

同日下午　勉亭落成典礼于温州西郊翠微山麓举行，纪念陆军暂编第三十三师师长兼温州守备区指挥官萧冀勉移驻台州。谱主应邀撰书《勉亭记》。

《西郊翠微山麓勉亭落成》：“陆军暂编第三十三师师长兼温州守备区指挥官萧中将冀勉，驻节永嘉已历三载，中经二度寇扰，均能击敌以去，闾里相安。今萧氏奉令移驻台州，本县各界人民为纪其惠泽，特就翠微山麓之翠间亭旧址，建勉亭以资纪念。刘景晨先生特为撰书《勉亭记》，勒石于碑，八日下午举行落成典礼，到各界代表三十余人。由钟团长毓栋代表萧氏致词，礼成摄影留念。”（《温州日报》十月九日）

十月九日　《勉亭记》刊于《温州日报》，署名刘景晨撰。

按,谱主曾赠籀园图书馆《勉亭记》拓本一份。(《旧温属联立籀园图书馆三十二年度捐赠图书目录》,馆藏档案)

十月十日 刘兆清、戴咏雪结婚,应邀证婚。

夏承焘日记十月十日:“晴。夕刘兆清、戴咏雪结婚,邀作介绍人,贞晦翁证婚。”(《夏承焘日记全编》第七册,3915页)

十月十一日 与夏承焘赴刘兆清、戴咏雪家午饭。

夏承焘日记十月十一日:“早送图章与咏雪,仍留午饭,贞晦翁同席。听咏雪、陈佩玉女士唱戏。”(《夏承焘日记全编》第七册,3916页)

十月十二日 赴杨宅探望潘鉴宗夫人,杨雨农留午饭,又邀夏承焘留乡参与修志。

夏承焘日记十月十二日:“永中学生来留两次,云今早已发一电致浙大,请准予告假一学期。此事恐使浙大起疑。与内子往雨农家看潘夫人,予与贞晦翁、冷生同留午饭。雨农、贞翁皆坚留予勿往龙泉,谓永嘉志局将开,可令张专员去电浙大,为予告假,予亟止之。”(《夏承焘日记全编》第七册,3916页)

十月十四日 与梅冷生、夏承焘应杨雨农之邀共进午餐,饭后游南湖。

夏承焘日记十月十四日:“晴。午雨农邀同贞翁、冷生午饭,谈太炎挽中山联。饭后游南湖,予以舟小折归。各友人唯止水劝予往龙泉,冷生谓予久为教授,何必仆仆不休。”(《夏承焘日记全编》第七册,3917页)

十月十六日 杨雨农再次劝夏承焘留下参与修志。

夏承焘日记十月十六日:“雨。桂芳来两次,约十八日首途。傍晚同往温中晤周砺夫先生,请代永中课。雨农来,劝勿往龙泉,留乡编县志,予外出未遇。”(《夏承焘日记全编》第七册,3917页)

十月二十四日 夏承焘函告抵达龙泉浙大分校。

夏承焘日记十月廿四日:"发家书,无闻、希真书,贞翁、雨翁、冷生笺,告到龙泉。"(《夏承焘日记全编》第七册,3920 页)

十一月 拟聘梅冷生、夏承焘为永嘉县志协纂,戴家祥(幼和)为分纂。

夏承焘日记十一月七日:"接幼和快信,辞浙大副教授之招,谓《永嘉县志》,贞晦翁欲要邀冷生及予为协纂,幼和为分纂。"(《夏承焘日记全编》第七册,3924 页)

十一月二十三日 永嘉县政府致函永嘉县志纂修处,要求将《永嘉县志》重印本赠送浙江省通志馆及省通志馆浙东办事处各一部。

永嘉县政府公函(枫秘民二字第 2678 号,为奉令以准省通志馆函嘱捐送县志一部函请查照径送由):"案奉浙江省民政厅云总致字第二二零零号训令,以准省通志馆余馆长函,嘱饬各区县捐送县志一部,与省志馆及浙东、浙西两办事处,藉供参考而资采择等由,令饬径送等因,奉此查贵处重印本县旧志,尚有余存,希检贰部,分别径送省通志馆及浙东办事处查收,备供参考。此致永嘉县志纂修处。县长吕律。中华民国三十三年十一月二十三日。"(温州市图书馆藏)

十二月三十日 与永嘉县志纂修处总务主任杨雨农、协纂梅冷生联名致电夏承焘,嘱其假期即归任《永嘉县志》协纂。

夏承焘日记十二月三十日:"接雨农、贞晦翁、冷生电,嘱校课结束后即归,任《永嘉县志》协纂。予自度讲学比修志好,殊无意就。来电以公谊私交为言,恐不易却耳。"(《夏承焘日记全编》第七册,3944 页)

十二月三十一日 第八区专员张宝琛、永嘉县县长吕律致电夏承焘敦促归里,谓珂里文献,有待匡襄。

夏承焘日记十二月卅一日:"接专员张宝琛、县长吕律电,县志元旦开局，委员会决聘予为协纂，谓‘岈里文献，有待匡襄，请速言旋，以慰众望’云云。寒假本拟与季思、桂芳返里，今有此，恐归多牵率，强辞为难，不如勿归矣。”（《夏承焘日记全编》第七册，3944 页）

十二月 两次致函刘节，约其兼任永嘉县志纂修处分纂。五日、三十一日刘节复函，表示难以兼任。

刘节复函第一通：“父亲大人膝下：敬禀者。手谕敬悉，永嘉县志纂修处开始办公，大人已允任总纂，至为喜慰。抗战六年，男留滞外省，不能归里，亦无可奈何，本当回家分任烦劳，惟因中英庚款会工作一时不能完竣，分纂一职无法兼任，尚希转告故乡旧友为好。仲博、翰宗在此都好，时常相晤，一切请释念。耑此，敬请万福金安。男节谨禀。”

复函第二通：“父亲大人膝下：敬禀者。手谕敬悉。温州之行，一时恐不能实现，县志局迟在一月一日开幕亦很好。三舅父安葬费需万金之多，我家派五百金不算多。男在此所写稿子很多，但都未售出，因此一时不能寄钱，过年之后，或可稍有收入也。王毅侯先生月前因肝癌症逝世，其世兄育伊来信嘱转禀大人，即此附陈。耑此，敬请万福金安。男节敬禀。三十二年十二月三十一日。”（洪光华整理《刘节抗战时期家书一组》，《温州历史文献集刊》第六辑，黄山书社二〇二二年二月版，350 至 351 页）

本年 吴鹭山作《奉酬刘贞晦翁》。

诗曰：“一笑相逢问索居，山林钟鼎意何如？世无伯乐难言马，后有扬云可著书。曲蘖撑肠梅总劲，江山入句鬓先疏。浩然楼下烟波阔，看掣蛟龙上钓车。”（卢礼阳、方韶毅编校《吴鹭山集》，线装书局二〇一三年十二月版，下册，507 页）

一九四四年（中华民国三十三年　甲申）　六十四岁

一月一日　永嘉县志纂修处正式成立，办公处设永嘉县白象乡南湖村（今属瓯海区南白象）杨氏祠堂。杨雨农任县志纂修处总务主任。

永嘉县志纂修处函（事由：为本处业已迁城办公函请查照由）："查本处自本年元旦成立，在南湖杨氏家庙开始办公，旋以离城太远，职员往返，深感不便，经决议商借城内保安桥籀园图书馆余屋为处址，业于五月一日迁入办公。除分函外，相应函达，即希查照为荷。总纂刘景晨。民国卅三年五月九日。"（永嘉县志纂修处档案，藏温州市档案馆）

一月三日　夏承焘以浙江大学聘约未满为由，来电辞志局事。

夏承焘日记一九四四年一月二日："阴。休日放假。拟一电复贞翁诸人，辞志局事，以休日无工役入城不果发。修志事予全未经心，不得冒昧，且浙大聘约未满，不能半途离去。"一月三日："托季思入城复贞翁、冷生电，告浙大聘约未满，辞志局事由张宝琛转。"（《夏承焘日记全编》第七册，3945 页）

一月七日　夏承焘又致函梅冷生解释，表示可充任县志分纂。

夏承焘日记一月七日："作冷生书，告辞志局之故，如必以公谊相责，可为分纂充数，担任专门短篇，为力所能勉者，不领薪米。由炎生转递。"（《夏承焘日记全编》第七册，3946 至 3947 页）

一月十三日　夏承焘复函，退还永嘉县志纂修处协纂聘书。

夏承焘日记一月十三日:“发贞晦翁函,寄还昨日收到之县志局协纂聘书。”(《夏承焘日记全编》第七册,3949页)

二月中旬 梅冷生就修志事宜回复夏承焘。

夏承焘日记二月廿七日:“休日。接冷生复,谓修志事,贞翁雅意殷拳,似不可负。浙大聘期内不能来,后约仍坚持也。”(《夏承焘日记全编》第七册,3964页)

二月二十三日 应邀出席永嘉县海坛镇镇长方德植宣誓就职仪式,并致词。

《海坛镇镇长方德植就职》(本县讯):“本县海坛镇自方德植当选镇长后,镇民咸庆得人。该镇于前日(廿三)举行正副镇长宣誓就职并欢送唐前镇长典礼,到有党政代表陈秘书,士绅刘贞晦及全体保长暨镇民代表百余人。礼堂布置壮丽,全镇街头巷尾张贴欢迎标语,颇极一时之盛。由镇民代表会主席张有才领导行礼如仪并报告后,继由县党部陈秘书及刘贞晦先生相继致词,最末由方镇长致答词,语极诚恳。至十二时许礼成,当即在大礼堂举行欢宴并摄影云。”(《浙瓯日报》一九四四年二月二十六日,第三版)按,唐前镇长,当指唐伯寅。

三月二十六日 红梅图赠叔晋,落款:“叔晋仁兄雅正。甲申上巳,刘景晨。”下钤“贞晦六十后诗书画”白文章。另有池源瀚题七绝一章,“姑射琼枝缀艳花,红罗亭畔影横斜。香风吹醒梨花梦,压倒仙姿绿萼华。”落款:“叔晋仁兄雅属。苏翁池源瀚题句。”(《瓯越此门两代贤》,20页)按,受赠人疑为黄叔晋,温州富华染织股份有限公司股东。

四月六日 夏承焘在龙泉听温州世美巷邻居谈谱主事。

夏承焘日记四月六日:“夜理发师招予与季思过节。听一乡人住世美巷者谈贞晦翁事,为之捧腹。”(《夏承焘日记全编》第七册,3976页)

四月二十九日 夏承焘与孙孟晋商议修《永嘉县志》事。

夏承焘日记四月廿九日："晴。与孟晋商修《永嘉志》事。孟晋近以浙江图书馆长兼浙江通志馆总纂，谓《通志》至今仍未着手，以余越园在龙游未归也。"（《夏承焘日记全编》第七册，3945 页）

五月一日 永嘉县志纂修处迁入籀园图书馆办公。

《永县志纂修处迁籀园办公》（县讯）："永嘉县志纂修处自本年元旦成立，旋以离城太远，职员往返不便，经决议商借城内保安桥籀园图书馆余屋为处址，业于五月一日迁入办公云。"（原载《浙瓯日报》一九四四年五月十一日，转引自《温州老新闻》中册，225 页）

闰四月 为太鹤山人手书《岘山逸老图歌》作跋。

五月九日 永嘉县志纂修处新任协纂俞寰澄《拟修永嘉县志体例概说》脱稿，拟将县志部类划为舆地（或地理）、社会、政制、兵制、交通、物产、实业、水利、大事记、列传、经籍、艺术、考古、名胜、杂乘、诗文徵等十六，下分子目九十。

五月二十九日 赴第八区专员公署大礼堂，出席浙江省第八区水利会议开幕式，并致辞。会议由专员张宝琛主持，六十四人出席，会期两天。

丁、来宾演说，一、永嘉士绅刘景晨先生惠词："我国以农立国，但人口与农地两相比较，相差过巨，故政府在水利方面决定多下点功夫，俾增加农地、增加产量，这实在是最好的措施。第八区在全国尚是一小部分，区内只有三万多亩平原，一般人说永嘉粮食赖平阳，这里所指粮食，并不是专指米，实际上平阳稻米亦有限，实际调查并无大量□粮。最好我们要设法开发农田水利，使各县都能自给自足，不必仰给邻县。我们目前正在与敌人作全国抗战，当然人民负担很重，水利事业处处要钱，人民不能胜任，故中央规定由国家银行贷款，但是向银行贷款，手续麻烦，数目有限，在时间上是缓不济急，在事业上是无法求得配合，所以我们应该在政府领导下尽我们的力量，使经费充实起来，使事业能顺利推行。同时要订定计划，权衡轻重，分别缓急，使事业进行有先后之分。这次会议就是要大家来讨论如何使这些问题得到完满解决。最后希望本区水利工作能顺利开展，及早完成。"(《浙江省第八区水利会议总纪录》，温州市档案馆藏，L198-005-002-001)

六月上旬　宋慈抱接永嘉县志纂修处谘议聘书，函复谱主，附人物传稿两篇(陈墨农、汪香泉)。

贞晦先生阁下：

昨接贵县志局谘议聘书一事，慈谫陋何足以答下问。兹呈人物传拟稿二篇，一为陈墨农先生传，旧有冒鹤亭《诗序》、薛柱石《传略》可为底本，然冒序官气太重，薛传文格未高。慈辄妄为之，以备采录。一为汪香泉先生传，用其女《哀启》及薛著《寄笔》为底本，然《哀启》原文，言及当时官吏多用别号，所云赵寅臣者，知即赵亮熙，所云陈六笙者，未知其人名璠否，乞赐教。

慈尝谓古人多学名，汉以后乃有双名，宋明以后，则一人而错出名号、别署、谥号、官名，作方志者亦沿其称，易使人错误。如一赵孟頫也，或称赵吴兴、或称赵子昂、或称赵王孙、或称赵鸥波，甚有称周延儒为吴兴相国、温体仁为乌程相国者。案韩文中称崔复州、于襄阳皆以所官地名名其人，已非古意，以产地名其人，益出人意外矣。王仲瞿云，文如谢灵运，武如郭子仪，有名而无字，古人亦大奇，人果可传，原不必多造名字，即方志中例传，遇有征引，大吏亦宜一例用名，不必有官名、地名、谥号、别号之纷纷矣。便中偶谈及此，尊裁以为何如？

此颂

著安

晚宋慈抱　顿首

按,此函藏温州博物馆,天头钤收文章:“永嘉县志纂修处/第四号/中华民国33年6月12日。”

六月十三日 青田刘祝群接永嘉县志纂修处谘议聘书,次日复函辞聘。

刘祝群《疚庼日记》六月十三日(闰四月廿三):“永嘉县修志,聘刘景晨贞晦为总纂。县长吕律古音寄来聘书,征余为谘议。自惭老朽,一无能为,不知何以报之矣。”六月十四日(闰四月廿四日):“复永嘉宗贞晦书,谢修志谘议之聘,并乞转谢吕古音县尹。”(《温州市图书馆藏日记稿钞本丛刊》第55册,29945、29546页)

六月十七日 刘节来函,禀告《中国古代宗族移殖史论》得奖情况,并汇归两千元。

原函云:“父亲大人膝下:敬禀者。昨得蘅香函,知县志馆已开始办公,大人甚忙,至以为慰。男近来生活如常,月前教育部学术审议会发表奖励金,男有《中国古代宗族移殖史论》一种得二等奖金一万五千元。此在从前已很好,但目下物价高涨,实所存无几。兹已托仲博代汇贰千元回家,闻仲博亦汇归仟元,由叶君平君代为电汇叶之宝国药栈,转拨三千元,大约端节前必可到。收入盼谕复。闻六叔父已返籍。上海情形如何,至念,男存寄庼先生处之书籍,甚盼能运出,至祈设法为要。耑此,敬颂万福金安。男节谨禀。六月十七日。”(洪光华整理《刘节抗战时期家书一组》,《温州历史文献集刊》第六辑,356页)

六月十九日 梅冷生访晤夏承焘,仍约为永嘉县志纂修处协纂。

夏承焘日记六月十九日:“冷生来,坚约为县志局协纂。”(《夏承焘日记全编》第七册,4001页)

同日 接瑞安宋慈抱来函。

贞晦先生阁下：

前呈二传，想达记室，乞赐正为盼。

兹有恳者，慈因体弱血衰，每于讲授功课数小时，辄患失眠之病，否则，壹月中必有数日沉迷，不思饮食。今将瑞中教席辞去，以资休息。但近来百物腾贵，不能不出为稻粱之谋。贵县修志局内部人员，俱已派定否？慈拟于人物传或经籍二门，愿效微劳，或壹月赴郡壹次，将材料带回编纂，月支薪水公米，或预定全稿编成稿费若干，均由尊裁决定之。乡邦文献，夙所醉心，较之向学校讨生活，程度参差、意见凿枘者，殊觉适意，不但无久谈失眠之累也。谬恃垂青，故不嫌毛遂之自荐，希与癯禅、冷生诸兄一商，早日赐覆，无任盼切。

此颂

崇安，诸维亮察，不备

晚宋慈裒再拜

如人物、经籍多仍旧贯，新增不多，无须另用人员，则慈在瑞志委员会水利、仓储各门，属于政教者，多曾秉笔，则永志有关政教者，亦可效劳。又及。

按，此函藏温州博物馆，天头钤收文章："永嘉县志纂修处/第6号/中华民国33年6月19日。"并有批注："已复。六月廿二日。"似为谱主笔迹。

六月二十日　在籀园县志纂修处，接待夏承焘一行来访。

夏承焘日记六月二十日："早罗、黄二生来，与同过东山、华盖山。午招罗、黄、陶、陈诸生小饮。午后同过籀园，晤贞晦翁。"(《夏承焘日记全编》第七册，4002页)

六月二十一日　将永嘉县志纂修处协纂聘书送交夏承焘。盛情之下，夏只得接受。

夏承焘日记六月廿一日："阴。午后贞晦翁携县志局协纂聘

书来,坚辞甚为难。朱一青、董朴庄来两次,约下期温州中学教席。"(《夏承焘日记全编》第七册,4002 页)

按,随后七月至九月,夏承焘领取县志纂修处协纂薪水,每月 150 元,津贴 900 元,合计 1050 元,扣除所得税 1.10 元、印花 4.20 元,实收 1044.70 元,俸薪表钤章"夏瞿禅"。

六月二十二日 回复宋慈抱。

六月二十六日 应杨雨农之邀午宴。

夏承焘日记六月廿六日:"阴。午雨农招饮,贞晦翁、冷生、天五同席。晤德清俞寰澄翁凤韶,县志局协纂,民元时曾任湖州军政分府,新自雁荡归。一妻一女同游七日,费二万元。"(《夏承焘日记全编》第六册,4004 页)

同日 刘祝群接谱主书,约往永嘉相晤。

《疚庼日记》六月廿六日(初六日):"家贞晦书来,并速往永嘉一叙。时事如斯,不能出门,真恼人也。"(《温州市图书馆藏日记稿钞本丛刊》第 55 册,29550 至 29551 页)

七月三日 永嘉县志纂修处假座籀园图书馆举行第一次处务会议,报告半年来之工作状况、收支款目,及下半年工作概要,并讨论处务进展事宜。

夏承焘日记七月三日:"晴,大热。午后冷生、宋墨庵来,同往籀园县志纂修处开第一次处务会议,五时散。议决由止水往景德寺运县署档案,由马眉仲调查工厂,胡衡忱调查矿山,由戴幼和调查氏族,由宋墨庵作经籍志及杂记,由冷生与予合编人物传。冷生交予郑烺《明瓯东殉节三先生合传》,嘱予为林讱斋传。"(《夏承焘日记全编》第七册,4007 页)

按,宋慈抱撰《永嘉县志经籍门》稿今藏温图,可见处务会议接受宋慈抱的请求。

永嘉县志纂修处函稿(志字第九号,随函送处务会议录收支

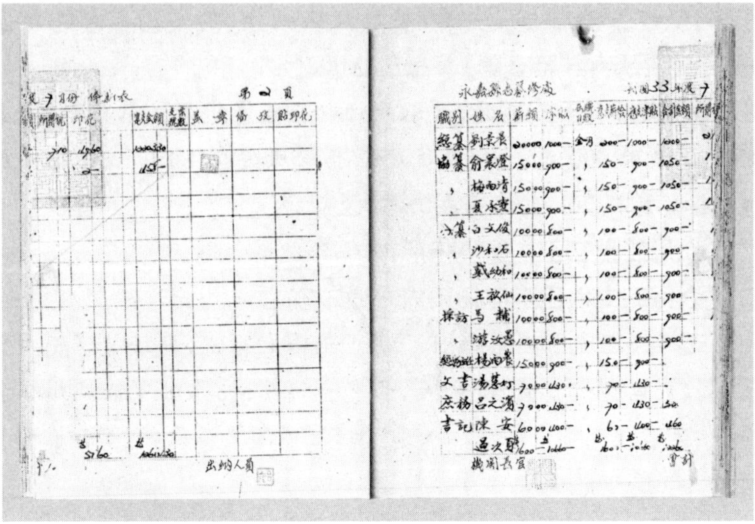
永嘉縣志纂修處　民國33年度 7

職別	姓名	薪額	[illegible]	在職日數	應領薪給	應領津貼	合計金額	所得稅
總纂	劉景晨	20000	1000—	全月	200—	1000—	1000—	
協纂	俞寰澄	15000	900—	〃	150—	900—	1050—	
〃	梅雨清	15000	900—	〃	150—	900—	1050—	
〃	夏承燾	15000	900—	〃	150—	900—	1050—	
分纂	白文俊	10000	800—	〃	100—	800—	900—	
〃	沙和石	10000	800—	〃	100—	800—	900—	
〃	戴幼和	10000	800—	〃	100—	800—	900—	
〃	王叔仙	10000	800—	〃	100—	800—	900	
採訪	馬[illegible]	10000	800—	〃	100—	800—	900—	
〃	游汝恩	10000	800—	〃	100—	800—	900—	
[illegible]	楊雨農	15000	900—	〃	150—	900—		
文書	湯慕軒	7000	1130	〃	70—	1130—		
庶務	呂之濱	7000	1130—	〃	70—	1130—	[illegible]	
書記	陳安	6000	1100—	〃	60—	1100—	1160	
過次頁		1600	10660—		160	10660	[illegible]	

機關長官　會計

▶永嘉县志纂修处俸薪表

总数单希查照由):“查本处于本月三日召开处务会议,报告半年来之工作状况、收支款目,及下半年工作概要,并讨论处务进展事宜等纪录在卷,相应抄具会议录、收支总数单各一份,随函送达,即希查照为荷。此致永嘉县纂修县志委员会。计附送会议录、收支总数单各一分。总纂刘景晨。(民国卅三年七月五日发)”

七月十一日　与梅冷生、夏承焘在县志纂修处商谈县志人物传。

夏承焘日记七月十一日:“过籀园,晤贞翁、冷生,谈县志人物传。予拟重修《叶尚高传》。冷生以刘中藻《葛衣集》见假,可为《林梦龙传》参考也。予意水心先生可为事辑一编。”(《夏承焘日记全编》第七册,4010 页)

七月十八日　夏承焘来函。夏撰县志人物传《叶尚高传》《林梦龙传》两篇。

夏承焘日记七月十八日:“晴。上午敌机过境。午后过籀园,晤冷生,出《叶尚高传》与商酌数字。留一函与贞翁,告不领公粮,仍不能无计较心。”七月十九日:“作县志《林梦龙传》成。得陆心国致无闻电,不日来温。”七月二十日:“早赴籀园,与冷生商《林梦龙传》,翻南明野史,无林事。黄石斋可为事辑一篇。”(《夏承焘日记全编》第七册,4012至4013页)

七月二十四日 夏承焘、陆心国来籀园会晤。

夏承焘日记七月廿四日:“晴热。午陆心国偕其妻弟郑保镛自慈溪来。午后与心国过籀园,晤贞翁、雨农、郑孟达。过冷生不值。”(《夏承焘日记全编》第七册,4014页)

八月三日 访晤夏承焘。

夏承焘日记八月三日:“早贞晦翁来,谈王儒志遗事,闻子植近为《古代中国民族迁移考》一文,得奖第二名,一万五千元。陈寅恪第一名,二万元。曩在上海,曾闻其说此。”(《夏承焘日记全编》第七册,4017页)按,《古代中国民族迁移考》,当指《中国古代宗族移殖史论》。

八月四日 午应杨雨农之邀赴宴。

夏承焘日记八月四日:“早雨农翁来招午宴,同席许蟠云、萧冀勉、副军长,粤人。贞翁、冷生,蟠云欲为予印《词徵》,不见七八年矣。冀勉谈近日军人信佛道。贞翁骂省当局不识人才,四时散。”(《夏承焘日记全编》第七册,4017页)

八月八日 鉴于国民党中央党部令各省县志局主纂须尽先用党员,拟呈请辞去永嘉县志总纂职。

夏承焘日记八月八日:“伯烺新自宁都归,午后与同过冷生,晤贞晦翁。贞晦翁谓,中央党部令各省县志局主纂须尽先用党员,拟呈请辞职。”(《夏承焘日记全编》第七册,4018页)

八月九日、十二日 在籀园办公,夏承焘两度来访。

夏承焘日记八月九日:“午后与伯烺过籀园,晤贞翁、雨翁及陈继严夫人，南京人。同过江冷小坐。”八月十二日：“夜大雨。晚伯烺邀同访俞寰澄先生于白塔巷，遇诸途。过寅侯。过籀园，晤贞晦翁。”（《夏承焘日记全编》第七册，4018、4019页）

八月十四日　永嘉县纂修县志委员会致函永嘉县志纂修处，以奉令准省党部转知各县县志主纂人员及省通志馆馆长应尽先遴选党内同志。

永嘉县纂修县志委员会公函（总字第一七号，为准现付函以奉令准省党部转知各县县志主纂人员及省通志馆馆长应尽先遴选本党同志拟任函请查照由）：“案准县政府秘一字第四八七号公函，内开：‘案奉浙江省政府致字第一七五五五号训令，内开：案准中国国民党浙江省执行委员会卅三年六月十二日人字第九五三号公函，内开案奉中央执行委员会机渝（33）字第四六五七号卯侵代电，内开嗣后各县志主纂人员暨省通志馆馆长，应以本党忠实而有历史之同志适宜担任此项任务，应尽先遴选充任，特电，仰知照提出特别小组注意为要等因，奉此除分行外，相应函请查照为荷等因，准此除分令外，合行令仰知照。此令。等因奉此，相应函请查照为荷。’等由准此，相应函请查照为荷。此致永嘉县志纂修处。主任委员吕律、副主任委员叶璜。中华民国三十三年八月十四日。”（永嘉县志纂修处卷宗，温州市图书馆藏）

八月十六日　以永嘉县志纂修处名义函复永嘉县纂修县志委员会，表示“景晨非国民党党员”，自应请辞，转函县政府另行选任。

永嘉县志纂修处函稿（志字第十二号，为准函以准县政府函为奉令准省党部转知各县县志主纂人员应尽先遴选本党同志拟任等语复请辞职并希另行选任由）：“本月十五日转贵会本月十四日总字第十七日公函，内开‘原文照叙’等由，准此，查本处于本年元月开办，贵会推聘刘景晨为总纂，当时勉承其乏。准函前由，景晨非国民党党员，自应请辞职，即希照准，转函县府通知特别小组,另行选任为荷。此致永嘉县纂修县志委员会。总纂刘景晨。(民国廿三年八月十六日发)”(永嘉县志纂修处卷宗,温州市图书馆藏)

八月十七日 应王梅庵、吴洗凡之招午宴,席间谈《续孽海花》。

夏承焘日记八月十七日:“晴。午王梅庵、吴洗凡招饮,俞怀忱、贞翁、冷生、伯烺、云帆同席。贞翁谈《续孽海花》,二时散。”(《夏承焘日记全编》第七册,4021页)按,俞怀忱,即俞寰澄。

八月十八日 籀园办公,夏承焘来访。

夏承焘日记八月十八日:“过籀园,晤刘翁、杨翁,闻金华敌增兵六千,丽水碧湖及永嘉当局皆开紧急会议。”(《夏承焘日记全编》第七册,4021页)

九月九日起 温州城区沦陷二百八十二天,时称“九九事变”。应学生柯逢春(怡斋)之邀,携眷避居永嘉江北上塘浦西柯家。经柯逢春夫人、上塘三浦小学(今永嘉实验小学)校长王梦华介绍,三女刘葵应聘在小学校任教。

洪光华:“在纪念座谈会上,怡斋老人外孙王小同先生发言说,外公告诉他,一九四四年温州沦陷,刘景晨老先生带领一家人在上塘柯家避难,住了十个月。外婆告诉他,当时她在上塘三浦小学(现永嘉实验小学)当校长,刘老先生的女儿刘葵女士在学校做老师。刘葵女士即先母。怡斋先生夫妇不但安顿刘家众人在家住下,而且还安排了我妈妈在学校工作,以增加刘家的收入。妈妈一九二六年(丙寅)夏历九月初三日出生,在这里做小学教师时十八岁。”(二〇二一年十一月十日座谈会发言)

九月 县长吕律函复县志纂修处采访游止水,谈处务维持事宜,自十月份起保留总纂及办事员两名。

“止水先生:来渠接读手书,当即电饬金秘书查明,处内八九两月份经费及九月份公粮,均可照领,并嘱自十月份起保留总纂及办事员两个名额,维持处务。此外,因县财政关系暂行紧缩,所有以前应领粮款,可将领条就近交□□区署代拨,不必再到枫林,以免往返跋涉。匆复,敬颂旅祺,并候怡斋先生。吕律拜启。”(永嘉县志纂修处卷宗,温州市图书馆藏)

十月 在陈继严(育慈)夫妇陪同下,偕柯逢春、王鹿坪、章肖峰、叶子屏诸人取道水云村,游览大若岩景区。

十一月 重修《大若岩志》。计分引言、志村、志洞、志溪、志前山、志谷、杂记等七篇。

夏承焘日记一九四五年一月六日:“阴。接黄仲荃先生十一月十五枫林水云村函,寄诗四首,谓贞晦翁近成《大若岩志》稿数万言。”(《夏承焘日记全编》第七册,4071 页)

十二月上旬 下榻枫林大箬坑陈继严家。

夏承焘日记十二月十三日:“张君自永嘉来,知贞晦、仲荃二翁皆在枫林大箬坑陈继严家,即作一书候之,并问冷生消息,附去《清平乐》词。张君谓,前日有盟机在永城扫射八小时,并以五百架炸福州,敌死数千,我民死数万,敌已退出福州云云,不悉信否。”(《夏承焘日记全编》第七册,4063 页)按,张君,未详何人。

十二月中旬 致函吴鹭山。

夏承焘日记十二月廿二日:“晚闻学生自枏溪来者,亦云枫林仍在敌手,前县府传已退者殆不可信也。天五遣国垣、阿同送来鸭蛋、猪油、花蛤,并示贞晦翁信及胡奉老《虹桥沦陷六日记》。”(《夏承焘日记全编》第七册,4066 页)

十二月下旬 又下榻柯逢春寓。

夏承焘日记一九四五年一月八日:“得止水十二月廿九中塘函,日人过中塘时,幸无损失。贞翁仍在柯怡斋家,敌过时坐曝观书,敌亦不相扰。”(《夏承焘日记全编》第七册,4072 页)

十二月 重修《大若岩志》一卷脱稿。

《引言》略称："余读莲舟旧志，如育慈言，亟思重为纂辑，就其书中择可为资料者，一一录出，而以兹游见闻所及，计拟所得者，参订而厘次之：始为引言，则志村、志洞、志溪、志前山、志谷，其诸石若岩、若峰，则于志洞、志溪、志前山、志谷诸篇中分著之，终为杂记，以结全书。若夫前人题咏及序记诸作，旧志所尝登载，或新有发见者，别为诗文录一卷附于志后。第余居去水云村远，今为志稿，无能就其村之长老，随时质访遗闻，上塘少藏书，无足以供参考，匆遽成篇，必犹有俟乎删补是正者。若他日时和年丰，名胜益以开拓，则广为续志，后之君子宜有事焉。"（《大若岩志》，民国丁亥秋铅印本）

年底 开具永嘉县志纂修处"九九事变"应变经费清单，合计壹万零捌百伍拾元。

《永嘉县志纂修处九九事变应变经费清单》："一支本处搬迁上塘，沿途费币贰仟捌百元；一支本处由上塘迁避下寮，沿途费用币贰仟肆百伍拾元；一支本处由下寮搬回上塘，沿途费用币贰仟陆百元；一支本处由上塘搬回永嘉，沿途费用币叁仟元。以上共支计币壹万另捌百伍拾元正。总纂刘景晨（印）。"（永嘉县志纂修处卷宗，温州市图书馆藏）

冬 访老友胡化之之墓，徘徊久之。墓距中塘胡宅（胡化之公子定侯，系谱主学生，温州师范学校原总务主任）西南数十步也。感叹"昔水心先生言中塘梅林天下之盛，今日乃无一树"。因写红梅为胡宅补壁。

本年 郑汝璋赠诗《呈贞晦》，表示关切："考献征文心力定，丹铅辛苦近何如？"（《抱一庐诗存》，三二页）

本年 巽园（绮园）所植数十本古梅万点飘香，应杨雨农之约，与梅冷生、林醒民等赏梅吟诗。

梅冷生（微波）《洞仙歌》小引："去腊瞿禅自龙泉邮寄梅花词

索和,因循未报,会觏旧燕,枨触闲愁。越日,杨雨翁复招集绮园观梅,被酒有作。”词曰:“流霞一醉,忆低鬟浅笑,纸帐罗浮梦曾到。怎归来环佩,吹惯胡沙,却换了林下玉人妆缟。何郎词笔老,回首东风,消受花光鬓丝早。　　香影旧横斜,一抹巢痕,偎倚处岁华如扫,更花发伫看绿阴成,忍攀摘清寒故枝春少。”落款:“雨翁一粲。微波未定词。”

谱主在梅词后题诗:“忽借梅花赋艳词,横斜香影梦当时。拈髯坐为沉吟久,岂有才人觉后痴。贞叟题后。”(录梅冷生手稿复印件,转引自杨瑞津《杨雨农年谱初稿》,《温州历史文献集刊》第六辑,442 页)

一九四五年（中华民国三十四年　乙酉）　六十五岁

二月中旬　汪惺时托高楼永丰庄汇寄两千元。

温州永丰庄致永嘉县银行函："永嘉县银行大鉴：兹托解上塘柯怡斋转刘贞晦先生国币贰仟元，汪惺时汇，至祈照理，记入敝册见复为荷。本月九日由鼎源交来贰拾万元、十二日由永康交来拾伍万元，均已登入大册矣，并希台洽。专此，即颂筹祺。温州永丰庄启事。国祥。（陈国祥印）卅四年二月十二日。"（温州市档案馆藏，L205-003-0523-018）

《永嘉县银行摘要单》，公函，来文处所：高楼永丰庄，字第198号。（一）为托解上塘柯怡斋转刘贞晦国币贰仟元，至祈照理由；（二）本月九日由鼎源交来贰拾万元，十二日由永康交来拾伍万元，均已登入大册矣，并希台洽由。34年2月24日。批示：照转。二、廿五。

二月十六日　省政府主席黄绍竑以永嘉、乐清两县避难乡间人士乔松坚干，忠贞足式，以省政府名义专函慰问，饬交第八区行政督察专员兼保安司令公署转发。其中"永嘉刘景晨、杨雨农、翁来料、陈安枢、王纯侯、陈卓生、张范夫等七人热心公益，乡望素孚，原系县临时参议会参议员，应饬县酌送旅费，优予便利"。

三月五日　浙江省第八区行政督察专员兼保安司令公署发布训令，转发省政府慰问信。

《浙江省第八区行政督察专员兼保安司令公署训令》全文：

事由：为黄主席慰问永乐两县避难乡间人士，特将黄仲荃、夏瞿禅慰问书各一件、法币贰万元发交该县长转送取具领条具报由

令乐清县长刘朗泉

案奉浙江省府三十四年二月铣日纪峻字第3245号代电内开："子宥高一民907代电暨附件均悉。册列永、乐两县士绅，自敌寇入侵县境，举室流离，冠裳涂炭，乔松坚干，忠贞足式。永嘉吴百亨、叶志超等五十九员，乐清陈济民等八员，崎岖野处，艰苦不辞，特由府分别专书慰问。永嘉刘景晨、杨雨农、翁来科、陈安枢、王纯侯、陈卓生、张范夫等七人热心公益，乡望素孚，原系县临时参议会参议员，应饬县酌送旅费，优予便利，仍由府专函慰问。永嘉梅雨清、王永年、张景飞、夏瘽禅、池仲霖，乐清黄式苏等六人，避寇经时，盖藏易竭，由省各致馈法币壹万元，并函慰问。除馈金应先由区垫送另汇归垫外，兹检发慰问书，仰即遵照办理，并转饬各该县政府遵照办理具报"等因，计发慰问书八十件，奉此查本署前奉省政府亥马戟电，以此次永嘉事变，士庶流离，冠裳涂炭，避兵野处，艰苦可知，饬将地方闻望素著人士避居四乡者访查具报，以便分致慰问等因，当经饬据永、乐两县查报前来，并由本署直接查访，计查得永嘉有刘景晨、杨雨农等七十一人，乐清有黄仲荃、陈济民等九人，合计八十人，造具名册，以子宥高一民907号代电呈报在案。兹奉前因，除陈济民、王济仁、包翼真、洪式华、朱士任、周起渭、刘平、黄辅等慰问书未奉发下，俟发到时再行补发外，该县黄仲荃慰问书一件已奉发到，又永嘉夏瘽禅避居在乐清虹桥吴天五家，其慰问书亦已发下，黄、夏二人均馈法币壹万元，由本署先行垫付。合行检发清册一份，连同慰问书及法币，令仰该县长即便负责分送，取具书件回章(单)及法币领拨具报为要。此令。

计发黄仲荃、夏瞿禅慰问书二件，法币二万元。分送清册一份。

专员兼区保安司令　张宝琛

卅四、三、五

（乐清市档案馆藏档案，全宗号 223-98-585）**按，王永年，当系王荣年（梅庵）之笔误。**

《东南日报》三月八日消息：八区专员公署奉省政府令，馈赠梅冷生、王梅庵、张景飞、池仲霖、黄式苏、夏承焘六人各万元，刘景晨、杨雨农、翁来科等七人由县政府酌送旅费，吴百亨等六十七人专函慰问。

夏承焘日记三月十八日："休日。无闻来午餐，示本月八日《东南日报》八区专员公署奉省政府令，馈冷生、梅庵、张景飞、仲霖丈、仲荃丈及予六人各万元，贞晦丈、雨农、来科等七人由县酌送旅费，吴百亨等六十七人专函慰问。以皆避居乡间，未尝返陷区也。"（《夏承焘日记全编》第七册，4091 页）

三月二十七日　夏承焘来函托王守铎转交。

夏承焘日记三月廿七日："王守铎归楠溪，携去致贞晦翁一函。"（《夏承焘日记全编》第七册，4094 页）

四月五日　张云雷托瑞安高楼永丰庄汇赠两千元。

温州永丰庄县字第二二号函："永嘉县银行大鉴：兹托解贵行叶经理转上塘柯怡斋转刘贞晦收国币贰仟元，张云雷汇。至祈照理，记入敝册见复为荷。专此，即颂筹祺。温州永丰庄启事。国祥。（陈国祥印）卅四年四月五日。"（L205-003-0523-0012，温州市档案馆藏）**按，叶经理，指永嘉县银行经理叶志超。**

温州永丰庄结字第二四号函《致刘贞晦》："径启者。兹由张云雷君托高楼永丰庄汇奉台端国币贰仟元，用特检附空白汇款收条一份，即希察收，签盖齐全，前来本行领取为荷。此致刘贞晦先生。附件。潘镜宇拟。四、一三。"（L205-003-0523-0023，温州市档案馆藏）

四月十二日　郑陈球（伯琅）托永丰庄汇寄三千元。

温州永丰庄致永嘉县银行函："永嘉县银行大鉴：兹托解楠溪

上塘柯怡斋转刘贞晦国币叁仟元，郑陈球汇，至祈照理，记入敝册，并希见复为荷。专此，即颂筹祺。温州永丰庄启事。卅四年四月十二日。”(温州市档案馆藏)

四月二十日 张宝琛与夏承焘谈谱主前不久遇寇情况。

夏承焘日记四月二十日：“早寅侯、式溪来，同往大荆，(中略)在盛安真家午饭。午后一小时到荆，于蒋家晤张宝琛专员，闻刘贞翁在上塘前日被寇，颇有损失。张专员转来黄绍竑主席慰劳函，馈予万元。”(《夏承焘日记全编》第六册，4103页)

四月三十日 翁来科托永丰庄汇寄五千元。

温州永丰庄致永嘉县银行函：“永嘉县银行大鉴：兹托解上塘柯怡斋转刘贞晦先生国币伍仟元，翁来科汇，至祈照理，记入敝册，见复为荷。(下略)专此，即颂筹祺。温州永丰庄启事。国祥(陈国祥印)卅四年四月三十日。”(温州市档案馆藏)

春 约旅居南田的前国会议员、永嘉县志纂修处协纂俞寰澄(凤韶)为《大若岩志》稿作序。

俞序回忆去年秋日未能结伴前往的经过，曰“甲申，余旅永嘉，闻陈君继严道其胜，曾见僧莲舟志，久向往之，约刘子往游，期以秋。及秋而寇至，余避寇瑞安，未与刘子俱”，认为新修《大若岩志》“叙次井然，视旧志有序矣，而文辞茂美，足尽山水之奇。此后大若岩之显，将不以胡公之灵，而以刘子之《志》”。感慨之余指出：“使刘子不以避寇伏江北，则游矣而未必志，志矣而未必追琢尽美，以至于斯也。”(《大若岩志》，卷首)

五月九日 吴百亨托永丰庄汇寄伍千元。

温州永丰庄致永嘉县银行函：“永嘉县银行大鉴：顷发奉电文，曰：‘解柯怡斋转刘贞晦国币伍仟元，百亨汇’，又解贰仟元，纯侯汇。4600号，永丰9909。至祈台照赐核为荷。专此，即颂筹祺。温州永丰庄启事。卅四年五月九日。”(温州市档案馆藏)按，此函无签名、亦未钤章。

五月十日 因得悉谱主迁至下龙地方，永嘉县银行将吴百亨汇款改投新址。

永嘉县银行复永丰庄函稿："径启者。接县字第二八号台函，祇悉委解上塘刘贞晦先生国币伍千元，兹经查悉收款人已迁住下龙地方，业已改解现址，付十日尊账。兹附奉前代解之黄素毅、王履康汇款收条各一纸，并希察收为荷。此致永丰庄。附件。衔戳启。潘镜宇（章）拟。卅四、五、十二。"（温州市档案馆藏）按，结合庄、行来往函件，王纯侯贰仟元似非汇交谱主。

五月二十日、六月三十日 刘节两次来函。

刘节日记五月二十日："作函寄父亲大人、高等教育司、正中书局、朱二如、杭立武、高觉敷。"（《刘节日记》上册，247页）

刘节日记六月三十日："下午作函寄父亲，又寄清之一函。"（《刘节日记》上册，254页）

六月中下旬 离上塘回城。

柯逢春《鹅塘老人回忆录》（一九八二年三月）："刘老贞晦避乱寄居我家十个多月。一日，坐在轩前石鼓看圆柱对联，联云：'为花忙，为佛忙，忙中自有真趣；学书好，学剑好，莫谓老无雄思。'刘老说：'怡斋，你以后还会起用。'我说：'任何事都不接受。'正说间，突然传来喜讯：温州解放了。"（《温州文史资料》第七辑，一九九一年十二月排印本，240页）按，此处"解放"，指日寇退出永嘉县城区。

上半年 坚辞永嘉县临时参议会议长，并报经省民政厅批准。

浙瓯社消息《永嘉临时参议会　柯逢春接充议长》（县讯）："永嘉县政府前以奉令成立参议会，关于临参会是否召开问题，业经呈省核示，兹奉民政厅电开，该县刘兼议长准辞，并以所保柯参

议员兼议长，希速召集成立。闻县府奉电后，即将决定会议日期，准备召开云。”(《浙瓯日报》八月七日，三版)

柯逢春遗作《参加永嘉县竞选伪参议长的经过情况》：“正副议长和议员都由县党政双方互相研究好，征求同意后上报省政府任命。当时，永嘉县正在沦陷期内，县政府迁移江北枫林，城区被敌占领。刘景晨寄住柟溪上塘，县长翁柽亲来我家征求刘担任正议长，刘坚辞不受。再次又来要我(担任)，我正在家创办鹅浦书院，自任教师，也拒不接受。翁是我的旧友，他老不客气的说：‘国难当头，你们对国家难道都不负责任么?!’我被这话说得迟疑，翁见我犹豫，就回去上报，省方任命我为正议长，王人驹为副议长。”(温州市政协文史存稿，陆—12，第4页，收入《温州文史资料》第四辑，浙江人民出版社一九八八年十二月版，改题《永嘉县竞选参议长概况》)

《省人民代表候选人刘景晨简况》：“专员张宝琛数次请他任伪参议长，均不就。”(浙江省委统战部一九五四年五月铅印本，参见《刘景晨集》，513页)

七月十日上午 与杨雨农作为绅耆代表，赴永嘉城区康乐坊出席永嘉各界招待盟友筹备会。八区专员张宝琛与会。(《永嘉各界为招待盟友筹备会议名录》，温州市档案馆藏)按，“盟友”，指支援中方抗日的国际友人。

七月十三日 途遇夏承焘。

夏承焘日记七月十三日：“午后过董侯，与天五同过冷生，已归二十余日。过贞晦翁不值，遇于途。”(《夏承焘日记全编》第六册，4130页)

七月二十三日 约夏承焘为《大若岩志》作序。

夏承焘日记七月廿三日：“晴。六月望。贞晦翁来，嘱为《大若岩志》序。谓欲印三千部出卖，将藉为养老之资。”(《夏承焘日

记全编》第七册,4133页)

七月二十五日 夏承焘、吴鹭山等来籀园访晤。

夏承焘日记七月廿五日:“早,与天五、鞠真过籀园,晤冷生、贞晦翁、仲武,借《西塞罗文录》及《爱弥儿》来。”(《夏承焘日记全编》第七册,4134页)

七月二十八日 赴杨雨农宅午宴。

夏承焘日记七月廿八日:“阅报,美中英三国发文告警日本无条件投降,昨东京广播日要求盟国宽大条件。王梅庵来。午与天五饮雨农家,贞翁、冷生、梅庵同席。听梅庵以日本音歌唐诗‘月落乌啼’一首,日人妇孺亦能歌此也。”(《夏承焘日记全编》第七册,4135页)

八月三日 走访夏承焘,取回《大若岩志》稿。

夏承焘日记八月三日:“晴。早贞翁来,携《大若岩志》去。”(《夏承焘日记全编》第七册,4136页)

八月五日 夏承焘与梅冷生谈《大若岩志》。

夏承焘日记八月五日:“晴。晚雨。过冷生,谈贞翁《大若岩志》。”(《夏承焘日记全编》第七册,4136页)

八月上旬 呈请辞去县临时参议员,省方慰留。

《永嘉临时参议会　柯逢春接充议长》之下“又讯”:“本县临时参议员杨雨农、刘景晨呈请辞职,均经省方慰留云。”(《浙瓯日报》八月七日,三版)

八月十三日 接重庆刘节电报,托周守良汇归两万元。

八月十四日 永嘉县志纂修处结束。

夏承焘日记八月十四日:“夏正七夕。午后,籀园开永嘉修志局结束会。初识王亩仙业。修志局开办至此共二十月,遭寇迁徙,遂无成业,共费款二十万元。”(《夏承焘日记全编》第六册,4140页)

八月十八日 下午,出席永嘉县纂修县志委员会监委联席会议,报告纂修处工作,自三十三年十月起接县政府函知,保留总纂及事务员两人,维持处务,此外因县财政关系,暂行紧缩等语,因自三十三年十月起,至三十四年五月止,本处每月向县府减领经常费贰仟元、公粮一石五斗,六月事平回城,办理未了事务及移交事宜,由六月至八月,协纂一员、总务主任一员、勤工两人皆回处复职,每月所领县府经常费仍止贰仟元,公粮照人数给发具领。讨论决定县志纂修处应截至八月三十日结束,一切文卷、品物移交县纂修县志委员会。

以总纂名义提请永嘉县纂修县志委员会监委联席会议决事宜三项,附报告一项。

全文如下:

(一)本县修志事务初由县行政会议议决,组织修志委员会着手筹备,旋由委员会聘任总纂一人,组织修志纂修处。

景晨以委员会委员受聘担任总纂,三十三年一月一日纂修处成立,至八月间准县府函,"奉省令准省党部转知各县,主纂人员应尽先遴选本党同志充任"等因,景晨当即函会辞职在卷。值九九事变,景晨职责未卸,维持至今,在三十三年十一月间,准县府函知,奉省府令开,奉内政部公布《地方志书纂修办法》第四条,"纂修志书时,应由各省市县政府设立修志馆负责办理",是今后本县县志纂修处名称不得复用,又县修志委员会机构,为内政部公布《地方志书纂修办法》中所无,今后亦当解散。景晨今重申前请,自本年九月一日起解除职务,先于八月廿日将经办纂修处一切文件及器物等移交委员会接收,并请由委员会于九月一日将接收本处移交文件、器物等,及本会经办一切事务移交县政府接收,本会即行解散,所有本县修志事务,由县政府另行择员成立修志馆,继续办理。

(二)九九事变,本处、本委员会仓卒迁避乡间,图记皆已遗失，现因本处结束，本委员会解散，无须补刻图记。在结束及解散之际，所有公函及表册等，本处请借用籀园图书馆图记，本会请借用县印，以昭慎重。

（三）九九事变，本处总纂一人、职员二人携带文件及器物迁避乡间，事平回城，所需往来经费，请由县发经常费余款项下支销。

（附）本处自三十三年十月起准县府函知，“保留总纂及事务员两人维持处务，此外，因县财政关系，暂行紧缩”等语，因自三十三年十月起，至卅四年五月止，本处每月向县府减领经常费贰仟元、公粮一石五斗，六月事平回城，办理未了事务及移交事宜，由六月至八月，协纂一员、总务主任一员、勤工二人，皆回处复职，每月所领县府经常费仍止贰仟元，公粮照人数级数具领。（永嘉县志纂修处卷宗，温州市图书馆藏）

《永嘉县纂修县志委员会监委联席会议纪录》：

时间：三十四年八月十八日下午五时。

地点：县政府会议室。

出席者：张宝琛、翁柽、杨雨农、刘景晨、梅雨清、周复勉、沙迦耶、柯怡斋（刘景晨代）。

主席：翁柽。纪录：沈素蛰。

主席恭读国父遗嘱

报告事项

刘委员兼县志纂修处总纂景晨报告，本处自三十三年十月起准县府函知，“保留总纂及事务员两人，维持处务，此外因县财政关系，暂行紧缩”等语，因自三十三年十月起，至三十四年五月止，本处每月向县府减领经常费贰仟元、公粮一石五斗，六月事平回城，办理未了事务及移交事宜，由六月至八月，协纂一员、总务主任一员、勤工二人皆回处复职，每月所领县府经常费仍止贰仟元，公粮照人数给发具领。

讨论事项

1.准县政府函知,本会名称奉令改称修志馆等由,查本会机构为内政部公布《地方志书纂修办法》中所无,拟即解散。县志纂修处系本会组织规程规定设立,此种名似亦不能复用,拟同时结束案;

决议:

(1)县志纂修处应截至八月卅日结束,将一切文卷品物移交本会接收。

(2)本会于九月一日将文卷簿册暨原接县志纂修处移交文卷器物等移交县政府派员点收,另行成立修志馆,继续办理。

(3)推张监委宝琛、翁兼主委柽监视交接。

2.本会及县志纂修处图记均遭九九事变遗失,应否另行补刻,请公决案;

决议:本会及纂修处现将分别结束、解散,此项图记无须补刻,在结束及解散之际,所有文件表册等,本会借用县印,纂修处借用籀园图书馆图记,以昭慎重。

3.九九事变,县志纂修处总纂率同职员二人携带文件及器物迁避乡间,事平回城,所需往返川旅以及一切费用,请由县发经常费项下支销案。

决议:准予支销。

散会。

主席 翁 柽

纪录 沈素蛰

(永嘉县志纂修处卷宗,温州市图书馆藏)

按,永嘉县修志馆并未改组成立。

八月十九日 刘节来函。

刘节日记八月十九日(星期日):“下午作函父亲。”(《刘节日记》上册,260 页)

八月二十五日 永嘉县临时参议会开幕,至九月六日闭幕。

八月二十七日 遇夏承焘,与谈《大学》格物。

夏承焘日记八月廿七日:“晴热。今日孔子圣诞、教师节。过籀园看《续藏经》。过杨雨翁,晤俞寰澄翁,新自南田通志馆来。遇贞晦翁、查诵坚,谈《大学》格物。”(《夏承焘日记全编》第七册,4143 页)

八月三十日 与杨树猷、张宝琛、张强等四十人联名发表启事,介绍李明钦医生发明的天然治痢素。

八月下旬 参预发起温州菩提学会。

八月 与杨雨农向专员张宝琛力保叶适庵。

马祝眉八月卅一日致马公愚函,谈及惩办汉奸事:“适庵姑丈本系汉奸犯,幸杨雨农、刘贞晦两人向专员张宝琛极力套情,不致捉缉,则幸甚矣。此次汉奸犯甚多,上峰认真严办,大汉奸如吴江冷、谢醒吾、李尚义(李小波之子)、潘铎民、丁文藻、吴育襄、李显堂(还有五人忘记姓名)等十二人,早已飘然远逸,惟小汉奸数百人缉获到案,均未审决。”(陈胜武编《马祝眉家书》,线装书局二〇一六年十二月版,43 至 44 页)

九月一日 冯超尘新得敬乡楼蓝格钞本两种,持示夏承焘,上有谱主批注。

夏承焘日记九月一日:“冯超尘携来《太师张文忠公集》十册,张孚敬奏议六册,文、诗各二册。永嘉陈先生《两汉博议》五册,皆蓝格抄本,黄溯初先生敬乡楼藏书,有贞晦翁校跋。《博议》讹字甚多,似刘次饶丈校。超尘谓新以五百元得于城西街冷摊者,嘱予为署端。溯初去年在西南下世,其藏书抄本数大簏(其)[在]永嘉,前冷生诸君欲为介沽。书存溯初夫人处,破屋数间,不蔽风雨,夫人光景甚困

匮，此书遂分散流出。故乡劫后公私皆无力顾此，甚可惜也。”(《夏承焘日记全编》第七册，4144页)

九月二日 夏承焘于籀园讲《不游雁荡是虚生》，谱主前往听讲。

夏承焘日记九月二日：“休日。午后三时，在籀园图书馆讲《不游雁荡是虚生》，听众一二百人，贞晦翁、翩父、天五夫人、内子皆在座。四时馀毕。”(《夏承焘日记全编》第七册，4144至4145页)

九月三日 梅冷生、夏承焘、王季思借杨雨农宅宴请黄式苏、俞寰澄，应邀作陪。

夏承焘日记九月三日：“大风雨。今日全世界和平胜利纪念日，九时放长声警报，满城燃爆竹，以大风雨未开庆祝会提灯。晚与冷生、季思在雨农家宴仲荃、寰澄二翁。查诵坚、贞晦翁、翁圣木、徐堇侯同席。贞晦翁每饮必骂。十时冒雨散。”(《夏承焘日记全编》第七册，4145页)

九月六日 应杨雨农、徐堇侯之邀赴宴。

夏承焘日记九月六日：“阴。午赴雨农宴，夕赴堇侯、元善、吕灵士宴，仲荃、贞晦诸翁同席。永嘉参政会闭幕，季思为闭幕宣言。”(《夏承焘日记全编》第七册，4145页)

九月七日 午间应陈继严之招宴，席间传示祝捷诗作。

夏承焘日记九月七日：“晴。午陈育慈招饮，季思举酒嘱师管区李司令请即停止征兵，颇逢其怒。翁圣木谈其在西安躬见张学良事变甚细，谓此事得此结果，实由洛阳一旅长之力。贞晦、仲荃翁各示祝捷数诗。”(《夏承焘日记全编》第七册，4146页)

九月十九日 王季思《读贞晦先生〈大若岩志〉》发表于《浙瓯日报》展望版。

九月二十四日 俞寰澄《和谷寅侯刘贞晦两先生次放翁诗

韵》六章发表。

九月二十五日 夏承焘将离温重赴龙泉浙大分校，下午至夏家送行。

夏承焘日记九月廿五日："阴。午后孟晋、贞晦翁、云帆来送行。贞晦翁以手写苏词属题。"（《夏承焘日记全编》第七册，4151 页）

九月 永嘉县志纂修处结束之前，清理卷宗。

中华民国三四年九月　日第拾号，重印旧志，售出七部，函送各处十二部，存十一部。

《县志收支部数》："收叁拾部。付售出柒部，付委员会沈书记壹部，付县政府吕任贰部、付又翁任壹部，付专员公署壹部，付张专员壹部，付高等法院壹部，付地方法院壹部，付吕县长壹部，付马公愚壹部，付夏瞿禅壹部，付宋墨庵壹部，共付出拾九部，结存十一部。"（永嘉县志纂修处卷宗，温州市图书馆藏）

十月 专员张宝琛应邀为《大若岩志》作序，称道"先生博通经籍，工诗文，重气节，为一邑耆宿"，"先生宅心仁恕，道德文章均为世法"；也认为"此《志》作于寇乱之时，成于胜利之后，如无寇乱，则先生不致入山；不入山，则《志》无由作；《志》不作，则名山水永远湮没无闻；今大若岩卒藉先生之文以传，山水之显晦，信乎其有缘也！"次月八日发表于《浙瓯日报》展望副刊。

十一月一日 敬乡楼继承人黄沙氏与籀园图书馆馆长梅冷生订立合同议据，即日将藏书卅八箱并散帙四部寄存该馆，为期三年，谱主与汪惺时应约担任"见议人"。

十一月四日 与张淼、翁来科、杨雨农、梅冷生、戴绶先等六人为瓯海医院牙科医生田永宝刊登启事介绍。

十一月五日 出席永嘉县士绅法团会议，讨论向地方借贷偿还办法。该办法系县政府拟订，向城区借贷六百万，向乡区借贷四百万。会议由县长翁柽主持，予以通过，并送交临时参议会核

议追认。(《浙瓯日报》九日三版,作者浙瓯社)

十一月十五日 夏承焘来访未遇。

夏承焘日记十一月十五日:"晴。午后视礼芳病。诣刘贞翁不遇。"(《夏承焘日记全编》第七册,4163页)

十一月十九日 夏承焘来访,谓选举而名"竞选",用辞不通。

夏承焘日记十一月十九日:"早与天五过薛立夫、李镜湖、张景飞三医师问药。过刘贞翁小谈,谓选举而名'竞选',直是不通。"(《夏承焘日记全编》第七册,4164页)

十一月二十二日 致函浙江省政府委员兼民政厅长阮毅成,就坚辞永嘉县临时参议长一节再做解释,并为前温州航政办事处主任陈继严关说。

"毅成我兄厅长勋右:去春从者来瓯,藉承清诲。别无几时,瓯城沦陷,弟走匿乡间,瞬更裘葛,全家备历艰辛,幸告无恙。今夏寇退还城,敝庐尚未损毁,足慰廑怀。临时参议会议长一席,仰蒙委任,至感盛情。实因衰老无能,不堪驱使,屡牍告辞,良非得已,想荷鉴原。今强敌已催,百政更始,人民莫不额手称庆,惟国内党争仍难解决,可为寒心耳。温州航政办事处主任陈君继严,奉令解职赴省候用,闻兄与闻授受之谊,到省必能诣请训示。陈君干练,在交通部成绩知在藻鉴之中,无俟赘述;其资历与《县长任用条例》相合而有余,务恳详告省府主席,提出省行政会议,予以大缺,畀展所长。战后诸待建设,用人必求贤能,想我兄同此见解也。瓯沪尚未有定期班轮,一俟海运正常,当赴杭奉候,一罄别忱。匆匆不备,顺叩勋安。弟刘景晨顿首。十一月廿二日。"(《匡时百年遗墨专场》,北京匡时国际拍卖有限公司二〇一四年九月出品,77页)

同日 访晤夏承焘,言当今中国家财最巨者并非孔祥熙。

夏承焘日记十一月廿二日:"夕大雨。午后贞晦翁来,谈今中国家财最巨者非孔，是何。”（《夏承焘日记全编》第七册，4165 页）按，孔，指孔祥熙；何，指何人，未详。

十一月 被推聘为永嘉县救济基金保管委员会委员，连任数年。

十二月三日 途遇夏承焘、吴鹭山，至夏家久谈，关涉郑曼青学艺成家之背后。

夏承焘日记十二月三日：“晴。午后与天五途遇贞晦翁，过予家久谈，谓郑曼青多外慕，不知自来学艺成家未有不穷者。”（《夏承焘日记全编》第七册，4167 页）

十二月七日 下午访晤夏承焘，示以所抄苏东坡词。

夏承焘日记十二月七日：“晴。午后贞晦翁来，示所抄坡词。”（《夏承焘日记全编》第七册，4166 页）

十二月十日 夏承焘撰《林梦龙传》《叶尚高传》发表于《温州日报》第四版胜境副刊。

十二月十二日 黄达聪，夏承焘、吴鹭山先后来访。近日接李佩秋上海来函。

夏承焘日记十二月十二日：“晴。早与天五过梅庵、敏行、贞翁。于贞翁座晤黄达聪，言溯初先生藏书事。达聪前月在沪为秘密工作被日人酷刑不死，亦忠烈之士矣。贞翁新得李佩秋上海函，久无消息，闻此甚慰。”（《夏承焘日记全编》第七册，4169 页）

十二月二十三日 夏承焘回访。

夏承焘日记十二月廿三日：“阴。休日。过贞晦翁小坐。”（《夏承焘日记全编》第七册，4172 页）

十二月 应苏昧朔之属，为其岳丈方仲谋购藏的《日本二女图》题诗，中有句云：“鉴家适逢苏昧朔，写真能手久有声。持访敝庐索题句，岛虏窘蹙刚输诚。”（《刘景晨集》，316 页）

一九四六年（中华民国三十五年　丙戌）　六十六岁

一月一日　为夏承焘送行，表示将义卖梅花图所得资助永嘉县救济院。

夏承焘日记一九四六年一月一日："阴。夏正十一月廿八日。理杭州行装。早贞晦翁来，谓日内画梅五十张，欲筹五十万元为救济院费。"（《夏承焘日记全编》第七册，4174页）

一月十一日至十四日　画作在永嘉县救济院展售，所得八成捐作救济经费。

《刘景晨先生出售书画移充救济经费》（本埠讯）："本县书画家刘景晨先生，以县救济院经费支绌，救济事业无法推展，特将所有得意佳作，于本月十一日起十四日止，在救济院出售，以售价八成捐予该院，为救济经费云。"（原载《温州日报》一九四六年一月十日，转引自《温州老新闻》下册，237页）

一月二十五日　出席永嘉县永强区东平陡门落成典礼。

《东平陡门昨日落成》（永嘉讯）："本埠永强区东平陡门落成典礼，已于昨日二时在该陡门所在地举行。仪式隆重，参加观礼者有张专员、翁县长、许县长及士绅刘景晨，暨各机关代表等五百余人。首由主席张专员报告设置陡门以及建设经过情形，极为完备。继有翁县长、许县长相继致词，最后公演越剧作余兴，尽欢而散云。"（原载《阵中日报》一九四六年一月二十六日，转引自《温州老新闻》下册，25页）

二月一日　就《处理汉奸案例》第二条规定的解释与温州电报局原局长曹雄（戎南）的复职问题，致重庆立法院林佛性航空快函求助。

佛性老弟左右：

承惠书敬悉一一。附示寿马筱坪先生诗甚好，想早已写寄矣。

外敌屈服，海内称庆，唯内政亟待整理，内争亟宜消释，否则吾族仍难安居乐业也。从者多年未归，知在渝一切康胜，私窃喜慰。

前岁秋初，永城沦陷，晨先携家避居枏溪十阅月，去夏敌退乃得还城。城居无甚损失，乡居被抢掠，所耗不多，此乱中必有之事，不足计较。吾温收复在敌人投降之前，官厅办理汉奸案至今尚未清了，真正汉奸自应严惩，但吾温所谓汉奸者，皆无告之难民，迫于生计，堕落法网，鄙意谓宜哀矜而宽宥之。《惩治汉奸条例》屡经修订，近又有《处理汉奸案例》之公布（三十一年十一月廿三日），吾温人士对此《条例》第二条之规定解释不同，大概有甲、乙两说，不知究以何说能符合本《条例》公布之用意，用将两说录为别纸，寄请审核后提出立法院详加讨论，得一确定之解释，昭示全国，以为司法官办理汉奸案件之准则，诚为功德无量，不识尊见何如？乞先示复为幸。

又，温州电报局长曹雄，号戎南，到职在永嘉第一次沦陷之前，迄今先后五载，经过三次城陷，支持局务，成绩甚佳。日人屈服之后，局势稍宽，请假休息。适在此时，浙局易长，遽将温局另委他人。及曹君请示销假，竟批令续假，不啻夺其原职，窃为不平。曹君自民国十一年服务交通部，出为电报局长，迄今二十余年，未尝一日间断。今得此结果，能不灰心？用特函告，乞向交通部俞部长为之申说。闻俞部长亦素知其为人，若令复职，或另委局缺，方可纠正省局之错误。曹君资格甚老，即委充省局局长，亦于例甚合也，务请留意为幸。

顷因永嘉县救济院经费拮据，将命作书画售得法币三十万元补助之，该院得此可度年关，便告从者，知老朽新作一快意事也。

守良归已晤，不知从者何日可归，谅把晤之期，亦不远矣。

匆复，顺颂

年禧

景晨　顿首

乙酉除夕

卅五年二月一日

附件一纸。

（原函藏受者侄子林肖冲处，收入张炳勋《鳞鸿旧影——近世乐清旧札掇拾》，敦煌文艺出版社二〇一四年九月版，132至134页）

按，受信人林佛性（1889—1958），名彬，谱名宏肇，乐清翁垟高垟村人。毕业于北京大学。曾蝉联四届立法委员，兼法制委员会委员长、司法院第一届大法官。参与起草《中华民国宪法草案》《中华民国民法》《中华民国刑法》等若干部，又著述多种。刘、林师弟情笃，况林氏为法学权威，对《惩治汉奸条例》之规定有不明之处，特祈析疑，乃此附件一纸已失，内容未详，或受信人已将此纸转交有关部门，以便答复。此信信封批有"存"字，连加三圈，以示重要。另，探询曹雄任职事，经查其任温州电报局长期间，适日寇第二次入侵温州，曹率部分员工携设备等随专署撤至瑞安林垟，坚持定时通报，备历艰辛。曹之任职至一九四四年九月，可见在温并未复职。或另有任用，不得而知。此札开首提及马筱坪，名毓麒，浙江平阳人。早年留学日本，后接任省立第十中学校长，受信人亦系及门。

二月中旬　获悉老友王鸿年病故北平，与杨雨农等发起追悼会。

《永嘉王鲁璠病逝北平》(本埠讯):“永嘉王鲁璠先生(鸿年),服官外交界四十余年,折冲樽俎,为国效劳,至老不倦。寓居北平,值中日开战,道阻不得还乡。北平沦陷,敌人利诱威胁,先生凛然不屈,闭户读书,闻者感服。兹闻先生已于本年一月十二日病逝。故乡友好刘景晨、杨雨农等闻耗,为发起开会追悼,以志景慕,俟择定日期地址,即行登报遍告乡里旧交参加吊奠云。”(《浙瓯日报》一九四六年二月十三日,三版)**按,《王荣年(报丧)启事》刊于《浙瓯日报》二月十四日一版。**

同月中旬 鉴于梅冷生、张硕臣、杨雨农与谱主等联名呈请,第八区保安司令部同意撤销王永山通缉案,并发还财产。

《永嘉“四一九”事变巨奸王永山已无罪了!本县士绅数人代为呈请悔过　八区保安部已特准免予追究》(海光社本埠讯):“昨日浙瓯日报刊载读者来函,要求有关当局解释疑问。(前略)记者又向关系方面探询,得悉本县士绅梅雨清、刘贞晦、张硕臣、杨雨农等数氏,以该王永山对于往事深表悔悟,而其本人素有学行,其母年老无依,望子心切,逢人便哭;又以王永山在七一一及九九两次事变期内,均未回温参加奸伪活动,确有荡垢涤污、痛改前非之决心,特联名呈请原审理机关八区保安司令部代为请求撤销通缉案,发还财产,以示恩恤。八区保安司令部以具呈诸人均为社会硕望,并为奖励改过与激发孝思起见,特准免究,取销通缉王永山与发还财产全部命令。至如何使以后之王永山悫忠补过,保安司令部并曾责令具呈人等共同留意云。”(《浙瓯日报》一九四六年二月十九日,第三版)

二月 当选为永嘉县参议员。

四月十五日 温中学生百余人夜袭汉奸王永山(“四一九”事变中任伪商会会长)宅,将其捣毁。学生代表向谱主、梅冷生、杨雨农等提出质询。

梅冷生述、孙孟桓录《记汉奸王永山》（一九六四年六月三十日）："一天晚上，全体学生出动，把王永山横井巷房屋捣毁，并由学生会（主席为安邦同志）派出学生向我及刘景晨、杨雨农等提出质问。"（温州市政协文史存稿，柒—8，第14页）

按，此前梅冷生在瑞安高楼领衔呈文专员张宝琛，以王有母年迈，望子心切，请准其投案自首。联名者共九人。梅起初考虑请谱主领衔。

梅冷生《记汉奸王永山》："这是要多人联名，还要有一人领衔的。我就想起刘景晨。但刘景晨那时在永嘉楠溪，交通不便，来往带信要廿多天，而且还不知道他肯不肯。因此，我便就近邀同在高楼的杨雨农、汪醒时，连我共九人，由我居首，做一呈文给张宝琛。"张批："准为所请。"于是，王从上海返回温州。（温州市政协文史存稿，柒—8，第12至13页）

四月十六日或十七日　温州中学学生自治会代表来访，征询对王永山案的意见。

《温州：学生发动肃奸》："本埠温中学生自治会（中略）乃于昨日（十六日）上午八时特行召开第一次各级中队长临时紧急会议，出席者计有钱筱申、钱孝衡、谷钱国等五十余人，朱一青校长亦列席。首由主席报告，略以本埠大汉奸王永山现仍逍遥法外，吾人对此应有所表示，并将前晚捕奸经过情形报告外，对今后肃奸运动应如何进行，即提出讨论，兹将其议决要点录载于下：一、肃清汉奸，澄清政治；二、联络城区各校，聘请法律顾问；三、向高等法院提起上诉，请求复判，并邀新闻记者出席运动大会，并于事前访问地绅刘景晨、梅冷生等，向其征询意见；（四、五、略），六、定期今（十七）日招待各机关首长及各报社新闻记者，商讨肃奸运动进行事宜云。"（《时事新报》一九四六年四月三十日，二版）

四月十八日　张宝琛召集师生、士绅谈话会，谱主与会发言。

《记汉奸王永山》:(在专员张宝琛、高等分院首席检察官张毓泉讲话之后)"刘景晨也讲话说,'学生们要用心读书,勿干涉政治。'"(温州市政协文史存稿,柒—8,第14至15页)

在场者潘国存回忆:刘景晨解释,联名保王永山的用意无非是让他从上海回来尽孝道。学生代表安邦当场反驳:"自古孝子出在忠臣之门,未闻孝子出在汉奸之室。"(二〇〇一年十二月廿七日访谈潘国存先生记录)

四月十九日　夏鼐来谒。

夏鼐日记一九四六年四月十九日(星期五):"上午赴世美巷二号,晋谒刘冠三先生,言及昨日专署谈话会关于王永山事件。旋余询及敬乡楼书籍事,据云《敬乡楼丛书》刊印本,每种原仅五百份,除赠送及售出者以外,其余存于沪上宝山路黄宅,毁于火;至于所藏书籍,共四十箱,皆在温州,现寄存籀园图书馆,已缺少二箱(其中有《东莱博议》及《张文忠公全集》二书,为郭溪洪某所购去),现已草成书目,尚未付印云云。"(《夏鼐日记》卷四,40页)

四月二十二日　刘叔扬访夏鼐。

夏鼐日记四月二十二日(星期一):"上午刘武(叔扬)君来谈,氏系刘冠三先生之公子,附小同学,毕业于上海美专及北平中国大学,现执教于温州师范,适以春假返里,以患胃病,又加以须发许久未修,颇显老态,闲谈一会后即辞出。"(《夏鼐日记》卷四,41页)

春　作《哭溯初》七绝十章,纪念黄群病故一周年。

五月五日　至中山纪念堂出席王鸿年追悼会。永嘉县党部书记长叶璜主祭,祭文系谱主执笔。谱主报告王鸿年人格风骨与生活态度。其弟王荣年致答词。

《王鲁璠追悼会备极哀荣》(本报讯):"王鲁璠先生追悼会于昨日下午一时举行。中山纪念堂面积较少,三百余对挽联,几无法一一陈列。一时许,来宾纷纷到来,礼堂甚形拥挤,遂即宣告开会。奏哀乐后,由永嘉县党部书记长叶璜主祭,献花果花圈读祭文毕,即行致辞。旋由刘景晨报告王氏之人格风骨、生活态度。继由刘县长、池源瀚、叶志超、柯怡斋、陈安枢等演说,均对王氏人格表示景仰,大可为后人模范。末由家属代表王荣年答词,向来宾致谢。四时许,大会于奏哀乐声中散会。”(《浙瓯日报》,五月六日,三版)按,叶璜系原永嘉县党部书记长、现浙江省党部执行委员叶蕴辉之弟,叶蕴辉离任后陈幼民接任,陈病故后,遗缺由叶璜接替。刘县长,即刘能超。

五月十五日 为提高城区小学教师待遇,永嘉县政府召集各界代表商定办法,决定改组教育乐输委员会。与会发言。

报道称“教育会理事长游长龄、士绅刘景晨发表意见,并对今后城区各中心学校提出改进意见,颇切肯要”。(《浙瓯日报》五月十六日,三版)按,游长龄,字止水。

五月二十二日 应梅冷生之邀赴顺利餐馆午宴。

夏鼐日记五月廿二日(星期三):“中午应梅冷生先生之邀,在府头门顺利餐馆午宴,在座有刘景晨、陈仲陶、张宋庼、沈炼之、陈木庵、谷寅侯、吴天余等。”(《夏鼐日记》卷四,47页)按,吴天余,疑为吴天五之笔误。

五月下旬 获悉专员张宝琛奉调省参议,交卸在即,与柯逢春、张云雷、郑迈诸人联名致电省政府并行政院。

《八区各县议长士绅联名表白张专员 电文历举张专员七年功绩 谓闻讯不胜夺我使君之感》(本埠讯):“浙江省第八区行政督察专员张公宝琛,在职七年,勤奋如一日,性行刚直,操守清廉。七年之中,各属县曾经三次沦陷,公沉着应付,地方幸未糜烂。镇压盗匪,纠治[治]汉奸,疏散物资,振济义民,表扬忠烈,无不尽力为之。而策励民众,以配合军队作战;制裁游杂,以保全地方元气，尤为各部队长官及各界民众所共知。去年敌人溃退，公督办各属县善后复员事宜，奏效迅速，而对于情报人员包庇贿纵汉奸，勒索良民，种种横累行为，能断然予以制裁，更为社会所称颂。至于倡导建乡运动，兴修农田水利，实惠及民，皆为抗战期间努力建设之事绩。兹闻奉调，不胜夺我使君之感！深知钧府迁调张专员之决议已无变更余地，惟官吏之进退，政府自有权衡；而长官之贤否，人民宜为表白。谨披沥上陈，伏维垂察，幸甚！”（《浙瓯日报》中华民国三十五年五月二十七日，第三版，参见《刘景晨集》卷上，139 页）

六月　杨树猷题赠扇面（兰花图）。落款：“贞晦吾兄正。丙戌仲夏，允升杨树猷重游永嘉。”按，此时杨回任浙江高等法院第一分院（设永嘉）院长。

七月四日　夏鼐来访未遇。

夏鼐日记七月四日（星期四）：“以今日自家门前街巷翻造石路已毕，不久将筑门台，乃赴刘景晨、谢磊明、单次刚等处，拟借汉碑帖，以便摩刻二字，皆未遇。”（《夏鼐日记》卷四，55 页）按，从日记下文看，此二字为“夏里”。

七月五日　夏鼐来访，了解刘节行迹，并托引见谢磊明。

夏鼐日记七月五日（星期五）：“上午至刘景晨先生处，询问子植行迹，顺便闲谈西北考察经过，并请其介绍往见谢磊明先生。下午往访谢磊明先生未遇。”（《夏鼐日记》卷四，56 页）

七月七日　至瓯海医院参加黄群追悼会，担任主祭。

夏鼐日记七月七日（星期日）：“下午至陈继严君处闲谈，又同赴瓯海医院黄溯初先生追悼会，晤及刘景晨、王志澄、梅冷生诸老先生。又晤及瓯海院长张景飞先生，据云陈万里来温州时，曾偕往西山访西山窑遗址，获得碎片颇多。今日天热，会场闷塞，余乃先退席。”（《夏鼐日记温州篇》，华东师范大学出版社二〇一三年

八月版,212 页)

浙永社《黄溯初哀荣　本埠昨开会追悼》:"瓯海实业银行、瓯海医院、松台别业创办人,金融界巨子黄溯初先生追悼会昨日在瓯海医院设座举行。到会者有各机关、法团首长二百余人。三时正,由主祭者刘景晨领导行礼、献花及宣读祭文暨报告黄氏事略后,嗣由来宾汪惺时、杨雨农、翁来科、胡定侯、杨玉生等相继演说,对于黄氏生前事业赞扬备至。末由家属代表黄联彬致谢词。至五时许礼成散会云。"(《浙瓯日报》七月八日,三版)

七月九日　《永嘉黄君群传》发表于《浙瓯日报》四版,展望副刊新三六六号。

《疚庼日记》民国三十五年七月十四日(六月十六日):"《瓯报》载刘贞晦撰黄朔初传,论曰:'有功不居,儒者之常。并世无述,后人孰从而知之;而攘人功以为已功,至倾倒一时,腾播简策,后人又孰从而正之?伊古以来,类此者何可胜道!呜呼!此亦至不平之事矣。'余谬充《通志》编纂,对于鼎革以还之人物,持论亦如是云。"(《温州市图书馆藏日记稿钞本丛刊》第56册,29955至29956页)

七月二十九日　夏鼐来访,示以埃及古碑拓本。

夏鼐日记七月二十九日(星期一):"晨间往谒刘景晨先生,并晤及子植、叔扬二君。刘先生出示所收集之埃及古碑拓本四纸,据云购自南京坊间,相传为端午桥之故物,乃其拓工所拓者。然余观之,似皆为赝货,除象形文字系阴文外,画像皆为阳文,表面平滑,而非浮雕,此为埃及古刻所罕见。"(《夏鼐日记》卷四,59页)

八月十三日　林佛性由南京返里,前来晋谒。

夏鼐日记八月十三日(星期二):"下午沈炼之君来,同往访刘子植君,适林佛性新由京返里,来谒刘冠三先生,闲谈一会儿后,即返家。"(《夏鼐日记》卷四,62页)

八月十六日 出席永嘉县救济基金保管委员会第四次委员会议，通过小麦投标办法。

《救济院基金保管会通过小麦投标办法》："永嘉县救济基金保管委员会，于十六日举行第四次委员会议，出席委员翁来科、张一鸣、吴秋江、戴潜麟、王纯侯、刘景晨、杨雨农、陈□、叶正乐等，主席杨雨农。"（《地方新闻》八月十八日，三版）

九月二十日 赴普安施药局出席府城隍庙善后会议。

《郡庙善后委会明开首次会议》（永嘉讯）："本埠府城隍庙火毁之后，地方士绅杨雨农、王纯侯等欲谋善后，曾经集议决定，以组织郡庙善后委员会，并定期召开善后会议。昨日下午二时，仍假普安施药局举行，到会者有陈纪方、陈守庸、陈安枢、刘景辰、梅冷生、徐趋、朱光等六十余人，公推夏鹤龄为临时主席。决议各案如下：本会委员如何推定案，议决：推叶嗜琴、吴秋江、黄修琳、周兆民、余烈夫、吴文荣、刘庆云、伊国栋、夏鹤龄、王纯侯、陈安枢、柯逢春、李国栋、张有才、杨雨农、张一鸣、邱百川、陈纪方、黄洪元、白文俊等二十一人为善后委员，并公推夏鹤龄为召集人，定本月二十二日下午三时召开第一次会议，地点暂定普安施药局。二、郡庙此次失火应推员调查真相案，议决：公推潘泽濂、汤侠民、邱菊初、曾仲甫、张毓斋、周文权六人负责调查，于开会前将失火真相用书面报会核议。三、郡庙善后事宜应如何办理案，议决：交委员会办理。四、本会会址如何决定案，议决：暂设普安施药局。"（浙永社）（《阵中日报》民图三十五年九月二十一日，三版）

九月二十三日 夏承焘、吴鹭山来访。是时刘节结束中央大学工作，归里度假。

夏承焘日记九月廿三日："晴。早天五来，同谒贞晦翁，晤子植，九年不见，谓吃长素五年，精神比前好。予为跃然心动。子植谓多食新鲜豆菜，调麻油，不妨食牛乳、鸡蛋。"（《夏承焘日记全编》

►红梅图(赠马公愚)

第七册,4250 至 4251 页)

九月二十六日 夏承焘来访,与谈永嘉、乐清县参议员选举情况。

夏承焘日记九月廿六日:“雨。午后答访介夫,诣贞晦翁、子植,谈选参议员,贞翁谓此次永嘉、乐清办得最好。”(《夏承焘日记全编》第七册,4251 页)

十月一日 夏承焘来访。

夏承焘日记十月一日:“晴。早过贞翁,见樊漱圃刊洛阳新出土樊绍述作其先人樊涚墓志,文从字顺,与绵诗、绛记不同。”(《夏承焘日记全编》第七册,4253 页)

暮秋 作《红梅图》赠弟子马公愚。

落款:“公禺老弟法家雅正。丙戌九月,刘景晨。”下钤“刘景晨印”(白文章)、“贞晦六十后诗书画记”(朱文章)。按,今藏衎园美术馆。

十一月十日 上午赴钱业公会出席永嘉城区第三次座谈会,同时欢送永嘉团管区司令李文彬、欢迎新任团管区司令叶迈。

《城区第三届座谈会昨假钱业公会举行 欢送李司令张金两首席会后余兴 情况极为热烈》(浙永社

讯）："本县城区第三届座谈会于日昨上午十一时，假座第一桥下钱业公会举行，同时各界为欢送李司令文彬、高院张首席毓泉、地院金首席圜等荣调，暨欢迎新任团管区司令叶迈莅任举行公宴。闻各机关首长余专员、陈副司令、蒋县长、邱书记长、李副议长、宋税务司、陈帮办、陈局长、张局长、朱局长、各银行行长、梅馆长暨九镇镇长、镇民代表会主席，士绅刘贞晦、杨雨农及各报社通讯社负责人等，计五十余人。空军总司令部陈处长、省保安处陈大队长等，亦因公来温视察，由余专员邀请参加。济济一堂，颇极一时之盛。由余专员主席。（下略）"（《地方新闻》民国三十五年十一月十一日，三版）

十一月十三日 夏鼐来辞行。

夏鼐日记十一月十三日（星期三）："上午至籀园还书。至海关晤及叶焜君，托购船票。至刘景晨先生处辞行，知子植君已携眷赴广州中山大学。"（《夏鼐日记》卷四，77页）

十一月十七日 杨雨农为刘祝群七十初度设午宴于馀绮楼，应邀作陪，同席马祝眉、王秉枕、刘项宣、池仲霖、叶适庵、梅冷生诸人。即席赋诗祝寿，首联称"一别匆匆忽十年，论交还溯卌年前"。

《疚庼日记》十一月十七日（十月廿四日）："到田宝永医家，落去坏牙。午刻杨雨农酒集馀绮楼，主宾九人，马祝眉年七十有八，王秉忱七十有六，刘宏轩、池苏翁同年七十五，主人雨农与叶适庵同年六十七，刘贞晦弱一龄，贞晦赠诗：'一别匆匆忽十年，论交还溯卌年前。重逢劫后秋仍菊，高卧山中笔似椽。今日樽罍感东道，平生泉壑志南田。文章自是吾侪事，七秩康强亦地仙。'梅冷生年甫五十一。雨农以余七十初度为题，集老友八人，持杯为寿，情极可感。劫后重逢，幸皆老健，尤不易得也。"（《刘祝群日记》，1024页）按，此诗《刘景晨集》失收。

十一月十九日 刘祝群午后来访。告以画梅一帧，并题前日所作七律，已付装裱。

《疚庼日记》十一月十九日(十月廿六)："午后诣马祝眉、刘贞晦。贞晦画梅一小帧，题前日席上所作长句一律，云已付装池以寿余。老友多情，可感也。"(稿本，温州市图书馆藏)

十一月二十三日 持画梅一帧访晤刘祝群。是时刘落榻外甥周怀萱商店。

《疚庼日记》十一月廿三日(十月三十日)："周守良来谒，并约后日午餐。贞晦持画梅一帧，题前日即席赋赠一首，扶笻来谈，至可感也。"(《刘祝群日记》，1026页)

十一月二十五日 应周守良之邀赴宴，同席刘祝群、梅冷生、李伯雄、张绚霞、胡荣铨、陈越民、张益三、郭伯厚共十位。

《疚庼日记》十一月廿五日(十一月初二日)："杨玉笙来。周守良酒集，主宾十人，予年最长，老友贞晦次之，张绚霞、胡衡尘、陈越民、张益三、郭伯厚，主人周守良，皆清季讲学温州中学及门弟子也。梅冷生、李伯雄，梅为旧游，李则初识。一席十人，予与贞晦同姓，余八人，凡七姓，都五百八十岁。"(《刘祝群日记》，1027页)

十二月七日 刘祝群寄赠《括苍丛书》，答谢其画梅题诗为寿。

《疚庼日记》十二月七日(十一月十四日)："复南扬、奂春、浣青、芝珊四函，今日邮去。又以《括苍丛书》寄贞晦，报其前月写诗画梅寿余七十初度，去书有云：'前月诣承教益，贱子愧及七旬，老友宠以三绝，高张芳翰。坐对萧斋，红梅认作桃花，潭水影深千尺。此行所获，拜嘉孔多。'"(《刘祝群日记》，1029页)

十二月十一日 刘祝群致函俞寰澄，录寄谱主寿诗。刘祝群从弟季华步谱主寿诗原韵赋诗两章。(同前)稍后，其侄霞卿步谱主寿诗原韵赋诗一首。

《疚庼日记》十二月十一日(十一月十八日)："复俞寰澄书，

今日付邮，并录寄贞晦前日即席一首。”（《刘祝群日记》，1029 页）

《疚庼日记》十二月二十日（十一月廿七日）：“季华从弟，用贞晦寿余七十长句原韵赋诗二首，为我祝延。”次年一月十日（十二月十九日）：“霞卿侄用贞晦寿余长句韵赋呈一首，雅意可感。”（《温州市图书馆藏日记稿钞本丛刊》第 56 册，29990 页）

十二月十三日 五古《丙戌十一月初五日是三十五年十一月二十七日余更定饮例自此日始诗以记之时年六十又六》发表于《浙瓯日报》展望副刊新四二九号，署名贞晦刘景晨。

诗结尾曰：“为欢可无酒，非必鲸吸川。决矣起新例，胸有创制权。犹之国立法，后法胜于前。国难故未已，触绪惟忧煎。说饮却成咏，瘦菊支寒天。庶几彭泽令，亦有止酒篇。”（参见《刘景晨集》，317 页）

十二月十九日 胡兰成《和贞晦先生重开饮例诗》（步原韵）发表于《浙瓯日报》展望副刊，署名嘉仪。

诗曰：“且酌半注酒，问今是何年。大难谓已夷，迄不得安然。众生方苦厄，强者舞于颠。亦欲事躬耕，而无负郭田。亦欲逐商贾，而无子母钱。怀才徒自惜，修德固勾蠲。非必建承露，然后降神仙。非必施弦柱，素琴座上悬。非必能饮酒，乃结饮者缘。故知虽不用，君子无闷焉。读翁开饮什，甚叹翁能禅。闾巷风日净，惟酒知其贤。岂学诸贵矜，牛后争鸡先。陶令形神释，不知所周旋。酒无二分义，喻水即是川。圣人立大经，智士行其权。饮者乐其性，湛湛清樽前。尝闻葛巾洒，和愁不可煎。老人岁月稔，随喜于诸天。况有善知识，新句出陈篇。”（《温州老副刊》下册，226 页）

胡兰成《今生今世》回忆：“忽一日，《温州日报》上登出《饮酒》五古一首，作者刘景晨。我受五四运动的影响，不喜近人作的古诗，但这一首却好。诗最怕艺术化了自成一物，所以好诗倒要不赏其是诗。我就和作了一首,也在同一报上发表了。”(台北三三书坊一九九〇年版,远流出版事业股份有限公司发行)**按,此处误将《浙瓯日报》记作《温州日报》。**

十二月二十四日 预告《刘贞晦画展》见报。

《刘贞晦画展 收入充小教津贴费》(文化社讯):“永嘉耆绅刘贞晦,近以教师生活清苦、教费增筹不易,特将生平所作书画珍品七十余件,出为展览,每件标售二万元至十万元,全部收入(除纸墨费外)充作国民教育基金,孳息收入专充提高各镇校教师待遇之用,以资倡导。自本月廿八日起,至卅日止,假座瓦市巷南市镇第一中心小学礼堂展览三天。”(《温州日报》,三版)

按,专员余森文为此领衔向社会各界寄发启事。

启事曰:“永嘉耆宿刘贞晦先生,王乔仙吏,彭泽闲身,廿载归田,耽谢客江□。(中略)近以本县国民教育□□支绌,特出平日所作书画珍品七十余件,于本月廿八、廿九、三十三日假南市镇第一中心国民学校公开展览,每件公开标售贰万元至十万元,全部收入(除纸墨费外)助充国民教育基金。移三径卜筑之资,助百年树人之计。资分润笔,足令多士颜欢;教振斯文,益见良工心苦。高义薄云,清标矫俗矣。森文等钦仰情殷,合为延誉,伏望各界名流、此邦鸿硕,珍赏之余,咸开囊橐,千金购墨妙,毋让古人;百辈挺翘拔,咸称髦士。则比瞻快雪时晴之帖,时有起夫慕思;如披烟江叠嶂之图,匪徒资于欣赏矣。谨启。介绍人余森文、蒋一鸣、徐趋、柯怡斋、邱鸣和、李国栋、梅冷生、游长龄、杨雨农、金嵘轩、王纯侯、陈继凯。”(油印件,温州市档案馆藏)**按,右上角钤章:“收文第1113号,民国35年12月30日到。”**

十二月二十七日 为捐充温州城区小学教育基金,登报公布决定,次日起三日内于南市第一中心小学义卖书画七十件。

《刘景晨启事》曰:“一、出售所作书画七十件,总值三百四十万元；二、售值八成捐充三十六年度城区小学教育基金；三、出售处：南市第一中心小学，即瓦市殿巷康乐小学；四、出售日期：卅五年十二月廿八、廿九、卅日共三日，每日午前九时至十一时，午后二时至五时。”（《浙瓯日报》《温州日报》一版）

同日 组诗《出售书画得三十余万元充救济院经费成赋四首》发表于《浙瓯日报》展望副刊新一六四号。

其四曰：“用钱岂不似泥砂，娱乐场前挤破车。第一复兴宜孔庙，点金无术奈公家。”脚注：“春秋大义深入人心，国之不亡，实受孔子之赐。今郡庙、邑庙皆成废墟，拟于开春征求同志募款重建。”

十二月二十九日 专员余森文、县长蒋一鸣、高等法院院长杨树猷等前往参观并定购。

《贞晦画展 定购踊跃》（文化社讯）：“永嘉耆宿刘贞晦先生，为增筹教育基金，举行书画展览，曾志前报。兹悉连日参观人数颇多，日昨为星期日，各机关首长前往定件者，有余专员、蒋县长、高等法院杨院长等多人，想本日为截止期间，定购者必较拥挤者云。”（《平报》一九四六年十二月三十日）

十二月底 永嘉南市第一中心小学义卖书画会现场，接待张嘉仪（胡兰成）。

胡兰成《今生今世》交代：“我是意图勾搭，惟不识这刘景晨何人，又不敢到报馆去问。偶过五马街裱装店，见裱有红梅一幅，题名亦是刘景晨，我肚里想他倒是又会作画，因从店伙问得他的住址，是百里坊世美巷二号。但我亦不好冒昧往访。如此过了半月有余，忽一日见报上载有义助小学校经费的个人书画展览会，又是刘景晨。我遂去看，见一白须老者据案而坐，威严清净，他的人的风貌亦像是画。我想这一定是了，但是且先看了画，然后上前致敬，问是刘先生么？我是张嘉仪。刘先生起立还礼，延我坐，说和诗已见，且是不错。问我府上哪里，我冒爱玲的家世，答丰润。刘先生说丰润清末有张佩纶，我答是先祖，他道：‘这是家学有传了。’我只装不知。问了刘先生的住址，说他日当拜访，刘先生颔首。我不好性急，又隔了几天才去他家里。刘先生延我坐，一看院落厅房，知道不是等闲之家，我就只执子弟之礼，少说少问。主客刚刚坐定，刘先生劈头却道：‘我这里平常不要年轻人来，因为如今这班人总是想利用。’我听了一惊，我的心虚正被他道着。我必须端详像个无事之人。”

按，此处称“如此过了半月有余”，方韶毅《胡兰成遗落在温州的一首诗》分析：“《今生今世》所载时间不确，应不到十天。”所言可从。

年底 应平阳郑汝璋之托，为《抱一庐诗存》撰序，推崇备至。

序略云：“夫诗以言志，务真切温厚，然后足存。君生平践履笃实，不矜才使气，诗如其人，可不版印以传耶？自倭寇窜扰东南，君弃官隐于义乌山中，既而归其乡平阳东括之故庐。倭寇就降，司法官起用旧人，君年甫六十，顾无再出意，胸怀恬淡，读其诗者可以概见之矣。”（《抱一庐诗存》，朱公茂民国三十六年承印本，卷首）按，余姚施叔范（俶）、湘潭黎泽泰（尔谷）亦应邀作序。

一九四七年（中华民国三十六年　丁亥）　六十七岁

一月上旬　列名永嘉三希小学(温州十二中前身)毕业生"刘笑粟(旦宅)第二次画展缘起"。画展定一月八日于国货公司举行,推销画件,以筹集教育基金。联名者包括专员余森文、县长蒋一鸣。(文化社讯《刘笑粟画展定今日举行》,《浙瓯日报》一月八日,三版)

一月十五日　夏鼐来访。

夏鼐日记一九四七年一月十五日(星期三):"下午至高商访屠白麐校长,又至叶焜君处小坐。于刘叔扬君处,闻其将于旧历新正赴沪,任职于正中书局,少顷其尊人刘冠三先生亦来,闲谈一会,即告辞出来。"(《夏鼐日记》卷四,97 页)

一月　张嘉仪来世美巷寓所拜访。

胡兰成《今生今世》曰:"我且要避免过求接近,自从那一次之后,我总每隔数日或旬日才又去一次,去时必正心正襟,而且一无要求。刘先生倒是也来答访我过一次,适值我不在,他惟站在房门口缸灶边与外婆说了几句话,送我几包香烟。这次刘先生来过,邻舍都知道,不会有人疑我的行迹了。"

三月十九日　中央银行设计考核委员会委员周守良在沪病故,享年五十六。

稍后,灵柩运抵温州,前往码头候接者途为之塞。谱主致函徐寄庼,有云:"守良丧归,举郡哀恸。"(汪远涵《温州金融界的兴起》,见《鹿城文史资料》第四辑,73 页)

三月　国民党浙江省党部组织科长王思本调任玉环县县长,前来拜访。

王思本《回忆刘景老二三事》(二〇〇二年二月二十日):“一九四六年,我出任玉环县长时,路过温州,便道拜访刘老。刘老是我生平所景仰的前辈之一,他曾一任县长,以他的道德文章和从政经验,都足为我师,所以我俩谈话非常坦率。他说:‘县长是父母官,百姓就是子民,天下没有不爱自己子女的父母,做县长的也应和父母一样爱护自己的百姓。你这次去玉环,玉环全县的百姓就是你的子民,个中如何去做,全凭个人良知。抗战胜利后不久,百废待兴,人民生活仍在水深火热之中,百姓仍在嗷嗷待哺的时候,应如何择其要者急者先解决,不要把所有的问题都想解决,如这样,你个人的用心虽好,可能事与愿违。为政之道应以爱民、便民、利民为宗旨,否则有载舟覆舟之危,请再三思之。’语重心长,对我工作很有指导意义。”(《温州读书报》二〇〇二年第三期,四版)

按,王思本就任日期,玉环县志编纂委员会编《玉环县志》(汉语大词典出版社一九九四年三月版,第十五编《县政》,426页):民国三十六年三月任,五月二日接任;又《王思本自传》(二〇〇五年七月)作“1947年5月间”(王小同主编《百岁人生》,团结出版社二〇一〇年一月版,6页),当以新修《玉环县志》与《自传》为准。

五月九日 致函温州中学校长金嵘轩捐资五十万,助温中建仓桥校舍。

《捐资兴学 刘贞晦移捐五十万 响应温中建筑校舍》(本埠讯):“省立温中建筑仓桥校舍,第一步工程业已开始,因经费不敷,正拟向外筹募,闻本埠刘贞晦先生,昨特致函该校移捐响应。兹录其原函如下:‘径启者。去年十二月底,鄙人曾开一书画展览会,出售所作书画,收入国币五十七万元,除提还二成纸墨、颜料、杂费等共十一万四千元外，余四十五万六千元，原拟捐助城区小学教育基金，乃因此项基金无人继起，筹募基金保管机关亦无成立，致原拟捐助之款，无处交缴，殊为遗憾。技将前拨凑足五十万元，改选贵校为建筑初中经费，涓埃之助，同属教育用途，聊尽鄙人责任，附上瑞康钱庄五月三十一日国币五十万元支票一纸，至祈填给收条示复为幸。此上温州中学校校长金嵘轩先生台鉴。刘景晨启。五月九日。’”（《浙瓯日报》一九四七年五月十一日，三版）**按，技，原报如此。**

五月二十二日　夏鼐与友人邹君来访未遇。

夏鼐日记五月二十二日（星期四）：“陪王君游览飞霞洞及华盖山。下午邹君送廿四史来，系集成图书局本，有虫蚀，索价40万元，以30万元成交。偕赴世美巷访刘冠三先生，未遇。”（《夏鼐日记温州篇》，248页）**按，王君，当即王天木。**

五月二十三日　夏鼐、王天木来访。

夏鼐日记五月二十三日（星期五）：“今日微雨，原拟出游江心寺等处，只得作罢。伴王天木君赴打罗桥参观滑石工场。又偕往访刘冠三先生，刘老先生对于当前时局，颇为感慨。”（《夏鼐日记》卷四，124页）

六月十五日　出席渔业座谈会，并慷慨陈词，对温州渔市场筹备人员徒知依赖权势，未尽筹备责任，提出批评。

《皮厅长俯顺舆情　渔市场暂缓开业　另行组织整理委员会从长计议　昨日渔业座谈会之结果》（本报讯）：“温州渔市场自筹备以来，因设备未周，办法欠妥，致遭各界反对。昨日下午三时，温台区县政督导团皮厅长特召集各渔业人员及各界代表举行渔业座谈会。到有代表百余人。首由主席皮厅长报告开会宗旨，略以温州渔市场筹备已久，沈主席甚为关怀，前曾一再电催开业。惟以地方人士颇有反对意见，故特于今日召开座谈会，共商办法。

旋由渔民、渔行渔贩、渔班、渔业栈司职工等代表相继陈述意见，对渔市场办法批评甚多。继由绅耆刘贞晦，各界代表王纯侯、徐趋黄、洪元、孔梦韬、方又圆、李国栋等纷纷发表意见，佥以渔市场设备、资金、章则及设立程序，等等均未完备，而对渔民、渔行渔贩、渔班、渔业栈司职工等所提实际问题，又无解决办法。如果凭藉政府权力，草率开业，势必引起地方纠纷。际此时局动荡，首当安定社会秩序，故皆要求暂缓开业。席中刘贞晦先生慷慨陈词，对渔市场筹备人员徒知依赖权势，未尽筹备责任，大加谴责。义正辞严，掌声时起，而席中渔市场人员，则皆局促不安，窘态毕露。旋经皮厅长接受各方意见，暂缓开业，并另行组织整理委员会，从长计议，以求各项办法得臻完善。并当场议定由渔民、渔行业、渔咸业、渔行栈司业各推代表二人，县参议会及城区九镇各推代表一人，另由专员、县长及建厅代表参加。最后皮厅长并要求各方捐弃成见，共商改革办法，俾可早日开业，并使有利无弊。”（原载《浙瓯日报》一九四七年六月十六日，转引自《温州老新闻》下册，206 页）

按，沈主席，浙江省主席沈鸿烈。皮厅长，省政府委员兼建设厅厅长皮作琼，湖南沅江人，林业专家。从政之前任国立北平大学农学院院长，后任农矿部林政司和农政司科长、实业部林垦署技正兼科长、中央模范林区管理局局长、贵州省农业改进所所长、农林部简任技正兼农田水利工程处主任、农林部技监处技监等职，作为当时全国农林界学术带头人，深得农林部部长沈鸿烈的赏识。一九四六年夏，沈鸿烈改任浙江省政府主席，皮转浙江省建设厅供职。

六月下旬 受即将赴沪的梅冷生之托，致书上海参议会副议长、温籍金融家徐寄庼，请给予籀园图书馆援助。徐反应冷淡。梅返温之后向谱主“面述经过”。

梅冷生《访书日记》丁丑五月十四日（七月二日）：“（前略）至北京路西浙江兴业银行访徐君寄庼。余临行时往诣刘贞晦丈，作一书与徐君，请于籀馆有所援助，刘丈欣然命笔，情意恳挚。开头先言守良丧归，万人空巷，素车白马之盛，得未曾有，可见好人真不白做。意欲以守良之遗爱，使徐君阅之生感，亦于桑梓事业，多所尽大力。书就，复郑重授余曰：‘余与寄庼不通音问十载矣，此函特为籀馆发也。’讵徐君阅函后，开口先言事忙，似于故乡事不屑措意。余本以馆舍扩建须鸠资庀材，不能无望于旅沪同乡。同乡中负时名者，徐君为最，若躬行倡导，必可集事。不料结果适得其反，本出身教育之人，居马首共瞻之位，不思孱手为桑梓谋百年大计，别具肺肠，我所未喻。嗟！竖子不足与谋。余非亚父，亦几撞碎玉斗矣。”（原载《地方新闻》一九四七年七月，转引自《梅冷生集》，236至237页）

杨苏流《记梅冷生先生》（一九八六年十一月）回忆：“他赴沪募捐之前，曾请我温耆宿刘贞晦先生写信，给上海同乡XXX。X某当时是上海‘闻人’之一，担任好几个极为重要的职务，还挂名为温州旅沪同乡会会长，既是金融界巨头，又是工商界领袖，更是民意机关的领导人，声名显赫，炙手可热。冷生先生原以为由刘贞晦先生写信介绍，请X带头募捐，其他同乡会热烈响应，不料X某读了刘老先生的介绍信后，无动于衷，捐助更不必谈了。而其他温州同乡，却慷慨解囊，乐为故乡的文化事业出力。冷生先生受到X某这种出人意料的冷遇，极为气愤！回温后，曾向刘老先生面述经过，大骂X某一毛不拔，并套用司马迁的一句话‘余非亚父，孰与竖子为谋’。接着，他写了一篇题为《访书日记》的文章，先送温州几家大报刊登。这几家大报均拒不接受，后来送到我任职的《地方新闻》，我报即予发表，有他所作《访书日记》的报纸，由籀园图书馆直接寄给上海这位有名的‘闻人’。之芳转述这件近四十年前的事，我早已忘记，而冷生先生却牢记在心，因爱屋及乌，使他对我也留下了一个好印象。"（原载《怀梅集刊》，梅冷生先生纪念会编，一九八六年十二月油印本，23至24页）按，杨苏流当时做《地方新闻》编辑。

六月 《大若岩志》由陈继严（育慈）作跋付印。当时陈在杭州，黄素毅（黄式苏哲嗣）受谱主委托以志稿转致，并任校雠。插图四帧，即陶公洞、水仙洞、玉峰洞、十二峰，系陈光格所摄，铜版则为方介堪制赠。每册定价三万元。

《刘贞晦先生撰大若岩新志　长万余言业已出版》（本埠讯）："本县碧莲区白水乡之大若岩，为本县名胜之一。山水奇秀，游踪踵接，明时莲舟和尚曾撰有《大若岩志》。惟所载旧闻事无根据，词不雅驯，为美中不足。前岁本县刘贞晦景晨先生往游，应地人陈育慈之请，撰有志稿，文辞并茂，足尽山水之奇，记叙精详，可供考据之用。闻新志已由陈育慈君印刷问世，内分志岩、志谷、志溪、志村等篇，暨附录，共一册，文长万余言，卷首附有铜板风景图，弥觉珍贵云。（合众）"（原载《浙瓯日报》一九四七年十月十四日，转引自《温州老新闻》下册，233至234页）

夏承焘日记九月廿八日："休日。陈育慈自上海寄来新印刘贞晦翁《大若岩志》。"（《夏承焘日记全编》第七册，4383页）

七月九日 推荐夏承焘、吴鹭山阅张嘉仪《中国之前身现身》稿。

夏承焘日记七月九日："晴。早与天五诣刘贞翁。小病初起，以绍兴张君嘉仪所著《中国之前身现身》稿本二册属看。天五携归读一过，甚为叹佩。张君住籀园邻近，当走诣之。贞翁谓其治算学甚深湛，年约四十左右。"（《夏承焘日记全编》第七册，4346页）

七月十三日 夏承焘向温州中学校长金嵘轩介绍张嘉仪，金同意下聘书。

夏承焘日记七月十三日："晚访嵘老于温中，介张嘉仪君。即访张君于徐宅，不遇。留一纸告之。阅嘉仪书。"七月十四日："张嘉仪君来，肯就温高文史教席。午后与天五过嵘老谈寄聘书。"七月十六日："早与天五送温中聘书与张嘉仪。嘉仪谓愿任最难教之班级。"(《夏承焘日记全编》第七册，4348 至 4349 页) **按，徐宅，位于大士门，与籀园相距数百米，因温州军政分府都督徐定超一度寓居于此，故名。**

胡兰成《今生今世》："那刘先生且又对我施了无心之恩，是他介绍我进温州中学教书，我也亏得有此。我是妖仙，来到人世的贵人身边避过了雷霆之劫。人世最大的恩是无心之恩。"(台北三三书坊一九九〇年版，参见《刘景晨集》附录五)。

七月下旬 病中。杨雨农席间与梅冷生、夏承焘诸人谈谱主病情。

夏承焘日记七月廿八日："晚密云不雨。早十时与天五赴籀园冷生、定侯招，同席王亩仙、钟芷芬、谢磊明、陈仲陶等十余人，午后四时散。雨农谓贞晦翁病仍未愈，验痰有肺病象，忧甚难治。"(《夏承焘日记全编》第七册，4356 页)

七月三十日 夏承焘、胡兰成来谒，嘱夏承焘为徐定超立传。

夏承焘日记七月卅日："早嘉仪来，与同谒贞晦翁问病，尚有热度，面颜甚憔悴。嘱予为撰《徐班侯先生传》，谓其家欲以此上国史馆。班老率真，表里如一，内行甚修，有家书数册，诫诸子如曾文正。次饶先生曾为其作七十寿序。"(《夏承焘日记全编》第七册，4358 页)

八月十八日 夏承焘、吴鹭山来访。

夏承焘日记八月十八日："早与天五候贞晦翁疾，已痊愈矣。"(《夏承焘日记全编》第七册，4366 页)

八月二十二日 胡兰成赠谱主五古一章，小序引孙诒让报章太炎语:“平生五官之正,以胆为主。”

夏承焘日记八月二十二日:“七夕。过嘉仪房,同看《维摩经》。嘉仪谓西洋艺术论与数学皆与佛学相通。见其赠刘贞翁一五古,小序引孙仲容先生语:‘平生五官之正,以胆为主。’此先生报太炎语也。”(《夏承焘日记全编》第七册,4369 页)

八月二十九日 夏承焘、吴鹭山来访,谈话涉及陈墨农与张云雷。

夏承焘日记八月廿九日:“飓风未息。午后与天五过白累德视采苹、思梅,因过贞晦翁,听谈少时,攻击陈墨农先生长中学及争二道衙门为县立小学事,于张云雷翁此番对选举偏阿事颇不满。贞晦翁多否少可,云翁多可少否,贞刚直,云和煦,各有可敬佩处,亦各有短处。天五谓云翁太不能省事。”(《夏承焘日记全编》第七册,4372 页)

九月十六日 夏承焘来辞行,未遇。

夏承焘日记九月十六日:“晴,夕大雨。过贞晦翁辞行不遇,过介夫亦不遇。”(《夏承焘日记全编》第七册,4379 页)

仲秋 为黄群像书“黄溯初先生遗像”,落款“丁亥八月刘景晨题”,钤“刘景晨印”。按,该像系瓯海实业银行经理张一鸣墨铅放大,现藏温州博物馆。

九月十九日 吴鹭山、夏承焘《题贞晦先生〈大若岩志〉》诗两题发表于《浙瓯日报》第四版。

九月二十七日 籀园图书馆举行孙仲容先生百年诞日公祭,第八区专员余森文主祭,谱主报告孙仲容生平与治学精神。

温闻社记者黄凤炎《公祭孙仲容先生记》:“昨天清晨,籀园图书馆举行乡先哲孙仲容先生诞辰百年公祭。(中略)仪式开始了,余森文专员主祭,读了祭文以后,便请刘贞晦先生讲述孙先生的治学精神。刘贞晦先生于讲述先生在学术上伟大的成就后,他向听众指出孙先生值得后人效法的有三点:一、孙先生治学的有恒。(中略)刘先生接下去说到孙先生不是食古不化的人,而是能适应潮流能接受新思想的学者。(中略)末了说到孙先生对待后辈的态度。"(《温州日报》九月廿八日,三版)

九月二十八日 《籀园图书馆举行孙仲容先生百年诞日公祭敬赋》发表于《浙瓯日报》第四版,展望新六五〇号,孙仲容先生百年祭特刊。按,见报之际写作日期"丁亥中秋"略去。

十月十四日 《温州日报》以《刘老新志大若岩》为题报道,略称:"前岁本县刘贞晦景晨先生往游,应地人陈育慈之请,撰有志稿,文辞并茂,足尽山水之奇,记叙精详,可供考据之□。闻新志已由陈育慈君印刷问世,内分志岩、志谷、志溪、志村等篇,暨附录,共一册,文长万余言,卷首附有铜板风景画,弥觉珍贵云。"(合众社讯)

十月三十日 出席浙江省第八区(温州)绥靖会议,并合影。

十二月二十七日 出席籀园图书馆招待各界筹募基金会议。

《籀园图书馆招待各界筹募基金》(永嘉讯):"本埠旧温属籀园图书馆,于昨日下午二时招待各界,到社会名流刘景晨、陈守庸、杨雨农、金荣轩、徐世康、邱鸣和、叶杞等三十余人(下略)。"(《中国民报》十二月二十八日)

十二月卅一日 应专员公署之聘任籀园图书馆董事会成员。陈纯白(县长)、邱鸣和、金嵘轩、梅冷生、吴天五等十人同时受聘。该董事会负责筹募基金一亿元,以维持馆务。

一九四八年（中华民国三十七年　戊子）　六十八岁

一月五日　出席籀园图书馆筹募基金董事会首次会议。

张国然《温州市图书馆七十年纪事》："1948年1月5日，筹募基金董事会举行首次会议，由陈纯白召集，刘景晨、金嵘轩、吴天五、庄彪、梅馆长等9人到会。经议决，推陈纯白为董事长，林醒民为董事会秘书、余森文为名誉董事长，并以董事会名义致函乐清、瑞安、平阳、泰顺、玉环五县县长暨法团首长，各筹募基金一千万元；函请前次与会者将认募数募足，汇入瓯海实业银行。本月份图书馆经常费，暂向银行息借500万元应急。"（《七十春秋录》，温州市图书馆编印，一九八九年十月版，122页）

一月六日　老友黄式苏逝世，享年七十四岁。稍后，未能出席治丧仪式，家属改请乐清县长陈诚点主。

郑金才《桃园谈屑》（二〇一七年十月五日）："下午张炳勋先生来访，谈及陈诚。张老师说：我记得二公黄式苏逝世，黄素毅舅舅请刘景晨先生点主，刘先生推脱没来，后请陈诚县长点主。"（乐清市政协文化文史和学习委员会编《乐清文史》第二十期，二〇二一年十二月印行，275页）

二月二十二日　主持籀园图书馆筹募基金董事会第三次会议，决定各方已认未缴之款，限于三月十日之前送解瓯海实业银行。

《籀园捐款限期收齐》（新永社讯）："本埠温属联立籀园图书馆，于昨日下午三时召开第三次董事会议，出席董事刘景晨、吴天（五）、潘介、庄彪、金嵘轩、梅雨清、林醒民等，公推刘景晨为临时主席，商讨基金筹募问题，当经集商结果，以基金总额前经各方人士认募一亿元，而筹募迄今，实收捐款仅四千五百万元，已认未缴之款，一律于三月十日以前送解瓯海实业银行代收，俾资结束。闻该会将通知各认募人准期缴款云。”(《温州日报》民国三十七年二月二十三日，三版)

正月　潮漈刘氏族众过访，商议族谱续修事宜。

四月四日　任永嘉县救济院认养基金保管委员会委员。

四月十八日　应浙江省农业改进所技正兼第八农业推广辅导区主任刘河洲之邀出席纯系小麦田间展览会。

《昨西郊小麦展览会　参观者达二百余人》(本报讯)：“本埠省辅导区，昨日下午一时，在西郊举行纯系小麦田间展览会。到各机关、学校、报社、通讯社代表，暨地方士绅梅冷生、刘贞晦、王亩仙、金嵘轩、吴秋江等，及附近农民二百余人。农场入口处，缀以匾额，题‘纯系小麦田间展览会’九字。两旁悬有对联，左为‘批评才有进步’，右为‘比较始见优劣’。大门内屏风上标明纯系小麦九号及十七号之性状、适应区域，陈列各种优良种子及新式农具，由辅导区刘主任及推广所胡主任引导各来宾至田间参观后，并举行座谈会。”(原载《浙瓯日报》一九四八年四月十九日，转引自《温州老新闻》下册，67页)按，谱主有《戊子三月浙江省农业改进所技正兼第八农业推广辅导区主任刘河洲招赴纯系小麦田间展览会为赋此诗》。

五月四日　徐堇侯、吴鹭山设宴于园，招待上月二十二日来永嘉做客的刘祝群，应邀作陪，与梅冷生、吴洗凡、郑陈球诸人同席。

《疚庼日记》五月四日(三月廿六日)：“雨。假劲风阁藏《论衡》读之，以消客愁。(中略)徐厘侯、吴天五同设席于于园宴余，僭首席，宗贞晦、梅冷生、吴洗凡、郑伯琅皆至，肴核甚盛，可感也。"(《温州市图书馆藏日记稿钞本丛刊》第57册,30223页)按,于园系吕文起别墅,位于温州纱帽河。

五月八日 途遇刘祝群,持赠《大若岩志》。

《疚庼日记》五月八日(三月三十日):"诣以景藩,偕至侯轩明寓答访,不值。途遇贞晦老友,持示所著《大若岩志》,梅冷生亦以《岐海琐谭集》见赠,破我客愁。旧温属六县设行政督察专员,今复以吾青及新设文成县隶之,任邑人杜伟为专员云。"(《温州市图书馆藏日记稿钞本丛刊》第57册,30227页)按,嗣后送王理孚一部。封面落款:"志澄先生惠教,戊子四月,刘景晨赠。"(今藏温州市图书馆)

五月九日 永嘉团管区司令叶迈(字逸凡,青田人)设晚餐宴请刘祝群,应邀作陪。

《疚庼日记》五月九日(夏四月朔):"叶逸凡邀晚餐,同席有贞晦、仲容、潜真、纶如。"(《温州市图书馆藏日记稿钞本丛刊》第57册,30228页)

五月十二日 梅冷生设宴招待刘祝群,应邀赴籀园作陪。

《疚庼日记》五月十二日(四月初四日):"梅冷生酒集籀园,杨雨农、刘贞晦、徐堇侯、吴天五、孙孟晋、蔡旅平,以余齿僭首席。"(《温州市图书馆藏日记稿钞本丛刊》第57册,30229至30230页)

五月十三日 杨雨农设午宴招待刘祝群,应邀作陪。

《疚庼日记》五月十三日(四月初五日):"闻卫群、质君、协持诸弟均至瓯避寇。杨雨农邀午宴,同席为杜时霞、刘贞晦、梅冷生、蔡旅平。"(《温州市图书馆藏日记稿钞本丛刊》第57册,30230页)按,杜时霞,即新任专员杜伟,浙江青田人。

五月十八日 写《妙法莲华经》《观世音菩萨普门品》一轴赠刘祝群。

《疚庼日记》五月十八日(四月初十日):“贞晦写《妙法莲华经》《观世音菩萨普门品》一轴见赐,蝇头细字,无一遗落。六十八老人,犹目力如少年,良可宝贵。又画梅一幅,寄赠幼愚。拟交亲仁带,竟不别而去。”(《温州市图书馆藏日记稿钞本丛刊》第57册,30232页)

五月二十日 刘祝群来访,畅谈时局。

《疚庼日记》五月二十日(四月十二日):“国民代表选出之大总统为奉化蒋介石,及桂林李宗仁为副总统,今日同时就职。诣贞晦畅谈,语语见道。”(《温州市图书馆藏日记稿钞本丛刊》第57册,30233页)

五月 应马公愚(冷翁)之请托,为明何白(丹丘)《兰石图卷》题跋。

跋称:“乡先哲何丹丘先生《兰石图卷》,马君公愚示余乞题记。《瓯海轶闻·文苑》引徐沁《明画录》:‘何白,字无咎,号丹丘,永嘉人。工诗文书画[法],著有《汲古堂集》’,‘山水宗方方壶,清劲合法,竹石亦佳’。《乐清县志·人物》:何白,乐清人,甫髫随父移居永嘉,‘年八十一卒,从祀乡贤’。《汲古集》有戊子中秋生二十七度自寿诗。‘戊子’为明神宗万历十六年,是则先生生世宗嘉靖四十一年壬戌,卒烈皇崇祯十五年壬午,身历六朝,以布衣负雅望,洵异人矣。此图崇祯壬申冬写,先生七十一岁,系以古诗,有‘天水王孙’之句。图盖仿赵松雪,而诗不见于《汲古集》。二十年前,乐清蒋季哲属题先生《竹石图》,故有题句,《集》中亦不录也。自崇祯壬申洎今三百余年,纸墨如新,弥足宝爱。公愚擅书画瑑刻,鉴识特精,物聚所好,为之低徊叹羡,记于其后以归之。戊子夏四月,刘景晨。”(《刘景晨集》,87页)

按,何丹丘《兰石图卷》,马公愚题“明何无咎兰竹长卷真迹,逸品,耕石簃藏”,下钤白文章“公愚书画”、朱文章“冷翁”。刘跋

钤白文章“刘景晨印”、朱文章“贞晦六十以后书画记”；存留底稿“夏四月”作“浴佛日”，即五月十六日，当属初稿日期。后马公愚捐赠温州博物馆。

七月 □如舟乔迁新居，杨雨农以张红薇作《青竹图》立轴致贺，落款请谱主代笔。

题款：“如舟仁兄新厦落成之喜，戊子六月，杨雨农敬贺。”画家自题：“红薇居士张光写于西泠。”（《红薇长馨——张光诞辰一百四十周年书画纪念展》，92 至 93 页）

八月五日 刘祝群、刘慎甫来访，出示孙诒让光绪丙申（一八九六年）拓跋周麦鼎原文。

《疚庼日记》八月五日（七月朔日）：“晨往朔门访慎甫老弟。随偕诣宗贞晦，出示孙籀师光绪丙申年拓跋周麦鼎原文。原文作录鼎，后考正为麦鼎，可见识字之难。”（《温州市图书馆藏日记稿钞本丛刊》第 57 册，30263 页）

八月七日 杨雨农设宴于花柳塘馀绮楼，应邀与刘祝群、夏承焘、刘慎甫及前专员余森文同席。

《疚庼日记》八月七日（七月初三日）：“晴，89。今日立秋。杨雨农酒集馀绮楼，有贞晦、瞿禅、慎甫，其他为余森文，来瓯省母，一莽丈夫也。”（《温州市图书馆藏日记稿钞本丛刊》第 57 册，30263 页）

八月十二日 杨雨农惠赠鲜荔枝，作诗八章道谢。（《巽园惠鲜荔枝赋博一笑》《巽园赠鲜荔枝答四绝句意有未尽叠韵赋之》，《刘景晨集》，321 页）

八月十六日 访晤刘祝群，并应杨雨农之邀，与刘祝群小斟。

《疚庼日记》八月十六日（七月十二日）：“晴，有风，88。季仲容、陈麟如、家贞晦先后来谈。雨农招贞晦与余小酌馀绮楼，傍晚归。”（《温州市图书馆藏日记稿钞本丛刊》第 57 册，30266 页）

八月二十日 托刘祝群为友人张逢辰出具介绍信。

《疚庼日记》八月二十日(七月十六日):“宗贞晦属为其友张逢辰作函,介韩伯松。”(《温州市图书馆藏日记稿钞本丛刊》第57册,30269页)

八月 接庄松圃来函,作诗回复,题《乐清庄松圃先生年八十矣见惠雁茗附书念缙云旧游问永嘉修志近况赋此答之兼以为寿》,称“书局中途却早停”。

诗曰:“隐居端不负山灵,身健何关两鬓青。宜与杖朝谈旧典,长从邻邑见晨星。洼尊胜事喜如昨,书局中途却早停。迢遰岩茶烦寄贶,醉吟往往为公醒。”(《刘景晨集》,321页)

九月三日 应吴洗凡之招饮,与刘祝群、黄菊裳、夏承焘、梅冷生、王季思、徐堇侯、王敬身诸人同席。

《疚庼日记》九月三日(八月朔日):“晴,86。吴洗凡招饮,同席有贞晦、廑侯、冷生、天五、季思、臞禅,皆熟识。惟黄菊裳、黄寓府学巷23。王景逊王寓永宁巷44。为初见,终席论诗,盖皆此间文士也。”(《温州市图书馆藏日记稿钞本丛刊》第57册,30273页)后吴洗凡以谱主鲜荔韵赋奉怀同席诸公四首。

九月廿六日 杨雨农设午宴,同席刘祝群、王理孚、梅冷生、韩郁堂、叶风虎诸人。

《疚庼日记》九月廿六日(八月廿四日):“晴,87。雨农邀午饮,同席为海髯、贞晦、冷生、郁堂,有名叶风虎者,狂态可厌。”(《温州市图书馆藏日记稿钞本丛刊》第57册,30284页)

九月三十日 王理孚设午宴,同席刘祝群、杨雨农、梅冷生、杨玉生、夏克庵、王绍志诸人。

《疚庼日记》九月三十日(八月廿八日):“晴,81。午刻海髯招饮,同席为夏克庵、王景甫及雨农、贞晦、冷生、玉笙。”(《温州市图书馆藏日记稿钞本丛刊》第57册,30285页)

十月十一日　温州中学四十六周年校庆，校方邀刘祝群、王理孚与谱主出席并讲演校史。

《温中纪念　国庆校庆》（浙永社讯）："本埠温州中学以十月十一日该校创立四十六周年纪念，为热烈庆祝起见，特定是日晨八时举行纪念仪式，请南田刘晓东、平阳王理孚、永嘉刘景晨三位老先生，来校演讲校史，并开放仪器、标本图书、图表等室，以来宾参观，学生活动有小型壁报比赛及举行音乐会二种，藉资庆祝。"（《浙瓯日报》十月九日，三版）按，刘晓东，当为刘燿东（祝群）之误植。

《疚庼日记》十月十一日（初九日，重阳日）："晴，80。温州中学校创立于清光绪二十八年甲辰，至今历四十六周年。定以今日为校庆日，未知何昉。校长金嵘轩以余为光绪年老教师，特请参加，并演讲当年开办事实。因就所记忆者，略举以告学子。散会开宴，首席为专员翁光辉，余次之，同席朱铎民、江蓬仙、梅冷生、永嘉令陈文。"（《刘祝群日记》下册，1152页）按，刘祝群日记只字未提谱主与王理孚，疑两人接到请柬，因故缺席。

十月廿一日　应吴洗凡之招宴，同席刘祝群、马祝眉、王理孚、梅冷生、夏克庵、郑陈球诸人。

《展重阳日吴君洗凡于其新居宴客索诗因作前年兵火楼毁今甫兴复》："唐人好事展重阳，君有闲情例举觞。坐客中多蓬鬓白，天时偏靳菊篱黄。世间酒岂缘诗酿，劫后欢犹带泪狂。最是乐成新土木，市楼过眼小沧桑。"落款："丙戌，景晨写稿。"钤"贞晦六十后诗书画"白文章。

《疚庼日记》十月廿一日（九月十九日）："吴洗凡酒集，展重阳招饮。席上有海髯、贞晦、马祝眉、夏克庵、梅冷生、郑伯琅。马年八十，老健能饮，贞晦、海髯皆以诗鸣于时，余未能诗，可愧也。"（《温州市图书馆藏日记稿钞本丛刊》第57册，30297页）

十月 为张湘雨书扇面。落款:"湘雨仁兄属正。戊子九月,刘景晨。"下钤"贞晦六十后诗书画记"一印。(张维藩先生藏)

秋 女儿刘莱在温州中学念高中,传阅进步书刊。

刘莱《追求真理 身体力行——对父亲的片段追忆》:"直到一九四八年秋,也就是相距温州解放还有半年多时间,我在浙江省立温州中学高中部求学,常从同学处借阅一些进步书籍,有邹韬奋在苏联之行的旅途中及结束之后写的《萍踪寄语》《萍踪忆语》《患难余生记》和其他作品,还有美国作家斯诺在访问延安之后写的《红星照耀下的中国》。同时也阅读《大众哲学》和来自解放区的一些油印小册子,包括毛泽东的《论人民民主专政》《新民主主义论》等等。这事不久被一位老师知道了,他就向父亲告了密,提醒他要注意我的行动,以免我'误入歧途'。一天,父亲来问我近来看些什么课外读物,父亲这一举动使我略感意外,因为父亲从来没有关心过我的学业。可我并不感到惊恐,因为我清楚我读的都是好书,它使我开阔了眼界,知道了中国还存在着另一个令人向往的、光明的世界,使我懂得了救国的道理和方向,我还真希望父亲也来读一读。不料父亲看了书名之后,果真把书拿走了,而且读得爱不释卷直到夜深,因为我一般都在十二点之后睡觉,这时竟然看到越过院子正对面,父亲卧室的窗口还透出亮光,这是平时难得见到的。往后我每次读完一本新书,都转给父亲读,他都乐于接受,不知不觉中我发现严父变得平易近人了。这引起了我的思索,我终于领悟到,就是通过阅读这些书本,使我这个政治上幼稚无知的青年接受了革命思想的启蒙教育,同时也使父亲接受了新的思想。尽管父亲在思想认识上有封建意识的局限性,但他疾恶如仇、刚正不阿的品格则使他渴望正义,追求真理。因此这些书中的事实和道理对他同样有启发、有触动,促使他去思考。我们就是在共读进步书本的过程中不知不觉地走向

思想上的相通到感情上的靠拢。”(《刘景晨刘节纪念集》,57至58页)

十一月九日 作《赏菊次巽园主人韵》,落款:“戊子立冬后二日,贞晦写稿。”

十一月十二日 访晤刘祝群,“并谢馈米”。

《疚庼日记》十一月十二日(十二日):“客中无器具,因购厨一事,以庋物件。贞晦来谈,并谢馈米。”(《温州市图书馆藏日记稿钞本丛刊》第57册,30306页)按,查《疚庼日记》稿,此前未记向谱主赠米一事,只有八日“陈姬自(南田)山中运谷至西郭,遂驱车往检藏”的表述,当是次日或其后相赠。

十一月二十一日 夏克庵设午宴招待,谱主以“茹素”、杨雨农因“有客”未赴。

《疚庼日记》十一月廿一日(廿一日):“夏克庵招午餐,肴馔肥美,其家乡之大蛸蠓及江蟹脚,山人未尝此味。同席有海髯、冼凡及航政局长杨某。雨农有客,贞晦茹素不至。”(《温州市图书馆藏日记稿钞本丛刊》第57册,30310页)

十一月二十二日 至馀绮楼访晤杨雨农,遇姚味辛、刘祝群诸人。

《疚庼日记》十一月廿二日(廿二日):“诣雨农巽园馀绮楼,答访姚味辛。遇乐清仇允清,四十年前温州中学学生,执弟子礼甚恭。贞晦继至,雨农留午餐。后又诣海髯,克庵先至,遂畅谈至傍晚。”(《温州市图书馆藏日记稿钞本丛刊》第57册,30311页)

按,其间与姚味辛谈及时局及今后去向。姚味辛《吊刘景晨议员》小引曰:“君书学二王,老能作蝇头小字。戊子冬,余归,君曰:‘倘迁都,君将若之何?’余以随政府进退对。君甚韪之。(下略)”(《味笋斋诗文钞》,卷二,五一叶)次年姚赴台湾。

十二月二十二日 杨雨农设午宴接待自沪返里的陈守庸,与刘祝群应邀作陪。

《疚庼日记》十二月二十二(冬至日):“雨农治午膳,款守庸,邀贞晦及余小饮,馔甚精美。餐毕,守庸纾道过余寓楼,久谈而去。忆光绪丙午秋间任温州中学教职,明年丁未,守庸自圣约翰大学毕业,归任中学教授英文,同时讲学,意味相投,今忽忽四十二年。回首前尘,故交零落,不禁感慨系之矣。”(《温州市图书馆藏日记稿钞本丛刊》第 57 册,30329 页)

一九四九年（己丑）　六十九岁

元旦　吴洗凡设午宴招待姚味辛，应邀作陪，同席刘祝群、杨雨农等。

《疚庼日记》中华民国三十有八年国朔元日（旧腊月初三日）："吴洗凡午宴姚味辛，邀陪，同席为雨农、贞晦及味辛之子二人。"（《温州市图书馆藏日记稿钞本丛刊》第57册，30352页）

一月五日　方介堪于温州中山路国货大楼举行书画展览，会前书赠题画诗七绝四章。

《书画展览　名流题诗》："本邑方姓介堪，治金石有年，所作铁划银钩，笔力雄伟。曾游沪滨，为易大厂、粪翁诸名家相推许。兼擅绘事，宗南宫，怏然书卷气，而鲜酬俗之作，故能偶获方氏片纸者，莫不拱璧视之。近应各友好敦促，将历年作画开展览会于国货大楼。本埠名流多致贺诗，洵新年盛事也。爰录贞晦、寅侯、翩父诸氏诗篇于后。贞晦题方介堪画四首。《霜枝鹦鹉图》：风景萧条物候移，无言镇日底寻思。贵妃自是多情甚，杨柳楼台彼一时。《青鸟梨花图》：西征使者几时回，王母桃花得好开。为报人间春苦雨，闭门深院长莓苔。《溪山晚景图》：远山近水总斜阳，漫道村庄白日长。太息还闻村叟语，登临处处断人肠。《山雨欲来风满楼图》：昔年避寇爱乡居，风雨溪山画不如。今日寇降兵未解，溪山风雨怨樵渔。"（原载《地方新闻》一九四九年一月一日，转引自《温州老新闻》下册，242页）按，此组诗拙编《刘景晨集》失收。

一月三十一日　正月初三，看望寓居龙泉巷的刘祝群。

《疢庼日记》一月卅一日(腊月初三日):“宗贞晦来。黄菊裳、汪惺时来。答谒昨来诸友,归已逾午。”(《温州市图书馆藏日记稿钞本丛刊》第 57 册,30372 页)

一月 将刘节著《中国古代宗族移殖史论》签赠温州籀园图书馆。封面题:“籀园图书馆存览。戊子嘉平,刘景晨赠。”下钤“贞晦六十后诗书画印”白文章。

《籀园图书馆购到新书一批》(本报讯):“本埠籀园图书馆,最近购到大批新书。中有教厅发给之《中华文库第一集》一部,举凡小说故事、农谚、民谣,莫不收罗其中(编者注:此处有一行字被装订)。一般民众优良读物,一由刘贞晦先生赠《中国古代宗族移殖史论》,作者是站(在)民族文化观点上研究上古史,是讨论古代宗族史问题的书。全编都用甲骨文作材料考证的,读者从这里面,可以发现许多历史的法则。作者刘节君为永嘉人,现任国立中山大学教授,为刘贞晦先生之公子。此外尚有文化出版社何其芳著之《还乡杂记》,《陈布雷回忆录》,冯至之《十四行集》,流金之《一年集》,斯特拉夫之《屠格涅夫的生活与著作》,马寅初著之《财

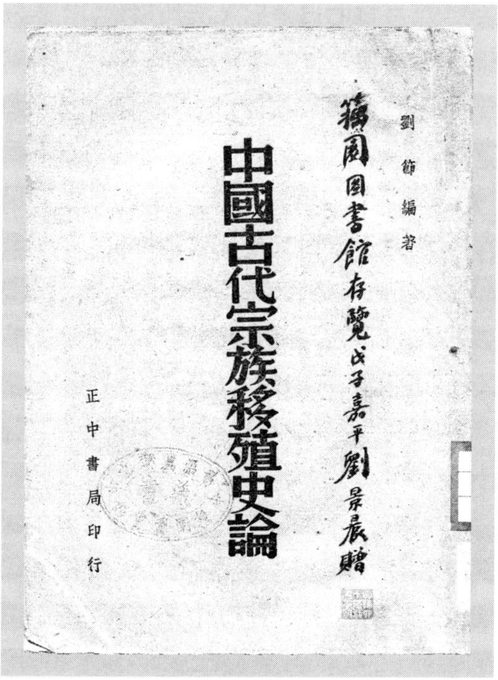

▶中国古代宗族移殖史论封面

政学与中国财政》,商务版《窗外》等书。”(原载《浙瓯日报》一九四九年三月九日,转引自《温州老新闻》下册,235页)按,《中国古代宗族移殖史论》,正中书局民国三十七年五月初版,定价七元一角。(民国丛书底本)商务印书馆二〇二一年底出新版。

二月五日 正月初八,与杨雨农同访刘祝群。

《疚庼日记》二月五日(正月初八):“雨农、贞晦同来。”(《温州市图书馆藏日记稿钞本丛刊》第57册,30374页)

二月八日 夏鼐随梅冷生、陈穆庵来访。

夏鼐日记二月八日(星期二):“上午王则诚君来谈。下午梅冷生先生偕陈穆庵先生来谈,又偕往访刘景晨、吴天五、王志澄、刘祝群诸先生。返家时已傍晚矣。”(《夏鼐日记温州篇》,274页)

二月廿七日 应吴洗凡招饮,同席为王荣年、杨雨农、刘祝群三人。

《疚庼日记》二月廿七日(正月三十日):“吴天五馈豆腐皮,可感之至,愧无以报耳。洗凡招饮,同席为王荣年梅庵及贞晦、雨农。”(《温州市图书馆藏日记稿钞本丛刊》第57册,30387页)

四月十一日 杨宅遇刘祝群。

《疚庼日记》四月十一日(三月十四日):“访雨农不值。适贞晦亦至,因与少坐。归过洗凡。”(《温州市图书馆藏日记稿钞本丛刊》第57册,30412页)

四月 跋张季直题“温州师范学堂”匾额手迹,赠温州中学校长金嵘轩。

跋曰:“光绪丁未,温州师范学校落成。戊申开学,瑞安孙籀庼先生以温州学务分处总理兼任监督,南通张季直先生为书校额,一曰温州师范学校,刻石嵌大门上;一曰温州师范学堂,即右列六字,当时以称名不合时制,弃而不用。余在学校充教习,爱南通书,收藏至今逾四十年。光复以后,学制屡改,校舍屡迁,温州师范学校今在平阳县之郑楼,原有郡中校舍由温州中学校用作高级生就课寄宿之所,大门石额不复用于郑楼,而卸置郡校中有年。今余检箧得前所藏六字,以赠温州中学校长金嵘轩先生,请与石刻六字并付校中保存。装裱成轴,为跋数语,后之览者,庶以知古事物之来历云尔。中华民国三十八年己丑三月,刘景晨。”(林晓克、毛雅环编《前辈风雅》,中国戏剧出版社二〇〇八年四月版,51页)

按,此处所言“温州师范学校今在平阳县之郑楼”,全称浙江省立温州师范学校,系在黄溯初捐献的平阳郑楼小学基础之上设立,与孙诒让创办的温州师范学校(堂),名同实异,前后并无承受关系。

五月六日　在原第五区行政督察专员兼保安司令叶芳召开的秘密座谈会上,首先发言赞成和平起义。

原专员公署第一科科长王思本《叶芳将军与温州和平解放》:“五月六日下午,在西湖头叶芳临时指挥部召开地方开明人士、有关法团领袖、中学校长等十余人座谈会。到会者有金嵘轩(温中校长)、谷寅侯(瓯中校长)、陈纪芳(建华中学校长)、开明士绅刘景晨、梅冷生(图书馆馆长)、陈躬农、杨雨农(救济院院长)、王纯侯(商会会长)、吴百亨(实业家)等。会议由叶芳讲话,说明了开会宗旨,并宣告为了保障人民生命财产和地方安全起见,决定在温率部反蒋起义。我在会上也讲了话。叶即席要求大家支持我们正义行动,并宣布如有泄密从严惩处。此时全场鸦雀无声,大家面面相觑,未敢发言,经再三启发,刘景晨首先发言表示拥护,并对国民党政府腐败无能痛骂一顿,继之金嵘轩、梅冷生、陈纪芳等均表示赞同,会议不到两个小时就结束。”(《温州文史资料》第三辑,浙江人民出版社一九八七年十月版,16页)

王思本《回忆刘景老二三事》:“在五月六日下午邀请温州各界名流十几人开座谈会,会上先由叶芳将军说明国内形势,表明率部就地起义,征求他们意见。刘老当即表示说:‘国民党统治这么长的时间,没有对国家对人民做过一件好事,搞得山穷水尽,民不聊生。抗日胜利后,自应给人民休养生息,培养国力,反而穷兵黩武打共产党,外侮才结束,而内战又开始,怎不叫人痛心!叶芳将军决心率部起义,和平解决温州问题,这无异救温州人民于水火之中,我非常赞成,我想全城人民一定非常感谢将军的。’他发言时义正辞严,大有正气凛然之感。”(《温州读书报》二〇〇二年三月号,四版)

五月七日 温州和平解放。作红石榴诗,为“白发还能拈彩笔”而欣慰。(《刘景晨集》,322 页)

五月十五日 应吴洗凡之邀赴宴。

《疚庼日记》五月十五日(四月十八日):“吴洗凡招饮,王梅龕、宗贞晦、鲍曦初皆至。散后诣杨雨农谈。”(《温州市图书馆藏日记稿钞本丛刊》第 57 册,30430 页)

七月二十七日 应杨雨农之邀赴宴,与刘祝群同席。

《疚庼日记》七月廿七日(七月初二日):“晴,90,夜雨一阵。杨雨农招晚餐,贞晦亦至。”(《温州市图书馆藏日记稿钞本丛刊》第 57 册,30452 页)

夏 应老友王理孚之约,为《海髯诗》二卷撰序。

序言对诗人开发南麂岛的业绩颇为推崇:“平阳县东南海中有南麂岛,环小岛十数,皆荒区也,海髯诗为南麂作者,前后十四首,诗注颇详。所居鳌江,东与南麂隔海相望,光复以前,为开荒之计;光复以后,弃官而经营之。其初至也,芜陋若不堪翦理,岛上渔佃寥寥数十人。天下难事,成于有志者之决心,规其始而策其终,动用累万金,费心力垂二十稔至于今,林林焉岛渔千数百户,平阳县于是始置南麂乡焉。夫开疆拓土,非常之事功也,风涛凌厉之中,草棘蒙蔓之域,村之庐之,以至于今,有田畴焉,有学校

焉，读海髯诗，足为诗人张目矣。”(《海髯诗》一九八五年复制本，卷首)

《海髯诗》王载纮后记援引王建之的回忆：“永嘉刘贞晦、乐清黄仲苏[荃]诸先生，皆以诗名，而每自叹不及。”

十月六日　中秋节，应吴洗凡之邀午宴，同席为王荣年、杨雨农与将返文成的刘祝群。

《疚庼日记》十月六日(中秋节日)：“阴，78。诣杨雨农告别，并送还桌椅。吴洗凡邀午餐，雨农、贞晦、梅龛同席。”(《温州市图书馆藏日记稿钞本丛刊》第57册，30479页)

十月二十九日(初八日)　杨雨农七旬初度，作诗祝寿。

《九月初八杨雨农兄七十生日赋此寿之》：“仙树成灰佛塔存，纷华见尽道弥尊。老将心力施茕独，薄有田园长子孙。世路故宜平处立，交情相与淡中论。生朝七十先重九，晚节花知是夙根。”(《刘景晨集》，323页)

胡兰成《今生今世》：“九月重阳，记不得杨雨农的生日是不是就在这个月里，惟记得是日都在杨家，刘先生的寿诗头两句是：‘仙树成灰佛塔存，纷华见尽道弥尊。’真是好诗，却因刘先生是长辈，他给我看诗，我惟敬谨持诵，不可以说赞扬的话。杨宅宴罢回来，我送刘先生一阵，走过公园边，见临崖有古塔老树，塔并不大，树已焚余，刘先生言此塔此树，自儿时已见其在此，日寇之时，树被空袭。”(台北三三书坊一九九〇版，514页)

初冬　《古遗爱传钞》脱稿。

《古遗爱传钞》序略称：“春秋虽乱世，而卿大夫士之贤者，列国皆有之。左丘明传《春秋》，采录其言行，而莫详于郑子产。余慕子产之贤，爱左氏文章之美，手自摘钞，既成一帙，以便阅读。仲尼曰：‘子产，古之遗爱也。’故余名是帙曰《古遗爱传钞》云。己丑十月，刘景晨。”按，稿本计三十六叶，半叶九行，每行二十四字，始自襄公八年，止于哀公五年，现藏温州市图书馆。

《疚庼日记》十一月六日（九月十六日）："阴。邮到海髯书，并《别后寄怀》七律一首：'芝田有待鹤归耕，听到骊歌百感生。如此江山与谁语，正当风雨送君行。鱼龙曼衍群儿戏，鸥鹭难忘旧日盟。洗凡先成《送别》诗，梅庵、祝眉、贞晦、克庵、伯琅、菊裳、雨农诸老友各有和作。欲为殷勤留后约，转因哽咽不成声。'诵之黯然。"（《温州市图书馆藏日记稿钞本丛刊》第57册，30489页）

本年　姚味辛诗《杨上校自永嘉来道故乡事二绝句》，言谱主生计为难。

其一曰："高楼谁复话桑麻，租税何知到败瓜。一树梅花无卖处，西风萧瑟酒难赊。"脚注："刘贞晦以人尽赤贫，无力买画，遂无以为生。"（《味筝斋诗文钞》诗钞卷二，四〇叶）

本年　作《马菊眉先生示重游泮水诗感而庆之》致贺，曰："一片荒凉旧泮池，经过人有海田思。但余故事还传说，难得重游已及期。厚道公宜天与寿，徐行我亦鬓如丝。杯盘匆遽亲朋乐，想见弥封揭报时。"下注："乡俗：报锣一响，贺客哄集，主人登时治席，致款谢焉。"（《刘景晨集》，323页）

一九五〇年（庚寅） 七十岁

一月十七日 夏承焘复函吴洗凡，托转《念奴娇》致谱主。

夏承焘日记一九五〇年一月十七日："复吴洗凡永嘉信，写去小词二首，并《念奴娇》一首呈贞晦翁。"（《夏承焘日记全编》第八册，4533 页）

二月七日 夏承焘将《画梅百绝》付之装潢。

夏承焘日记二月七日："以刘贞翁《画梅百绝》及王梅庵、叶誉虎、沈尹默诗词付装潢，取宾虹先生联归。"（《夏承焘日记全编》第八册，4539 页）

二月十日 以笺纸与原图大小不侔，夏承焘复函要求重题《月轮楼校词图》。次日付邮。

"贞晦仁丈道席：洗凡兄转来尊词，浑成澹远，不厌绎诵，感荷感荷！惜赐笺与黄宾老原图尺寸不侔。兹奉宣楮一张，倘承重写见画，俾付装池，无任拜祷。往年承惠梅花百绝横幅，在杭装成，见者叹为神妙。审尊词笔力与前诗无异，想见神明不衰，尤慰翘企。子植兄前月有书来，寒假短促，料不作归计矣。专恳，敬请著安。世侄夏承焘顿首。二月十日。"（杨瑞津藏）

按，夏承焘日记二月九日："得吴洗凡书，转来贞晦翁和予'月轮楼校词图'《念奴娇》，洗凡亦有和作。"表明谱主此前托吴洗凡转致和作《念奴娇·月轮楼校词图》。夏承焘二月十一日记："晨发贞晦翁覆，请重写《题月轮楼校词图》词，以笺纸与原图大小不侔也。"（《夏承焘日记全编》第八册，4539、4540 页）

二月十九日 正月初三，夏鼐来贺年未遇。

夏鼐日记二月十九日(星期日):“上午至刘冠三先生处贺年未遇,汪远滩、刘叔扬来贺年。”(《夏鼐日记》卷四,287 页)

二月二十三日 下午回访夏鼐,托其返杭时将题诗转交夏承焘。

夏鼐日记二月二十三日(星期四):“返家时,秀庵君来贺年。少顷,刘冠三先生来,谈及夏瞿禅先生托题诗,已写好托余带杭交之。”(《夏鼐日记》卷四,287 至 288 页)

三月一日 王理孚逝世于永嘉龙泉精舍,享年七十五岁。

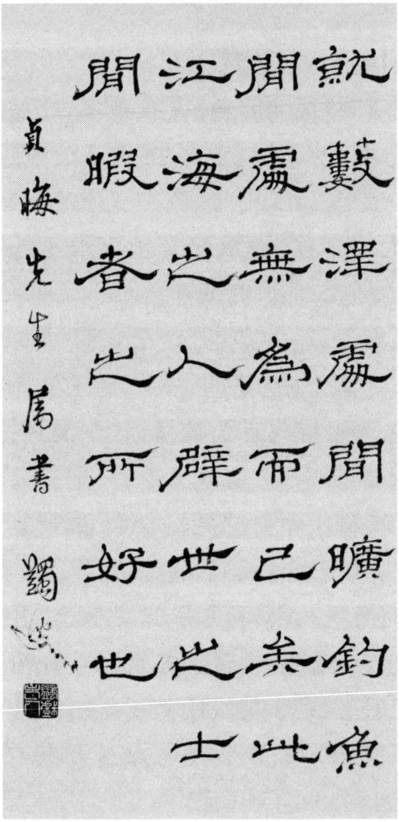

▶马一浮条幅

三月十六日 张嘉仪(胡兰成)出逃经过杭州,托史颂远将谱主《月轮楼校词图》题词及东坡生日词二首送交夏承焘。

夏承焘日记三月十六日:“张嘉仪托史君送来贞晦翁《月轮楼校词图》词及《东坡生日》词二首,属和。”(《夏承焘日记全编》第八册,4556 页)

三月中旬 托仇约三致函夏承焘,向马一浮求字。

夏承焘日记三月十八日:“接仇约三书,属为刘贞翁求马湛翁字。”(《夏承焘日记全编》第八册,4557 页)

四月十五日 夏承焘代谱主向马一浮求书。

夏承焘日记四月十五日:

“晴。晨与天五坐船至旗下，步至钱王祠，访马湛翁。致约三书，为贞晦翁求书，天五求书来禅楼额。坐谈久久。”(《夏承焘日记全编》第八册，4569页)

五月上旬 夏承焘将马一浮所书立轴寄与谱主。

夏承焘日记五月一日：“以《花外词》一册托心叔送马湛翁，取回为贞晦先生写立轴及鹭山‘来禅楼’横额。湛翁不日迁蒋庄。”五月二日：“作贞晦翁信，寄湛翁书件，附上《洞仙歌·东坡生日》词。”五月八日：“以马湛翁书贞晦先生字件寄叔常转交，并邮置虞愿元，附《洞仙歌·东坡生日》词一首奉贞翁。”(《夏承焘日记全编》第八册，4575、4576、4578页)

五月二十七日晨 夏鼐之母丁咸娇去世。

六月二日 前往夏鼐家吊唁。

夏鼐日记六月二日(星期五)：“上午刘冠三生生来吊唁，谈及刘子植先生拟于下学期北上，不知有机会否。”(《夏鼐日记》卷四，302页)

仲夏 留影纪念七十初度，并分寄京沪杭友好刘放园、林志钧、张宗祥、夏承焘诸人。

七月十日 林志钧函复谱主，附七律贺其“七十大庆”。

“贞晦先生惠鉴：积年睽隔，时切怀思。比承远道辱书，兼颁夏间摄影，精神矍铄，须眉伟然。瞻对之余，弥深驰仰。见摄影旁题字，知今年为我公七十大庆，敬赋七言律一章，意在扫除套语，竟不似寿诗耳。尚希裁正为幸！弟到京牵率会事，近已闭会，拟即到城外燕京大学小儿庚处小住，暑退南旋。叔通兄在此常晤。寅恪兄在广州岭南大学，子植世兄想可与常晤。此纸寄沪，托放园兄转，以放兄常与公通函，必得达也。手肃，即颂著祺。弟林志钧顿首。七月十日。”下附贺诗：“墙东长忆君公在，别后垂垂历几秋？穿贯七经公是集，题刊千卷敬乡楼。栖迟久弃江中块，浩荡

还看海上鸥。影里美髯如雪白，灯前细认醒昏眸。”(《刘景晨集》,407页)

七月二十一日 刘放园自上海来函，并寄五律两章祝寿。

“贞晦吾兄大览：日前奉复寸笺，恰已两旬矣，计先廛察。其后弟即函约叔通、宰平各以一诗为吾兄寿。叔通诗先成，据其函言已径寄尊寓；宰平诗札，则寄嘱弟转。兹并拙作两律统行邮呈，尚希吟正。弟所最切盼者，请兄得此函时，即以一书见复，使三人者皆知未为洪乔所误，则大妙矣。时逢大暑，今年珂乡某园荔子如何？去岁读尊诗，曾损我馋涎不少也。贵宅离守庸处远否，想常相见，亦在念中。余不尽意。顺颂暑祺。弟道铿顿首。七月廿一日。附件两纸。”(《瓯越此门两代贤》,128页)

按，所谓“日前奉复寸笺，恰已两旬”，即指同年七月二日复函(已收入《刘景晨集》附录，406至407页)；附件两纸，即寿诗两章。

寿诗题《贞晦宗兄寄示近影今年七十强健犹昔作此奉怀兼以为寿即希吟正》：(其一)“畴昔相遇地，如今剩梦痕。雠书青海路，说画四明郇。叔度惊何在，文房幸健存。问按堪国杖，齿德共称尊。”(其二)“知我思君甚，书来媵写真。须髯看更美，精悍尚无伦。十五年来别，万千劫后身。何时重把酒，共话太平春。”落款：“弟刘道铿拜稿。庚辰海上。”钤章：“道铿长寿。”

稍后，谱主赋七律一首报之，夹注言：“余日写法华经普门品，十余年未辍。”

夏 张宗祥自杭州寄墨梅画扇为谱主寿，并题七言绝句。

诗云：“贞晦先生善画梅，效颦应笑阿侬呆。宋梅两树如君寿，再笑春风几十回。”跋云：“墨梅起于宋僧，皆用淡墨晕成。既不能画梅，又欲取法宋代，多见其不自量。然或可供贞晦掀髯一笑也。”画后复书一绝云：“知君年届古来稀，信使传书似索诗。莫道儒生无计算,偿还诗债半年期。"(《刘景晨集》,324页)谱主因作红梅画扇,并叠次元韵作四诗寄湖上,提前为其祝寿。按,张宗祥时年六十九。

八月三日 刘祝群接吴洗凡复函,得悉咏海棠诗谱主与梅冷生、王荣年诸人皆有和作。

《疚庼日记》八月三日(六月二十日):"吴洗凡复书至,云《咏海棠》诗贞晦、梅庵、冷生、伯琅、景逊诸君子皆有和作,惜未获见示。"(《温州市图书馆藏日记稿钞本丛刊》第57册,30627页)

八月十二日 夏鼐来访。

夏鼐日记八月十二日(星期六):"上午访徐赤文先生。(中略)下午访刘冠三先生。"(《夏鼐日记》卷四,316页)

八月二十八日 致函夏承焘,告以女儿刘莱考入浙大农学院。

八月 平阳谢侠逊著《象棋新谱温州版初编》,由温州仿宋印刷局印行,商务印书馆、中华书局温州分庄经售。封二封三封底均印广告,包括谱主与王梅庵、方介堪、杨悌、吴丹忱等书画篆刻等,可见当时温州文化圈及医药界面貌之一斑。

封二:"刘贞晦书画、王梅庵鬻书、方介堪书画篆刻,收件处:温州市中山中路中国国货公司二楼,润例函索即寄。"以下两条为杨悌撰文鬻书、吴丹忱书画篆刻。

九月一日 黄宾虹接待夏承焘,谈话间推崇谱主,称其"画梅,刚直之气为其性情流露,允为永嘉画家第一"。

夏承焘日记九月一日:"晴热。午后三时与屡平诣黄宾虹翁,承出商宝意云南风物画册、罗两峰夫妇花卉册及金俊明梅花册页见示。谓明清两代画梅,允以俊明称独步。天启、崇祯间苏州人。(中略)又称刘贞晦先生画梅,刚直之气为其性情流露,允为永嘉画家第一。碧筠以诗请质宾老。谓学问有从内做出与从外做入之别。

此语有味。”(《夏承焘日记全编》第八册,4624 页)

九月三日 夏承焘复函谱主,言游修龄任农学院助教,当嘱其就近关照刘莱;告以张嘉仪过杭时仅一晤,此后即杳无音息。

贞翁老伯大人惠鉴:

承廿八日手诲,欣谛令媛考取浙大农院。止水之弟修龄任农院助教,当嘱其就近照料。农院在杭城东北华家池,距外西湖甚远,平时不易晤见也。承惠《念奴娇题图词》,早已与黄宾老画同付装潢,忘谢为罪。

嘉仪兄过杭时仅一晤,以后即杳无音息,不知已有职事否?

李佩秋先生前旬自上海来一函,谓记得老伯今年七十大庆,问是何月?昨晤张冷僧先生,云前数月已奉诗箑为寿。荒率失礼,甚愧甚歉!容撰诗补祝。佩翁居上海康定路一七九弄廿四号任宅,春间丧耦,云有致温州各友笺皆合寄谢邻,舍下迄今未转到。

黄宾虹先生今年八十七,老健如昔,住栖霞岭艺专宿舍,与蜗居相去不远。每晤见,健谈不休。前日在其家看金俊明画梅册子,因谓老伯画梅,刚直之气出于性情肝肺,允为近时独步云云。季思兄《洞仙影》词曾承其寄示,前月来书,云暑中返里,想事忙不成行矣。子植兄前月寄语言学论文一册来,在穗计甚安好。显真昆仲想各读初中矣。

专复,敬颂

道安

世侄夏承焘顿首

九月三日

别纸呈里诗一首博笑,并请诲政:

写经灯畔一吟身,九牧共知霜鬓新。安世声名真铁汉,辰翁父子是诗人。眼前万劫扶头醉,胸次千花著手春。记取黄山黄老语,明年会作太平民。谓宾虹先生。

里句奉祝贞晦老伯大人七十双庆。世侄夏承焘拜呈。

(《刘景晨集》,409至410页,释文据手札订正)

按,原笺天头作者补注:"顷晤修龄,云一年级新生皆住校本部,则可与侄时时晤见。"

夏承焘日记九月四日:"午后持贞翁函诣黄宾老,宾老允作画寿其七十。"(《夏承焘日记全编》第八册,4626页)

九月五日 夏承焘连同寿诗付邮。次日邮寄吴鹭山。

夏承焘日记九月五日:"夕雨。发贞晦翁覆,寄寿诗去。"九月六日:"发天五函,招其来湖上,附去心叔函及寿贞晦翁诗。"(《夏承焘日记全编》第八册,4626页)

九月十三日 郑侠逊设午宴招待昨日来温的刘祝群,与吴洗凡、杨雨农、蔡漱泉、张叔玉诸人同席。

《疚庼日记》九月十三日(八月初二日):"晴,甚热。晨餐后,出访吴洗凡,随诣龙泉精舍,谒王嫂,相见泣下。杨雨农旋来访,云郑侠逊今午酒集,洗凡已以余昨至瓯告侠逊,侠逊随来邀,甚殷。比午,偕张叔玉往,宗贞晦、吴洗凡、蔡漱泉已先至,雨农亦来,余以齿长遂僭座。客中雅集,欢声满楼,连日尘襟为之一洗。"(《温州市图书馆藏日记稿钞本丛刊》第57册,30644页)

九月十四日 杨雨农邀午餐,同席刘祝群、吴洗凡、梅冷生、蔡漱泉、黄菊裳、郑侠逊诸人。

《疚庼日记》九月十四日(初三日):"雨。雨农邀午餐,贞晦、漱泉、侠逊、冷生、洗凡、菊裳偕集。"(《温州市图书馆藏日记稿钞本丛刊》第57册,30645页)

九月十八日 刘祝群来访。

《疚庼日记》九月十八日(初七日):"晴,90。诣宗贞晦、马祝眉,步还甚倦。秋热尤酷。"(《温州市图书馆藏日记稿钞本丛刊》

第 57 册,30647 页)

九月十九日 答访刘祝群;偕刘祝群与陈守庸赴杨雨农馀绮楼午宴。

《疚庼日记》九月十九日(初八日):"晨有风,阴。连日困于饮食,山人肠胃清淡,不宜鱼腥。宗贞晦、陈守庸来谈,偕赴馀绮楼主人聚餐之约。午后归,倦甚。"(《温州市图书馆藏日记稿钞本丛刊》第 57 册,30647 页)

十月 温州市第四次人民代表会议协商委员会决定,筹组市文物管理委员会,聘吴天五、张一纯、方介堪、吕灵士、董朴垞、孙孟晋、夏鼐、梅冷生等十五人为委员,梅冷生为主委。(胡珠生主编《温州文物》第六辑,温州市文物志专号,一九九二年十二月版,71 页)

按,委员尚有戴家祥、王梅庵、吴洗凡等人。

十一月三十日 赋《七十生日作》四章。

其四称"钞书碌碌成新帙",即指此前脱稿的《古遗爱传钞》。其二对当年拒贿之举深感自慰:"冷眼总能明黑白,公言元不问恩仇",还提及"一二故人离别久,遥凭写影寄绸缪"。(《刘景晨集》,326 页)

十一月 作《古遗爱传钞》跋。

跋:"己丑夏四月,永嘉县城解放,既改温州市。秋七八月间,余感于时闲,辄忆《左传》郑舆人之诵,为之太息,传抄始于是时。人事牵率,久之,得五十有一篇,而岁云暮矣。比有余暇,出而读之,复为小言,系于各篇之后。子产生封建之世,相小国二十余年,生平言行,著于《左氏传》者,往往与二千年后之政杰,所见略同。'求逞于人,不可;与人同欲,尽济。'诚哉是言。嗟乎!今奈何犹有求逞于天,如楚灵王其人者,可怪也已!庚寅十月,刘景晨时年七十。"(《古遗爱传钞》,稿本,卷末)

十二月十日 孙孟晋与夏承焘谈及谱主近况。

夏承焘日记十二月十日:“休日。晨孟晋来,馈虾尾,谈温州各友困状,以王梅老最甚,冷生收房租尚不恶,刘贞翁亦可过。”(《夏承焘日记全编》第八册,4659页)

十二月上旬 《七十生日作》函寄杭州夏承焘,嘱转致张宗祥、黄宾虹、孙孟晋。王季思拟为谱主次女刘蘅介绍钱秀芝,谱主托夏了解钱君家庭。

夏承焘日记十二月十三日:“阴。得刘贞晦先生函,属打听钱秀芝君家庭。季思近欲为钱君介贞翁二小姐婚事也。寄来七十自寿诗,属分致张冷翁、黄宾老、孟晋。”(《夏承焘日记全编》第八册,4660页)

十二月十五日 夏承焘复函。

夏承焘日记十二月十五日:“灯下复刘贞翁信。”(《夏承焘日记全编》第八册,4661页)

十二月十八日 致函马公愚,附七十自寿诗。

十二月二十四日 夏承焘转交谱主七十自寿诗与黄宾虹。

夏承焘日记十二月廿四日:“晴。休日。晨刘叔扬来,不见十年,谓予体气较前好。谈其妹婚事,欲与钱君一晤。送贞晦先生七十自寿诗与黄宾老,见壁间唐人敦煌画,丹色甚好。”(《夏承焘日记全编》第八册,4664页)

十二月二十八日 马公愚复函,托林鸿书回温之便奉上书画扇一柄。

“贞晦老师函丈:奉读十二月十八日手谕并自寿诗,敬悉。兹托林鸿书君回温之便带上书画扇一柄,石章另托王志文君奉呈。上海近来书画生涯颇为冷落,盖受战事影响也。馀不罄陈。肃叩道安。弟子马公愚再顿首。十二月廿八日。外附扇一柄。”(《刘景晨集》,411页)

十二月 叶云帆赠以《次和贞晦先生七十自寿首律元韵》。郑剑西《寿刘贞晦先生七十》诗称誉谱主“风骨棱棱晚更坚”“谈笑三元换劫年”。(《万万盦诗存》,稿本)

下半年 函复在浙大上学的女儿刘莱,支持她报名参加中国人民志愿军。

刘莱《追求真理 身体力行——对父亲的片段追忆》:“一九五〇年六月美帝国主义发动了侵朝战争,接着党中央发布了‘抗美援朝,保家卫国’的动员令,号召青年踊跃参军。这时我正在杭州浙江大学念书,我很快就报了名,同时写信告知父母。父亲很快寄来回信表示支持,并告诫我做事不能凭一时热情,一旦下了决心,就要坚定地、不屈不挠地走下去。”(《刘景晨刘节纪念集》,58页)

本年 托刘放园将自寿诗转交林志钧,林复函,提到《古遗爱传钞》未获一读。

“贞晦先生:前由放翁寄示我公自寿七言律四首,好极,放翁来书亦一再赞叹。弟前年有《七十述怀》之作,粗糙已甚,不记曾邮乞指正否。健忘可叹。如未寄,希见示,当即补呈。《古遗爱传钞》,惜未获一读。官修正史列传,陈陈无生气,如以左氏笔墨写马迁传记,必放异采。刘融斋《艺概》谓‘若论不动声色,则左于马加一等’,此语公谓如何?尊钞可为‘传记文学’别张一军。两跋各有特色,倾佩倾佩!手肃,即颂著祉。弟林志钧顿首。”(《刘景晨集》,408页)

按,《七十述怀》之作共七章,作于一九四八年,见林著《北云集》(六三至六五页)。

一九五一年（辛卯）　七十一岁

一月上旬　致夏承焘函，邀为刘蘅介绍人。

夏承焘日记一九五一年一月十一日："灯下阅来信十余封，贞晦先生言秀之婚事，属予为女方介绍人。"（《夏承焘日记全编》第八册，4667 页）按，秀之，前引作秀芝。

一月中旬　钱秀之访晤夏承焘，获读谱主函件。王季思致函夏承焘，也谈此宗婚事。

夏承焘日记一月十四日："晴，甚冷，西湖冰未化。休日。钱秀之来，示以贞晦翁函，谓俟得季思信再说。"一月十五日："早得季思信，言秀之婚事，并谓商锡永问黄宾老消息。"（《夏承焘日记全编》第八册，4668 页）

一月十七日　夏承焘复函，告以钱秀之事不成。

夏承焘日记一月十七日："得钱秀之函，云已检刘蘅女士影片还季思，婚事殆已作罢。即作函告贞晦先生。"（《夏承焘日记全编》第八册，4669 页）

二月十日　温州市文物管理委员会成立，梅冷生兼主任委员，办公地址设于籀园图书馆。市文管会举行首次工作会议，决定聘请谱主等为特约采访委员。

四月二十三日　黄宾虹七言寿联托夏承焘转寄谱主。

夏承焘日记四月廿三日："晴。晨过黄宾老，谓新写成集古籀文联十余对，属予选取。予选'卓笔峰高成石笋；鸣弦泉细应丝桐'。卓笔峰在雁宕，而黄山有鸣弦泉，适切翁与予家居也。又取'仇池石老人同寿；须曼花奇天特钟'一联，为贞晦翁寿。宾老不

惜羽翰，予受赐多矣，愧无以报。刘慎旃在座，亦选去一联。”（《夏承焘日记全编》第八册，4702 页）

五月初 拟租赁东山书院空地，用处未详。

夏承焘日记五月五日：“夕止水谈刘贞翁租东山书院空地事。”（《夏承焘日记全编》第八册，4707 页）

五月十五日 夏承焘致函，托游汝愚捎上黄宾虹题联，并转达黄宾虹品评之语，“甚佩先生画梅，谓从人品性情出来”。

“贞晦先生赐鉴：前日过宾虹翁栖霞岭寓庐，谓前曾托某女士携奉山水一帧为先生寿，其人迂道山东往温，不知到否。宾老出新写集古文联见示，晚因再求得一联，兹交便人奉上。宾老仍老健健谈，甚佩先生画梅，谓从人品性情出来。季思兄前月自粤来杭，共聚数日，知子植兄客居安好，想时有安报。孟晋、慕骞夫妇昨皆来湖上。各乡人皆安好，惟石宗素前旬被逮，想由是老军人

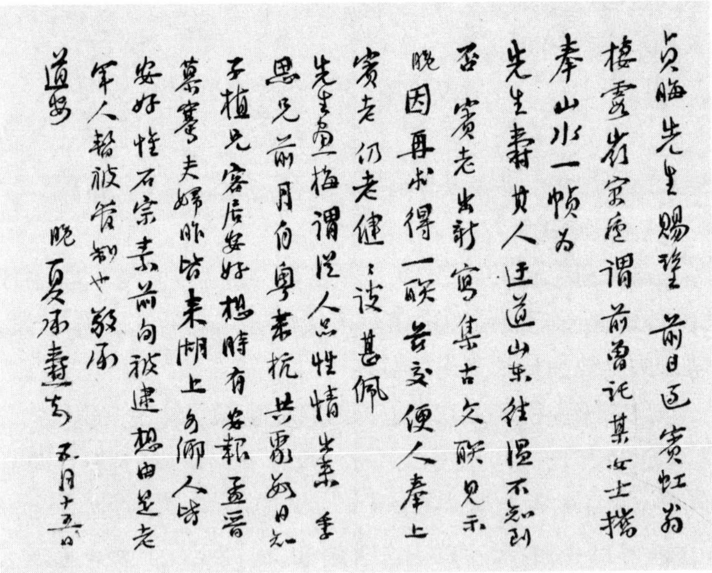
贞晦先生赐鉴 前日过宾虹翁
栖霞岭寓庐谓前曾托某女士携
奉山水一帧为
先生寿其人迂道山东往温不知到
否 宾老出新写集古文联见示
晚因再求得一联兹交便人奉上
宾老仍老健健谈甚佩
先生画梅谓从人品性情出来 季
思兄前月自粤来杭共聚数日知
子植兄客居安好想时有安报 孟晋
慕骞夫妇昨皆来湖上 各乡人皆
安好惟石宗素前旬被逮想由是老
军人暂被管制也 敬承
道安 晚夏承焘上 五月十五日

▶夏承焘来函（一九五一年五月十五日）

暂被管制也。敬承道安。晚夏承焘顿首。五月十五日。”(手札藏杨瑞津处,参见《刘景晨集》411 页)

夏承焘日记五月十四日:“作贞晦先生笺,属汝愚携去宾虹先生联。”(《夏承焘日记全编》第八册,4710 页)**按,汝愚,游止水之子,曾挂名于永嘉县志纂修处。**

六月十一日　有《放园索画梅题二绝句》。

诗曰:“酒垆能复过黄公,海上还羁两秃翁。忆着临平花万树,旧游同在画图中。”“邮书不远台云遥,补壁燕支倘未消。又寄相思写香影,江城五月雨潇潇。”小引称:“十五年前于沪客黄溯初,丙子约游超山观梅,刘放园、李佩秋与焉。既归里居,而溯初旅终于渝上,放园、佩秋仍为沪上寓公,别亦久矣。昔尝画红梅短屏赠放园,今不知存焉否也。辛卯芒种后五日。”(《刘景晨集》,326 页)**按,放园,即刘放园。**

六月中旬　复夏承焘函,嘱向黄宾虹道谢。

夏承焘日记六月十八日:“上午大雨,晚出月。得贞晦先生书,属谢宾虹先生寄寿联,并示近诗三首。”(《夏承焘日记全编》第八册,4726 页)

六月廿二日　编成《宋七言绝句选》,收录一百首。

《宋七言绝句选》小引:“石遗先生《宋诗精华录》四卷,古近体备焉。自来选家去取,未必人尽谓然,《录》中七言绝句三百余首,既尽读之,所见亦有异同。选其同焉者一百首,写成兹帙,并移写其所为作者传略及诸诗评语,以便吟讨而遣衰暮云尔。辛卯夏至,刘景晨年七十又一。”(《宋七言绝句选》,稿本,温州市图书馆藏,卷首)

按,《宋七言绝句选》稿本卷末另有跋文,当写于同时或稍后。

跋曰:“向读古人诗,以其意兴、气局、情味、音节尤佳者为上选。《宋诗精华录》中,七言绝句三百余首,兹选存一百首。其余如司马池《行色》诗，苏轼《溪光亭》诗，陈与义《墨梅》诗，摹写特工；王安石‘背人照影无穷柳，隔屋吹香并是梅’‘窥人鸟唤悠扬梦，隔水山供宛转愁’，苏轼‘水枕能令山俯仰，风船解与月徘徊’‘春畴雨过罗纨腻，麦陇风来饼饵香’，秦观‘有情芍药含春泪，无力蔷薇卧晓枝’，对语特工而非余选读之所先，故并阙焉。至如穆修之‘富贵位高无暇出’，秦观之‘家贫食粥已多时’，李唐之‘多买燕脂画牡丹’，石懋之‘我比杨花更飘荡’，杨万里之‘鹭鹚从小鬓成丝’‘做寒做冷何须怒’‘鸦青幕挂一团冰’‘只着蓑衣便是猿’，戴复古之‘黄金作纸珠排字’，刘克庄之‘几个吟人作大官’，叶茵之‘看纱嫌重绢嫌轻’，汪莘之‘并作诗人富贵秋’等作，《录》中皆与采入，则余于兹选不敢苟同也。写竟，因识于后。刘景晨。”（《刘景晨集》，91 页）

七月二十二日 林志钧复函，称赞《古遗爱传钞》“所辑恰成一首尾完具之子产详传，与史公百余字之子产传对看，尤见《左传》文字之妙”，并表示转交陈叔通、马叙伦过目，设法出版。

“贞晦先生惠鉴：放翁转来手教及尊著《古遗爱传钞》。自上次通讯后，即渴想得读此作。顷已拜读毕，想再看一遍，明天即转（尊函统转）交叔通兄，请其看后交夷初兄。如可交文教部审定更妙。此事如办到，则印行当不成问题。弟想候夷初处交还时，由弟先移抄一本。此书趣极，所辑恰成一首尾完具之子产详传，与史公百余字之子产传对看，尤见《左传》文字之妙。子产事迹，《左传》《国语》与《史记》子产传及郑世家十二诸侯年表，不同处如加以考订，附在《古遗爱传钞》后，又是一篇传作。此作非公莫属。《古遗爱传钞》中加语及附论，他手皆不能作。来示有意续为一文，切切草就即赐示，极翘盼！子植世兄上月下旬在此得晤，慰极，惜匆匆即又返羊城矣。手肃，即颂著祉。弟林志钧拜上。七、廿二。”（《刘景晨集》，408 至 409 页）按，陈叔通，全国政协副主席。夷初，即马叙伦，教育部部长、政务院文教委员会副主任。

约九月 画梅贺夏伯枢九十大寿。

夏承焘日记九月十三日："得洗凡书，告伯枢伯父今年中秋九十寿，真乡国人瑞。贞晦先生画梅为寿，题诗有'满城人识地行仙'句。拟以辘轳体成数绝句奉寄。"（《夏承焘日记全编》第八册，4754 页）按，题画诗未见。

十月二十五日至二十七日 出席温州市一届六次各界人民代表会议，市长黄先河致开幕词，副市长曾绍文作《关于温州市半年来的施政报告》。其间作为特邀代表发言。

《特邀代表刘景晨发言》："尤其是曾副市长的六个月的工作报告，要求代表们审查和提出意见。我觉得其中都有具体数字，如这学期学生增加多少、失业工人减少多少，修建陡门多少、道路多少，完全符合事实，无可批评。而且仅仅在这么短的六个月中就已经有了这么大的成绩，将来继续前进，一切成绩当然更大了。"（《温州市政》第七期，温州市第一届第六次各界人民代表会议专辑，温州市人民政府秘书处编印，一九五一年十二月二十五日版，44 页）

十月二十七日 当选为温州市协商委员会委员。委员共二十七名，主席黄先河。（《浙南大众》报十月廿八日，一版）

十一月一日 夏承焘归里来访。

夏承焘日记十一月一日："诣贞晦翁久谈。四年不归故乡，经故人门巷，不胜感慨。贞晦翁今年七十，尚老健，为鲁殿灵光矣。两日来屡闻爆炸声，贞翁谓疑是江口匪徒放竹筒炸药，江口诸小岛近尚有此辈踪迹也。或谓是江北开山筑路。"（《夏承焘日记全编》第八册，4780 至 4781 页）

十一月三日 回访夏承焘未遇。

夏承焘日记十一月三日："贞晦翁来，不遇。"（《夏承焘日记全编》第八册，4782 页）

一九五二年（壬辰）　七十二岁

一月十九日　《契据遗失》在《浙南大众》报第五十七期刊出。

广告："兹遗失座落原海坦镇，地号二四七，面积〇·四三三一（亩），平屋五间契据一纸，除向温州市人民政府补契补税外，特此登报，声明作废。刘贞晦启。"（第二三版中缝）

二月四日　刘节致函。

刘节日记二月四日："作函寄父亲，附去照片四张。"（《刘节日记》上册，266 页）

二月五日　陆雨之将祖传杨雨岩《连床忆旧图》捐交公家保藏，应邀为之作跋。

跋："右图作于道光丁未，迄于今百又六年，市南虞师里陆氏传之三世矣！百年之间题咏者四十余家。卷长数十尺，收藏既久，霉裂为数片段，世变屡更，保存未失，抑甚难已。今陆氏后贤雨之兄持示于其友吴君洗凡，因言私家文物，监护难周，不若藏之于公家，有专司焉者传藏之可以较久。凡物私之于己，不若公之于人之为得也。洗凡时为市文物管理委员会委员，以语市图书馆馆长兼管委会主任委员梅君冷生，相与赞许之，重装成轴，将入馆藏，嘱题其末。夫雨之能见其大，冷生、洗凡皆能成人之美，由是大众摩挲以征文而考献焉！前贤遗迹将弥久而弥彰，私之于家，诚不若公之于世也，因书以跋之。公历一九五二年农历壬辰立春日，刘景晨。"下钤"刘景晨""贞晦七十以后作"两章。（温州博物馆藏，《刘景晨集》，91 至 92 页）

三月六日　复刘节函。

刘节日记三月六日:"接父亲函。"(《刘节日记》上册,271页)

三月十一日 刘节来函。

刘节日记三月十一日:"作函寄父亲。"(《刘节日记》上册,271页)

四月十日 夏承焘接吴洗凡函,得悉谱主生计困窘。

夏承焘日记四月十日:"吴洗凡女公子来,携到洗凡信及诗,谓刘贞翁、方介堪皆生计甚窘。"(《夏承焘日记全编》第八册,4845页)

四月十二日 夏承焘作函问候,并约画梅,汇十万元润敬。

夏承焘日记四月十二日:"晴。晨起念贞晦翁久不通候,作一函,乞其画红梅,寄去十万元为润敬。"(《夏承焘日记全编》第八册,4845页)

四月十八日 刘节汇归二十万。

刘节日记四月十八日:"汇二十万回家。"(《刘节日记》上册,277页)

四月二十三日 应约为夏承焘作红梅,并题七绝一章。

四月二十八日 夏承焘收到红梅图。

夏承焘日记四月廿八日:"雨。晨接贞晦先生复函,二十三日发。惠红梅一幅,题诗云:'骨冷神清不偶然,谁能坚坐雪中禅。逋花还为君低首,一席湖山二十年。'"(《夏承焘集》第七册,253页)按,题画诗收入《刘景晨集》(327页),标题为编者所拟。

四月三十日 夏承焘和谱主题画诗。

夏承焘日记四月三十日:"复贞晦先生片,和其题画诗:听笛风窗思渺然,疏枝坐对胜安禅。吟成不肯骖鸾去,要为梅花住十年。"(《夏承焘日记全编》第八册,4851页)

五月五日(立夏) 集于吴洗凡宅,同席马祝眉。谱主作诗,感叹"鲥鱼索价贱从前",表示"不负风光同努力,新栽红蕊唱酬篇”。

五月十二日 复李佩秋书,附以《石榴花》组诗七律四章。

“佩秋我兄道右:示片领悉,已转洗凡兄阅之。题图二绝句极草草,弟向不会作此等题目也。近为石榴花赋四律诗,洗凡代为印成,附呈以博一笑,能赐和否?比想安胜。放园兄七十生日诗,知兄必有和作,便乞见示。老年借此消遣,亦足以怡神养气。尊见何如?匆匆不备,顺颂近祺。弟景晨顿首。四月十九日/五月十二日。”按,此函拙编《刘景晨集》失收。

五月十七日 刘节汇归三十万。

刘节日记五月十七日:“下午领来本月份薪水捌拾肆万元,即汇归叁拾万元。”(《刘节日记》上册,281页)

五月中下旬 咏石榴诗托人带交夏承焘。

夏承焘日记五月廿五日:“晴。休日。吴履冰、何华珍来。履、珍送来其尊人信及贞晦先生函,示石榴诗。”(《夏承焘日记全编》第八册,4860页)按,履、珍尊人,即吴洗凡。

六月初 复刘节函。

刘节日记六月七日:“接父亲函。”(《刘节日记》上册,284页)

夏 应邀为方介堪《篆印上海各界人民共同爱国公约全文》题封面签条。该书收录印蜕(包括《爱国公约》标题)共66枚,据其文辞,依照石章大小配合《爱国公约》全文,逐句篆刻。上海图书馆藏本扉页上有方介堪题签、钤印,上款“熊祥先生惠存”,落款“壬辰夏月,方介堪手钤”。

八月十一日 刘节作函,次日汇款十万。

刘节日记八月十一日:“作函寄父亲。”十二日:“寄归拾万元。”(《刘节日记》上册,294页)

九月 温州市图书馆馆长兼文管会主任梅冷生在温州市文管会工作会议上提出,本会改组,拟辞卸主任兼职。

十月二十七日 作为特邀代表出席温州市第二届各界人民代表会议(协商委员会)第一次会议。

十月三十一日 在温州市第二届第一次各界人民代表会议上当选市人民政府委员。(《浙南大众》报十一月一日,一版)

秋 刘顺昌、夏嘉华一行七人代表潮滦村族众来访,征询族谱重修事宜。

十一月六日 刘节函告,次日汇归二十万。

刘节日记十一月六日:"作函寄父亲。今日领到月薪九十三万元,明日汇归二十万元。"(《刘节日记》上册,307页)

十一月十一日 冯宗陈访晤夏承焘,请求介绍谱主作画。

夏承焘日记十一月十一日:"晴暖。雨。午有冯宗陈以黄宾老介,求作书,请刘贞翁作画。即写一笺与之。"(《夏承焘日记全编》第八册,4917页)

十二月二日 温州市文教局报告市政府,拟安排谱主为市文物保管委员会主任委员。

《报告》:"刘景辰先生因经济困难,要求参加工作。我们拟自十二月份起,派至市文物保管委员会,担任主任委员(原主任委员梅冷生免去兼职),并自十二月份起,月支二一〇工资分。敬请批复。谨报告曾市长。局长王子辉。(十二月二日于文教局)"(温州市档案馆藏)按,刘景辰,原件如此。

十二月五日 温州市人民政府批复市文教局,同意谱主任市文物保管委员会主任,并给予局长一级工资待遇。

温州市人民政府通知(府办〈52〉第4473号):"十二月二日报告悉。我们同意刘景晨先生任文物保管委员会主任,并依照省人事厅规定,市府委员应按照局长一级待遇,决定给以十六级工资制之待遇也。此复。温州市人民政府。"主送机关:"王子辉同志。"(温州市档案馆藏)按,副主任方介堪,十一月上旬市政府办公室确定其月薪为一五六工资分。

十二月中旬 复刘节函。

刘节日记十二月十九日："接父亲函。"(《刘节日记》上册，313页)

十二月中旬 作为特别邀请代表赴杭，出席浙江省第二届第一次各界人民代表会议。落榻延龄路省府第一招待所。

十二月十七日下午 浙江省第二届第一次各界人民代表会议举行预备会议。

十二月十八日 浙江省第二届第一次各界人民代表会议开幕，至二十五日闭幕。

十二月二十一日 与夏承焘约会于蒋庄马一浮寓。

夏承焘日记十二月二十一日："晴。休日。晨炼之夫人来，谓刘贞晦先生约予今晨在马一浮先生家会。予九时到蒋庄，晤袁道冲先生，七十二岁。昨自松江来。(中略)十时钟朴存、刘贞翁先后来，谈至十一时散。贞翁较去年所见瘦削，精神尚好。"

十二月廿二日："发季思广州函，邀其寒假北来。附去子植笺，告昨晤其尊人。"(《夏承焘日记全编》第八册，4927页)

夏承焘致刘节函："子植吾兄如晤：久久不通候，比惟动定安胜。尊甫来杭开人民代表大会，昨晨约晤于马一浮先生家，精神甚好。座间袁道冲、钟朴存诸翁皆七十以上，皆不及尊甫老健。代表会共开八日，下星期可返里矣，长途小汽车较安稳。在杭见客，皆有青年伴送。近有新著，幸不靳相示。匆匆，顺承起居。夫人均候。显真郎想读中学矣。弟夏承焘上。十二月廿二日。"按，显真，即刘显曾。

十二月二十二日 温州市代市长曾绍文签发温州市人民政府命令，即府办(52)字4838号文："兹任命刘景晨为本市文物保管委员会主任，梅冷生、方介堪为副主任。此令。"(温州市档案馆藏)

王思本《回忆刘景老二三事》透露：“解放不久，温州市委书记卜明，市长黄先河、曾绍文等同志与我闲谈中偶然提出一个问题，他说：‘温州过去士绅中为群众所器重而为人正直的有哪些人？’我说：‘有三人，一刘景晨，二柯逢春，三梅冷生，柯、梅已出来工作并有安排，唯刘仍赋闲在家。’卜明同志说：‘可否请他出来工作？’我说：‘刘先生为人耿直，

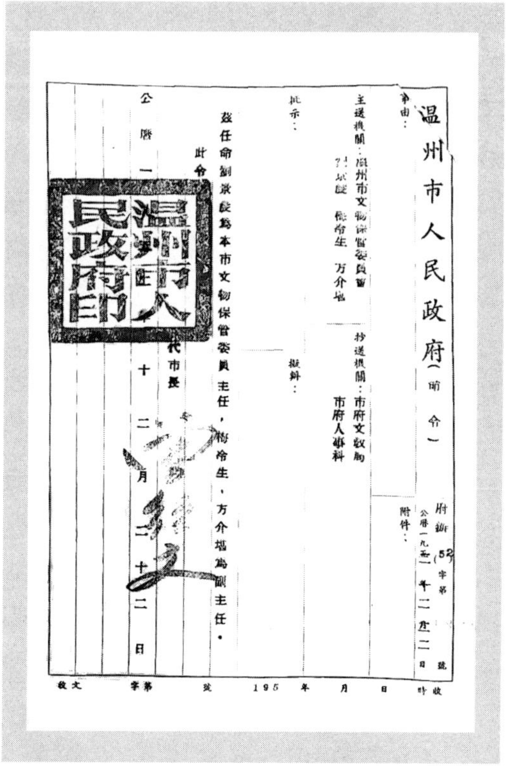
温州市人民政府（命令）
事由：
府浙(52)字第　　號
公曆一九五二年十二月二十二日
附件：
主送機關：溫州市文物保管委員會　劉景晨　梅冷生　方介堪
抄送機關：市府文教局　市府人事科
批示：
擬辦：
茲任命劉景晨為本市文物保管委員會主任，梅冷生、方介堪為副主任。
此令
代市長
公曆一九五二年十二月二十二日
收文　字第　號　195　年　月　日　時收

►温州市文管会主任任命书

傲视一切，是否肯出来还要做做工作。’于是他们要我先去做工作。我往返两次，他都不愿出来，我只好向他们汇报情况。卜明就说：‘那我们亲自去请，你陪我一起去，好吗？’我说：‘刘先生脾气古怪，你们贸然去他家，似有不便，我再去一趟，并说明你们要亲自来请，看他的态度，我随机做工作，最好他能到这里来，那时你们当面邀请，他总不会推辞吧。’就这样我再去看刘并说他们都要来看你，刘经再三考虑后，同意到市府看他们。一见面大家互相寒暄一番，卜明就说：‘刘先生过去不为反动政府工作，不与他们同流合污，赋闲在家，这样清风亮节，值得大家钦佩的，但现在

是人民政府，大家都为人民做事，我们能力有限，很想借重先生威望和能力，出来帮助我们一起工作，把温州事情做得更好，我想你会愿意帮忙的。'黄、曾两位市长也热情邀请。就这样刘即表示同意。出山后担任温州市文物保管委员会主任委员、市政协副主席等工作。刘老出任工作后，为市文物管理工作初具规模有一定贡献，为今后文物管理事业创造良好基础。又如他担任修理温州江心屿委员会主任，重整温州重要风景点等等，功不可没。"(《温州读书报》二〇〇二年三月号，总五十八期，四版)

周笃生《艺绩垂青史　风范励后人——悼念方介堪先生》称："解放初，我在市文教局负责社教、文化工作，受市长之托，筹建温州市文物管理委员会，并出面邀请刘景晨、梅冷生和先生为正副主任。"(《温州日报》一九八七年八月二十九日，三版)

十二月二十四日　浙江省第二届第一次各界人民代表会议代行省人民代表大会职权，选举浙江省人民政府主席（谭启龙）、副主席、委员。

十二月二十五日　会议闭幕。(《浙江日报》)

有《杭州访旧五首》，其中黄宾虹、马一浮、张宗祥各一章，夏承焘一题两章，其二记载："积得三年别后思，倾胸宜有万千辞。相逢却似忘言者，蠲戏斋中坐片时。"按，友人马一浮、黄宾虹、张宗祥，均为特别邀请代表。

会议期间遇马公愚，会后偕其赴沪访友。借寓马宅两宿而别。有《上海访旧六首》，徐寄庼、李佩秋各一，刘放园、陈守庸各两章。

十二月二十八日　刘节来函。

刘节日记十二月二十八日："作函寄父亲、叔扬、夏瞿禅、林伦彦。"(《刘节日记》上册，314 页)

十二月二十九日　马公愚来函谈父亲房产税支出与所收派

出所之租金，两者相抵，尚须赔贴二十三万余，负担不轻。

贞师函丈：

者番不期而会，得侍杖履，白头师弟相见倍欢，招待未周，殊用歉然。不稔归途无恙否，甚念甚念。故乡情况一切进步，游子闻之，忭慰万分！

顷接家严书，言所居之屋上半年房产税四万余，下半年增至三十六万余，地产税上半年三万余，下半年增至三十二万余。一屋之税，全年共计一百三十七万余，而所收派出所之租金，全年仅一百十四万；两者相抵，尚须赔贴二十三万余。明年税若累增，将何以堪？家严年老，为人子者，理当归养，惟归则何以为生？海上居亦不易，只得勉强度日，以待时运之好转耳。

率叩

道安不恭

十二月廿九日弟子公愚谨上

附呈小诗，敬祈改正：

人间桑海几回换，鲁殿灵光喜独存。乘兴偶然来歇浦，随行犹似立程门。眼中师弟须髯白，客里亲朋笑语温。杖履匆匆又南去，故乡父老盼归辕。（《刘景晨集》，412 至 413 页）

十二月　为江心屿宋文信国公祠重书清温处巡道李銮宣（石农）题联："久要不忘平生之言，古谊若龟鉴，忠肝若铁石；敢问何谓浩然之气？在地为河岳，在天为日星"，落款："刘景晨敬书"，下钤"刘景晨印""贞晦"两章。

叶圣陶日记一九五七年四月十七日（星期三）："晨间专员王绍甫、副市长苏松来访。二位问我人视察计划如何，我人固无定见，略为共商，结果为下午请市政府方面为我人略述概况再说，上午则先至江心寺，观文物保管会。由苏君陪往。旅馆在市区之东南，江心寺在市区之东北江中。乘三轮直北折而东，至于江边，登渡轮过渡至江中小屿。江心寺与文管会之间为文天祥祠,入而观之。有旧时之对联一副,有近人重书者,绝佳。‘久要不忘平生之言,古谊若龟鉴,忠肝若铁石;敢问何谓浩然之气？在地为河岳,在天为月星。’上联下二语,据梅君言,系王应麟评文天祥文稿之辞也。”(《叶圣陶日记:一九五七年》,见《叶圣陶研究年刊:2018年》,高友东主编,开明出版社二〇一八年十二月版,129页)

下半年　黄宾虹作画祝寿,并将新近收得的徐定超联语转赠。

《题画寿刘贞晦先生》:“青青江上峰,瓯峤纪游踪。君与山齐寿,还看松化龙。”落款:“里句恭祝贞晦先生八十大庆。壬辰宾虹并画,年八十又九。”(上海书画出版社、浙江省博物馆编《黄宾虹文集》,诗词编,167页)**按,八十大庆,当作七十大庆。**

徐联曰:“璞玉浑金,有寿者相;祥麟威凤,为国之华。永嘉徐定超。”下钤“永嘉徐定超印”“班侯七十以后书”两章,一白文,一朱文。

黄宾虹跋:“先正班侯徐公所书联,贞晦先生八十大庆,宾虹持此恭祝。壬辰年,八十又九。”下钤白文章“黄宾虹”等两枚。

按,夏承焘日记九月一日:“予访黄宾老,见彭玉麐画山水二小幅,宾老谓前未见。又新收得徐班侯先生一联。”(《夏承焘日记全编》第八册,4896页)

本年　季子翰修夭,年仅十三岁。

一九五三年（癸巳） 七十三岁

元旦 温州市文管会移设于江心屿兴庆寺,并在新会址举办首次陈列展览。

一月 刘放园和以《贞晦来沪两日即归有诗见寄次韵答之》,其一赞誉“世已新陈换,君能思想通。钻研惟马列,联系到农工”,其二深信“时平重见易,不用感苍茫”。(《放园吟草》,五五页)

二月三日 以市文管会主任名义函复温州市佛教会,老三官殿所存铜钟一只,系清宣统年间所铸,年代不久,殊无保存之必要。

函底(文字第〇〇九号,一九五三年二月三日)事由/查明老三官殿铜钟复请办理由:“本市三官殿巷老三官殿所存铜钟一只,前准你会函请查明是否有文物价值等由,当即派员前往审查,该钟是清宣统年间所铸,年代不久,殊无保存必要,相应函复,即希查照办理。此致温州市佛教会。市文物管理委员会主任刘景晨。”(温州博物馆藏)

二月上旬 致函夏承焘,托吴鹭山赴杭时转交。

夏承焘日记一九五三年二月九日:“晴,晚小雨。上午天五挈阿雷来。七日自温首涂,昨夕到杭。午后往师资训练班,约其明日来度岁。天五携来贞晦翁函,有沪杭访旧诗,承齿及予二首。”(《夏承焘日记全编》第八册,4943 页)

二月十三日除夕 弟子马公愚旧韵叠成梅花诗廿四首,其中两章关涉谱主(手稿潘尚选藏)。

组诗小引:“去岁除夕,余曾画梅自题云:‘年年耕石是生涯,卅载春申客作家。今夕岁除无一事，自拈秃笔写梅花。'流光如矢，又逢腊尾，水盆灯影中，复发画梅之兴。一幅既成，辄用前韵题之。信笔写来，叠成二十四首，恰符花信风数。游戏之作，自娱而已，工拙非所计也。"其十二："传经刘向旧生涯，酒后画梅别一家。点点浓朱密密刺，时人莫讶此奇花。"其十六："雁荡山中白水涯，买田十亩欲移家。卅年作客输梅隐，美梦今成镜里花。"按，梅隐，当指谱主。

二月二十四日　夏承焘和谱主见怀诗，托吴洗凡转致。

夏承焘日记二月廿四日（星期二）："今日夏正正月十一日，予五十三岁初度，虚龄五十四岁。作吴洗凡覆，附去和贞晦翁见怀诗，及真如村绝句二首，又写一五律寿黄宾虹先生。《鹭山来示贞晦翁沪杭访旧诗齿及下走奉和二首并示鹭山》：'筋力犹能独上楼，看花来岁约重游。人间历历过几劫，此老桀桀表一州。''澄江对酒话相思，吴艮近来能小词。欲识青山无世态，待看白月上楼时。'"（《夏承焘日记全编》第八册，4948页）

二月廿五日："雨。发吴洗凡复函。发马公愚上海复，附去和贞晦先生诗及寿宾老诗。"（《夏承焘日记全编》第八册，4949页）

二月二十八日　应邀出席温州市整理佛教工作座谈会。

徐祖光《温州展开佛教整理工作》："温州市佛教会于二月廿八日召开了整理佛教工作座谈会。出席的有寂山、雪生、性禅诸法师，何胜杰、徐祖光居士。温州市宗教事务处郑子偶副处长，温州市人民政府委员、市文物保管委员会主任刘景晨居士应邀列席指导。座谈会首先讨论并总结了温州市佛教徒三年来参加各乡爱国爱教运动的成绩，接着详细地研究了温州市佛教工作的具体整理方针。全体一致同意成立比丘、比丘尼、男居士、女居士、工厂、青年等五个基层组织，当场并推出各组的临时召集人。（下略）"（《觉讯月刊》第七卷第五期，上海市佛教青年会一九五三年五月十日出品,15 页)按,五个,原文如此。

仲春 撰《续修永嘉潮滐刘氏族谱序》。

三月十一日 刘节汇归十万元。

刘节日记三月十一日:“今日汇归拾万元,作函寄父亲。”(《刘节日记》上册,327 页)

四月十日 托温州市文管会副主任梅冷生致书中科院考古所研究员、副所长夏鼐,希望他与文化部文物事业管理局局长郑振铎(西谛)疏通解决市文管会经费。

梅函称:“温市文管会在本年元旦开始移设江心寺西畔兴庆寺旧址,附设文物陈列所。此依据第二届第一次人代会之决议,并由市府命令发表刘贞晦先生为主任,方介堪兄及弟为副主任。两年来收集逾七万件,有王振鹏画、唐代贰壁画、六朝佛造像等精品。并整理三角门外陆续发现之西山瓷器,蔚成大观。即春节三日,参观已达三万人。惟本年市政经费由中央统一支配,省文化局与财政厅合发通知,未将市文管会机构列入,社会文化事业费指标形成虚悬,市府不能擅自开支。贞晦丈属致函吾兄,请就近与郑西谛局长磋商,请速电省方照旧列支。闻省方系财厅与文化局未能洽议,亦转中央请示。此间文教局极盼中央能维持成案,不致文物事业从此中断。”(《梅冷生集》,73 至 74 页)

四月二十三日 刘节汇归十万元。

刘节日记四月二十三日:“寄归拾万元。接父亲函。”(《刘节日记》上册,333 页)

四月二十七日 温州市文物管理委员会分赠瑞安县立中学图书清册,共计中文书六一二九册,外文书二一四册,阁帖残壹束。瑞安县立中学兼校长徐炳全、经手人董朴垞。

五月八日下午 任温州市人民政府委员。

《政务院政务会议通过批准任命黄先河为温州区专员》:“中

央人民政府政务院第一百七十七次政务会议,通过批准了一批任免名单。其中关于温州区专员、温州市市长任免名单如下:任命黄先河为温州区专员,免去李荣村温州区专员职务,免去崔子明温州区副专员职务。任命曾绍文为温州市市长,张奇、徐赤文为温州市副市长。任命方恭敏、王绍军、宋腾阁、李铁锋、江庸鹤、周庆林、林镜平、金嵘轩、俞登润、胡显钦、崇玉、张春花、张碎眉、张济民、陈流、陈雄、赵爱莲、刘忠孝、刘景晨、樊作虞、蔡宝祥、苏松为温州市人民政府委员。"(《浙南大众》六月二十二日,一版)

五月十五日 刘节来函。

刘节日记:"作函寄父亲。"(《刘节日记》上册,336 页)

五月廿七日 被推选为温州市选举委员会委员。主席刘朝中,委员共十二名。(章志诚主编《温州市人民代表大会志》,89 页)

六月十日 刘节汇归十万元。

刘节日记六月十日:"作函寄父亲,并汇去拾万元。"(《刘节日记》上册,340 页)

七月五日 孙孟晋致函梅冷生,提到中共方面动员谱主加入民革组织一事。

"冷生、介堪、兆瑛诸兄先生大鉴:日前致刘贞老书,附奉浙江省文物保护单位调查表件,请其转交温文管会以供诸兄参酌办理。此项调查,据各县所填报的都是在有重点选择的原则下,不厌再三求详,就我温州方面看,除名人冢墓外,如古代名刹及其他宋元建筑遗物,如桥与井等等,散见于郡邑旧志及《东瓯金石志》者的,似都可以开列。尊意以为何如? 中国国民党革命委员会浙江省委员会,年来颇吸收老年的社会知名人士入党,省方如邵裴子、张阆生诸老均已加入,刘贞老前来杭开会时,党方即有人向他示意,大概尚在考虑之中。兄等如有意加入(闻王思本兄新已加入),亦当然会受欢迎,而与邵、张诸老各作一方表率,特为人所重视,希加察之,并盼见覆。顺颂暑安。弟孙孟晋敬上。七月五日。”(《玉篆春风——纪念方介堪先生诞辰一百二十周年师友书画展》,温州衍园美术馆二〇二一年十二月出品,138 页)

按,邵裴子一九五三年入民革,张宗祥五三年五月加入,次年十二月均当选民革浙江省第一届委员会委员。函札写作年份空缺,有鉴于此,姑系于本年。

七月　受聘为浙江省文史研究馆馆员。

温州市人民政府文教局《为转报温州市文物管理委员会一九五三年度预算由》第(五)点:“该会今年干部编制,遵你局指示暂为二人,主任刘景晨同志年老力衰,不便经常在会工作。虽本局为解决该会干部过少的困难,暂调市立图书馆张达生前往工作,但亦系年老多病,故该会实际干部力量仅一人。今刘景晨同志由省文史研究馆聘为馆员,我们的意见,刘同志仍兼该会主任,但其供给自八月份起,请省文史馆支发,刘在本市待遇按行政十六级支薪。拟调配适当干部一人,以求充实,是否可行,请迅即与文史馆研究后示复为荷。”此件主送省文化事业管理局。(教字第 1563 号,一九五三年七月十一日拟稿,局长冯增荣七月十三日签发,温州市档案馆藏)

按,据夏承焘透露,此聘系省文管会常务委员孙孟晋推荐。夏承焘日记一九五二年十一月九日:“晴。午与炼之饭市楼。午后同过孟晋小坐,半年不见矣。谓浙省欲办文史馆,照顾年老文人贫穷无依者,拟请一浮先生任馆长。孟晋介刘贞翁、高性朴先生。”(《夏承焘日记全编》第八册,4917 页)

十一月六日　浙江省台州市文管会委员兼征集组组长项士元(慈园)函复梅冷生,谈及温州文管会及谱主,并托代为介绍:“温州文物管理委员会闻征得文物亦很多,内系台州文献之珍本当亦不乏,该会负责人听说是刘贞晦先生。二十年前过瓯,曾往谒,未及相值,现虽同为文史研究馆馆员,并未通过音问,还希先生代为介绍,并达景仰之微忱。"(《梅冷生师友书札》,126 页)

十一月十五日 曾绍文来信请市文管会派人到青田取回文物。

"刘景晨先生:青田发现一块木头化石,现在放在青田城内,请文物保管委员会派人去取,去时可到这里写信介绍前往。致敬礼。曾绍文。十一月十五日。"(方广强藏)

按,曾绍文一九五二年十月至一九五五年六月任温州市市长,而文管会五二年底成立,此函当作于五三年或五四年,姑系于一九五三年。

同年 温州市政府拨款五百万,专门用于文物展览。

一九五四年（甲午） 七十四岁

一月初 近作两章交女儿蘅香（刘蘅）转寄刘节。

刘节日记一月五日："接蘅香来函，附父亲近作七律二首。"（《刘节日记》上册，345页）

一月十二日 欧阳询《醴泉铭》字帖归还温图之前作跋，称："《醴泉铭》碑石漫灭，重刻佳本亦至难得，市图书馆收藏诸本，此较可观，借临一过，题其后以归之。"落款："癸巳腊八日，刘景晨时年七十又三。"下钤白文章两，朱文章一，后者为"补蹉跎室"（原件藏温州市图书馆善本书库）。

一月十七日 带队赴平阳，从城关、鳌江、宜山、龙港等地旧废书内遴选善本图书四千册。（金柏东《文物无言　乡邦有幸——回忆刘景晨先生二三事》，《温州读书报》二〇〇二年十月号，四版）

一月廿四日 出席温州市文管会第一次全体会议，研究工作总结，讨论藏品目录编印事宜等。

一月 为张湘雨藏文徵明书《渔父词》十二首题引首："文徵明书渔父词。湘雨世仁兄属题。癸巳十二月，景晨□七十又三。"

按，此前己丑（一九四九年）冬王梅庵应邀作跋，见梅庵诗文补遗。跋文徵明《渔父词十二首》："徵仲生松雪后玄宰前，两文敏书法婉媚多姿，皆以韵胜，徵仲则以气胜，史家目为清挺，又谓四绝不减松雪，而流传广远不逮，或仕隐有殊故耶？此卷渔父词十二章，一气写成，罗罗清流，绝无脂韦气习，弥可珍贵，幸善藏之。湘雨仁兄属题，己丑冬，荣年。"（方长山编《龙湾诗文七人集》，中

国文史出版社二〇一一年十月版,323页)

二月七日(正月初五) 刘节来函。

刘节日记二月七日(星期日):"作函寄父亲。"(《刘节日记》上册,350页)

二月 梅冷生将馆藏明陈函辉像、黄绍箕《三游洞诗》、丁辅之《松图》、朱晓崖《半樱簃填词图》、张红薇《月影芭蕉图》、杨志甫《东山贩社图》等移交文管会。(胡珠生《梅冷生先生对温州文物事业的贡献》,见《胡珠生集》,黄山书社二〇〇八年十月版,817页)

三月十八日 市文管会收购朱子常黄杨木雕《黛玉葬花》《苏武牧羊》《双仙和合》等。其中《黛玉葬花》,四月四日上调省文管会。(《温州文物》第六辑,71页,大事记)

四月四日 旅沪人士戴夷乘向温州市文管会捐赠一批藏品。(《温州文物》第六辑,71页,大事记)

四月四日、六日 刘节来函。

刘节日记四月四日(星期日):"晚作函寄父亲。"(《刘节日记》上册,358页)六日(星期二):"今日作函寄父亲。"(《刘节日记》上册,359页)

四月五日 应省文史研究馆馆员、市文管会同事张达生之邀,与梅冷生、方介堪、叶子屏相聚于江心屿张寓。有诗《三月三日张君达生招同梅冷生方介堪叶子屏饮江心寓斋作》纪事。

诗曰:"风风雨雨过清明,上巳今朝却放晴。隔岸诸山春雾退,渡江无浪午潮平。杜鹃花开少长集,孤屿亭稿杖履轻。斗酒妇谋贫不碍,妙诗弥复见深情。"脚注:"君次吴洗凡诗有'妇谋斗酒笑贫家'句,冷生席间诵之,众皆叹赏。"(《瓯越此门两代贤》,61页)

四月 梅冷生将馆藏汪洵篆书屏、康有为联、张謇联、汪香泉花卉直条、竹禅和尚画竹、江弢叔小中堂、罗三峰《芙蓉白鹭》、余启祥山水等移交文管会。(胡珠生《梅冷生先生对温州文物事业

的贡献》,见《胡珠生集》,817 页)

五月 偕市文管会同人到慈山察看叶适墓地,计划修葺工事。

七月中旬 在永嘉县第一届人民代表第一次会议上当选为浙江省首届人民代表大会代表。(《浙江日报》八月十日,三版)

七月下旬 致函张宗祥,告以将赴杭出席省首届人民代表大会。

夏承焘日记一九五四年七月三十日:"雨凉。晤张冷僧翁,谓新得贞晦先生函,不日来杭开人民代表会。"(《夏承焘日记全编》第八册,5107 页)

八月上旬 致函夏承焘,告以十一日抵杭报到。

夏承焘日记八月七日:"晴,大热。得贞晦翁函,十一日须来人民代表大会报到,不日即首途。此翁已七十四五,酷暑远行,殊可虑。"(《夏承焘日记全编》第八册,5110 页)

八月十日 浙江省第一届人民代表大会代表名单见报,永嘉县共十名,谱主列其八。(《浙江日报》三版)

八月十二日 出席浙江省首届人民代表大会第一次会议,落榻杭州大华饭店。

八月十四日 夏承焘、吴鹭山来访,并偕访孙孟晋,谈叶水心墓已拨款重修。

夏承焘日记八月十四日:"晴,夕转凉。七月望。晨与天五往大华饭店访贞晦先生,谈至十一时。晤同房淡云、天台国清寺方丈,大荆人。大悲灵隐方丈,湖北人。二和尚,皆能诗。大悲有《禅馀词》二册,已印行。贞翁诵淡云一绝,云:'一双芒鞋踏九州岛,□□来作瑞安游。昨朝□□□前过,托得仙岩一钵秋。'午同过孟晋,于其菩提新邨,邀其同出,饭于杭州酒家。午后二时散。贞翁谓水心先生墓已拨得款重修。诵新作二律诗。谓冷生明年六十,欲辞去图书馆事。"(《夏承焘日记全编》第八册,5112 页)

八月十八日上午　在省首届人民代表大会第一次会议全体大会上发言。

《刘景晨发言摘要》:“四十多年来亲身经历,前前后后的对比,使我感到现在社会的光明。民国元年,我也曾当选过所谓众议员,那时也有所谓宪法;民国二年也有所谓宪法起草委员会,我也参加过讨论,但那时完全是黑暗,专制,谈不上一丝一毫的民主。可是现在,宪法草案是经过了许多人的讨论修改,公布后又交给全国人民讨论,这是真民主!”“台湾是现在全国唯一还没有解放的土地,我们必须解放它,不能让美帝国主义者庇护着的蒋介石卖国集团盘踞,用来作为骚扰祖国和平生活的基地。我们必须继续加强团结,提高警惕,为祖国领土的全部解放,为争取世界和平而奋斗。”(《浙江省第一届人民代表大会第一次会议上代表的发言》,《浙江日报》一九五四年九月十日,三版)

八月十九日　投票选举第一届全国人民代表,陈叔通、沙文汉等三十五人当选。

阳晓《投下这庄严的一票——省第一届人民代表大会第一次会议侧记之二》:刘景晨感慨地谈起当年曹锟贿选的情形:“曹锟贿选留给人民的印象,只是‘五千元,一万元,吵,闹,军阀混战,一团糟。’”(《浙江日报》八月二十日,三版)

八月中旬　向省第一届人民代表大会第一次会议提案,要求将温州市文管会扩充为温州地区文管会。

温州市文化处致温州市人民委员会《关于报请将原温州市文物管理委员会扩充为温州区(市)文物管理委员会的报告》(57)文社字第008号:“为适应社会主义文化事业的发展,拟将原温州市文物管理委员会扩充为温州区(市)文物管理委员会。关于此事,该会刘景晨主任曾向本省第一届第一次人民代表大会提过案。”(温州市档案馆藏)

十月十三日 夏鼐复方介堪函称:"温州文管会在先生及刘、梅二先生领导之下,成绩斐然,甚为可佩。"信末表示:"我明日即赴洛阳,大约十一月底返京。"附言:"刘景晨梅冷生二先生,均乞代为问安。"原函未书年份,据夏鼐日记判定为是年。

夏鼐日记一九五四年十月十三日(星期三):"上午写了几封信。收拾行李,预备明日赴西安。"次日(星期四):"晨间搭文化部车子赴车站,乘8时25分车子赴西安。同行者有王冶秋局长、张葱玉局长、于坚科长,送行者有社管局王毅秘书。"

晚秋 省文史研究馆副馆长邵裴子赠以扇面,上书陆游七绝四章。

一九五五年（乙未）　七十五岁

一月七日　取道金华赴杭,出席浙江省人民代表会议一届二次大会。

一月十六日返温　其间,应全国人大常委会副委员长陈叔通之嘱,为前国会参议员姚华(茫父)手卷题诗四章。有《杂咏》十首纪事。

《杂咏》其三:"老人食肉小儿糕,百货新年购者劳。供不应求偏可喜,市民生活水平高。"(《刘景晨集》,333页)

一月二十五日(正月初二)　女刘蘅与温州第二中学地理教员朱肇棠结婚。

朱肇棠《西窗散人回忆录》(一九八九年七月):"我鳏居十三年,直至五四年冬,才与刘蘅女士结婚。女士擅于烹饪,由是中馈有人,互助互利,患难与共。"(《项浪平合集》附录四,253页)

三月二十五日　老友黄宾虹在杭病逝,享年九十二岁。

四月十六日　向温州市文管会捐赠字画两件。

闰三月　诗贺陈叔通八秩大寿。

《陈叔通先生八十寿》末句:"许我寿公兼寿众,年皆百岁太平人。"可以想见作者的襟怀。

春　与友好同舟往彭岙访玉清观,因病未能登山;赋《吴洗凡七十寿》五绝四章,称"巽园春去后,南郭为君来,""相见虽云晚,周旋也卅年"。

六月二十四日至二十九日　以省人民代表身份列席温州市第一届人民代表大会第二次会议,并应邀发言。

在大会发言中，表示拥护和同意副市长丁世祥的工作报告，强调“社会主义经济建设时期，我们要有一个和平建设的环境。因此，我们必须积极争取世界和平，反对任何一切战争”。（《浙江省温州市第一届人民代表大会第二次会议汇刊》，浙江省温州市人民委员会办公室编印，一九五五年八月版，四一页）

七月一日 温州市人民政府更名为温州市人民委员会。

九月三十日 中秋，将珍藏的黄宾虹水墨山水轴（29.4×80.7cm）与徐定超八言联一并捐赠温州市文管会。

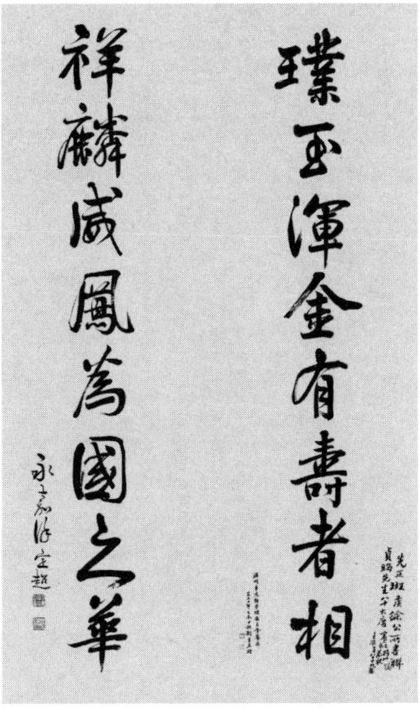

▶徐定超联语（黄宾虹赠刘景晨）

黄宾虹题款：“贞晦先生画笔秀劲，有如锥画沙之妙。余亦倔强，不阿世好，斤斤以古法自憙，惟未尝自囿于前人之樊篱，徒取形似，未卜大雅以为如何，聊博一噱而已。天都黄宾虹作。”徐联曰：“璞玉浑金，有寿者相；祥麟威凤，为国之华。永嘉徐定超。”

两件落款均为：“温州市文物管理委员会鉴存。一九五五年乙未中秋，刘景晨赠。”现藏温州博物馆。

按，年内该会接受社会各界捐献文物计九十三件。

谱主前后赠送文管会的，另有红梅图轴三帧（一九三八年、一九四三年及未署年月）、红梅图直幅（一九三八年）、设色老梅图直幅（一九四八年）、行书观梅赋直幅（一九三八年）、《水墨梅花图》扇面、行书七言联两副（一九三四年、一九四七年）、《跋〈嘉道间乡

▶黄宾虹赠画

贤遗墨〉》手稿(一九三八年)、小楷《观世音经》横幅(一九四一年)、楷书《妙法莲华经观世音菩萨普门品》册(一九四二年)、小楷《妙法莲华经》横幅(一九五〇年)、行书东坡诗四屏条(无年月)等十四件。

十月二十四日 重九,偕吴洗凡登松台山。吴洗凡赋诗,郑汝璋次和。

十一月二十五日 温州市文管会在瑞安陶山调查,发现浦北、碧山、塔山、下湾、焦石等多处新石器遗址。(《温州文物》第六辑,71页,大事记)

十二月下旬 赴杭出席省人民代表大会第三次会议,下榻大华饭店。

十二月二十七日 夏承焘来大华饭店看望,随后偕访孙孟晋。

夏承焘日记十二月二十七日:“晴,甚暖。午后往大华饭店访刘贞晦翁,来参加人民代表会。比去夏清瘦。自谓今年七十五,秋后觉体力忽不如前。谈次惊悉陈竺同在粤猝逝。前旬鹭山尚转来一函,云北来决住南京,不谓有此,想是中风。贞翁谓在乡间之李仲骞、子植亦有函来告,必不虚矣。三时同出,过孟晋,知郦衡叔、张惠衣亦病。五时归。”(《夏承焘日记全编》第九册,5259页)

本年 赋诗《赠广州六榕寺住持觉澄师六十》。

诗曰:“方外交游夙有缘,丛林到处好山川。了公讲座梅潭雨,梅雨潭是近寺胜处。寂老禅心海眼泉。海眼泉在寺东峰下。忽忆六榕旧题在,近闻一壑上人专。莲华德侣无量寿,回入娑婆六十年。”(《刘景晨集》,336页)按,觉澄早年做过瑞安仙岩寺住持。

一九五六年（丙申）　七十六岁

一月十二日　温州市人民委员会通知，将市文物管理委员会划归市人民委员会直接领导。

《浙江省温州市人民委员会通知》："根据《浙江省温州市人民委员会组织简则》（草案）的规定，决定将市文物管理委员会划归市人民委员会直接领导，由金嵘轩副市长负责掌管，并由市人民委员会文教办公室协助掌管之。"［温办（56）字〇一五九号，温州市档案馆藏］

一月　温州市各界人民代表会议协商委员会第十三次会议通过，邀请谱主为政协温州市第一届委员会委员。名列"特别邀请人士（十七名）"之首，简介："刘景晨　男　74　温州市　浙江省人民代表　温州市文物保管委员会主任。"

一月三十一日　温州市各界人民代表会议协商委员会发出邀请通知。

一、二月之间　为温州市文管会新收李经敕《自作诗翰卷》篆书引首"后峰诗墨"四字，落款"乙未腊月，刘景晨年七十五"。

按，李经敕《自作诗翰卷》作于嘉靖三十五年（一五五六），纸本，长 481.4 厘米，纵 24.4 厘米，录诗二十首，现藏温州博物馆。（徐云峰《高士李经敕的书法艺术》）

二月二日　刘节汇归四十元。

刘节日记二月二日："上午汇款四十元给父亲，汇十元给钱宅。"（《刘节日记》上册，367 页）

二月二日至四日　出席政协温州市第一届委员会第一次全

体会议。

二月四日 以无党派人士身份当选为温州市政协副主席，并兼学习委员会副主任。主任由副主席苏松（中共界别）兼。

在大会发言中介绍解放后几年的体会，坦率承认："老年人的思想改造是比较艰苦的，但经过学习以后都给理论和事实所感动，许多事实对老年人的教育是深刻的，"还表示担负老年知识分子学习会大组长"很光荣"，"保管整理文物是我们应尽的责任"。（《刘景晨集》，143 页）

二月上旬 回函刘节。

刘节日记二月十日："接父亲函。"（《刘节日记》上册，368 页）

二月二十六至二十九日 列席温州市第一届人民代表大会第三次会议。

其间，与王思本（特邀代表）、姜渭民（教育界代表）、陈逸人（教育界代表）、吴荣（工人代表）五人联名提出《请筹建火葬场公墓及殡仪馆，以解决丧葬困难》。审查意见表示"大会讨论通过后，由市人民委员会办理"。（《刘景晨集》，145 页）

在大会上发言，认为推广普通话与护树工作十分重要，表示将在文保、扫盲、文字改革诸方面贡献力量。

三月上旬 致函次子刘仲博。

刘节日记三月十四日（星期三）："上午仲博来，交到父亲函一件。"（《刘节日记》上册，373 页）

三月十五日 刘节来函。

刘节日记三月十五日（星期四）："作函寄父亲。"（《刘节日记》上册，373 页）

五月二日 温州市文物保管委员会更名为温州市文物管理委员会，仍任主任，梅冷生、方家溪、方介堪、吴兆瑛等四人副之，谢磊明、孙孟晋、夏鼐等十二人为委员。（《市长丁世祥签署公布

市人委各部门直属单位负责人名单的通知》）

五月二十一日 温州市人民委员会批复同意修复慈山叶适墓。（《温州文物》第六辑，72 页）

五月二十四日 出差杭州，出席浙江省第一届人民代表大会第四次会议，下榻西湖饭店。

《省人民代表大会第四次会议明日举行》："浙江省第一届人民代表大会第四次会议，决定推迟到 26 日上午举行。参加会议的人民代表已陆续到达杭州。"（《浙江日报》一九五六年五月二十五日，一版）

五月二十五日 夏承焘夫妇来访。

夏承焘日记一九五六年五月二十五日："夕与妇往西湖饭店访贞翁。夕准备明早赴沪参加复旦大学科学讨论会。"（《夏承焘日记全编》第九册，5306 页）

五月下旬 致函刘节。

刘节日记五月二十八日（星期一）："接父亲信。"（《刘节日记》上册，383 页）

五月二十六日 出席浙江省第一届人民代表大会第四次会议，听取浙江省省长沙文汉的报告《全省人民团结起来为完成 1956 年的任务而奋斗》、财政厅厅长李文灏关于 1955 年财政预算执行情况和 1956 年财政预算（草案）的报告、浙江省高级人民法院院长吴仲廉"关于肃清反革命分子问题的报告"等。（《省第一届人民代表大会第四次会议昨日开幕》，《浙江日报》一九五六年五月二十七日，一版）

五月二十七日至二十九日 省第一届人民代表大会第四次会议三天分组讨论。

五月三十日 省第一届人民代表大会第四次会议休会一天。

五月三十一日至六月三日上午 大会讨论。温州市代表吴百亨、黄国定(吴、黄两人联合发言)、金嵘轩、胡显钦,平阳县代表黄萩民等大会发言,随后在《浙江日报》刊出。

六月三日下午 省第一届人民代表大会第四次会议增选浙江省副省长两名,顾德欢、吴宪均以三百六十七票全票当选。(《浙江日报》六月四日,一版)

六月六日 刘节来函。

刘节日记六月六日(星期三):“作函寄父亲。”(《刘节日记》上册,384页)

六月 梅冷生经手收购的胡宝仁山水帐额、曾赤城花卉文禽立轴、汪香禅菊花、朱晓崖仕女绢本、马孟容燕子扇面等十八件,一并拨交文管会。(胡珠生《梅冷生先生对温州文物事业的贡献》,原载《怀梅录》,10至11页,见《胡珠生集》,817页)

七月二十六日 温州市人民委员会第十二次会议通过温州市选举委员会名单,主席丁世祥,委员方恭敏、王思本等十二名,谱主列第十名。(《温州市人民代表大会志》,89页)

七月 梅冷生将馆藏孙衣言联语、黄绍箕文稿、章炳麟篆联、马一浮四尺联、陈衍四副屏、张宗祥行书横幅等移交文管会。(胡珠生《梅冷生先生对温州文物事业的贡献》,见《胡珠生集》,817页)

八月二十四日 鉴于龙泉县筑路工程拆毁崇因寺东西双塔,市文管会致函龙泉县人民委员会,要求对出土文物采取抢救措施。(《温州文物》第六辑,72页)

八月 温州市文管会印发《温州专区文物保护单位目录》。(《温州文物》第六辑,72页)

九月二十六日至二十八日 温州市第一届人代会第四次会议召开。该会提案委员会关于第三次会议提案执行情况的报告介绍,谱主等五人的提案列为第三十号,办理情形:“建立火葬场等在本市尚无经验,现已交有关部门研究中。”

九月二十七日 刘节汇归四十元。

刘节日记九月二十七日(星期四):“下午寄肆拾圆给父亲。”(《刘节日记》上册,400页)

九月二十九日 夏承焘寄赠《词人十谱》。

夏承焘日记九月二十九日:“以《词人十谱》寄刘贞晦先生。”(《夏承焘日记全编》第九册,5349页)

十月初 患病。

刘节日记十月九日(星期二):“接蘅香信,知父亲有病。”十日:“寄蘅香一函。走访仲博一谈。”(《刘节日记》上册,402页)

十月九日 卧床休养,夏鼐、苏醒石来访,谈温州市文管会及修志事。

夏鼐日记一九五六年十月九日(星期二):“今晨微雨,江心之游作罢。上午苏醒石先生来,偕往沧河巷市立图书馆访梅冷生先生,未遇。(中略)偕苏先生赴世美巷访刘景晨先生,今年已78岁,体弱卧床休养,谈温州市文管会事及修志事。”(《夏鼐日记》卷五,266页)按,夏鼐随后在副主任梅冷生等人陪同下于十月十一日至江心屿市文管会鉴定藏品。

十月十六日 刘节来函慰问。

刘节日记十月十六日:“作函寄父亲。”(《刘节日记》上册,403页)

十月二十六日 浙江省文史馆副馆长张宗祥复函温州画家蔡笑秋约稿,附笔嘱其问候谱主等三人。

信末:“贞晦、冷生、荣轩诸老友,见望候之。”(胡建南主编《蔡笑秋花鸟画集》,浙江人民美术出版社二〇二一年八月版,111页)

十月三十一日 英、法两国开始联合进攻埃及。

十一月三日 扶病出席中国人民保卫世界和平委员会温州市分会召开的座谈会,谴责英、法侵略者的野蛮行径。

十一月七日 刘节汇款。

刘节日记十一月七日(星期三):“上午汇款到温州。”(《刘节日记》上册,406页)

十一月十二日 出席温州市各界孙中山先生诞辰九十周年纪念会并讲话。

十二月中旬 赴杭出席浙江省一届人代会第五次会议,下榻大华饭店。其间与老年代表共十一人合影。

照片说明:“浙江省第一届人民代表会议第五次会议,寓大华饭店,老年代表合影。1956.12.冬日。”(《瓯越此门两代贤》,7页)

十二月二十五日 省人民代表张宗祥、宋云彬(两人均海宁县选出)来旅馆看望。

宋云彬日记十二月廿五日:“上午出席省人民代表大会。休息的时候,我托故退席——同张阆声到大华饭店去看刘景辰。下午出席代表大会,我担任执行主席。”(浙江省海宁市档案馆、市政协文史资料委员会编《红尘冷眼》,山西人民出版社二〇〇二年版,439页)按,刘景辰,原文如此。

十二月二十六日下午 浙江省一届人代会第五次会议闭幕。

同日 夏承焘、孙孟晋来访。言六年前为子产辑传记《古遗爱传钞》,托夏承焘联系出版。

夏承焘日记十二月二十六日:“午后孟晋来久谈。(中略)四时与孟晋访贞晦先生于大华饭店,今年七十六矣,稍清瘦。云七十岁时,为子产辑传记,名《古遗爱辑传》,意以子产比毛主席。属予为介绍出版。人民代表会今日闭幕,贞翁明早四时即首途归。”(《夏承焘日记全编》第九册,5381页)

十二月廿七日 起程返温。

十二月三十日 在温州市工人文化宫主持老年知识分子联欢座谈会,集体观看影片《伟大的孙中山》。(志呆《老人欣然迎

新年》,《温州日报》一九五七年元旦,一版)

十二月 温州市文管会派员配合省文管会考古队,赴黄岩秀岭水库考古发掘,在水库淹没区内清理东汉至南朝五十六座墓葬,历时一个多月。(《温州文物》第六辑,72 页)

至本年底 温州市文管会共接收、征集、收购各类文物近万件,主要有新石器时代的石器、陶器,西晋南朝的瓷器、雕刻,唐五代的壁画、写经,宋代龙泉窑青瓷,元明清书画和近代文物等。(金柏东《文物无言 乡邦有幸——回忆刘景晨先生二三事》)

一九五七年（丁酉） 七十七岁

一月十七日 温州区(市)文管会与龙泉县文化馆联合举办文物展览,在龙泉县城开幕。(《温州文物》第六辑,72 页)

一月十九日 刘节来函并汇归一百元。

刘节日记一月十九日(星期六):“余作函寄父亲,并汇归一百元。”(《刘节日记》上册,417 页)

一月二十七日 出席中共温州市委统战部召开的座谈会。

一月三十日 国画《红梅》发表于《温州日报》三版。

一月三十一日 作品参展温州市春节美术展览会。

同日 赋七律《丁酉七十七元旦作》。颔联云:“坐凭豪杰移山力,获听乡村击壤歌”,末联:“岁朝自检颓唐甚,其奈虚名实禄何?”脚注言“全国政治协商会议温州市委员会副主席、浙江省人民代表会议代表、浙江省文史研究馆馆员、温州市文物保管委员会主任,照行政工作者十四级支薪。”按,当时十四级月薪为 131 元。

二月七日 梅冷生致夏鼐书,通报:“全国政协开会,温会由刘贞晦丈参加列席,拟偕其夫人来京,附闻。”(据中国科学院考古研究所藏品复印件)

二月二十七日 夏承焘复函,附别广州诗。

夏承焘日记一九五七年二月二十七日:“发贞翁、洗凡函,寄去别广州诗。昨方介庵、苏惺石送来两翁书,示诗词数首。”(《夏承焘日记全编》第九册,5403 页)

按,夏承焘一月七日至一月十七日应邀在广州中山大学讲学,《别中山大学诸公》曰:“并世几兰陈澧芷宋湘,吾来后汝期。百家皆跃治,数老自昌诗。适野有孤兴,当花无四时。此州堪送老,恋恋属临歧。”

三月十三日 梅冷生再致夏鼐书,谈及谱主未赴京与会:“政协开会,刘贞老畏寒中止,临时改推林镜平兄出席。闻夏瞿禅兄亦在京参加,想已晤及。”(《梅冷生集》,75页)

四月十七至二十二日之间 全国人民代表叶圣陶(教育部副部长)、宋云彬(浙江省文史研究馆副馆长)一行视察温州,特地登门访问。

次曾《叶圣陶等视察完毕今晨离温》:“全国人民代表叶圣陶、宋云彬这次在本市共视察了六天。先后视察了江心屿的文物管理委员会的文物、艺术雕刻社、温二中(下略)。还访问了市政协副主席、七十六岁老人刘景晨先生。代表们认为温州市文物管理委员会的文物很丰富,如果今后再扩大一点,可以成为一个很好的博物馆。”(《温州日报》四月廿三日,一版)

三月二十七日 温州市文管会接收永嘉县人民委员会移交的《英桥王氏宗谱》六大册。(《温州文物》第六辑,72页)

四月一日 温州市文管会协助丽水文化馆举办文物展览。(《温州文物》第六辑,72页)

四月初 温州市政府、温州市政协联合组织视察市郊合作化工作。其中一组视察郊区灯塔社,谱主为组长,王思本副之,秘书卓力文,组员丁志立等。

四月五日 温州市政协一行瞻仰新修复的叶水心墓,谱主赋《满江红》词纪事。

四月十二日 视察活动结束。

四月十四日 梅冷生复夏鼐书,请将《满江红》词推荐《人民日报》发表。

函称:“慈山叶水心先生墓已修筑完成。清明节(五日)下午市政协邀同人展墓。刘丈赋词纪事,为录一份,请介绍《人民日报》刊登。此事经过情况,贞丈词跋已详及。若得阐发,乡人同贺,但恐报例所限,如何使之登出,则在吾兄号召耳。且九日《人民日报》,宋云彬有一篇《西湖上三个坟》发表,与刘丈同其旨趣,似可作介绍。原词本有‘丁酉清明慈山叶水心先生墓下作’一题,刘丈自后删去,我以为应录入。否则《满江红》有调无题。请酌定。”(《梅冷生集》,76 页)按,宋云彬文写于三月十七日,“三个坟”指岳坟、于谦坟、张苍水坟。

四月 温州市文物管理委员会全体会议决议通过,将温州市文物管理委员会扩充为温州区(市)文物管理委员会。(温州市文化处《关于报请将原温州市文物管理委员会扩充为温州区〈市〉文物管理委员会的报告》,温州市档案馆藏)

五月二十八日 温州市文化处《关于报请将原温州市文物管理委员会扩充为温州区(市)文物管理委员会的报告》提交温州市人民委员会。

报告称:“查本市文物管理委员会,目前所接触的工作范围,实际上已扩展到温州地区各个县,由于受到机构名称的局限,致使工作上带来困难,为此拟请市人委会同温州专署报请省人委批准,以利温州地区文物保护、发掘工作的开展。”

五月三十日 刘节来函。

刘节日记五月三十日(星期四):“作函寄家。”(《刘节日记》上册,433 页)

六月一日 温州市人民委员会总党组举行非党委员及非党局处长以上干部座谈会,应邀出席。

六月二日 温州专员公署、温州市人民委员会联合报告省人民委员会,将温州市文管会扩充为温州地区文管会。(温署 0671

号文,温州市档案馆藏)

六月四日 温州市教育局副局长、民盟市委副主委徐光蘧在市政协全会民盟盟员动员会上发言,号召盟员学习“刘景晨的精神”。此前“他曾在温四中学校、职工业余中学、市教育局以及机关盟群座谈会上,积极号召大家习学(按,原文如此)‘刘景晨精神’”。(《温州日报》八月三日,三版)

六月七日至十五日 温州市政协一届二次全会召开。

六月八日 《人民日报》发表社论《这是为什么》,号召开展反右派斗争。

六月十日 《人民日报》发表社论《工人说话了》。十一日,《温州日报》《浙南大众》报转载。

六月十四日午后 在温州市政协小组会上发言。

六月中旬 致函刘节。

《刘节日记》六月十八日(星期三):“接父亲信。作函复父亲。”(《刘节日记》上册,436 页)按,刘节将全家六人合影从广州寄往温州,上款:父亲大人尊鉴,落款:男节谨上。一九五七年六月十日。

六月十八日 《温州日报》刊登关于谱主发言的报道。(参见《刘景晨集》上卷,147 页)当日,谱主阅后托项逊斋委员到市政协,要求副秘书长王思本提出意见更正。王、项均认为《温州日报》歪曲了谱主发言。(《温州日报》七月七日)

六月二十五日 《温州日报》头条消息:“连日来,本报先后收到驳斥刘景晨的言论的来信来稿上百件。”

六月 柯逢春、梅冷生来访。

同月 温州市文物管理委员会第一次大会议决,在国庆节举办温州地区近代史文物展览会,包括近代现代革命历史文物、解放以来建设成就两部分。

七月二日 平阳县图书馆江蕙林、马翊中致书梅冷生，并嘱向冠山先生暨介庵、宋颀诸同志问候。（温州市图书馆档案，藏书建设类，F7，参见卢礼阳编注《梅冷生师友书札》，240页）

七月四日 报纸上第一次公开称谱主“右派分子”。（《温州日报》七月四日，三版消息）

七月五日 民盟温州市委主委、温州市副市长金嵘轩文章发表于《温州日报》（五版）。

七月七日 《浙南大众》报三版刊出谱主《和姚味辛司令仙岩纪游元韵》手迹。

诗曰：“盗贼纵横杼柚空，拥兵枭帅尚争雄。频闻凯奏欢防骑，闲看晴流落彩虹。题句峰头招杰幕，乡音耳畔慰征蓬。妻儿在侧家园近，不用怀归诵小戎。”

按，姚味辛诗题《仙岩》：“万丈银河倒太空，吾乡山水此称雄。未雷犹自疑新雨，长日无端挂白虹。旷代几人承绝学，半生行役怅飞蓬。中原鼎沸惭投笔，道左还闻说总戎。”（《味笋斋诗钞》，乙酉重庆刊本，廿五页）

七月十六日 浙江省人民委员会批复温州市人民委员会、温州专员公署，同意将温州市文物管理委员会扩充改组为温州区（市）文物管理委员会，财务管理系统不变更，仍属温州市级预算之内。（浙文字第1989号，温州市档案馆藏）

七月中旬 函复刘节。

刘节日记七月廿一日（星期日）：“接父亲函。”（《刘节日记》上册，440页）

八月一日 向温州市二届人大二次会议秘书处请假。

请假单说：“老病日甚，近日偃卧，行坐皆无力支持”，要求准免列席。（本报记者《代表纷纷质问刘景晨：为什么不参加市人大会议》，《温州日报》八月四日，一版）

同日 刘节来函。

刘节日记八月一日（星期四）："作函复父亲。"（《刘节日记》上册，441 页）

八月四日 温州市各界青年大会消息：民建成员于鸿基曾经在一次会上称赞刘景晨"有骨气，实事求是"。（《温州日报》八月七日三版）

八月五日 温州一中本部展览，内有谱主题赠前驻温三十三师师长萧冀勉的《勉亭记》。（《温州日报》八月六日，一版）

同日 温州市二届人大二次会议开幕。

八月六日 温州市二届人大二次会议秘书处再次通知谱主到会列席。谱主再次请假，要求允许在大会发言的最后一天发言。

八月七日 答复大会主席团，九日下午准时到会。

八月八日 《温州日报》载本报记者七日报道：各界来大会抗议和谴责刘景晨拒绝列席会议的就有好几批，达数百人。（《温州日报》八月八日一版、三版）

八月九日 《温州日报》刊出谱主漫画像。

同日下午 坐三轮车前往市人委列席第二次会议。

八月十日 继续列席温州市人大二次会议，分组讨论中三次起立表态。

八月十一日上午 列席市人大二次会议。（《温州日报》八月十二日一版）

八月十二日 列席温州市人大二次会议。

八月十三日 列席温州市人大二次会议。（《温州日报》八月十五日，三版）

八月十五日 在会议上作补充交代。

谱主发言提道："我曾向省（人）代会提案，请将市内各工厂分别迁到郊区去，省府接受加以考虑，设法迁移”；又称“前月师专风潮，金嵘轩副市长兼任校长，我怀疑是校长办理不善，后问师专学生二百余人，每年开支人民币十四万元，学生要并入省校里去，本市就可省出这十四万元”。（《浙江省温州市第二届人民代表大会第二次会议汇刊》，237 页）

八月十六日　刘节致函夏承焘，了解父亲近况。

刘节日记八月十六日（星期五）：“作函寄夏瞿禅。”（《刘节日记》，443 页）

八月二十日　夏承焘接刘节函。

夏承焘日记八月二十日：“得子植函，问其尊人行迹。”（《夏承焘日记全编》第九册，5461 页）

八月二十三日　夏承焘回复刘节。相隔五日，刘节收到。

夏承焘日记八月廿三日：“以《唐宋词论丛》寄子植，附去一函。”（《夏承焘日记全编》第九册，5462 页）

刘节日记八月二十八日：“夏瞿禅赠书一册。”（《刘节日记》上册，444 页）

按，刘节日记八月二十六日“接朱肇棠信”（《刘节日记》上册，444 页），想必此信也是知会谱主境况。

九月一日　刘节来函，同时致函妹刘蘅。

刘节日记九月一日（星期日）：“下午作函寄父亲及蘅香。”（《刘节日记》，445 页）

九月二日　刘节汇款。

刘节日记九月二日（星期一）：“上午到邮局汇款父亲及张宅姨母及钱宅岳丈。”（《刘节日记》，445 页）

九月五日　刘节复夏承焘函。

刘节日记九月五日（星期四）：“上午作函复夏瞿禅。”（《刘节日记》，445 页）

夏承焘日记九月九日："晴。得子植复。"(《夏承焘日记全编》第九册，5466页)

九月 温州市政协副主席一职被免。

十月初 致函刘节。

十月四日 刘节来函。

刘节日记十月四日(星期五)："作函寄父亲。"六日："接父亲来信。"(《刘节日记》上册，449页)

十一月二日 温州专员公署、温州市人民委员会发出《关于温州市文物管理委员会扩充改组为温州区(市)文物管理委员会的联合通知》。(57署办字第1331号，温州市档案馆藏)

十二月中下旬 致函刘节。

刘节日记十二月二十六日(星期四)："今日接父亲来信。"(《刘节日记》上册，459页)

本年 三子叔扬在浙江青田中学被错划为"右派"，"撤销教师职务，留用察看，工资降级"。按，刘叔扬一九六一年亡故，一九七九年六月中共青田县委第196号文撤销原处分决定，恢复其政治名誉。

一九五八年（戊戌） 七十八岁

一月四日 刘节来函。

刘节日记一月五日（星期日）："晚作函寄翰宗及三联，又函父亲。"（《刘节日记》，461 页）

一月下旬 函复刘节。

刘节日记一月二十七日（星期一）："接父亲函。"（《刘节日记》上册，464 页）

二月十五日 腊月廿七，刘节一家六口自广州返温州省亲，逗留七天八夜，二十三日（正月初六）离温。

刘节日记二月十五日（星期六）："下午五时抵家，与父亲及家人相见。"（《刘节日记》，467 页）二月二十三日（星期日）："早四时起身率妻、子六人乘车赴金华。"（《刘节日记》上册，468 页）

三月四日 马祝眉函复王亩仙，谈论旧好简况，提到谱主处境。

"亩仙老友如握：接诵月之廿二日手书，敬悉一切，迩维旅祺晋吉，谭第凝绥，为颂无量。（中略）若论吾温旧好，惟潘君伯匋，去冬已作古，卒年七十五岁。余如志舒、适庵、耀武、梧生、志云、磊明、冼凡、荣铨、惺石、仁山、达夫、薏园、冠甫、黼斋等均健在，惟刘景晨系'右派'份子，现成孤立，未知将来如何。（下略）九十老人马祝眉手书，五八，三，四。"（金顺仁、陈胜武释读《马祝眉致王亩仙函札十九通》，《温州历史文献集刊》第六辑，365 至 366 页）

三月七日至十日 温州市二届三次人民代表会议举行。

三月二十七日 刘节汇归一百元。

刘节日记三月二十五日(星期二):“接到稿费四百柒拾捌元。”二十七日:“上午汇出一百元到温州。”(《刘节日记》上册,471页)

三月 浙江省人民代表资格被撤销。

春 温州区(市)文物管理委员会主任一职被免。此后每月由温州市政协发给生活费。

四月四日 回复刘节。估计汇款寄到。

刘节日记四月四日(星期五):“接父亲函。”(《刘节日记》上册,472页)

五月七日 中共温州市委提出关于刘景晨的处理意见:“考虑到他年龄大,已经丧失劳动力,无法送去劳动教养。因此,可开除其公职,交居民监督改造。”(转引自温统[83]09号文,温州市档案馆藏,第二页)

六月上中旬 致函刘节。

刘节日记六月十九日(星期四):“今日作函寄父亲。”六月二十一日(星期六):“接父亲信。”(《刘节日记》,482页)

八月八日 中共浙江省委决定:“撤销刘景晨省人民代表、温州市政协副主席、市文物保管委员会主任等职务,保留省文史馆馆员、市政协委员。每月补助生活费50元。”(温统[83]09号文,温州市档案馆藏,第二页)

按,据当年供职于温州市政协机关的温奕辉先生回忆,谱主生活费为六十元,每月由他送往刘寓,面交刘太太接收。(二〇〇六年四月十九日下午温州府西路访谈记录)

朱肇棠《回忆先岳父刘景晨先生》:“他虽在政治上受到不公正的对待,但在生活上,党对他始终是关怀照顾的,每月有市政协发给100元作为生活费。在当时,这笔数字是相当大的,他深感受之有愧,因而再三推让,后来实在推让不掉,才答应暂时收受。

听说他后来将此款买了公债，以表示对党的感激之情。被错划'右派'的岁月里，亲友们都和他划清界线，不敢上门，唯恐连累自己。他的子女多数在外地工作，在温州去他家走动的只有我夫妻俩。他感到孤独烦闷，我作为女婿半子，每星期总得抽空前去问候，安慰安慰。"(《温州文史资料》第九辑，69至70页)**按，生活费有五十、六十、一百元三种说法，记忆难免出入，文件记载较为可靠。**

九月上旬 致函刘节。

刘节日记九月十六日(星期三)："接父亲信。"(《刘节日记》上册，493页)

九月二十一日 刘节汇归四十元。

刘节日记九月二十一日(星期日)："今日汇款给父亲四十元。"(《刘节日记》上册，493页)

十月八日 刘节来函。

刘节日记十月八日(星期三)："作函寄父亲。"(《刘节日记》上册，495页)

约十月 患病。

十一月中旬 作《立冬后病稍轻郊游未成感赋》。

诗曰："病衰靳我当车步，还谢三轮上下难。浮肿有时形脚背，坚痰不断涩胸间。出门观获宜朝爽，买菜回家给午餐。长十二年真健者，马翁重九尚登山。"脚注："余七十八岁，老态可憎。邻翁马菊眉先生寿九十矣，济胜之具，不减盛年。"(《刘景晨集》，337页)**按，是年立冬为十一月八日。**

十一月二十六日 偕吴洗凡游山，感叹"老来故旧已晨星"。

《与吴洗凡兄游中山公园松台园林花店归作》曰："出门便得恃车行，气喘还愁路不平。病后支离似秋柳，老来故旧已晨星。枯肠索句浑难惬，雾眼看花始自惊。买取数枝归未午，满储瓶水供霜英。”夹注:“目力素强,今遽昏损。”(《刘景晨集》,338 页)落款:“贞晦第二戊戌小雪后三日写稿。”

冬 弟子马公愚归里过访,谱主喜而赋诗,吐露次年开春出游沪滨的心愿:“君寿严亲来远道,我求退省赎前愆”;“瓯沪客航能软席,开春许有出游篇”。(《马君公禺见过喜而有作》,《刘景晨集》,337 页)

马骅《景仰刘景晨刘节两先生》回忆:“(堂兄)马公愚先生对刘景晨先生是很敬重的。反右后刘家很困难,马公愚先生通过自己夫人在必要时送点钱送点东西过去。”(《刘景晨刘节纪念集》,13 至 14 页)

一九五九年（己亥） 七十九岁

六月二十七日至三十日 温州市政协第二届第一次会议举行，谱主受邀为政协委员，名列“社会人士”界别：张平化、朱建新、陈仲雷、苏超然、苏昧朔、刘景晨、干焕章、张达生、陈守庸、王逊仙。（张立新主编《温州市政协志》，上海社会科学院出版社二〇〇六年九月版，319页）

六月 整理温州解放以来诗作，题《贞晦诗存》。

小引称：“公元一九四九年温州解放，是为农历己丑年。余有红石榴诗，作于解放之际。兹录始于此诗，至今年己亥公元一九五九年，先后十年间所为诗百数十首，删存若干首，录如兹帙。己丑以前稿多散乱，搜集编次尚需时日，今后有作，续录存之。”按，家属所存兹帙手稿仅止于乙未（一九五五年），此后四年未见过录。

本年 赋七律《广播机》《拖拉机》《享受》等三章，五律《蔬食》。

本年 次子刘约（仲博）患水肿病故，享年五十六岁。

同年 为庆祝中华人民共和国建立十周年，上海图书馆编纂《中国丛书综录》，调查发现北京、上海、天津、内蒙古、辽宁、甘肃、山东、南京、浙江、福建、武汉、广东、四川、重庆、云南等地廿七家图书馆收藏《敬乡楼丛书》。（《全国主要图书馆收藏情况表》，见该书第一册，中华书局一九五九年十二月版）按，厦门大学图书馆、香港中文大学图书馆及美国五家大学图书馆也藏有《敬乡楼丛书》。

一九六〇年（庚子）　八十岁

二月二日　走访叶适庵，并应吴洗凡之约赴宴。有诗《庚子正月六日吴君洗凡招饮于其楼中先过叶适庵兄□居少坐》纪事。

二月　作《汤饼吟八十自寿》。

▶晚年刘景晨

诗曰："生世八十年整整，有客索我醉汤饼。昔者面食任取求，酒对价当歌常酩酊。今也用粮出配给，额外何处去购领。面食计画客知也，酒畏失言不敢请。高呼万岁大跃进，少壮男女皆凛凛。社会工作日日忙，自家生日那记省？吾衰八十何足道，有如朽木与枯井。市南长者九十八，健行步步胸还挺。曹子芹先生。市北长者九十四，口辨滔滔目炯炯。吴子鸿先生。二老期颐一转眼，会见米麦满仓廪。鸡猪鱼菜亦丰产，好办饼筵供快饮。吾今寂寂且寂寂，日暖风和春昼永。自寿持此汤饼吟，惭谢亲朋齿休冷。"落款："庚子正月，贞晦写稿。"下钤"刘贞晦"白文章。**按，"酒对价当歌常酩酊"句，"价"当属衍文。此诗《刘景晨集》失收。**

郑汝璋阅后赋《寿刘贞晦八十》，曰："数年不见刘莘老，雒诵新诗觉有神。瓯海耆英留硕果，永嘉学派赖传薪。忍寒物性唯松柏，出类人才几凤麟。白发故交殊可念，遥飞一盏祝长春。"（《吹

剑集》,二〇〇一年铅印本,卷首)

八月一日 含冤辞世。

夏承焘日记一九六〇年九月十七日:“夕慕骞来,谓闻之张冷翁,冠三老已以数月前下世,年八十,惜其不早三年。”(《夏承焘日记全编》第十册,5785 页)**按,张冷翁,指张冷僧(宗祥)。**

夏承焘日记十一月一日:“夏正九月十三日。得温友函,冠三老八月一日去世。”(《夏承焘日记全编》第十册,5798 页)**按,温友,疑为吴洗凡或梅冷生,当然也有不排除他人。**

吴洗凡《秋感韵哭刘贞晦》其一曰:“薤露怨声起去秋,疾风暴雨不禁愁。贞老去秋八一归道山,是日大风雨。乡邦我独嗟麟凤,人海谁知立马牛。贞老号在金华禁室。遗著长深梓里敬,贞老在上海编辑《敬乡楼丛书》,功垂百世。故园尚见菊枝留。过贞老家,见开尚盛。”(吴洗凡致王亩仙函,一九六一年春,金顺仁藏)

中共温州市委统战部[83]67 号文《关于给刘景晨同志补发丧葬费和抚恤费的意见》:“他于 1960 年 8 月病故”。

朱肇棠《回忆先岳父刘景晨先生》记:“由于长期压抑,年老多病,于一九六〇年一月七日与世长辞,享年八十岁。”(《温州文史资料》第九辑,70 页)**按,因年代久远,作者难免误记日期。**

陈守庸前往寓所吊唁并送礼。梅冷生、王思本在巷边大榕树下目送灵柩经过,默默地为老友送行。(一九九二年五月十八日温州虞师里,刘蘅女士访谈记录)

马祝眉(寿洛)挽以联语:“正命得考终,嗟文史馆同事有年,又弱一个;立言为不朽,幸敬乡楼丛刊犹在,足炳千秋。”上款:“贞晦词兄刘先生千古”,落款“世愚弟马祝眉鞠躬挽”。**按,作者同为省文史研究馆馆员。**

潘国存《梅冷生先生逸事掇辑》:“梅老说,到世美巷刘宅吊唁的仅陈守庸先生,马祝眉先生送了挽联,他自己和王思本先生站在百里坊口大榕树下等着，当送葬队伍上街时，他与王先生默默跟送了一程。他说那时心情，不知是何等滋味。事后，刘老的长公子刘节登门拜谢，更引起他对刘老先生敬仰之情。”（《鹿城文史资料》第九辑，温州市鹿城区政协文史委一九九五年年三月铅印本，194页）按，陈守庸之外，还有吴洗凡前往送丧。吴洗凡《秋感韵哭刘贞晦》其二夹注：“贞老死，惟予往送丧。”

吴行健应约为谱主画遗容。

吴先生回忆：“我住在后垟巷，离刘景晨住所世美巷两三百米，有人受刘家所托，悄悄来我这里，要我画遗容，表示可以比通常价格五元多付一块工钱。我一看照片是‘头号右派’刘景晨，生出惺惺相惜的感情，当即回答：可以不收他们家的工钱。他不肯。最后优惠一块，我收了刘家四块钱。”（二〇〇五年八月廿八日温州水心新村，访问吴行健先生记录）

刘节奔丧回温，将父亲一部分诗稿、书画藏品携带返穗。

葬于藤桥雅漾（今属温州市鹿城区），墓名系郑曼青民国二十年一月手笔：“刘贞晦先生寿域”，右行“元配吴夫人之墓”，左行“继室金夫人寿域”。

吴鹭山《停云录》：“贞翁关心乡邦文献，黄氏所辑《敬乡楼丛书》皆出翁擘划，躬任校雠，不辞劳勚。黄氏本商侩，于此等事实门外汉，发幽阐隐，翁为有方。故予挽词有‘校书功在敬乡楼’之句。”按，夏承焘日记亦有类似看法。其实吴、夏两先生于此均属想当然。对照《习学记言序目》叶景葵跋，即可见其端倪，黄溯初先生并非“门外汉”。

一九六一年

十一月二十六日 马祝眉函复王亩仙，告以诸旧友近况，提及谱主已故。

“亩仙老友如面：惠书并录赠谢侠逊老友诗，均诵悉，此诗志和音雅，卓荦不群，殊令人百读不厌。别来数年，不料诗境之超逸如是也，佩服之至。谢君襟怀潇洒，诗字俱佳，且善象棋专家。洛昔年曾与他唱和一次，近闻年来两眼欠明，未知确否。便中乞示知。至询及吾乡诸旧友近况，如庄松圃九十二岁、杨伯畴七十八、林默君七十一、潘伯匋七十五、张焕华七十五、潘雨人七十九、林俊卿六十七、刘贞晦八十等，都已逝世。现健存者，吴志云九十五、苏志舒八十八、叶适庵八十二、金嵘轩七十五、张达生六十八、蔡笑秋七十八。吾温市九十以上，尚有徐耀武九十四，朱一木九十七，独身主义，沉究禅宗，今两眼模糊，不能写字；他如徐赤文七十余岁，久任浙江省水利局长，家眷住在杭州；谢磊明七十八、江蓬仙七十六、周玠甫七十六、李观甫七十六，人皆健在。余续再告。即颂冬祺。马寿洛，六一年十一月廿六日。”（金顺仁、陈胜武释读《马祝眉致王亩仙函札十九通》，《温州历史文献集刊》第六辑，368 页）

一九六三年

本年 杭州古籍书店重印光绪《永嘉县志》。

中科院北京天文台主编《中国地方志联合目录》著录:清张宝琳修,王棻、孙诒让纂,光绪八年(一八八二)温州维新书局刻本,民国二十四年(一九三五)刘景晨补版本。补版本北京、上海、天津、辽宁、安徽、台湾、河南、云南等地二十五家有收藏(中华书局一九八五年版,435 页)。

一九六六年

八月 "破四旧"运动期间,世美巷刘家收藏的名人字画及遗稿均被付之一炬。

一九七五年

八月 梅冷生向温州市图书馆借阅谱主《宋七言绝句选》稿本。

梅冷生《处暑日作》末句:"宋诗幸读精华录,奈此怀人感逝何。"夹注:"叶遐修君以陈石遗《宋诗精华录》见寄。此书余前未见。仅刘贞晦先生在逝前有自抄选本一册,藏市图书馆中。数日前余适假阅,而原书亦至,时节因缘,可谓巧合。"(《梅冷生集》,159页)

一九七六年

四月 遗孀金东权病故,享年八十岁。

刘节日记一九七六年四月五日(星期一):"接葵香电,继母病逝,享年八十。晚颂曾、凤孙赴韶关。"(《刘节日记》下册,908页)按,当时金氏随女儿刘葵香、女婿洪国琛生活。

一九七九年

二月六日 中共温州市委统战部将谱主的档案从温州市委组织部提出。(中共温州市委组织部档案登记册)

三月四日 谱主之女刘蘅、刘葵、刘莱、刘芷四人联名打报告致中共温州市委统战部,请求为父亲的"右派"问题"纠错"。

一九八〇年

七月八日 刘蘅姊妹四人再次致函中共温州市委统战部负责同志,重申复查改正的要求。

报告提出:“当时我父是政协委员,作为向党提意见,说了几句过激的言词,谁知在反右运动中,却有人将他的话断章取义地说成是恶意攻击共产党,被戴上了反党反社会主义的‘大右派’帽子。但他并没有反党反社会主义的具体行动,我们认为没有犯罪的事实,应属错划。我父亲虽已去世,但我们认为这是个错案。为了他的子孙后代,存殁应同等对待。”为此“恳请你处,根据党的政策,本着实事求是,有错必纠的一贯原则,迅予处理此事,作出正确结论。”报告落款:原温州瞿溪中学退休人员刘蘅、广东省韶关市柴油机厂刘葵、中国旅行社上海分社刘莱、重庆市西南农学院刘芷。联系地点:本市虞师里84号刘蘅。

按,报告系刘蘅丈夫朱肇棠手笔。

一九八一年

十二月 俞剑华编《中国美术家人名辞典》由上海人民美术出版社出版,收有“刘景晨”条目,曰:“刘景晨 【现代】字贞晦,永嘉(今浙江温州)人。工画梅。(中国画学全史附录)。”(1323页)按,字贞晦,当作号贞晦。

一九八三年

四月廿二日 中共温州市委统战部向温州市委呈送温统[83]09号文《中共温州市委统战部关于改正刘景晨右派分子的

报告》,全文五页,附件四份。

报告最后指出:"我们认为,刘曾任军阀时代国会议员,拒绝曹锟贿选大总统而南下。伪永嘉县临时参议会成立,邀刘担任参议长被拒绝。1949年初,温州国民党将领叶芳召开地方士绅会议征求起义问题意见,刘首先表示赞同。解放前基本上抱着'举世皆浊,唯我独清'的态度,未任过国民党伪职,故无政治劣迹。解放后至反右前对党的领导尚信服。如认为解放后的几年来党的各项政策方针是正确的,对土改、镇反、抗美援朝等运动基本拥护……为扩大团结面,有利于社会主义四化建设出发(刘本人已亡,其子女多次提出要求),我们建议对刘景晨的'右派'分子予以改正。"(温统[83]09号文《中共温州市委统战部关于改正刘景晨右派分子的报告》,第4至5页,温州市档案馆藏)

八月六日 中共温州市委根据中发(78)55号和省委(83)19号文件精神作出《关于给刘景晨错划为右派分子予以改正的批复》(219号文):"刘景晨同志在整风反右期间有一些错误言论,但属错划,予以改正,恢复名誉。鉴于刘已病故,按上级有关政策规定发给丧葬费、抚恤费。"(温州市档案馆藏档案235.3.3,一九八三年,133页)

十一月八日 中共温州市委统战部发出第67号文《关于给刘景晨同志补发丧葬费和抚恤费的意见》,要求市机关事务管理局和市民政局补发丧葬费、抚恤金。

《意见》称:"刘景晨同志错划右派问题,市委(83)219号文件批复,已予改正。刘景晨同志在整风反右前任温州市政协副主席,行政工资等级十四级。他于1960年8月病故,当时未发丧葬费和抚恤费,现请市机关事务管理局和市民政局根据市委(83)219号文件和有关规定分别发给丧葬费和抚恤费。"(温州市档案馆藏档案235.3.3,一九八三年,134页)按,此文抄送市政协、市落实政策办公室、财税局。

一九八七年

初冬 《贞晦先生诗集》由家属誊写印行，计收谱主诗作三百八十一首（集内一章系友人和作，属于误收，剔除未计）。中山大学教授王季思应谱主长媳钱澄、次女刘蘅之请，为《贞晦先生诗集》作序（十二月发表于《古今谈》杂志）。

一九八八年

十二月 陆雨之《忆温州诗书画家刘景晨先生》收入《温州文史资料》第四辑，浙江人民出版社出版。

一九九〇年

十月 家属复制发行《贞晦先生诗集》，收录甲戌（一九三四年）至己丑（一九四九年）间诗词手稿，共一百六十八首，作为谱主一百一十诞辰纪念。

一九九五年

四月二十六日 叶云帆《浙南耆贤刘景晨》发表于《联谊报》总469期史林版。

一九九七年

七月 琦君《父亲的两位知己》(刘景晨、杨雨农)发表于《温州读书报》第七期。随后杭州《海峡情》杂志予以转载。

二〇〇〇年

三月 民进温州市委关于温州市应该筹备刘节教授一百周年纪念活动、保护刘景晨刘节父子故居的提案向市政协七届三次会议提出。(提案号248,沈克成执笔)

二〇〇一年

七月七日 《刘景晨集·梅冷生集》列入《温州文献丛书》整理出版规划。

十二月二十八日 纪念文化名人刘景晨、刘节座谈会在温州市图书馆举行，各界人士与家属代表六十余人出席。与会者推崇刘景晨、刘节父子是二十世纪温州文化建设的有功之臣，不愧为文化人在新世纪前进道路上的楷模。会后结集出版《刘景晨刘节纪念集》。

按，会前收到广东省文学研究所陆键东贺电："瓯越此门两代贤，高仪风烈暗流传。忠贞一瓣谁人辨，回首那堪已百年。"（十二月二十七日）

二〇〇二年

六月十三日 因旧城改造，温州世美巷一号刘宅即将拆除，市文物局在鹿城区藤桥镇潮济村召开刘景晨刘节祖居迁移工作协调会。（《刘景晨刘节祖居迁移工作协调会纪要》，鹿城区藤桥镇党政综合办公室，二〇〇二年六月十六日印发）

十月 杨瑞津编《刘景晨刘节纪念集》，由香港出版社出版。

二〇〇三年

一月 陈丹青著《多余的素材》出版,收入《民国的教师》一文,其中关于刘景晨的评语:“抗战胜利,伪政权覆没,胡兰成化名张嘉仪,逃亡浙江境内。经温州一位老士绅刘景晨介绍,他先后在温州与雁荡山中学教书——刘景晨纯然是传统文化的末一代人,这样的长者,今遍中国已绝了迹了。胡兰成于他着墨甚多,摘引太长,只得略去——这回,我们有机会读到民国时期江南文人的群像了。”(山东画报出版社版,173 页;后见广西师范大学出版社二〇〇七年九月修订版,209 页)

按,山东画报出版社初版印一万册,广西师大出版社至二〇一三年二月五印,累计印数六万五千。

二〇〇四年

六月 谢泳在《博览群书》发表文章,认为刘贞晦著《中国文学变迁史略》有三重意义,不应当遗忘。

十一月二十一日 天津刘显曾、广州刘颂曾代表家属出具授权书,委托卢礼阳全权处理有关《刘景晨集》整理编辑工作。

二〇〇五年

一月二十三日 温州市政协委员沈克成、卢礼阳联名向温州市政协八届三次会议提交第99号提案《建议在世美巷一带修建刘景晨故居》，请旧城改造指挥部答复。

二〇〇六年

十月 卢礼阳、李康化编注《刘景晨集》收入《温州文献丛书》第四辑，由上海社会科学院出版社出版。

二〇一〇年

十一月 黄鸿森《〈刘景晨集〉的编纂功夫》发表于《浙江历史文化研究》第二卷（卢敦基主编，浙江大学出版社）。

二〇一三年

三月二十五日 温州市政协副主席徐育斐一行十六人前往祭扫东瓯王、叶适、孙诒让、刘景晨墓地。（李艺《清明时节 追思先贤》,《温州日报》二〇一三年四月三日,文化周刊）

十月二十日 《关于支持申报刘景晨刘节专题博物馆的倡议》由胡珠生领衔发出。

倡议书全文:

最近政府文化部门为打造特色文化品牌,鼓励民办博物馆,决定将市文保单位杨宅免费租赁办馆,这是一件创举,既能提升城市的文化氛围,又可解决民办博物馆场地、资金短缺的瓶颈,为扶持民办博物馆开了个好头。

杨瑞津杨瑞明两兄弟申报租赁杨宅开办刘景晨刘节专题博物馆,我们获悉之后,表示非常赞同。理由有三。

一是选题适宜。

刘景晨（1881—1960）字冠三,号贞晦,温州城区人,诗人、社会活动家。民国初年任国会议员,1923年严拒曹锟贿选而名震一时。新中国成立后担任浙江省文史研究馆馆员、省第一届人民代表、温州市政协副主席、温州地区文物管理委员会主任。精书法、篆刻、工画梅。为温州文物集藏、乡邦文献整理做出了不可磨灭的贡献,被誉为“现代浙江知名的耆宿”。尤其是校刊的《敬乡楼丛书》享誉学界。遗著结集为《刘景晨集》,收入温州文献丛书出版。

刘节（1901—1977）字子植,号青松,刘景晨长子,历史学家。

清华大学国学研究所毕业，师从王国维、梁启超、陈寅恪。中山大学历史系教授，一度任系主任。著有《中国古代宗族移殖史论》《历史论》《古史考存》《中国史学史稿》《刘节日记》，等等，学术价值很高。

有鉴于此，2001 年 12 月市文化局与社科联在市图书馆举办文化名人刘景晨、刘节纪念座谈会，与会人士推崇刘先生父子是温州现代文化事业的有功之臣，是浙南知识界的杰出代表。今年清明节，市政协祭扫文化名人，刘景晨先生理所当然也在名单之中。

二是申报人合适。

杨瑞津同志是刘景晨先生的孙女婿，保藏着刘老先生的一批珍贵遗物，如生前使用的家具、文房用品、大量的诗稿手稿和书画作品，及先生收藏的好友名家的字画、扇面和信札，等等。瑞明同志则在温州妙果寺经营文物古董多年，经验比较丰富，又收藏了众多温籍名家的书画、信札、黄杨木雕、青田石雕，等等，借助他的藏品，兄弟两人合作，可以相得益彰。

第三，藏品有特色。

刘景晨先生生前使用过的家具、文房用品，刘景晨的著作（包括手稿与出版物）、书画、照片等，刘景晨先生原先收藏的友好的字画，如马一浮、柳诒徵、黄宾虹、马叙伦、张宗祥、洪式闾、夏承焘、郑曼青、马公愚等名家的字画、信札、题跋等，刘节先生的照片、书稿等，刘节弟弟刘叔扬的美术作品、译著等，据不完全统计，总数在三百件以上（清单附后）。另外，一部分藏品可向图书馆与私人设法复制，以丰富馆藏。

由此看来，如今租用杨宅筹办刘景晨刘节博物馆，条件成熟，人选适当，藏品又有保障，可谓水到渠成。如果顺利开办，无论对研究包括刘景晨刘节先生在内的温州现代学人群体的治学精神与学术贡献，提升温州地方文化的品位与影响力，乃至建设国家历史文化名城，必将起到有益的作用。我们自然乐观其成，谨请主管部门优先考虑，鼎力支持。

倡议人　胡珠生　章志诚　陈增杰　沈克成　金　辉
　　　　马亦钊　沈　沉　叶育登　洪振宁　张　索
　　　　潘一钢　卢礼阳

（原载《温州读书报》2013年第11期，一版）

二〇二一年

十一月十日　“瓯越此门两代贤——刘景晨诞辰一百四十周年、刘节诞辰一百二十周年纪念展”在温州衍园美术馆开幕，温州市文史研究馆指导，温州市文旅局主办。至十二月十五日闭幕。

二〇〇六年七月十二日初稿
截至二〇二一年二月十日，十八万言
二〇二二年四月二十九日，脱稿于温图研究室

温州市文史研究馆出品

晚近温州人物年谱丛刊

黄绍箕年谱　　谢作拳　编著

刘景晨年谱　　卢礼阳　著

黄山书社　出版

温州学人印象丛书

一代词宗夏承焘　　方韶毅　编

考古泰斗夏鼐　　王世民　编

籀园守门人梅冷生　　卢礼阳　编

一代师表金嵘轩　　夏海豹　陈伟玲　编

文汇出版社　出版

宋元温州诗略(上下册)　　陈增杰　编著

浙江大学出版社　出版

永嘉学派文献概说　　洪振宁　著

黄山书社　出版

南宋温州诗话　　张声和　著

凤凰出版社　即出